中国海洋大学一流大学建设专项经费资助

上市公司ESG评级的资本市场信息效应与功能治理研究

王 垒 丁黎黎 著

中国财经出版传媒集团
中国财政经济出版社
·北京·

图书在版编目（CIP）数据

上市公司 ESG 评级的资本市场信息效应与功能治理研究／王垒，丁黎黎著．--北京：中国财政经济出版社，2025.4. --ISBN 978-7-5223-2708-2

Ⅰ.F279.246

中国国家版本馆 CIP 数据核字第 2024D6M432 号

责任编辑：彭　波　　　　责任校对：胡永立

封面设计：卜建辰　　　　责任印制：史大鹏

上市公司 ESG 评级的资本市场信息效应与功能治理研究

SHANGSHI GONGSI ESG PINGJI DE ZIBEN SHICHANG

XINXI XIAOYING YU GONGNENG ZHILI YANJIU

中国财政经济出版社 出版

URL：http：//www.cfeph.cn

E-mail：cfeph@cfeph.cn

社址：北京市海淀区阜成路甲 28 号　邮政编码：100142

营销中心电话：010-88191522

天猫网店：中国财政经济出版社旗舰店

网址：https：//zgczjjcbs.tmall.com

涿州汇美亿浓印刷有限公司印刷　各地新华书店经销

成品尺寸：170mm×240mm　16 开　23 印张　336 000 字

2025 年 4 月第 1 版　2025 年 4 月河北第 1 次印刷

定价：108.00 元

ISBN 978-7-5223-2708-2

（图书出现印装问题，本社负责调换，电话：010-88190548）

本社图书质量投诉电话：010-88190744

打击盗版举报热线：010-88191661　QQ：2242791300

前　言

党的二十大报告提出“健全资本市场功能”“依法规范和引导资本健康发展”，这是以习近平同志为核心的党中央统筹国内国际两个大局作出的重大决策部署。作为资本市场最主要的监督者，证监会积极落实新发展理念要求，以优化市场信息环境为驱动力，推进资本市场稳健发展，并在2022年发布的《上市公司投资者关系管理工作指引》中，明确提出“在沟通内容中增加上市公司的环境、社会和治理（ESG）信息”。ESG评级作为上市公司ESG信息的载体，是第三方信息机构对企业ESG表现做出的综合评价，受到资本市场各参与主体的广泛关注，推动上市公司ESG评级信息向资本市场的精准传递已成为当前参与主体及监管部门关注的焦点问题。然而，由于ESG评级尚未形成完备的行业范式，导致不同ESG评级机构对同一企业的评级结果有所差异成为常态。从特斯拉公司ESG表现被MSCI评为一般水平而被Sustainalytics评为中等风险，再到特斯拉股票被标普500ESG指数剔除，凸显了ESG评级分歧给资本市场带来的不确定性冲击和相应影响机制分析的缺失。如果ESG评级分歧向资本市场传递了大量不确定性信息，将可能会误导市场参与主体的行为决策，阻碍资本市场健康发展；相反，如果ESG评级分歧能够成为企业财务信息的有效补充，则可能会降低信息透明度，助力资本市场稳健发展。

因此，有必要明确ESG评级及其分歧对资本市场异质参与主体影响的不确定性，梳理其内部影响机理，提出相应的ESG评级治理方案和管理对策，从而为推动资本市场顺畅运作与持续健康发展提供有益的指导与借鉴。在此背景下，团队撰写了著作《上市公司ESG评级的资本市场信息效应与功能治理研究》。本书分为四篇，各篇章不仅具有较强的独立性，又可整合为完整的框架体系。其中，第一篇为“总论篇”，包括ESG及资本市场异质参与主体行为的相关研究动态和理论基础、中国ESG发展现状和ESG评级分歧的特征事实；第二篇为“股票市场篇”，包括股票投资者对ESG评级进入及评级分歧的反应、作用机制及边界条件，证券分析师对ESG评级进入及评级分歧的反应、作用机制及边界条件；第三篇为“债券市场篇”，包括债券投资者对ESG评级进入及评级分歧的反应、作用机制及边界条件，信用评级机构对ESG评级进入及评级分歧的反应、作用机制及边界条件；第四篇为“治理篇”，包括ESG评级信息功能治理方案、资本市场异质参与主体应对ESG评级及分歧的行为策略优化。通过系统性研究，本书得出以下主要观点：

（1）利用ESG评级优化市场信息环境，需要以剥离无效的ESG评级分歧为前提。由于尚未形成统一的衡量标准和行业规范，资本市场中充斥着较多的无效ESG评级信息，导致当前的ESG评级体系对市场各参与主体的实践指导结果不理想。筛选出ESG评级的有效信息，降低评级分歧有利于优化资本市场信息环境，强化各参与主体行为的理性回归，推动资本市场健康发展。

（2）不同的资本市场参与主体面对ESG评级及其分歧时呈现出非一致特征。资本市场各参与主体的角色定位和行为特征不同，相较于债券投资者，股票投资者的风险承受能力更强，成熟度也相对更高；证券分析师更加注重对企业未来发展趋势的预测，而信用评级机构更加关注信用风险的高低。这导致不同主体面对ESG评级及其分歧时的反应也存在差异。因此，有必要从行为主体出发，精准识别不同参与主体的异质性特征，实现对ESG评级分歧负向冲击的防范和化解。

（3）在优化ESG评级及其分歧的资本市场信息效应时，应考虑不同环境下各个参与主体的差异化表现。国内外ESG评级机构声誉和ESG评级体系存在的显著差异，使得各个主体面对不同国别属性的ESG评级机构时的反应不同；而在不同的外部环境下，ESG评级及其分歧对资本市场各参与主体行为的影响也会存在差异。因此，在进行政策校准时，需要对政策的锚定方向进行差异化设置，以提升政策的精准性和有效性。

（4）矫正和优化ESG评级发挥资本市场信息中介的功能，有赖于ESG评级的系统性治理和资本市场参与主体的协同发力。ESG评级分歧对资本市场的冲击效应，既源于ESG评级自身发展的不成熟，也在一定程度上暴露了各主体应对冲击的反应能力缺陷。在矫正优化ESG评级的资本市场信息功能时，应从ESG评级端和资本市场端出发，在着重对ESG评级分歧进行系统性功能治理的同时，引导提升资本市场各参与主体的信息识别能力，提高资本市场信息效率，推动资本市场良性运转。

感谢出版社编辑在书稿编辑出版过程中给予的大力支持；感谢博士生沙一凡（总论篇与治理篇）、博士生李宽（总论篇与治理篇）、博士生李金泽（股票市场篇）、博士生房康（债券市场篇）、博士生庄丰玮（治理篇）等在本书的编写和校订过程中所付出的努力和汗水。

本书得到了国家社会科学基金项目“机构共同持股下的上市公司ESG‘漂绿’治理效应及机制研究”（项目号：23BGL108）、山东省自然科学基金项目“ESG评级分歧与公司债券市场反应：信息效应、影响机制与功能治理”（项目号：ZR2023MG013）、“泰山学者工程专项经费项目”（项目号：tstp20221111，tsqn202306089）等的资助。

本书适合用于高校高年级本科生和研究生、科研机构和政府部门等相关单位的管理人员、研究人员以及关心ESG评级信息效应的广大读者。希望本书的出版能够为国家相关部门制定具有本土特色的ESG评级体系提供理论依据；为相关监管部门引导提升资本市场信息效率、充分发挥资本市场功能提供具有指导性、操作性的建议；为科研工作者开展ESG评级及其分歧的相关研究以及资本市场信息效率的相关研究提供文献参考。

本书经过多次修改，得以成稿。但是书中难免会存在不足，恳请广大读者批评指正，我们会在以后的工作中不断完善和改进，为我国ESG评级体系建设和资本市场发展贡献绵薄之力。

目　　录

总　论　篇

股票市场篇

债券市场篇

治　理　篇

总论篇

第一章

绪　论

第一节　问题提出

党的二十届三中全会明确指出，构建多层次资本市场以推进资本市场改革和中国式现代化是当前和今后一个时期的重要任务。多层次资本市场建设旨在增强资本市场的稳定性和资源配置效率，从而更好匹配资本供需，推动资本市场高质量发展。信息是现代资本市场的核心要素，提升其公开度和有效性是建设多层次资本市场的关键所在。而作为资本市场参与主体获取企业信息的重要渠道，信息中介公布的信息质量是发挥资本市场调节作用的关键，已然受到了政府部门的高度重视。早在 2014 年 5 月，国务院印发的《国务院关于进一步促进资本市场健康发展的若干意见》中强调规范信息中介的信用评级服务，要健全违约检测和处置机制，切实防范道德风险；到 2021 年 12 月国务院办公厅发布的《关于印发要素市场化配置综合改革试点总体方案的通知》中倡导“支持要素交易平台与金融机构、中介机构合作”；再到 2022 年 5 月国务院办公厅指导的《关于进一步盘活存量资产扩大有效投资的意见》进一步提及“严格落实相关中介机构自律规则、执业标准和业务规范，推动中介机构等履职尽责”等。近年来，国家层面出台的一系列关于规范资本市场信息中介的工作指引，表明我国正逐步规范资本市场信息环境，以满足资本市场各参与主体对第三方信息中介发布信息的高质量需求，为多层次资本市场的建设奠定基础。

传统信息中介多聚焦企业现有经营信息，难以为资本市场各方参与主体观测企业发展的可持续性提供有力支撑（林晚发等，2020）。环境、社会和公司治理（Environment，Social and Governance，ESG）作为可持续发展理念在实体经济的有力投射，是一种关注环境、社会、公司治理绩效而非仅关注财务绩效的价值理念、投资策略和评价工具。早在 2005 年联合国环境署便通过金融倡议推动 ESG 理念普及，强调了其在资本市场的重要指引作用。而我国近年来也愈发重视 ESG 发展理念，证监会于 2023 年发布的《上市公司可持续发展报告指引》中指出，被纳入创业板指数、上证 180 等的上市企业应最晚在 2026 年之前披露 ESG 信息，并不断明确披露标准，增强与国际标准衔接。然而，当前我国尚未形成统一的 ESG 信息披露标准，多数企业未披露或较少披露自身 ESG 信息，导致信息不对称问题严重，甚至由于披露规范的缺失，导致企业普遍存在内部 ESG 实践与外部 ESG 披露不一致的策略性 ESG 披露行为，表现出“漂绿”“漂棕”，加剧了资本市场主体掌握企业真实 ESG 表现的难度。而 ESG 评级机构作为资本市场的新兴信息中介，其向社会公布的 ESG 评级信息往往更具规范性，受到各主体的广泛关注。一方面，ESG 评级机构能够基于自身专业性挖掘更多企业 ESG 信息。例如，明晟评级机构不仅借助企业内部经营信息，还综合企业 ESG 争议得分这一外部指标来评估其 ESG 等级，以求从更客观角度展现企业 ESG 表现。另一方面，ESG 评级机构拥有成熟的评价框架，基于目标设定、指标筛选、权重分配和结果计算等多个环节对企业 ESG 绩效进行严谨考量。由此可见，ESG 评级的发布向资本市场释放了更多 ESG 信息，为市场参与者营造了良好的信息环境，不仅有效提升了资本市场的信息传递效率，而且对于实现资源优化配置、防范和化解金融风险、推动资本市场健康发展具有重要意义。

然而现实中，尽管国内 ESG 相关政策的出台与制度体系的建设正在稳步推进，但由政府监管部门、ESG 评级机构、投资者、企业等主体构成的 ESG 生态体系仍处于起步阶段。制度一致性的缺失、底层数据的质量参差以及 ESG 认知的差异，都加剧了 ESG 生态的复杂性，致使不同评级机构之间的 ESG 评级分歧愈发显著，评级结果更加离散（李慧云等，2024）。值得注意的是，准确透明有效的 ESG 评级差异能够反映企业更多经营状况，给予使用者更丰富的可用信息，辅助其进行投资决策。但现阶段统一标准的缺乏和评级过程的不透明，导致不同评级机构的 ESG 评级差异更多表现为无效分歧，不仅阻碍了资本市场的信息交流，还干扰了 ESG 理念投资者对企业可持续发展能力的价值判断，造成资源配置扭曲、“市场失灵”等问题。换言之，ESG 评级分歧形成的“噪音效应”进一步加剧企业与投资者之间的信息不对称程度（刘向强等，2023），与 ESG 评级建立的初衷背道而驰。与此同时，ESG 评级分歧还会导致证券分析师、信用评级机构等其他资本市场信息主体做出的决策产生偏误，降低资本市场的运行效率。

资本市场各参与主体并非千篇一律，若将其纳入统一研究框架而非区别探索，难以形成助力资本市场发展的有效结论。股票市场与债券市场作为资本市场的重要组成部分，两者既有共性又有差异。一方面，股票与债券作为资本市场的关键融资渠道，两者价格均受市场供需影响，并反映出投资者对市场、经济环境与企业未来发展的预期。同时，股票和债券市场作为资本流动的主阵地，其信息传递效率显得尤为关键。无论是投资者基于企业、政府信息衡量产品投资回报，还是发行主体披露更多信息以增强投资者信心，都展现出健全市场信息环境的必要性。另一方面，股票与债券所附带的所有权性质存在本质差异，股东拥有收益分红与投票的权利，债权人则仅享有固定的利息收入，因而股票投资者的风险承受能力通常高于债券投资者，导致资本市场异质参与主体面对 ESG 评级及其分歧时的反应不同。本书聚焦股票市场中的股票定价效率与分析师预测，以及债券市场中的债券信用利差与债券主体信用评级，分别展现不同市场参与主体面临 ESG 评级及其分歧时的直接与间接信息效应，进而系统分析 ESG 评级对资本市场信息环境的影响。由此本书提出以下研究问题：一是 ESG 评级及其分歧在资本市场异质参与主体中究竟扮演着何种角色，能否有效提升资本市场效率？二是 ESG 评级及其分歧对资本市场信息环境的作用机理是否存在矛盾性？三是在不同情景条件下 ESG 评级及其分歧对资本市场参与主体的作用又会发生何种变化？研究上述问题有助于明晰 ESG 评级在资本市场信息环境中扮演的关键角色，挖掘ESG评级以及ESG评级分歧对资本市场参与主体行为的影响及其作用过程，为ESG评级体系的完善和后续发展提供理论支撑，助力资本市场更好地服务实体经济高质量发展、推动中国多层次资本市场建设。

第二节　研究目的与意义

一、研究目的

本书主要对ESG评级进入及其分歧时的资本市场信息效应和功能治理进行分析，以期完成以下研究目标。

第一，构建资本市场异质参与主体对ESG评级的行为反应理论分析框架。现阶段，我国ESG评级尚未形成统一的测量方法和行业标准，资本市场上存在较多真实性有待考证的ESG评级。这使得目前ESG评级体系对市场各参与主体的实践指导效应存在不确定性影响，难以明晰ESG评级这一关键信息指标发挥的指引作用，不利于资本市场良好信息环境的构建。同时，若无法明晰ESG评级及其分歧的信息效应，把握其未来发展趋势，则难以为后续ESG评级的规范化发展提供指引。因此，亟须将ESG评级及其分歧、资本市场异质参与主体等纳入同一研究框架，探究股票投资者、证券分析师、债券投资者、信用评级机构应对ESG评级及其分歧时的行为模式，从而在整体上把握ESG评级进入和ESG评级分歧的资本市场信息效应，为治理资本市场ESG信息症结做好前期背书。

第二，梳理ESG评级对资本市场异质参与主体影响的作用机制。不同类型的资本市场具有不同的性质与功能，而各市场中的异质参与主体的角色定位、行为特点亦存在差异，其中，投资者具有逐利动机，倾向对公司风险评判后确定股票或债券的定价；而证券分析师、信用评级机构等则通过向市场投资者或上市公司提供服务进而赚取佣金。本书将资本市场划为债券市场与股票市场，探索两个市场中ESG评级进入和ESG评级分歧对不同主体行为的影响机制，进而深入辨析 ESG 评级的资本市场信息效应。并且有必要立足于资本市场各参与主体本身，挖掘不同主体应对 ESG 评级及其分歧时的行为差异。

第三，探索不同情境下 ESG 评级及其分歧的影响效应。无论是当前 ESG 评级机构自身的异质特征，还是市场参与主体所处的货币、政策、法治、金融等差异环境，都在影响着 ESG 评级及其分歧与资本市场参与主体间的交互关系，导致资本市场异质参与主体面对 ESG 评级时出现行为差异。基于此，本书尽可能寻找更多内外部情境条件以展示两者更多维度下的关系变化。同时，ESG 评级作为影响市场信息环境的新兴因素，与各主体原本所处的市场信息环境可能存在互补或替代关系，使得异质参与主体面对 ESG 评级进入和分歧时，其行为决策变得更加复杂。因此，有必要嵌入多种特征情境，明晰 ESG 评级及其分歧在资本市场中信息效应的边界条件，全面理解异质参与主体行为模式的多元性和复杂性。

第四，构建并优化 ESG 评级体系以促进资本市场有效发挥信息中介功能的实施策略。现阶段，影响 ESG 评级发挥作用的关键在于现有制度的构建，ESG 评级的形成涉及相关标准的制定、披露监管的要求、企业信息的披露、评级机构的数据处理等多方面，是一项多方主体关联的复杂体系。若未能形成统一的 ESG 评级制度规范，将无法发挥其在资本市场的关键作用。除了加强统一性制度建设外，由于资本市场具有多市场分类和多主体参与的特征，使得 ESG 评级进入和 ESG 评级分歧对资本市场的影响较为复杂，迫切需要针对 ESG 评级分歧的现状进行系统性治理，并同时从资本市场端出发，制定引导提升资本市场各参与主体成熟度的应对策略。

二、研究意义

（一）理论层面

一方面，本书丰富了 ESG 评级的信息效应研究，有针对性地构建了 ESG 评级进入与 ESG 评级分歧差异化影响的理论框架。首先，借助利益相关者理论、风险溢价理论、信息不对称理论和信息生态系统理论等基础理论，明晰了ESG评级影响效应的作用机理，揭示了ESG评级动态变化下资本市场信息环境的转变。其次，本书并非笼统将ESG评级进入与ESG评级分歧纳入同一理论框架，而是基于进入与分歧的特征差异，寻求相应理论支撑，以系统展现ESG评级信息效应。最后，区别于传统信息效应的研究，本书统筹探索了ESG评级首次进入后与发展过程中的信息效应，通过探究ESG评级进入及其分歧如何作用于资本市场信息环境，从时间周期维度构建了坚实的理论分析体系，以全面展现本书的研究结论。

另一方面，本书拓展了资本市场主体的行为决策研究，旨在深入剖析资本市场中不同参与主体（涵盖股票投资者、债券投资者、证券分析师以及信用评级机构）在面临信息环境变化时所展现出的差异化反应。本书不仅深入剖析了在差异化的风险承受能力与收益回报需求驱动下，股票市场与债券市场中各参与主体的决策行为所展现出的独特特征，并进一步揭示了资本市场信息环境的动态变迁对各类主体产生的异质影响；还基于相关理论基础，探讨市场主体基于信息需求、信息来源和信息要求的决策机制，并分析了ESG评级作为关键市场信息对主体行为逻辑的影响，从而为引导各市场主体合理利用ESG评级信息，以及应对ESG评级分歧提供了理论基础。

（二）实践意义

一方面，本书为监管机构制定适合本土市场的ESG评级政策提供了实用性指导。现阶段，我国ESG评级体系尚不成熟且缺乏标准，本书提出应从政策层面推动ESG评级标准的统一，并为异质化评级分歧建立完善的监管框架。同时强调对于ESG评级分歧带来的不利影响，当前亟须采取政策措施改善信息透明度，降低评级分歧对市场秩序的冲击，从而确保资本市场ESG信息环境逐渐成熟，提高市场定价效率与发挥资源配置功能。并且，本书的研究为中国资本市场建立规范化、系统化的ESG评级体系提供了系统指引，为监管机构在日后应对复杂ESG评级环境奠定了理论基础，并提出了切合中国现实情境的相关政策建议与实施方式。

另一方面，本书聚焦股票投资者、证券分析师、信用评级机构、债券投资者四大关键市场主体，通过系统分析各个主体面对 ESG 评级进入及分歧时的决策行为，为其行为优化提供了实践指导。针对股票和债券投资者，驱动其理性利用 ESG 评级信息，避免因评级分歧而产生非理性投资行为是其面对环境变化时的重点考虑；对于证券分析师，研究建议通过加强信息筛选能力和提高预测精度，帮助分析师在评级分歧的情境下更好地识别企业特质信息；对信用评级机构，通过完善评级流程和提高评级透明度来规避评级膨胀问题显得尤为关键。本书从实践层面来引导市场主体在 ESG 评级体系下做出理性决策，进而为提升市场效率奠定了有力基础。

第三节 研究内容与研究方法

一、研究内容

本书以信号传递理论、风险溢价理论和有限关注理论等为基础，深入探讨资本市场中异质主体对环境、社会和公司治理信息的反应机制，重点分析 ESG 评级进入及评级分歧对股票市场和债券市场主要参与者的行为影响和决策模式。在股票市场方面，着重考察 ESG 评级进入及评级分歧对股票投资者股票定价效率和证券分析师预测精度的影响效应、作用机理和边界条件。在债券市场方面，重点分析 ESG 评级进入及评级分歧对债券投资者债券信用利差和债券主体信用评级的影响效应、作用机理和边界条件。同时，本书通过引入信息生态系统理论，构建了对 ESG 评级体系及其分歧的全新治理框架，明确了不同市场参与主体在面对 ESG 评级变化时的策略调整，为优化 ESG 评级体系建设、减少 ESG 评级无效分歧、更好发挥资本市场功能提供参考。研究总体框架主要从以下四个部分展开。

（一）第一篇：总论篇

本部分系统搭建资本市场异质参与主体对上市公司 ESG 评级的相关理

论基础与行为反应框架，辨析上市公司ESG评级发展现状及ESG评级分歧特征事实。

1. 资本市场异质参与主体对上市公司ESG评级的行为反应框架构建

本部分主要构建上市公司ESG评级及其分歧下的资本市场异质参与主体行为分析框架。首先，立足中国ESG评级体系的发展现状，整合信号传递理论、风险溢价理论和有限关注理论等理论基础，深入剖析股票市场和债券市场主要参与者面对ESG评级及其分歧时的行为模式和作用机理。其次，结合资本市场参与主体的异质性特征以及ESG评级机构的国别属性差异，系统考察四类关键主体（股票投资者、证券分析师、债券投资者、信用评级机构）的行为动机和决策偏好，揭示ESG评级信息在不同主体间的传导机制和影响效应。特别关注评级机构的国别差异可能导致的评级分歧及其对市场参与者行为的潜在影响。再次，分别从股票投资者情绪、分析师信息挖掘、债券投资者关注、信用评级机构迎合视角，明晰ESG评级进入及其分歧影响资本市场参与主体行为的作用机制，打开了ESG评级对异质参与主体影响的“黑箱”。同时，根据异质市场参与主体的行为逻辑，重点考察不同市场环境下参与主体的行为选择：在货币政策环境下的股票投资者行为、市场信息环境下的证券分析师决策、金融发展环境下的债券投资者策略，以及营商环境下信用评级机构的应对方式。最后，基于信息生态系统理论，构建ESG评级体系及其分歧的治理框架，系统提出针对异质主体的差异化应对策略，为有效发挥上市公司ESG评级信息效应、推动资本市场健康发展和制度改革的长效机制构建，提供理论指导和有益参考。

2. 中国上市公司ESG评级发展现状及ESG评级分歧的特征事实识别

本部分聚焦于ESG发展历程与上市公司ESG表现，深入探讨中国ESG评级体系的发展现状、存在问题及其成因。首先，从历史发展的角度，分析上市公司ESG表现。具体从萌芽、实践、普及和深化四个ESG评级的发展阶段出发，系统梳理ESG的演变历程，明确ESG当前快速发展阶段中上市公司在ESG方面的积极行为与消极表现。其次，考察中国上市公司ESG评级体系的构建与运行情况。具体从上层建筑和下层基础两个层面进行分析，其中，上层建筑涉及标准指引和政策监管，明确政府和行业协会在制定 ESG 标准和监管政策方面的角色；下层基础则关注 ESG 评级机构的发展现状，重点分析这些机构如何采用和执行上层建筑的指引和标准。再次，通过对 ESG 评级机构实践的分析，揭示 ESG 评级分歧的特征，从机构的国别属性、专职属性和指标丰富度三个方面分析 ESG 评级分歧的内部特征；并从时间、地区和行业三个维度探讨其外部特征。这种差异性分析有助于理解评级结果的多样性及其背后的驱动因素。最后，依据 ESG 评级的决策链条，即标准制定、披露要求、数据披露、数据采集和评分评级，系统识别评级分歧的成因；通过理念、数据和技术三个维度，分析这些分歧的立体化成因，包括理念上的差异、数据获取和处理的挑战，以及技术应用的局限性。

（二）第二篇：股票市场

本部分主要以股票市场参与主体为切入点，考察 ESG 评级进入及其分歧在股票市场异质参与主体中的信息效应。

1. 上市公司 ESG 评级对股票投资者的信息效应

基于股票定价效率，分析股票投资者对 ESG 评级进入及其分歧的行为反应。围绕这一主题，首先，基于股票市场定价效率的重要性以及 ESG 评级的信息效应，系统提出研究问题：ESG 评级进入如何通过其信息效应影响股票市场的定价效率？当不同评级机构对同一企业的 ESG 评级存在分歧时，投资者的反应将如何变化？其次，结合信号传递理论，实证检验投资者在 ESG 评级进入市场以及评级分歧情况下的行为反应，识别其行为如何映射到股票定价效率的变化。同时，考虑到国外评级机构可能带来不同的信息质量和可靠性，影响投资者对企业的信任度和投资决策，本书通过区分国内外 ESG 评级机构，探讨股票投资者对不同类型评级结果的异质反应。再次，立足股票投资者情绪，从投资者情绪波动、投资者交易参考以及股票流动性三个方面深入挖掘 ESG 评级进入及其分歧对股票定价效率的影响机制。最后，考虑到外部经济环境的复杂性，探讨了在不同货币政策情境下 ESG 评级进入及其分歧对股票定价效率的不同影响。该部分不仅深化了对 ESG 评级在股票市场定价效率中作用的理解，还揭示了信息来源、投资者情绪和外部经济环境等因素在其中的作用，对于投资者、政策制定者以及企业管理层在制定投资策略、监管政策和公司治理方面具有重要的理论和实践意义。

2. 上市公司 ESG 评级对证券分析师的信息效应

基于证券分析师预测精度，分析证券分析师对 ESG 评级进入及其分歧的行为反应。围绕这一主题，首先，基于证券分析师预测的信号传递功能和 ESG 评级的信息效应，系统提出研究问题：ESG 评级进入如何通过其信息效应影响证券分析师的预测精度？当不同评级机构对同一企业的 ESG 评级存在分歧时，分析师的预测将如何变化？其次，结合信息不对称理论，本书通过实证检验分析师对 ESG 评级进入和 ESG 评级分歧的反应，识别反应如何映射到预测精度的变化。同时，考虑到国外评级机构的参与可能带来不同的信息质量和可靠性，从而影响分析师的判断和预测，通过区分国内外 ESG 评级机构，进一步明确分析师对不同类型评级结果的异质反应。再次，立足于分析师的预测能力，本书从信息筛选难度、分析师注意力集中度以及明星分析师属性三个方面深入挖掘 ESG 评级进入及其分歧对分析师预测精度的影响机制。最后，从信息环境的角度出发，本书探讨在媒体关注程度和企业是否参考 GRI 披露标准的情境下，ESG 评级进入及其分歧对分析师预测精度的不同影响。该部分不仅丰富了对 ESG 评级在证券分析师的理解，还揭示了信息不对称和信息环境对分析师预测行为的作用，对于提升分析师的预测能力、优化 ESG 评级体系以及制定相关政策具有重要的理论和实践意义。

（三）第三篇：债券市场

本部分以债券市场参与主体为切入点，考察上市公司 ESG 评级在债券市场异质参与主体中的信息效应。

1. 上市公司 ESG 评级对债券投资者的信息效应

基于债券信用利差，分析债券投资者对 ESG 评级进入及其分歧的行为反应。围绕这一主题，首先，基于债券定价在金融市场中的重要性以及 ESG 评级的信息效应，系统提出研究问题：ESG 评级进入如何通过其信息效应影响债券市场的定价效率？当不同评级机构对同一企业的 ESG 评级存在分歧时，投资者的反应又如何变化？其次，结合有限关注理论，本书通过实证分析债券投资者在 ESG 评级进入市场以及评级分歧情况下的行为反应，识别这些反应如何映射到债券信用利差的变化。同时，考虑到国外评级机构可能具有更高的国际认可度和信息质量，这可能影响投资者对企业信用风险的评估，从而对债券信用利差产生不同的影响，本书通过区分国内外 ESG 评级机构，探讨债券投资者对不同类型评级结果的异质反应。再次，立足于投资者有限关注约束特征，从投资者信息搜索量、债券特质信息以及发债主体的套利限制属性三个方面，深入挖掘 ESG 评级进入及其分歧对债券信用利差的影响机制。最后，考虑到金融发展环境，本书探讨了在资本充足率变化和不良贷款率变化的情境下，ESG 评级进入及其分歧对债券信用利差的不同影响。该部分不仅深化了对 ESG 评级在债券市场定价效率中的作用理解，还揭示了信息来源、投资者有限关注和外部金融稳健性环境等因素在其中的作用，对于债券投资者、政策制定者及企业管理层在制定投资策略、监管政策和公司治理方面具有重要的理论和实践意义。

2. 上市公司 ESG 评级对信用评级机构的信息效应

基于发债主体信用评级，分析信用评级机构对 ESG 评级进入及其分歧的行为反应。围绕这一主题，首先，基于信用评级的信号传递功能和 ESG 评级的信息效应，系统提出研究问题：ESG 评级进入如何通过其信息效应影响发债主体的信用评级？当不同评级机构对同一企业的 ESG 评级存在分歧时，信用评级机构及投资者将如何反应？其次，立足于迎合动机和声誉动机，本书通过实证分析检验了信用评级机构对 ESG 评级进入及其分歧的反应，识别这些反应如何映射到发债主体信用评级的变化。同时，考虑到国外评级机构通常具备较高的国际认可度和信息质量，可能影响信用评级机构对企业信用风险的评估，从而呈现出不同的反应模式，本书通过区分国内外 ESG 评级机构，进一步明确信用评级机构对不同类型评级结果的异质反应。再次，从信用评级预测能力、信用评级付费制度以及信用评级机构的外资属性三个方面，深入挖掘 ESG 评级进入及其分歧对信用评级机构行为的影响机制。最后，从外部营商环境出发，探讨在不同市场化程度和法治化程度的情境下，ESG 评级进入及其分歧对发债主体信用评级的不同影响。该部分不仅深化了对 ESG 评级在信用评级过程中的作用理解，还揭示了信息传递、机构动机及外部环境对信用评级行为的作用，对于信用评级机构优化评级方法、政策制定者完善监管框架，以及企业提升 ESG 表现具有重要的理论和实践意义。

（四）第四篇：治理篇

本部分构建上市公司 ESG 评级的功能治理体系，系统提出资本市场异质参与主体应对上市公司 ESG 评级及其分歧的行为策略。

1. 基于信息生态系统构建上市公司 ESG 评级的功能治理体系

本部分基于信息生态系统理论，系统提出构建 ESG 评级体系及治理评级分歧的逻辑框架。首先，从信息生态因子和信息生态链两个方面，探讨信息生态系统与 ESG 评级体系的匹配性和适用性。信息生态因子包括信息的来源、传播方式、接收者及其互动关系，而信息生态链则涉及信息的生成、加工、传播与反馈过程。在此基础上，结合 ESG 评级的决策链条及多维主体的现实背景，构建了一个全面的 ESG 评级分歧治理框架，旨在有效识别和解决不同主体在 ESG 评级过程中可能出现的分歧，确保评级体系的公正性和透明度。其次，在所构建的治理框架下，深入剖析信息生态系统的四个核心要素：信息人、信息本体、信息技术和信息环境，通过明确以上要素在信息生态系统中的指向性，进一步细化 ESG 评级分歧治理的具体内涵，包括信息透明度的提升、数据共享机制的建立、技术标准的统一以及环境适应性的增强等。最后，实现 ESG 评级分歧治理需求与信息生态系统核心理念的有机结合，从人本观、互动观、系统观和平衡观四个维度提出切实可行的治理方案。通过上述逻辑框架和治理方案，本书不仅为 ESG 评级体系的构建提供了理论支持和实践指导，还为解决评级分歧问题提供了系统性的方法，对于提升 ESG 评级的科学性和权威性，促进可持续投资决策，以及推动企业履行社会责任具有重要理论和现实意义。

2. 资本市场异质参与主体应对上市公司 ESG 评级及其分歧的行为策略

本部分将在上述研究内容的基础上，根据我国上市公司 ESG 评级对资本市场异质参与主体的影响效应、作用机制和边界条件，充分考虑股票市场和债券市场异质参与主体的行为动机，区分国内外 ESG 评级的影响差异，结合 ESG 评级对异质参与主体影响的作用机制和外部情境下的边界条件，针对资本市场异质参与主体对评级进入及评级分歧的不同反应，制定分类管理的可行策略，规范异质参与主体的行为动机，提升异质参与主体的信息辨别能力，以期缓解 ESG 评级分歧的负面冲击，助力资本市场健康发展。

二、研究方法

1. 多时点双重差分模型

多时点双重差分模型（Multi – Period Difference – in – Differences，MPDID）是传统双重差分模型（DID）的扩展，适用于处理多时间点和处理组的复杂政策评估情景。MPDID 模型的核心优势在于其灵活性，允许研究者分析政策实施的动态效应，捕捉短期和长期影响，并考虑处理效果的异质性。这种方法通过引入多时间周期和处理组，克服了传统 DID 模型在处理复杂政策情境时的局限性。MPDID 通常采用面板数据回归方法，模型规范通常包括单位固定效应、时间固定效应，以及表示不同处理时间和强度的指标变量。具体到本书的应用中，ESG 评级机构选择评价上市公司的时间和个体不同，为探究 ESG 评级进入和 ESG 评级分歧对资本市场异质性参与主体行为的影响构造了天然的外生事件，本书利用多时点双重差分模型分别检验 ESG 评级进入和 ESG 评级分歧的资本市场信息效应。

2. 固定效应面板模型

固定效应面板模型，广泛应用于处理纵向数据中的非观测异质性问题。该方法通过控制个体特定的时间不变因素，有效缓解了遗漏变量偏误，提高了估计的一致性和效率。在模型设定中，该方法的核心在于通过去均值化或一阶差分等技术消除个体差异，从而获得核心解释变量系数的一致估计，而这一过程实质上利用了个体内变异，而非个体间变异。固定效应模型的主要优势在于其能够控制难以观测或测量的时间不变因素，如个体的遗传特征或初始禀赋。研究者常须权衡固定效应与随机效应模型的选择，通常借助Hausman检验等统计工具进行模型选择。在具体实证应用中，本书通过建立固定效应面板模型，实证检验ESG评级及其分歧对资本市场异质性参与主体的影响效应，以消除行业、年份等因素对结果可能造成的影响。

3. 倾向得分匹配法

倾向得分匹配法（Propensity Score Matching，PSM）是一种广泛应用于观察性研究中的统计方法，主要用于评估政策干预或处理效果。PSM的核心思想是通过创建一个与处理组在关键特征上相似的对照组，来模拟随机试验的条件。这一过程分为以下几个关键步骤：第一步，计算倾向得分。使用逻辑回归或Probit模型来估计每个个体接受处理的概率（即倾向得分）。第二步，匹配。根据计算出的倾向得分，将处理组中的每个个体与对照组中倾向得分最接近的个体进行匹配。常用的匹配方法包括最近邻匹配、卡尺匹配和核匹配等。第三步，平衡检验。匹配后，需要检查处理组和对照组在关键特征上是否达到了良好的平衡。这通常通过比较两组在各个协变量上的均值差异来实现。第四步，效果估计。通过比较匹配后的处理组和对照组的结果来估计处理效果。PSM的主要优势在于它能够减少选择偏差，提高因果推断的可靠性。它适用于处理组和对照组在基线特征上存在系统性差异的情况。具体到本书的应用中，为避免因资本市场异质性参与主体在行为偏好等方面存在显著差异导致的样本选择偏差，本书采用倾向得分匹配法，精准识别不同主体对ESG评级及分歧反应的净效应。

4. 安慰剂检验法

安慰剂检验法（Placebo Test）是一种在计量经济学和实证研究中广泛使用的验证方法，旨在评估研究结果的可靠性和稳健性。这种方法的核心思想源于医学研究中的安慰剂概念，即使用一个理论上不应产生效果的虚假处理来验证真实处理效果的有效性。在实证研究中，一种常见的方法论是实施随机安慰剂检验。该检验涉及对研究样本进行预定次数的随机化处理，随后评估随机化处理后的双重差分模型项系数或观测值的核密度分布是否主要聚集于零点附近，并检验其是否显著偏离原始估计的真实值。通过这一过程，能够评估因果推断的稳健性，从而确保研究结果不是由样本中的随机变异所驱动，增强因果推断的可信度，并提供一种直观的方式来展示研究结果的稳健性。具体到本书的应用中，安慰剂检验法为提升 ESG 评级进入和 ESG 评级分歧冲击效应的稳健性提供了重要帮助，本书通过随机抽取研究样本数据，评估 ESG 评级及其分歧对资本市场异质参与性主体的影响，以解决样本随机性不足、潜在虚假相关和模型误设等问题。

第四节 研究思路与创新

一、研究技术路线

本书深入探讨了资本市场中异质主体对 ESG 信息的反应机制，重点分析了 ESG 评级进入及评级分歧对股票市场和债券市场中四类参与者的行为影响和决策模式，系统提出了资本市场异质参与主体应对上市公司 ESG 评级及其分歧的行为策略。本书的研究技术路线如图 1 – 1 所示。

二、研究创新点

第一，首创性地构建了区分资本市场异质性参与主体的 ESG 评级及其分歧下的资本市场反应行为分析框架。既往研究大多将资本市场参与者视为同质群体，忽略了不同参与者对 ESG 信息的不同反应。本书突破了这一局限，基于信号传递理论、风险溢价理论和有限关注理论，构建了资本市场异质性参与主体的全新分析框架。该框架清晰地区分了股票市场（股票投资者和证券分析师）和债券市场（债券投资者和信用评级机构）两大类参与主体，并深入分析了 ESG 评级及其分歧对不同主体的差异化影响，揭示了 ESG 评级与分歧如何影响股票投资者的投资决策、证券分析师的盈余

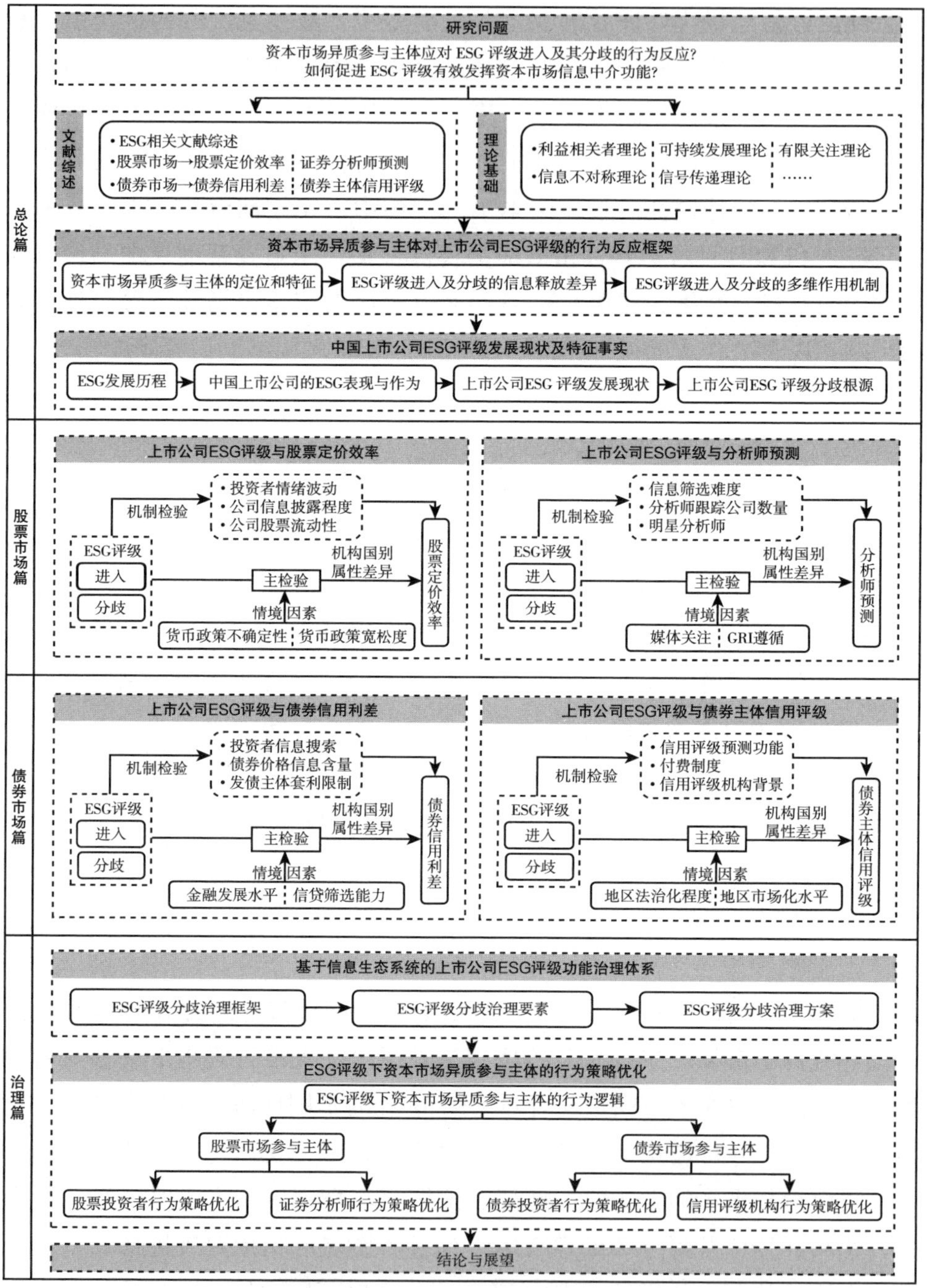
总论篇
研究问题
资本市场异质参与主体应对ESG评级进入及其分歧的行为反应?
如何促进ESG评级有效发挥资本市场信息中介功能?
文献综述
•ESG相关文献综述
•股票市场→股票定价效率
证券分析师预测
•债券市场→债券信用利差
债券主体信用评级
理论基础
•利益相关者理论
可持续发展理论
有限关注理论
•信息不对称理论
信号传递理论
……
资本市场异质参与主体对上市公司ESG评级的行为反应框架
资本市场异质参与主体的定位和特征
ESG评级进入及分歧的信息释放差异
ESG评级进入及分歧的多维作用机制
中国上市公司ESG评级发展现状及特征事实
ESG发展历程
中国上市公司的ESG表现与作为
上市公司ESG评级发展现状
上市公司ESG评级分歧根源
股票市场篇
上市公司ESG评级与股票定价效率
机制检验
•投资者情绪波动
•公司信息披露程度
•公司股票流动性
ESG评级
进入
分歧
主检验
机构国别属性差异
情境因素
货币政策不确定性
货币政策宽松度
股票定价效率
上市公司ESG评级与分析师预测
机制检验
•信息筛选难度
•分析师跟踪公司数量
•明星分析师
ESG评级
进入
分歧
主检验
机构国别属性差异
情境因素
媒体关注
GRI遵循
分析师预测
债券市场篇
上市公司ESG评级与债券信用利差
机制检验
•投资者信息搜索
•债券价格信息含量
•发债主体套利限制
ESG评级
进入
分歧
主检验
机构国别属性差异
情境因素
金融发展水平
信贷筛选能力
债券信用利差
上市公司ESG评级与债券主体信用评级
机制检验
•信用评级预测功能
•付费制度
•信用评级机构背景
ESG评级
进入
分歧
主检验
机构国别属性差异
情境因素
地区法治化程度
地区市场化水平
债券主体信用评级
治理篇
基于信息生态系统的上市公司ESG评级功能治理体系
ESG评级分歧治理框架
ESG评级分歧治理要素
ESG评级分歧治理方案
ESG评级下资本市场异质参与主体的行为策略优化
ESG评级下资本市场异质参与主体的行为逻辑
股票市场参与主体
债券市场参与主体
股票投资者行为策略优化
证券分析师行为策略优化
债券投资者行为策略优化
信用评级机构行为策略优化
结论与展望

图1-1 本书的技术路线

预测、债券投资者的风险评估以及信用评级机构的评级行为。通过区分资本市场的异质参与主体，本书能够更准确地捕捉ESG评级信息在资本市场中的传导机制，并为后续研究提供更精细的分析工具。

第二，从异质性参与主体的行为特征出发，厘清了ESG评级及其分歧对资本市场影响的作用机制。本书不仅关注ESG评级及其分歧的直接影响，还进一步探究了其背后的行为机制。通过将风险偏好、有限关注、信息处理能力等行为特征引入分析框架，本书揭示了ESG评级信息如何影响不同参与主体的动机、情绪和能力，进而影响其决策行为。研究发现，ESG评级分歧加剧了投资者情绪波动，进而影响了资本市场的定价效率；同时，ESG评级信息也影响了分析师和信用评级机构的信息筛选和处理能力，进而影响了其盈利预测和信用评级的准确性。这一系列研究发现有助于深入理解ESG评级信息如何作用于资本市场，并为投资者、监管机构等相关主体提供更有效的决策依据。

第三，深入考察了不同情境因素对资本市场异质性参与主体面对ESG评级及其分歧时差异反应的影响。考虑到国内外ESG评级体系和市场环境的差异，本书并未止步于一般性规律的探讨，而是深入分析了不同情境因素对市场参与主体行为的影响。研究发现，市场参与主体对不同国别ESG评级机构的权威性存在显著偏好，对国际知名评级机构的认可度更高。此外，货币政策、信息环境等宏观因素也会影响参与主体对ESG评级信息的敏感性和反应程度。通过对这些情境因素的细致分析，本书拓展了ESG评级信息效应的边界条件，并为不同市场环境下的政策制定提供相应的参考依据。

第四，基于信息生态系统理论，构建了ESG评级信息中介功能的完整治理体系框架。本书不局限于“头痛医头，脚痛医脚”式的治理方式，而是从信息生态系统理论出发，构建涵盖ESG评级端和资本市场端的全链式治理体系框架。该框架强调人本观、互动观、系统观和平衡观，旨在促进ESG评级信息在资本市场中有效流动和充分利用。治理框架不仅关注ESG评级机构的信息披露质量和评级方法的科学性，也关注资本市场参与主体的ESG信息素养和风险管理能力。

第五，探索了ESG评级与其他信息的协同作用机制，并提出了优化信息整合策略。考虑到投资者在进行投资决策时往往会参考多种来源的信息，本书并非孤立地看待ESG评级信息，而是将其置于更广阔的信息生态系统中进行考察。研究探索了ESG评级信息与财务信息、行业信息等其他信息的协同作用机制，并提出了优化信息整合策略，以帮助投资者更有效地利用各种信息进行投资决策，建议投资者应全面综合考虑ESG评级和其他信息来源，并根据自身风险偏好和投资目标制定个性化的信息整合策略。

第二章

文献综述

第一节 ESG 相关文献综述

一、ESG 内涵

ESG 在 2004 年由联合国全球契约首次提出，是一种综合考虑企业环境、社会和公司治理绩效的价值理念、投资策略和企业评价标准（陈红和张凌霄，2023）。其中，E（Environmental）表示企业经营活动与环境的关系，涉及企业对自然环境的影响及其管理方式，主要从企业对资源的利用是否符合可持续发展标准、是否符合“环境友好”理念等角度进行评估，关注企业如何减少负面环境影响和提高资源使用效率；S（Social）关注企业如何通过公平、负责和包容的方式运营，主要考察企业与其员工、供应链、社区及其他利益相关者的关系，强调企业在保障股东利益最大化的同时也要保障员工、客户等其他利益相关者的权益；G（Governance）涉及企业如何通过高效、透明和负责任的治理结构来实现长期的企业价值增长，是由治理环境、治理结构、治理机制和治理行为共同作用并相互影响的综合结果（操群和许骞，2019），反映了企业管理层和董事会如何决策，并确保对所有利益相关者负责。

虽然环境、社会和公司治理是三大独立的维度，但它们相互之间存在紧密的联系。例如，环境管理的提升能减少企业运营的风险，并吸引更多责任投资者；社会责任的履行能提升公司在社区中的信誉和声誉；良好的公司治理能确保企业在环境和社会责任方面的承诺得以落实。因此，环境、社会和公司治理所组成的统一整体涵盖了评估企业或投资在可持续性和商业道德等方面的关键因素，是可持续发展理念与现代企业管理实践的有机结合（潘玉坤和郭萌萌，2023）。通过这三方面的系统考量，ESG 指标为投资者提供了除财务信息以外的重要参考，使其能够全面评估企业的长期价值和可持续发展潜力（王垒和荣翠莲，2024）。因此，ESG 评价体系正在成为全球资本市场中越来越重要的评价标准，促使企业向着更加可持续、负责任的方向发展（唐棣和金星晔，2023）。

随着我国进入高质量发展阶段，ESG 的理论内涵与中国企业高质量发展的内在要求具有天然的一致性（李甜甜和李金甜，2023）。具体来说，环境维度契合了中国绿色发展的战略目标，通过减少污染、提升资源效率、推动低碳经济，为实现“碳达峰、碳中和”目标战略奠定基础（唐棣和金星晔，2023）；社会责任与共同富裕、社会公平的理念高度一致，要求企业不仅创造经济价值，还要提升员工福利、参与社会公益、推动产业链的公平与责任治理，助力社会和谐（马从文等，2024；肖红军等，2024）；公司治理维度则与中国全面深化改革、提升市场透明度的要求相呼应，通过完善企业治理结构、提升信息透明度和监管有效性，推动资本市场的健康发展（李慧云等，2022）。因此，ESG 不仅是企业应对全球化挑战的工具，更是引领中国经济从高速增长向高质量发展转型的重要路径，为国家的长期可持续发展提供有力支撑。

二、ESG 评价标准

随着可持续发展理念的深化，ESG 评价标准从早期关注环境和社会责任，逐步演变为一个更加系统化、结构化的框架，涵盖企业运营的各个方面，成为衡量企业长期风险管理和机会识别能力的核心标准（唐棣和金星晔，2023）。在此期间，越来越多的中国机构参与到企业的 ESG 评级中，包括商道融绿、和讯、华证、润灵、社会价值者投资联盟等，这些机构在不断学习先进的ESG评价体系的同时，也在加速构建具有中国特色的ESG评价体系（王凯和张志伟，2022）。与国外ESG机构相似，中国ESG评级机构的评价体系与国际标准一致，均注重环境、社会和公司治理三个维度，且逐步与全球主流评价体系接轨，如在气候变化、碳排放、员工福利等领域均采用了国际通行的评价指标。但是，与国外ESG机构不同的是，中国的ESG标准更多地反映了国家的政策导向与发展阶段，差异主要体现在本土化考量上。特别是在环境治理和社会责任方面，企业被要求支持政府的"碳达峰、碳中和"目标和共同富裕战略（马从文等，2024；唐棣和金星晔，2023）。此外，中国的公司治理维度更关注企业与政府的关系、政策合规性以及国有企业的特殊治理结构，这与国际上较为独立的公司治理机制有所不同。总体而言，中国的ESG评价标准在努力与国际接轨的同时，保留了对国家经济发展阶段和政策导向的深刻考量（厉伟，2024）。概括来看，ESG的三大核心维度评价标准大致可归纳如下：环境维度评价企业在气候变化、碳排放、资源管理、污染控制等方面的影响和应对措施；社会维度评价企业在社会责任履行方面的表现，特别关注企业对其利益相关者的关心和平衡，如企业的员工关系、社区影响、产品责任、供应链管理和人权保障等方面；公司治理维度的评价则涉及企业的董事会结构、管理层透明度、股东权利保护以及反腐败政策等内容（胡洁等，2023）。

然而，在全球化背景下，各国法律法规、文化和经济发展水平差异较大，导致ESG标准的实施存在地区间的差异，如何制定统一、包容的全球标准成为各界关注的重要问题。特别是在非财务信息不透明的情况下，ESG数据的获取、验证和标准化也是全球ESG发展面临的重大挑战（王凯和张志伟，2022）。随着ESG评价的全球化趋势进一步加速，跨国企业和投资者将推动构建全球范围内统一的ESG标准，减少各地区之间的差异，这也意味着各国需要在环境、社会和治理等领域开展更多的政策协调，以确保全球资本市场的公平竞争和可持续发展。

三、ESG 评价方法

ESG 评价方法主要分为定性分析和定量分析两类。定性分析通常涉及对企业在环境保护、社会责任、公司治理方面的政策、战略和措施进行主观评估，依赖于专家判断和行业背景知识（Christensen et al.，2022）。而定量分析则使用数据驱动的方法，衡量企业的碳排放量、员工流动率、董事会独立性等客观指标（冯钰婷等，2024）。这两种方法各有优劣，定性分析能够捕捉企业文化、战略导向等难以量化的因素，但可能存在主观偏见。定量分析则提供了客观的、易于比较的结果，但有时会忽略企业的长期战略和软实力。评价方法的选择对结果有着直接影响（朱康和唐勇，2022；陈若鸿等，2022），定性分析较容易突出企业的创新和非财务因素，而定量分析更适合大规模、跨行业的比较。因此，不同评级机构往往综合使用这两种方法，以提供更加全面和公正的 ESG 评估（王凯和张志伟，2022）。

虽然投资者和企业越来越认识到 ESG 不仅仅是短期财务绩效的补充，而是衡量企业长期健康与风险管理的关键指标，但由于 ESG 属于非标准化的非财务信息，ESG 评价的准确客观与否往往存在争议（Christensen et al.，2022；冯钰婷等，2024）。在实践中，不同的评级机构在评价标准、权重和数据使用上存在差异，这导致同一企业在不同评级中的得分可能不同，影响了 ESG 评分的一致性（Berg et al.，2022）。Avramov 等（2022）分析了美国六家主要的 ESG 评级机构，发现其 ESG 评级的平均相关性仅为 0.48，而 Berg 等（2022）进一步分析了这种差异的来源，并将其分解为三个方面：E、S、G 的数量或范围不同、衡量方式不同和权重不同，并指出相比于权重差异，范围和衡量方式的差异是产生 ESG 分歧的主要原因。

随着技术的进步和大数据分析的应用，ESG 评价方法在未来的发展趋势将更加精细化、透明化和全球化。ESG 评级将变得更加实时和精确，不再仅依赖于企业的自我报告，而是通过多维度的外部数据源进行验证，如卫星监测、网络数据等。与此同时，随着全球对可持续发展和社会责任的关注不断提升，未来的 ESG 标准也将更加透明，评级机构和企业需要向投资者披露更多的评价方法、数据来源和权重设置来不断提升 ESG 评级的公信力（郑少华和王慧，2024）。

四、企业践行 ESG 的影响因素

（一）企业外部因素对 ESG 表现的影响

外部的宏观环境因素是驱动企业践行 ESG 的重要原因，这些宏观影响因素主要涉及政策法规、社会文化环境、经济发展水平、技术创新等多个维度，企业需要不断适应外部环境的变化，在践行 ESG 的过程中实现可持续发展。

制度理论认为，企业会受到来自国家法律法规、行业标准和社会规范的约束。随着各国政府和国际组织日益注重 ESG 标准，制度环境对企业的行为产生了强大的影响力，促使企业在 ESG 方面保持合规（谭瑾和徐光伟，2023；李雪松等，2024）。就国内的政策环境而言，早在 2007 年，原国家环境保护总局发布的《环境信息公开办法（试行）》就鼓励企业自愿披露环境信息；到 2018 年，证监会修订的《上市公司治理准则》开始确立 ESG 信息披露的基本框架；再到 2022 年 4 月，证监会发布《上市公司投资者关系管理工作指引》，将 ESG 信息作为上市公司与投资者沟通的关键内容，以促进企业透明度的提升，同年 5 月，国资委发布《提高央企控股上市公司质量工作方案》，提出在 2023 年实现央企控股上市公司 ESG 信息披露的全覆盖，旨在通过央企发挥"领头羊"作用进一步推动企业在 ESG 方面的责任履行。

在政策法规日益重视的宏观环境下，特别是在全球范围内推行环境保护、社会责任和公司治理的政策框架下，企业面临的制度压力促使其更加积极地进行 ESG 改革。合法性理论认为，企业的生存依赖于其行为是否被社会公众接受和认可，企业通过开展 ESG 实践可以提升其在社会中的合法性和声誉（白景坤等，2024）。例如，低碳城市试点政策可以鼓励企业加大绿色投入，通过研发低碳绿色技术或增加环境治理投资来改善企业的 ESG 表现（王治等，2023）。在《中华人民共和国环境保护税法》出台后，重污染企业的 ESG 表现显著提升，表明税制绿色化有助于提高重污染企业的可持续发展能力（王禹等，2022），但具有滞后性（王珮等，2021）。在制度环境强烈呼吁可持续发展和社会责任的背景下，企业通过 ESG 战略可以获得社会的认同与支持，减少来自政府、非政府组织和公众的压力。媒体作为利益相关者的代言人，能够将企业的行为广泛传播，从而影响消费者、投资者和监管机构的态度。因此企业往往会更积极地推行 ESG 战略，更加注重 ESG 信息披露质量的提升，以满足社会合法性并塑造良好的公众形象（翟胜宝等，2022）。此外，基于制度理论的资源优势研究发现，企业面临的强制性和模仿性同形制度压力会对 ESG 表现产生显著的积极影响，而规范性同形制度压力会产生负面影响（张慧和黄群慧，2022）。

此外，企业所处地区的经济、技术环境等也会对其 ESG 理念的践行产生重要影响，如地区数字经济的发展对企业 ESG 表现具有积极影响（毕达天等，2023），数字金融发展也可以促进企业 ESG 表现更加优秀，这种促进作用主要通过资金支持效应和技术支持效应实现（杨杰等，2022）。从更为宏观的视角来看，在经济繁荣期，企业盈利能力增强，具备更多资源和动力进行长期投资，践行可持续发展理念。而在经济衰退期，企业往往优先考虑生存问题，ESG 的优先级可能下降，因此经济发展水平直接影响企业对 ESG 的投入程度。技术环境方面，现代技术特别是绿色技术和数字化技术，为企业在环境保护和资源节约上提供了有效解决方案（肖红军等，2024；孙雅妮等，2024）。信息技术和大数据的应用提升了企业治理透明度和责任管理，企业可以通过数字化手段加强对供应链、生产过程、环境影响的管理，提升信息披露的全面性与准确性，从而提高 ESG 治理水平（王应欢和郭永祯，2023；肖红军等，2024）。

（二）企业内部特征对 ESG 表现的影响

企业在践行 ESG 理念的过程中，不仅受到外部环境的影响，还会受到其利益相关者的推动作用。例如，投资者、客户、员工、供应商等会通过不同的方式直接或间接地影响企业的 ESG 战略和实践水平，从而成为企业改进 ESG 表现的动力来源。

基于利益相关者理论，企业不仅要对股东负责，还要对包括员工、供应商、客户和社区在内的广泛利益相关者负责，这些利益相关者通过不同的激励机制共同推动企业践行 ESG 理念（温素彬和方苑，2008）。从微观层面来看，投资者、客户等在企业的关系网络中占据关键地位，他们对企业的期望和需求直接影响企业的 ESG 战略。例如，在供应链关系中，客户越来越关注企业的可持续发展表现，企业为了维持客户关系和提升市场形象，必须在 ESG 方面取得积极进展，这提升了企业的竞争力并帮助企业应对外部冲击（肖红军等，2024）。同时，投资者也通过缓解融资约束、提升信息透明度等方式激励企业改进 ESG 表现，特别是在国有控股、高科技和重点排污企业中，投资者与 ESG 表现之间的正向关联更加显著（陈晓珊和刘洪铎，2023）。在投资关系中，虽然共同机构投资者退出威胁机制对企业 ESG 表现的影响并不显著，但其仍可以发挥治理效应和协同效应，改善企业的 ESG 表现（何青和庄朋涛，2023）。此外，作为一种独特资源，企业声誉在利益相关者网络中发挥重要作用。企业能够通过践行 ESG 责任和提升透明度来获得声誉资本，不仅有助于建立长远的利益相关者关系，还能提升企业的竞争力和市场地位（孙慧等，2023）。

除企业的利益相关者外，其自身特征也会影响 ESG 实践水平。资源基础理论认为企业的竞争优势源于其拥有的独特资源和能力。一方面，企业开展 ESG 实践常常与技术创新资源紧密相关。例如，数字化转型提高了企业运行效率和感知能力，同时也为企业履行 ESG 责任创造了基础条件（王海军等，2022），有利于推动企业践行 ESG 理念。特别是在环境维度上，企业通过研发和应用绿色技术、清洁能源和环保工艺，能够减少资源浪费，提升生产效率。同时，技术创新不仅能帮助企业降低合规和运营成本，还可以开拓新的市场机会，提高企业的长期竞争力（解学梅等，2021）。另一方面，在 ESG 背景下，企业的组织架构、股权结构都可以视为独特的资源。例如，企业党组织治理对 ESG 表现有正向影响，而且党组织成员进入董事会发挥的作用比党组织进入高管层更加有效（柳学信等，2022）。特殊股权构成也是企业 ESG 实践的独特资源，其中，当民营企业有国有资本参股时，其 ESG 表现更好，原因在于国有资本的介入在公司治理和资源引导方面对民营企业的 ESG 实践起到了积极作用（魏延鹏等，2023）。有别于传统意义上对资源的理解，上述关于企业的异质性特征在某种意义上也构成了企业的资源，企业若能通过有效的 ESG 战略整合并开发好这些特殊资源，不仅能提升企业在 ESG 方面的综合竞争力，还能为企业的长期发展提供持续的增长动力。

五、企业践行 ESG 的绩效影响

（一）ESG 表现对股票市场的影响

企业的 ESG 表现关系到其社会责任履行，深刻地影响着资本市场的运作，不仅对股票定价和市场表现有直接影响，还对分析师的预测和投资者的决策起到关键作用。

企业的 ESG 表现直接影响股票定价和市场表现。ESG 表现优异的公司通常能够提升品牌形象，增强客户忠诚度，并通过采用绿色技术减少能源和资源消耗，从而提高利润率和财务表现。这类企业往往能在股票市场上获得溢价，进而推动股价上涨（Kempf and Osthoff，2007；Edmans，2011）。基于对中国 A 股市场的研究发现，与 ESG 低评级公司相比，高评级公司具有更高的平均股票收益率，且在市场低迷时，ESG 带来的额外收益和风险溢价会有所增加（李瑾，2021）。周方召等（2021）通过复合品质因子衡量企业质量，证实了企业的高品质与其优越的股票市场表现密切相关。在此基础上，ESG 表现越好的企业股票收益率也相应更高，这是因为 ESG 表现良好的企业往往被投资者视为管理稳健、透明度高，其股票在市场中表现出更低的波动性和更强的抗风险能力。Kumar 等（2016）的研究表明，披露 ESG 信息的企业股票通常具有低风险、高收益的特征，尤其在经济不确定性较高时，投资者更倾向于购买这些企业的股票。然而，Brammer 等（2006）对英国上市公司的研究表明，企业社会责任表现与其股票超额收益呈现出反向变动的关系。这可能是因为在资本市场发展早期，ESG 理念仍然较为新兴，市场尚未充分认可其价值。同时，企业为了践行 ESG 战略需要投入大量成本，特别是超前实施的企业，短期内这些支出可能未能产生可量化的财务回报，反而压缩了利润空间，进而影响了股东的短期回报。因此，尽管企业 ESG 表现卓越，但短期内的股价表现未必能够充分反映其长远价值（史永东和王淏淼，2023）。

除了影响企业的股价收益外，企业的 ESG 表现对分析师和投资者也具有重要参考价值，不仅影响分析师的预测质量，还对投资者的风险控制决策起到关键作用。对于分析师而言，企业的 ESG 表现能够提升其财务信息的透明度和质量，帮助分析师更准确地评估企业的运营状况和潜在风险，从而提高盈余预测的准确性（孙光国等，2023）。尤其在媒体关注度较低和非明星分析师做出预测的企业中，ESG 表现对盈余预测质量的提升作用更加显著。这是因为在缺乏外部信息渠道时，分析师更依赖企业自愿披露的 ESG 信息，以减少信息不对称，做出更准确的预测。对于投资者来说，购买披露 ESG 信息的企业股票能够降低股价崩盘风险。一方面，依据信息效应，ESG 信息披露减少了信息不对称，使投资者能够更全面地了解企业的运营与风险，避免突然出现的负面消息导致股价崩盘。另一方面，根据投资者情绪效应，ESG 信息披露有助于平抑投资者的情绪波动，稳定市场预期，减少恐慌性抛售的发生（席龙胜和王岩，2022）。此外，经国际四大会计师事务所审计、非国有企业以及分析师关注度较高的企业，由于其信息披露的可信度较高和透明度较好，ESG 披露进一步加强了投资者信心和市场稳定性。这些因素共同表明，企业的 ESG 表现不仅对其本身的运营具有正面影响，还在资本市场中起到了降低风险、提升信任的作用。

（二）ESG 表现对债券市场的影响

企业的 ESG 表现不仅影响其股票市场表现，也对债券市场中的信用评级和融资成本起着关键作用。特别是在债券投资决策中，ESG评级的透明度和信息质量成为投资者评估长期信用风险的核心要素，这一转变也表明企业的可持续发展能力已经成为衡量其市场表现的重要维度。

在债券市场，ESG评级通过提升信息披露的透明度和质量，能够显著降低发行人的债券信用利差，从而减少企业的融资成本（张金清等，2024）。债券市场的投资者更关注企业的长期偿债能力和风险水平，ESG绩效突出的企业通常被认为信用风险较低，将其纳入固定收益投资分析可以获得稳定回报，因此更容易获得投资者的青睐（Inderst and Stewart，2018）。特别是在发行绿色债券或可持续发展债券时，企业的ESG绩效已成为评估其信用风险的重要考量。并且，良好的ESG表现不仅可以降低企业的违约风险，减少债券信用利差（杜通和张文迪，2023），还能够吸引更多的长期投资者，如养老基金和保险公司等（陈志国等，2014）。这类投资者注重稳健的长期收益，而ESG绩效突出的企业债券正是他们理想的投资标的。

此外，债券评级机构也越来越多地将ESG因素纳入其信用评级体系。随着债券市场中信用违约事件的频发，传统依赖经营和财务数据的信用评级模型暴露出其在风险识别和预警方面的局限性。但是良好的ESG实践意味着企业在环境和社会责任方面遵守相关法律法规，并具备健全的治理结构，这种稳定的运营环境和良好的声誉帮助企业获得较高的信用评级（侯昊鹏，2012）。因此，ESG指标作为对传统信用评级框架的有益补充，已经成为提升企业信用资质的重要参考（王鹏，2022）。特别是在公司治理方面，当前国内信用评级方法中的公司治理、财务质量等均是信用评级考察的重要因素之一（高慧珂，2021）。与此同时，企业规模越大，企业ESG表现与债券评级的关系越显著（张仁一等，2022），这意味着大型企业更有能力实施和管理ESG战略，从而获得更高的信用评级并进一步增强投资者的信心。随着ESG在债券市场中的影响力持续扩大，ESG表现将越来越成为决定企业融资成本和市场地位的关键因素。

第二节　股票定价效率相关文献综述

一、股票定价效率的测度方式

（一）理性预期下的股票定价效率测度方式

自股票市场诞生以来，股票定价效率的探索与研究从未停止。由于股票价格变动具有很大的不确定性，股票定价效率的测度存在较多观点（Sharpe，1964），其大致可分为两类：一类基于理性预期，另一类则立足于非理性预期。理性预期下的股票定价效率测度方式又分为单因子资本资产定价理论、三因子资产定价理论以及五因子资产定价理论。

（1）单因子资本资产定价理论。单因子模型源自均值—方差框架，并结合了市场组合的概念，形成了经典的单因子资本资产定价模型（CAPM）。该模型的核心观点认为，股票的回报率主要受到其风险溢价的影响，而这种定价逻辑表明，股票的风险溢价是市场组合风险溢价与个股市场敏感度的乘积。基于此，CAPM 通过将无风险利率与股票特有的风险溢价相加确定资产的预期回报。鉴于模型假设市场预期具有理性，实际观察到的股票回报率与预测的回报率之间的差异仅体现为一个随机误差项，且这一随机误差项的期望为零。与此同时，标准的 CAPM 还探讨了是否存在无风险资产（Fama，1991）、是否允许卖空（Fama and French，2004）两个类型。尽管 CAPM 模型简单明了，但其对现实的预测却存在偏误（Fama，2014），且使用该模型将会导致市值效应以及价值效应（Fama，1991），这些异常现象进一步推动了单因子定价模型的进一步演化发展。在此基础上，跨期资本资产定价模型（ICAPM）就是一种由单因子定价模型进一步演化而来的动态股票定价效率测度方式，同时它也是一种多因子定价模型。ICAPM 模型属于静态模型，它假定投资者仅关心一段时期之后的消费状况或者就业机会，而在现实中消费者面临的是时变投资机会，这是一种动态环境，由此催生了跨期资本资产定价模型，在该模型下消费者将会同时考虑未来多期消费和投资机会。该模型利用状态变量衡量除了未来财富之外的所有消费者关注的问题，通过解决投资者的最大效用问题，得出市场处于均衡状态下收益与风险之间的多因子关系表达式。具体来说，ICAPM模型在CAPM模型所得出的收益风险关系基础上，增加了反映投资者关注的状态变量所带来的风险溢价。虽然ICAPM在很大程度上改善了CAPM的局限性，但如果不能准确识别相关状态变量，该理论就难以应用于实践指导，因此，ICAPM后来发展成了Fama－French三因子定价模型。

（2）三因子资产定价理论。根据对美国股票市场的研究，股票市值和账面市值比这两个独立的变量正好反映了两个无法被明确确认但却产生了无法消除的风险的状态变量，因此Fama－French三因子模型同时使用市场因子、市值因子以及账面市值比因子来解释股票价格的波动（Fama and French，1993）。该模型不仅具有很强的实务指导能力而且可以在很大程度上解释CAPM模型存在的潜在问题，但Fama－French三因子定价模型也具有自身的局限性，如其无法完全解释股票收益率变化，且会产生动量异象、现金流异象和投资异象等问题（沈艺峰，2015）。

（3）五因子资产定价理论。为突破实践中暴露出来的局限性，Fama－French五因子定价模型在原有的三因子模型基础上，增加了盈利因子和投资因子，以更好地解释资产回报中的异象；同时研究发现平均回报与盈利能力和投资的关系对于解释股票回报非常重要。在五因子模型中，除了市场、公司规模和账面市值比外，盈利因子被用于衡量企业的盈利能力，投资因子则反映了公司投资的保守或激进程度。在增加这两个因子后，模型对平均回报的解释能力显著增强，尤其在利润率较强和投资较为保守的公司中表现得更加突出。然而，五因子模型也存在局限性，尤其是它无法很好地解释小型低盈利高投资公司（即利润较低但投资较多的公司）的回报表现（Fama and French，2015）。

上述不同的股票定价效率的测度方式对于中国市场的兼容度不同，五大因子并非均能显著发挥股票定价作用。从中国整体股票市场来看，中国股票市场可能更加适应三因子模型而非五因子模型，因为根据中国股市经验，盈利因子以及投资因子并没有解释股票组合的收益回报率（赵胜民等，2016）。

从中国 A 股来看，由于中国 A 股股市仍不够成熟完善，使得投资因子并不能发挥股票定价效率作用，但由于投资者的短视行为，盈利因子对股票定价效率的解释作用非常强（张信东等，2013）。此外，鉴于中国股市显著的流动性溢价现象，Fama - French 五因子模型增加了流动性因子，从而构建一个包含六个因子的模型，目的是更全面地捕捉市场动态，尤其是流动性对股票定价的影响。流动性因子的加入显著提升了模型对中国股市收益特征的解释能力，尤其是在解释规模效应、账面市值比效应等方面。随着中国股市的进一步发展，流动性因子在资产定价中的作用不容忽视。在中国 A 股市场中，投资者普遍关注流动性溢价，用换手率测度流动性水平并将其纳入资产定价模型，能够更加全面地解释股市的收益结构和风险补偿机制，推动中国市场资产定价模型的进一步完善和发展（欧阳红兵等，2020）。

（二）非理性预期下的股票定价效率测度方式

非理性预期下的股票定价效率测度方式即行为资产定价模型是建立在行为金融学的基础之上，从心理、情绪等因素对行为的影响角度以及有限套利的角度，探究股票市场定价（Barberis and Thaler，2003）。行为资产定价模型又可以分为噪声驱动的资产定价模型、偏差导向的资产定价模型和情绪影响的资产定价模型。

第一，基于噪音的资产定价模型认为投资者的交易行为不是随机的，市场上存在大量非理性投资者，因此市场噪音不能被瞬间消除，且噪音会对股票市场定价产生影响。当噪音交易者和套利者都面临风险时，他们的预期收益取决于各自的风险承受能力和获得的风险补偿。即使在这种情况下，噪音交易者也不会被市场淘汰，而是会长期活跃于市场中。尤其在不完全竞争的市场环境下，噪音交易者可能实现较高的预期收益和预期效用，这进一步证明了噪音交易者在市场中的长期存在性，同时也表明噪音交易风险构成了系统性风险的一部分（Yan，2010）。

第二，基于偏差的资产定价模型指出市场上的投资者行为存在偏差。通过认知心理学的方法研究发现，投资者在做投资决策时会遭受两种认知偏差的影响：一是选择性偏差，表现为投资者过于关注数据的变化趋势而忽略了数据的整体特性；二是保守性偏差，指投资者面对市场条件的变化时反应迟缓，未能及时调整其预测模型。这两种偏差均会导致投资者作出错误的决策，进而影响股票的定价效率。

第三，基于投资者情绪的资产定价模型则以投资者情绪为切入点，对股票定价效率的测度方式进行修正。近年来，投资者情绪在资产定价中的作用逐渐受到重视，并成为修正股票定价效率的重要视角。基于投资者情绪的资产定价模型通过分析情绪如何影响股票价格与市场收益，提出了新的理论框架。基于情绪的 Lucas 模型指出，投资者情绪与股票价格存在显著的正相关关系，即当市场情绪高涨时，股票价格往往随之上升（Liang，2011）。情绪跨期迭代模型即 SDSSW 模型通过跨期迭代的方法研究投资者情绪的波动对资产收益的影响。当投资者情绪异常高涨、超出一定临界点时，可能会导致市场出现负的超额收益，形成正面的情绪泡沫，使股票价格被高估；相反，如果情绪高涨程度未达到这个临界值，市场则可能产生正的超额收益，造成负面的情绪泡沫，即股票价格被低估（Yang et al.，2012）。这些基于情绪的模型为理解非理性因素如何影响股票定价提供了新的视角，也揭示了投资者情绪在市场中的潜在风险。当市场情绪过度乐观或悲观时，可能会出现价格偏离基本面的现象，这种情绪驱动的波动对市场的稳定性构成了挑战。因此，情绪因素在资产定价中的加入，有助于更全面地衡量股票市场的定价效率。

二、股票定价效率的影响因素

（一）企业外部因素对股票定价效率的影响

宏观因素对股票定价效率的影响可以分别从政策因素和市场因素进行探究。政策因素方面中包括货币政策、财政政策、企业 IPO 政策以及经济政策的不确定性（林建浩，2021），市场因素方面则包括股票市场不确定性以及投资者情绪等。

就政策因素而言，第一，货币政策对股票定价效率的影响起源于费雪效应。根据该理论，央行对市场发送的货币政策信号会影响股票价格，如央行发送的宽松货币政策信号将会提高股票定价，具体来讲货币政策会通过影响市场情绪进而影响股票定价效率（李菁和王冠英，2015）；此外，利率冲击也会对股票定价效率产生结构性时变影响（温兴春，2017）。第二，财政政策往往影响经济体的总需求水平，这将对企业经营状况产生不容忽视的影响，从而作用于企业股票定价效率。具体而言，财政政策的未来不确定预期（Croce et al.，2012）以及财政赤字水平都会对股票定价效率产生负向影响。第三，IPO 制度将通过发行抑价率以及资源配置效率两个方面影响股票定价效率。首先，股票发行市场的行政管制将导致高 IPO 抑价率（刘生胜等，2019），而审批制下新股价值将被严重低估，保荐制和询价制则会降低 IPO 抑价率。其次，自 2019 年开始的科创板注册制发行方式也显著降低了 IPO 抑价率，提高了资本市场定价效率（乔贵涛等，2022）。此外，政府对股票发行市场的干预也能够影响资源配置，使得国有企业相较于非国有企业上市难度更低，融资规模更大，股票定价效率也更高（祝继高和陆正飞，2012）。第四，经济政策的不确定性将会影响企业经营以及投资者的偏好，并通过这两个渠道作用于股票定价效率。经济政策的不确定性是一个重要的资产定价因子，对股票定价产生负向影响（Brogaard and Detzel，2015），而对于风险厌恶型投资者来说，将更愿意为受政策不确定性影响较小的企业赋予更高的股票定价效率水平（Bali et al.，2017）。

就市场因素而言，第一，股票市场的不确定性将会引起股票流动性的变化，而流动性风险的高低又决定了股票风险溢价。利用涵盖股市不确定性的贝叶斯估计方法探究发现，股市不确定性与资本成本具有正向影响。在此基础之上，将能够给投资者带来正面、积极影响的波动性定义为“好”的不确定性，投资者对其风险溢价要求更低；将可能会带来负面、不利影响的波动性定义为“坏”的不确定性，投资者对其风险溢价要求更高。此外，经济景气程度越低，股票风险溢价对“好”的和“坏”的不确定性风险敞口越敏感（陈国进，2019）。第二，市场情绪主要由消费者情绪以及投资者情绪组成。有学者通过将消费习惯引入 C－CAPM 从而构建资产定价模型，以及将消费增长率引入股票价格预测模型，可以看出消费者情绪是股票定价效率的重要影响因素（Hasseltoft，2012）。而投资者的情绪往往会通过噪声交易影响风险资产的需求量，进而对其价格产生重要影响。在此基础上，将不同的投资者情绪指标引入条件资产定价模型，可以更好地解释规模、内在价值以及动量效应对股票收益的影响，即投资者情绪是条件资产定价模型中的重要影响因素。此外，基于文本分析的研究也表明投资者情绪对股票定价效率具有显著影响，通过对东方财富网投资者社区文本的挖掘构建投资者情绪指标并利用固定效应模型分析发现，乐观的投资者情绪能够提升股票定价效率，这种提升效应主要通过减少信息不对称并增加股价信息含量实现，尤其在卖空限制较低的市场中，情绪对定价效率的影响更加显著。而在信息环境改善的情况下，情绪对定价效率的影响则有所减弱（尹海员和王晓晓，2024）。这些研究表明，情绪因素在股票定价中的作用不容忽视，投资者情绪作为市场情绪的重要组成部分，为理解市场的运行机制和提升定价效率提供了新的视角和证据。

（二）企业内部特征对股票定价效率的影响

微观因素对股票定价效率的影响可以分别从企业行为因素以及企业特征因素进行探究。企业行为因素中的企业社会责任行为以及企业创新行为会对股票定价效率产生重要的影响，企业特征因素中企业信息透明度和审计质量则占据重要地位。

就企业行为因素而言，第一，企业社会责任行为对股票定价效率的影响研究主要以企业社会责任履行状况以及ESG投资策略作为切入点。前者的相关研究存在两种相反的观点：一方面，企业社会责任履行状况与股价崩盘风险呈正向相关关系（权小锋等，2015），且被监管部门强制要求披露社会责任履行状况的企业具有更高的股价崩盘风险；另一方面，从市场投资者视角以及信息不对称视角，通过声誉及信息路径分析，企业社会责任履行状况对股价崩盘的影响却得到与之相反的结论，即企业更高的社会责任履行状况与股价崩盘风险呈显著负相关（宋献中等，2017），且企业社会责任履行状况也会对股票的收益率产生绿色激励。此外，大多数有关企业ESG投资策略的研究，集中在ESG责任评级提升对企业股票超额收益的影响及其对股票定价效率的作用上。这种影响的背后逻辑可能是，较高的 ESG 评级反映了企业在公司治理上的稳定性更强，以及品牌形象更佳，这使得市场投资者更加认可这些企业，从而推高了其股票收益率。然而，也有一部分市场参与者持有不同观点，认为 ESG 评级高的企业因需要承担额外的非财务成本，如环境保护和社会责任等支出，可能会影响企业的经营业绩，进而对投资回报产生负面影响（王怀明和宋涛，2007）。在创业板市场中，ESG 表现通过减少信息不对称和提高企业声誉资本，有助于提升股票定价效率。尤其在多层次资本市场体系中，创业板公司股票定价效率对上层主板公司 ESG 表现的敏感性更强，表明 ESG 作为企业高质量发展的重要衡量标准，能够在提升市场定价效率方面发挥积极作用（尹海员和胡项淼，2024）。第二，企业创新行为对股票定价效率的影响可以从代理理论、过度自信理论以及信号理论进行分析。代理理论以及过度自信理论都强调管理层通过开展创新研发活动追求个人利益的最大化，因此企业在研发创新上的投资越多其收益反而越小（丁黎黎等，2024a）。与之相反，信号传递理论认为研发创新行为是企业未来长期增长的关键，是企业与股票市场进行沟通交流的手段，并能向投资者传递利润增长以及投资机会的信号。因此，企业的研发创新投入与企业的股票收益之间呈正相关关系（Chan et al.，2001）。

就企业特征因素而言，第一，企业信息披露水平会影响资本的高效率转移进而对股票定价效率产生影响（李海凤和史燕平，2015）。企业信息透明度越高，股票价格中涵盖的公司特质信息越多，其股票定价效率也就越高。同时，高透明度的企业通常具有更稳定的市场表现，这是因为投资者能够通过更充分的信息进行更合理的投资决策，从而减少股票价格的非理性波动（史永，2013）。第二，审计质量在提高股票定价的公允性方面起着至关重要的作用。投资者对股票的定价行为主要依赖于企业的财务报告，而低质量的审计或企业的盈余管理行为可能通过虚报利润、夸大业绩等手段误导投资者，导致股票价格高估。这种虚假的财务信息会显著降低股票定价效率，甚至引发市场风险。相反，高质量的审计则可以为投资者提供真实、客观的财务信息，帮助投资者修正错误的市场预期，从而确保股票定价的公允性和合理性（李心愉，2017）。因此，提升信息透明度和审计质量，不仅有助于减少股票定价中的误差，还能够促进资本市场的健康发展，为企业、投资者以及监管机构提供更公平的市场环境。

第三节 分析师预测相关文献综述

一、分析师预测的影响因素研究

（一）企业外部因素对分析师预测的影响

分析师预测是指分析师通过对筹资企业进行全面深入的分析，收集、处理并解释企业的财务信息、经营状况及市场动态，并基于这些信息对企业未来表现和市场走势做出的有偿预期（王垒等，2024a）。其目的是帮助投资者优化决策，使有限的资本流向那些具有更高效益的企业（方军雄，2007），从而提升整个市场的资源配置效率。分析师的预测会受到诸多外部环境因素的深刻影响，这些外部因素包括财务会计准则的变化、经济不确定性的加剧以及数字化转型的不断推进等。

具体而言，第一，不同国家的财务会计准则和政治背景会影响分析师预测的表现。研究表明，采用国际财务报告准则能够提高企业披露信息的质量从而减少分析师预测偏误（Bae et al.，2008），其原因是国际财务报告准则要求披露的范围广泛且内容翔实。然而，Cameran 等（2014）却发现，德国使用国际财务报告准则的公司反而预测偏误更大，原因在于过于繁杂的信息披露可能导致分析师难以辨别关键信息，降低预测质量和信息效率。第二，经济不确定性也是影响分析师预测表现的重要外部因素。经济不确定性会使得企业对未来宏观经济发展、行业发展趋势难以预期，最终体现在未来会计盈余波动性地增加（Dechow et al.，2010），造成企业的盈余不确定性。这会增加分析师预测难度以及收集和处理信息的成本，导致分析师预测偏误增加。与此同时，经济不确定性导致企业盈余内在的波动性增加，使行业信息可比性下降，此时，分析师所掌握的企业信息趋同度下降，拥有的重合信息减少（胡军和王甄，2015），进而增加分析师获取信息的成本，加剧分析师预测分歧。第三，分析师预测也会受到地理区位的影响。在幅员辽阔的中国，由于地理、历史等原因会形成各地的方言，方言代表着其文化底蕴，而共同的文化可以缩短人际交往的心理距离，以便更加容易地沟通。有学者研究发现，多语言披露会降低分析师预测准确性，但高教育水平分析师的知识储备可减轻语言多样性导致的预测偏差（程博和潘飞，2017）。第四，数字技术方面，数字技术的应用不仅能够降低收集信息的成本（施炳展和李建桐，2020）和交易成本（袁淳等，2021），从而达到资源配置的目的；还能够打破高级管理者隐藏以及垄断企业重要经营信息的局面，进而促进组织结构转型升级（Lee and Edmondson，2017），为分析师预测带来良好的信息环境。

（二）企业内部特征对分析师预测的影响

除外部环境外，分析师的预测还与企业内部因素密切相关，其中企业的规模、盈利能力、治理结构以及 ESG 表现等内部特征直接决定了信息获取的难易程度和预测的准确性。

在企业传统的基本面因素中，企业规模、企业盈利能力和企业治理水平均会影响分析师盈余预测的准确性。首先，企业规模方面，大型企业通常具有更完善的信息披露制度，这使得分析师能够获取更多的信息资源，从而提升信息的可得性（Frenkel et al.，2020），提高其盈余预测的准确性。然而，也有研究指出分析师往往对规模较大的企业存在认知偏差，认为这些企业的综合实力较强，因此可能会产生乐观倾向，从而降低预测的准确性。此外，大型企业通常在不同地区甚至国际市场开展业务，这增加了分析师获取完整和准确信息的难度，从而导致预测偏差的增加（Harris and Wang，2019）。其次，盈利能力是投资者评估企业的重要指标，直接影响投资决策。当企业的盈利处于增长阶段时，分析师往往会对其未来发展持更为乐观的态度，这种乐观预期可能导致预测值偏离实际值；而处于亏损状态的企业因其经营风险较高且未来发展不确定性较大，分析师通常会采取更为谨慎的态度进行预测，从而提高预测的准确性（朱丹等，2021）。最后，企业治理水平直接关系到企业财务状况的真实性，进而影响分析师对财务信息的获取与分析。治理较为完善的企业，其规章制度和信息披露体系更为健全，高管篡改财务数据的风险较低，信息披露的全面性和准确性较高（白晓宇，2009），使得分析师能够以较低的成本获取有效信息，从而提高其预测质量和准确性。相反，若企业治理较差，信息的真实性和透明度下降，分析师在获取信息时的不确定性增加，这将直接降低其预测的准确性（王菊仙等，2017）。

在企业可持续发展与创新因素中，企业ESG表现和数字化转型程度会对分析师预测产生重要影响。首先，企业ESG表现方面，ESG评级作为一项重要的非财务指标，对分析师的盈利预测行为具有显著的参考价值（肖翔等，2024）。ESG评级能够使投资者直观了解企业在环境、社会责任和公司治理等方面的综合表现（智环宇，2024）。然而，多重的ESG评级会提高信息复杂度和不确定性，削弱评级信息的有效性。此时，分析师需要投入更多时间和资源来分析和解读这些信息，这会降低分析师关键信息的处理效率，最终影响盈余预测的准确性（周泽将等，2023）。尽管如此，ESG评级作为衡量企业非财务表现的关键指标，仍具备一定的信息价值。它能够有效补充财务信息，为分析师提供更加全面的企业表现数据，从而有助于提升分析师的关注度和盈余预测的质量（孙光国等，2023）。其次，数字化转型方面，一方面，数字化转型能够提升企业信息供给的数量。数字化技术将以往零散分布的数据信息进行处理与整合，把企业信息处理模式进行革新，将杂乱无章的大量数字信息以可视化与标准化的形式进行呈现（Lateef and Omotayo，2019），充分发挥企业数字信息活力。此外，数字化技术通过数字平台促进信息交流，突破时空限制，提高信息披露透明度，降低分析师信息获取成本，增加可用信息量，使其能及时调整盈余预期，提供更准确的盈余预测（肖土盛等，2017）。此外，上市公司通过数字技术进行线上产品销售，可以显著降低分析师盈余预测误差和分歧度，提升了分析师盈余预测质量（徐悦等，2024）。另一方面，数字化转型可以提高企业披露的信息质量。数字化转型颠覆企业运营，并通过数据化业务场景实现实时监控，形成监督管理层与员工非理性决策的隐性机制，降低内部人员隐藏关键信息动机，优化内部治理，提高信息披露质量，进一步地，高 ESG 信息披露质量提升了分析师私有信息挖掘效率，增强其预测准确性（杨青等，2019）。

（三）分析师个人特质对分析师预测的影响

分析师的预测准确性不仅受到企业内外部环境的影响，还受到分析师个人特征的显著影响。具体来说，分析师的执业经验、性别差异以及个人声誉等因素，均能直接影响其对信息的解读能力和预测结果的精确度。

首先，分析师盈余预测的准确性受其执业经验的影响。一方面，随着证券分析师执业经验的积累，其形成的行业专长有助于分析师进行更精准预测。分析师预测需要综合宏观经济运行趋势、目标企业运行模式、企业行业熟悉程度等信息（何慧华和方军雄，2019），而其长期训练有助于提升自身的实战经验，增强对工作内容和流程的熟悉度，形成多元技能，提高预测速度和准确性（张宗新和姚佩怡，2017）。另一方面，执业经验的积累可能造成分析师预测精准度下降。分析师从业年限越长越易于依赖过去经验形成固有思维，导致分析师思维固化和思维落后，无法激发新思维应对未遇到的难题（李小荣和万钟，2022），从而增加预测偏差。

其次，分析师预测也会受到性别的影响。一方面，男性和女性分析师在生理上存在差异，造成男性和女性分析师在自身擅长领域学习的效率不同（翟淑萍和袁克丽，2019）。而分析师工作的主要内容是发布研报，总结企业历史业绩、分析财务数据并预测未来发展（Kumar，2010）。其中，男性分析师更擅长数据处理与逻辑分析，能有效评价企业历史业绩；而女性分析师则更擅长基于历史进行未来战略预测（伊志宏，2015）。另一方面，男性和女性分析师在心理上存在差异。相较于男性分析师，女性分析师在风险承担心理方面展现出较弱的倾向，对企业中存在的多种风险表现出更高的厌恶感，而男性分析师的行为则倾向于表现出更强的风险承受能力（Fang and Huang，2017）。由于女性分析师对经济不确定性的容忍度较低，且个人乐观主义倾向相对较弱，因此她们在对企业未来进行预测时展现出的乐观偏差程度较低；相反，男性分析师由于对风险的较高容忍度，更容易导致其在预测中出现乐观偏差的加剧。

最后，分析师预测还会受到自身声誉的影响。分析师声誉作为对其能力的直接体现与综合素质的高度认可，构成了分析师的一项重要无形资产，并广泛被业界视为衡量分析师水平的最直观标准（王春峰等，2015）。相较于普通分析师，享有较高声誉的分析师更倾向于积极维护其声誉资本，这激励他们更加勤勉地投入工作。为了保持个人声誉，争取更高的薪酬水平和更广阔的发展机遇，分析师致力于提供更高质量的企业预测与更为精准的股票推荐，以期获得投资者的广泛认可。

二、分析师预测的经济后果研究

（一）分析师预测对资本市场的影响

分析师预测对资本市场的影响主要体现在股价同步性和债务成本等方面。首先，分析师的盈利预期变化会影响投资者的决策，从而影响股价的波动和市场的同步性。其次，高质量的预测有助于降低信息不对称，使企业的债务融资成本降低。因此，分析师的预测对市场的整体表现和融资环境具有重要意义。

第一，就企业股价同步性而言，一方面，分析师作为关键的信息中介，通过深度挖掘与精准解读企业信息，能够有效地向市场传递企业的价值信息（刘智宇等，2022）。当分析师的预测质量高且信息含量丰富时，他们向外界披露的信息量也随之增加，这有助于投资者更全面地了解企业状况，从而有效缓解信息不对称现象，并降低股价同步性。另一方面，分析师发布的高质量研究报告中所蕴含的企业特质信息，能够吸引外部投资者的广泛关注（赵二龙等，2024）。相较于普通投资者，分析师在获取企业特质信息方面具有显著优势，特别是在企业存在信息隐瞒的情况下，投资者对分析师提供的信息更加依赖。这些信息被纳入股价之中，进一步促进了股价同步性的降低（伊志宏等，2019）。

第二，就企业债务成本而言，一方面，分析师跟踪的企业数量越多，发布的研究报告也随之增加（黄波和王满，2018），从而向外界传递更多信息。虽然分析师容易获取成本较低的公开信息，但未公开信息形式多样且获取成本较高，单个分析师因精力等限制难以全面获取信息。当多个分析师共同跟踪同一企业时，他们可以形成信息网络，成为企业与外部投资者之间的“桥梁”，促进信息交流，从而增加企业公开与未公开信息的透明度（王明涛和李茜，2023），最终缓解信息不对称问题，并降低资本成本。另一方面，分析师预测的精准度提升也能降低债务成本。分析师的预测质量反映了企业信息环境的状况，预测质量越高，说明分析师掌握的企业信息越丰富，从而向外界传递的信息量也越大。这减小了企业与投资者之间的信息不对称程度，使得债权人更容易获得高质量的信息以用于信贷决策，从而降低信贷风险，减少企业的债务融资成本（黄波等，2018）。

（二）分析师预测对公司行为的影响

分析师预测不仅有助于外部投资者评估公司的投资价值，也影响了管理层在制定战略和财务政策时的决策。通过梳理发现，分析师预测对公司行为的影响主要体现在盈余管理、股利政策和现金持有水平等方面。

首先，就盈余管理而言，一方面，分析师预测在抑制企业盈余管理行为方面发挥着重要作用。作为资本市场中不可或缺的信息中介，分析师通过提升资本市场的透明度，能够有效缓解信息不对称问题。分析师对某一企业的关注，增加了高管恶意操纵财务报表数据的成本，从而在一定程度上发挥了监督作用，减少了管理层操纵盈余的行为（叶陈刚和刘猛，2018）。另一方面，分析师预测也可能在某种程度上促进企业盈余管理行为的发生。投资者依赖分析师报告来获取企业相关信息，为了提高分析师的预测水平以及满足投资者的期望，企业可能会面临来自管理层的压力，迫使其进行向上的盈余调整（谢震和熊金武，2014）。

其次，就企业股利政策而言，一方面，分析师能够以较低成本发掘公司内部的私有信息，有效甄别信息的真伪，并广泛传播企业所披露的信息。这一行为改善了企业的信息环境，降低信息不对称和外部融资约束（杜勇和刘婷婷，2024），使得企业对内部资金的依赖程度降低，从而提高股利分配金额（张纯和吕伟，2009）。另一方面，分析师还扮演着重要的监督角色，他们通过持续关注和深入分析，能够及时发现并防范企业可能存在的自利行为，确保企业货币资金不被非法侵占。

最后，就企业现金持有水平而言，一方面，由于信息不对称的存在，企业出于预防动机往往持有一定数量的现金以应对未来的不确定性。公司持有现金也存在代理成本，管理层通过现金来谋取私利，尤其在信息不对称的情况下，外部投资者无法有效监督，造成严重的现金流损失问题（Jensen，1986）。而分析师预测精准度的提升能向外部投资者提供更多公开及私有信息（杨青等，2018），通过专业解读与挖掘企业信息，释放更多企业相关信号，缓解信息不对称（施先旺等，2015），从而帮助投资者加强对企业的监督，降低企业现金持有水平。另一方面，分析师预测分歧的增加反映了对同一公司信息理解的差异大，意味着公司信息不对称程度高（李岩琼和姚颐，2015）。高分析师预测分歧度的公司在筹资时面临更高的必要报酬率要求，导致外部权益资本成本上升（肖作平，2016），融资约束增强，从而提高企业现金持有水平。

第四节　公司债券信用利差相关文献综述

一、债券信用利差的测度方式

当债券发行主体无法按时足额向债券投资者支付债券利息和本金时，投资者就会面临违约风险，而投资者承担额外风险必然会要求获取更高的风险溢价（项华录，2019）。债券信用利差作为不同信用等级主体所发行债券收益率的差额，是对信用风险的收益率补偿，其被广泛应用于衡量企业信用风险和债务融资成本（黎静雯，2024）。

信用利差的基本定义是两个相同期限的无违约风险债券和有违约风险债券收益率的差值，本质上反映了市场对于债券违约风险的补偿或者定价，而目前最理想的计算方式是使用 CDS 价差进行计算（Longstaff et al.，

2005；涂亮等，2021；周大胜等，2014）。CDS 全称为信用违约互换，诞生于 1992 年，其被发明的主要目的是减少低风险资产对银行商业信用的占据（吴奕捷，2017）。目前主流选用信用违约交换价差作为债券信用利差的原因有以下几个方面：首先，CDS 的风险溢价是造成 2008 年美国金融危机的主要原因，利用信用违约交换价差来衡量信用利差具备充分的现实意义；其次，CDS 价差是相对于防范信用风险所需的市场参考利率回报，是债券市场交易对冲风险的“代理资产”，在理想情况下 CDS 价差应与债券信用利差相等（Corò et al.，2013）。

现阶段，由于国内 CDS 的使用并未普及，相关 CDS 的交易市场也不完善，交易主体也很难同时发行债券与 CDS，导致中国学者更多采用信用债的到期收益率减去相同期限国债的到期收益率度量债券信用利差（王垒等，2024b；林晚发等，2019）。选用同等期限的国债到期收益率作为无风险利率的主要原因是：一方面，国债以国家信用为支撑，通常被认为具有极高的信用等级，违约风险较小，具有无限清偿能力（杨振和刘海龙，2022）。并且，国债的发行利率与市场表现较为透明，信息不对称性较低，其在金融市场上也具备着较高的交易活跃度，能够被投资者在金融市场自由买卖，具有良好的流动性（贾小爱和李云发，2018；杨嫣然，2015）。另一方面，根据资产定价模型，由于中长期国债蕴含着多年后仍稳定的收益率，故国债收益率隐含着预期长期回报率，事实上其也已成为社会融资成本的锚，为其他具有违约风险的金融资产的回报率水平提供了基准（刘达禹和徐斌，2024）。具备违约风险的信用债需要在国债收益率的基础上加入信用利差，才能补偿投资者所承担的额外信用风险，强化投资者投资意愿（郑肇晨，2020）。

然而，在国外市场中，国债并非一个优质的基准利率选择，原因在于国债的低收益率在很大程度上是对其高流动性的补偿，也意味着普通公司债与国债的利差并不能完全反映债券的信用利差（周金南等，2024）。因此部分学者也会在无风险利率的选择上使用更加贴合债券市场实际的利率，将债券信用利差的度量方式定义为信用债的到期收益率与相同期限的国家开发银行债到期收益率的差值（郑肇晨，2020；熊亚辉，2021）。而之所以选取国家开发银行债到期收益率作为无风险利率，一方面是因为国家开发银行债具有极低的违约风险和较好的流动性，将其作为无风险利率受到债券市场的广泛认可（樊铁侠，2019）；另一方面国家开发银行债具有避税效应，能够在构建信用利差时剔除税收效应，进而更加贴合实际债券市场（康晶，2023）。同时，也有部分学者在计算债券信用利差时选择了即期收益率，利用信用债的即期收益率与信用债券拥有相同期限的国债即期收益率计算债券信用利差（李政等，2019；林娟和赵海龙，2020；宋清华和林永康，2020）。其背后的逻辑在于，第一，使用即期利率可以有效反映当前市场的预期。即期收益率是债券在当前市场交易时形成的价格，它直接反映了市场参与者对该债券发行人未来违约风险的判断，也反映了市场参与者对公司债风险的最新看法（李政等，2022）。因此，使用即期收益率能够实时捕捉市场对于该债券的信用状况和风险评估。第二，企业信用债的即期收益率会随着市场环境的变化而波动，其作为最新的收益率能够敏锐地捕捉这些波动（Acharya et al.，2013；Goyenko，2005），因此，使用即期收益率可以更好地对企业债券信用利差进行测算。

目前学术界对于债券信用利差的研究，已经拓展到多种债券中。首先，学者们基于公司债市场，利用债券发行票面利率减去同期可比国债收益率之间的差额度量债券信用利差，以此来衡量公司债市场的债券信用利差及其影响因素（王垒等，2024b）。其次，也有学者聚焦地方政府城投债的债券信用利差研究。由于地方政府对城投债具有隐性担保，这会扭曲城投企业的信用风险定价，影响债券的信用风险（宋寒凝等，2024；吴多文等，2024；黄继承和朱光顺，2024）。同时地方财政风险又能够进一步推升当地国企债券信用风险，进而提高城投债的信用利差（张伟，2022）。

二、公司债券信用利差的影响因素研究

（一）企业内部特征对信用利差的影响

债券信用利差是投资者对债券违约要求的风险补偿，是衡量公司信

用风险的重要指标，会受到其发债企业主体特征的影响。Merton（1974）构建的期权理论结构模型为企业债券信用利差研究开辟了道路，发现企业财务信息是影响债券信用利差的重要因素（王垒等，2024b）。近年来，随着学者们的深入探究，目前关于债券信用利差受企业财务信息影响的研究主要围绕盈利波动、经营现金状况以及杠杆率等展开（Correia et al.，2015；周宏等，2015；谢林利和凌爱凡，2024）。具体而言，首先，盈利波动较大意味着企业利润来源具有较高的不确定性，抗风险能力较弱，企业经营状况恶化的现象可能会导致其无法偿付债券所需利息，增大违约风险，而债券违约风险的增加将会导致债券投资者要求更高的风险溢价（Correia et al.，2015；林晚发等，2021）。同时，企业的盈利能力的波动也会反映在其公司股价上，公司股价大幅波动就意味着公司盈利状况不稳定，使得债权的保护面临较大的不确定性，违约风险增加，债券信用利差也随之上升（周荣喜等，2019）。其次，公司现金流作为展现企业经营状况的直接因素，其波动越大，发生短期资金链断裂的可能性越高，进而导致公司更容易陷入财务困境，增加违约风险，加大债券信用利差（周宏等，2015；郭牧炫和魏诗博，2012）。最后，企业杠杆率反映企业的资本结构，是衡量公司层面违约概率的重要因素，影响着其发行债券的信用利差。企业杠杆率的提升，代表每单位资产所对应的负债的增加，增加了债务违约风险，债券信用利差也将随之扩大。而企业杠杆率越低，其偿债能力越强，减少了投资者面临的违约风险，从而使其要求的债券信用利差越低（许屹，2017；谢林利和凌爱凡，2024）。

此外，除传统的财务信息外，学者们还从公司治理、信息披露质量、公司可持续发展表现等企业非财务视角探究了公司债券信用利差的影响因素。例如，公司治理的完善能够提升公司绩效来影响企业的偿债能力（周宏等，2018），同时也会降低管理者与投资者之间的信息不对称程度，提高投资者对企业的信心，进而减少债券的信用利差（甄红线等，2024；晏艳阳和刘鹏飞，2014）。但是，公司治理中存在的道德风险会影响企业的偿债意愿，增大企业的违约风险，进而扩大债券的信用利差（邱保印等；2024；

王垒等，2024b）。除此之外，作为反映经营信息的关键渠道，企业信息披露质量将直接影响债券信用利差。若企业传递出的负面信号越大，信息质量越低，投资者要求的风险回报越高，从而会增加债券的信用利差（孙红梅和雷喻捷，2023）。同时，伴随第三方评级机构的兴起，其对企业披露信息的专业处理与扩散，也在不断加强信息披露对资本市场的影响。同样，近年来新兴的 ESG 评级机构向市场释放的企业信息，丰富了市场信息环境，为信息中介获取企业 ESG 信息提供了渠道，积极的 ESG 表现反映了公司较好的可持续发展能力与抗风险能力（陈嵩洁等，2023），这也对市场发出了企业基本面经营可靠的信号，从而影响债券风险定价与公司债券融资成本（杜通和张文迪，2023）。

（二）企业外部因素对信用利差的影响

宏观层面的经济因素会影响企业经营以及投资者的决策，如市场利率、货币政策、汇率等。市场环境变化会对企业的经营水平产生影响，进而影响企业的偿债能力（顾海峰和朱慧萍，2023；彭丁，2019）。同时，宏观经济的波动改变投资者的投资策略，影响企业所发行债券的信用利差（苏洁和王勇，2023）。

首先，宏观环境中的利率风险是影响债券信用利差的重要因素。无风险利率的升高意味着未来宏观经济向好，能够提振投资者对市场的预期，驱动信用利差下降（杨璐和方静，2021）。而无风险收益率曲线斜率的降低则意味着未来市场中的利率风险增加，投资者为规避未来可能出现的利率风险，会谨慎选择投资标的，更加偏好违约风险较低的债券，从而促使债券信用利差扩大（徐丽静等，2021）。

其次，货币政策也是债券信用利差的重要影响因素，货币政策的变动会改变企业的经营决策和投资者的预期，进而影响债券信用利差。宏观经济不确定性程度越高，货币政策波动越频繁，银行信贷约束程度越高（丁黎黎等，2024b）。此时，企业面临较高的融资约束和劣质市场信息环境，促使投资者预期企业违约风险升高，从而要求较高的债券信用利差，尤其是对于难以预期的货币政策波动，债券信用利差的变动会更加敏感（王雄元等，2015；康晶和陈守东，2022）。具体而言，货币政策波动而产生的通货膨胀冲击会对企业债券信用利差产生显著影响（周宏等，2011），正向的通货膨胀可以显著增加企业的债券信用利差（Wu et al.，2005；王宇，2013）。李佳等（2024）指出货币政策主要是通过降低违约利差来降低债券信用利差，而且数量型货币政策与结构性货币政策影响也有差异，结构性货币政策在债权融资市场中发挥着决定性作用（汤子隆等，2022）。

最后，随着国际资本市场的发展，汇率变动对债券信用利差的影响不断显现（Clark and Baccar，2018），但关于其影响效果的结论众说纷纭。有学者认为汇率与债券信用利差呈现负相关关系，汇率下降会导致债券的信用利差加大（周荣喜等，2018；贺达，2018）；也有学者认为汇率对债券信用利差的影响在不同债券特征下存在差异（周宏等，2011）。其具体表现为，汇率对债券信用利差存在非线性的内生联动效应，在不同债券期限下呈现不同的效果（孙克，2010；刘善存等，2014），其中，汇率对于中期债券的影响最大（熊亚辉等，2021）。同时，债券的信用评级的不同也是汇率对债券信用利差产生差异化影响的重要因素（杨炳铎和汤教泉，2019），信用等级较低的债券信用利差受货币升值正向影响，而信用等级较高的债券信用利差受货币升值负向影响。

第五节　债券主体信用评级相关文献综述

一、债券主体信用评级的影响因素研究

（一）企业内部特征对信用评级的影响

债券主体信用评级与企业的财务状况、会计行为息息相关。一方面，信用评级机构通常依据企业财务指标度量其经营风险，评估其偿债能力，从而进行信用等级评判。例如，当企业的盈利能力较强且有较高的财务

灵活性时，其在面对金融冲击时会表现出较高的稳定性，拥有较高的经营持续性，破产风险较低，进而导致其信用评级较高（Adamas et al.，2003；Gamba and Triantis，2008；黄晓薇等，2024）。而企业的财务杠杆通常被视为一种风险因素，当企业具有较高的杠杆率时，资金周转会出现滞涩，容易陷入财务困境，违约风险增加，导致信用评级较低（钱雪松等，2024）。另一方面，企业的盈余管理、报表操纵等会计行为也会对信用评级产生影响。企业实施盈余管理等财务操纵行为后，信用评级会显著提高，意味着信用评级机构对于企业信息的甄别能力较弱，评级质量存在问题。例如，处于发行边缘的 AA 级发行人相比其他企业有更高的盈余管理水平（沈红波等，2022；马榕和石晓军，2016）。因此，企业为了获取较高信用评级，有动机通过盈余管理误导评级机构和投资者（Caton et al.，2011）。此外，企业还可以通过改变租赁模式、发行永续债、注入土地资产等方式来对企业杠杆进行操纵，从而提高其信用评级（李晓溪和杨国超，2022）。

除了企业财务指标、会计行为外，企业的投融资与公司治理方式也会影响其信用评级。其一，在资金筹集方面，企业会灵活地调整其资本结构、增加信用条款，进行策略性的债券条款设计以期获得更高的信用评级（施燕平和刘娥平，2018；钟辉勇等，2018）。其二，在资金运用方面，研发创新等非绿色方面表现较好的企业往往拥有更高的收入以及更好的财务绩效，因此研发投入力度越大的企业有着更高的主体信用评级（Czarnitzki and Kraft，2004）。而企业在环境责任等绿色方面的投入能够提升其 ESG 表现，与其信用评级呈现正相关关系（李晓艳等，2024；Attig et al.，2013）。其三，在公司治理方面，管理层的治理水平与规模能够对其信用评级产生影响（敖小波等，2017）。良好的董事会治理结构能确保企业内部控制正规、有效，从而影响信用评级（朱彩婕，2021）。企业审计委员会的规模及其独立性直接作用于内部治理的有效性从而对信用评级产生影响（陈文娟和陈汉文，2016；Mili and Alaali，2023）。除了董事会结构外，有效的董事会治理行为对于降低企业的代理成本有着积极的作用，能够提升企业内部控制的有效性，降低企业在未来所面对的违约风险和诉讼风险，从而提高其信用评级水平（李小荣和万钟，2022）。

（二）企业外部因素对信用评级的影响

评级机构对债券信用进行评级时除受企业经营行为的直接影响，外部因素的作用也难以忽略。

首先，信用评级市场的竞争程度会对信用评级质量产生影响。关于两者之间的关系，学者们存在不同的观点：一是市场竞争会加剧信用评级膨胀、降低信用评级质量；二是信用评级机构之间的市场竞争不会导致评级膨胀。前者认为，评级市场竞争通过加剧评级选购行为，造成评级结果的虚高（Bolton et al.，2015；周亚荣等，2024）。在信用评级市场竞争加剧时，评级机构数量的增多使其获取市场份额的难度提高，为维持现有客户和开发潜在客户，评级机构与发行主体结成利益联盟的动机更加强烈，通过合谋行为操纵企业的信用评级，造成信用评级膨胀（Skreta and Veldkamp，2009）。后者认为，随着各种类型的信用评级机构的进入，会使得机构之间的竞争加剧，实际上会促进现有评级机构更聚焦自身专业性，构建核心竞争力，进而提高了评级质量（Bae et al.，2015）。

其次，信用评级的付费模式会显著影响信用评级的质量。具体而言，分为“发行人付费”与“投资者付费”两种模式。在“发行人付费”模式下，评级机构在进行相关评级业务时的独立性和公正性会有所下降，从而降低评级质量（Jiang et al.，2012；Kashyap and Kovrijnykh，2016；林晚发等，2017）。一方面，在“发行人付费”模式下，信用评级机构的盈利主要来源于发债主体，为了迎合客户和拓展业务，会有意调高发债主体的信用评级；另一方面，企业在对评级机构进行选择时有较大的自主性，会在各个评级机构中选择最有利于自己的评级结果，在一定程度上降低了评级的客观性与准确性（Skreta and Veldkamp，2009；连立帅和朱松，2023）。而相对于“发行人付费”模式，“投资者付费”模式更有助于抑制信用评级膨胀、改善信用评级质量并且提高资本市场的信息效率。然而，学术界对于两种模式的优缺点并没有定论。有学者认为，面对“投资人付费”模式低评级的压力，“发行人付费”模式的评级机构出于对其声誉和公信力的考虑，对发行主体的信用评级会有所下调，从而提高评级质量（林晚发等，2017）。此外，从信息的角度出发，“发行人付费”模式拥有信息含量高等优点（Samuel，2014；Charoontham et al.，2023），然而也有学者得出了相反的结论。在“投资人付费”模式下信用评级普遍较低的现实背景下，实行“发行人付费”的评级机构不会调低其信用评级以迎合投资人付费评级机构的结果，反而会调高企业信用评级进行“对冲”（寇宗来，2020）。

再次，评级机构的声誉机制会影响债券信用评级。较高声誉能够增加评级机构承诺的可信度，投资者可依据评级机构的声誉来评判其信用评级的客观性和有效性，拥有较高声誉的评级机构发布的信用评级信息往往在市场上有着较高的认可度（Fudenberg and Levine，1992；王雄元和张春强，2013）。针对国内外信用评级市场的研究均发现，当采用“投资者付费”模式的评级机构进入市场后，原有市场中“发行人付费”的评级机构会出于对市场声誉和公信力的考虑而提高评级质量（Xia and Han，2014；孟庆斌等，2018）。若评级机构在进行评级业务的过程中确实存在合谋并造成了评级虚高，当发生大规模的违约事件后，信用评级机构通常会出于维护自身声誉的动机对评级结果进行调整，从而提高了信用评级质量（宋敏等，2019）。

最后，债券信用评级还受到宏观经济环境的影响，现有研究主要从信用评级的顺周期性和逆周期性两个方面展开讨论。一方面，学者认为信用评级会呈现出明显的顺周期性（Amato and Furfine，2004；夏凡和姚志勇，2013）。在经济繁荣时期，发债主体进行评级选购以及评级机构进行评级膨胀的程度有所上升，信用评级机构实际给予的评级水平明显高于理论模型所做的预测，评级质量大幅下滑（Griffin and Tang，2012）。另一方面，也有学者研究发现，由于反馈效应的存在，信用评级也会呈现出逆周期性现象（Manso，2013），在经济繁荣时期，市场流动性导致经济增长与债券评级变化可能呈现相反的趋势（吴健和朱松，2012）。

二、债券信用评级的经济后果研究

（一）信用评级对债券市场的影响

现有研究主要探究了债券信用评级对企业自身及其外溢影响。一方面，从企业自身来看，现有文献主要从企业债务融资成本、企业的投融资行为和经营决策的角度考察信用评级的市场作用。其一，信用评级调整也伴随着显著的债券价格市场反应（林晚发和陈晓雨，2018），债券市场价格会随着信用评级的调整产生同向变动，表明信用评级中的确包含了有价值的增量私有信息（杨国超和刘琪，2022）。在这种情况下，债券信用评级作为重要的信息供给，评级越高，企业债务融资的成本越低（沈洪波和廖冠民，2014；Poon and Chan，2008；何平和金梦，2010；陈夏阳，2024）。此外，多重信用评级也会对于债券融资成本产生显著影响：评级具有一致性、投资者付费模式下的多重信用评级更能够缓解企业与外部的信息不对称，能够在更大程度上降低企业的债务融资成本（陈关亭等，2021），并且债务融资成本的降低作用在信用评级机构提供正面信息时更加显著（沈红波和廖冠民，2014）。其二，信用评级的信息功能会对企业投融资行为和经营决策产生深远影响。当信用评级降低时，企业的债务融资成本上升，融资约束增加会抑制其投资行为（Graham and Harvey，2001；Boot et al.，2006；Kim，2023），此时，企业会减少其债务融资以降低杠杆率，从而为下一次的信用评级提升做准备（林晚发和刘颖斐，2018）。此外，信用评级也会改变企业的经营决策，驱动企业依据自身的信用评级采取不同的资本、成本以及供应链管理决策（Leyens and Patrick，2011，Kouvelis et al.，2018）。

另一方面，债券信用评级会向企业外的其他组织传递信息，而这种信息效应可以分为正负两个方面。一是信用评级提高企业信息透明度以降低其债务融资成本（王雄元和张春强，2013；杨胜刚等，2024）。大部分企业有动机向外界释放更多私有信息，但介于信息披露成本较高而放弃向投资者披露过多私有信息（Liberti and Petersen，2019）。基于此，企业可以通过信用评级变相向投资者传递企业的私有信息，利用信用评级进行充分的信息披露和信息供给，进而缓解信息不对称、加速信息传播、增加市场流动性（Boot et al.，2006；Bosch and Steffen，2011，张宁和吴依含，2024）。因此，发行人会向评级机构提供非公开信息，使得信用评级成为一种特殊信息传递渠道（Rousseau，2006），投资者能够运用此种非公开信息以做出更加适当的投资决策，优化市场资金流动，促进市场资源的合理配置（林晚发等，2020）。二是信用评级也可能产生负向的信息效应，原因在于信用评级机构的主要收入来源于发行人，这将导致评级机构与企业之间产生合谋行为（Bolton et al.，2012），从而导致信用评级膨胀（Xia and Han，2014；林晚发等，2017；吴育辉等，2020；林晚发等，2024）。在这种情况下，评级机构为了获得更多的业务，会提高发行信用评级来维系或拓展客户（Rousseau，2006），使得评级机构可能存在一定的道德风险问题，人为地提高企业的信用评级，降低了债券定价效率，增加了债务危机发生的可能性（林晚发等，2020）。

（二）信用评级对股票市场的影响

信用评级所造成的经济后果不仅仅局限于债券市场中，还通过信息数量和信息质量两个方面对股票市场产生溢出效应。在信息数量方面，信用评级机构对于企业的公开信息进行搜集整理，并通过调研访谈等方式获得更多的私有信息（Hansen，2015），增加了分析师预测的公共信息，能显著提高分析师预测精度、降低分析师预测分歧度与乐观偏差，从而改善股票市场信息并提升股票定价效率（Rhee，2015；林晚发等，2020；Lee，2012）。因此，在股票市场中，投资者会充分利用信用评级信息对于是否买卖企业的股票进行决策，企业的信用评级变动往往伴随着企业股票价格的波动。评级上调常被视为对公司未来经营和财务表现的正面信号，投资者通常会认为高信用评级的企业财务状况良好、偿债能力较强，经营风险较低，较高的信用评级往往能够提升投资者对该公司的信心，吸引更多资金流入股票市场，从而推高股价。当评级被下调时，市场通常会解读为公司财务状况恶化或未来存在风险。下调评级可能导致投资者抛售股票，因而股价可能下跌，严重下调甚至会引发市场恐慌，导致股价大幅波动。在信息质量方面，评级机构在进行信用评级时，会对企业的财务状况、经营表现、行业环境、风险因素等进行详细分析，并将结果公开披露。这个过程提高了企业信息的透明度。

然而，在信息质量较低的情况下，信用评级的信息作用会大幅减弱。评级机构在行业内部的竞争压力下，有动机以较高的评级作为自身的竞争力并保持自身的市场份额，出现信用评级操纵现象（Demitras and Cornaggia，2013；Bolton et al.，2012）。因而，信用评级信息可能存在一定的误差，会导致信用评级与企业违约信息关联度降低，市场信息质量下降（Bolton et al.，2012）。进一步地，评级市场竞争导致的股票市场信息质量下降将会降低市场信息效率以及股票分析师预测表现，提高了股票错误定价程度、股价同步性与分析师预测偏误（林晚发等，2022；Clinton et al.，2014）。除此之外，我国股债两市还存在“高评级高股价崩盘风险”的异象，这主要是由投资者的非理性行为以及评级信息质量低下造成的。企业信用评级存在一定的信息滞后效应，高评级往往让投资者对公司的财务健康状况过于自信，认为其风险极低。然而，评级机构对企业财务状况的更新通常滞后于实际市场变化。如果企业的实际经营状况开始恶化，但评级机构未及时反映这一点，市场会在评级下调时突然意识到问题。这种突然的负面消息可能引发市场的剧烈反应，导致股价大幅下跌。投资者的信息分析能力与真伪辨别能力不足会导致投资者盲目投资于高信用评级的债券，而一旦企业经营风险暴露，就会引发多数投资者的减持行为，造成企业股价崩盘。

第六节 文献述评

本书通过梳理 ESG 评级、股票定价效率、分析师预测、债券信用利差、债券主体信用评级等方面的相关文献，发现现有研究在以下几个方面存在一定不足，具体内容如下。

（1）ESG 评级及其分歧对资本市场的冲击效应尚不清晰。已有大部分研究主要集中于 ESG 评级高低对企业及资本市场的总体信息效应探究。尽管现在少部分学者对这种信息效应的探讨细化到部分资本市场参与者的行为反应，开始挖掘 ESG 评级对公司股权融资、债券融资等的影响，但此类研究大多仅采用一种 ESG 评价数据进行检验，而实际上由于 ESG 评级数据评价范围、测度方式、权重设置等有所不同，这就使不同 ESG 评级机构对同一家企业的评级结果存在差异，这种差异本身会向资本市场释放关于企业的额外信息。而作为资本市场中 ESG 评级的主要使用者，股票投资者、证券分析师、债券投资者、债券信用评级机构对这一信息尤为敏感，但由于各主体自身特征不同以及参与资本市场活动的动机也存在差异，导致其对 ESG 评级分歧的行为反应可能也有所不同。因此，从 ESG 评级分歧出发，识别以股票投资者和证券分析师为代表的股票市场参与主体和以债券投资者和债券信用评级机构为代表的债券市场参与主体的反应行为，深入分析资本市场对 ESG 评级及其分歧的反应更加符合现实情况。

（2）ESG 评级及其分歧对资本市场异质参与主体的影响机制有待挖掘。资本市场异质参与主体的角色定位和行为特征存在明显差别，这导致 ESG 评级及其分歧对各主体的影响机制可能存在差异。但以往相关研究的机制探索未能较好地契合各参与主体的特征，不能全面解释异质参与主体面对 ESG 评级及其分歧时行为模式的多元性和复杂性。打开这一“黑箱”不仅有助于深刻理解资本市场异质参与主体面对 ESG 评级及其分歧时的行为模式选择，还能够为后续资本市场的功能优化提供更准确的治理途径。为此，需要引用合理机制，考虑异质参与主体的特征与行为动机，明晰 ESG 评级分歧对资本市场异质参与主体的影响逻辑。

（3）现有关于 ESG 评级信息效应究竟产生何种影响的讨论尚未有定论，其中关键原因在于情境因素的缺失。一方面，现有研究较多直接明晰某一 ESG 评级的信息效应，忽略了不同评级机构的国别属性、影响力等方面的差异，但事实上不同评级机构的市场地位和声誉差距较大，各参与主体对其释放的 ESG 评级信息反应也明显不同。因此，在明晰 ESG 评级及其分歧的信息效应时，需要进一步细化资本市场异质参与主体对不同属性 ESG 评级机构的反应；另一方面，ESG 评级及其分歧作为一种信息，能够向市场传递不同的信号，这对资本市场原本的信息环境形成互补效应或冲击效应，使得 ESG 评级进入和评级分歧对资本市场异质参与主体的影响变得更为复杂。因此，有必要结合具体情境，明确 ESG 评级信息效应的影响边界。

第三章

相关理论基础与研究框架

第一节　相关理论基础

一、利益相关者理论

（一）利益相关者理论演进与实践应用

利益相关者理论的起源可以追溯到20世纪60年代。1963年，斯坦福大学对利益相关者的概念进行了初步阐释，将那些在企业日常运营中有所涉及的团体视作利益相关者，标志着人们开始认识到企业的经营活动不仅与股东这单一主体相关，还与其他众多利益相关者的利益紧密相连。随后，1965年，学者将利益相关者引入经济学领域，并强调了识别利益相关者的重要性。自此之后，利益相关者理论开始被更广泛地应用于理解企业与各方利益主体之间的复杂关系。1984年，经济学家爱德华·弗里曼在其出版的《战略管理：一个以利益相关者为起点的方法》中详细阐述了这一理论，主张企业不仅应为股东服务，还应考虑所有与企业利益相关的群体或个人的利益。弗里曼进一步指出，企业的利益相关者是那些与企业目标及其实现过程中产生利益相关的个人或群体，包括员工、客户、供应商、社区、政府、环境等，他们在企业的经营活动中扮演不同的角色并受到企业决策的影响，企业管理者应在决策中平衡和满足各类利益相关者的需求，以实现企业发展的长期可持续。这一观点批判了当时股东利益最大化的理论，促进了利益相关者的理论发展。1991 年，学界进一步指出“利益相关者是受组织活动的影响，并且有能力影响组织活动的人”，强调企业同利益相关者之间的联系、互动和双向作用，深化了企业与外部环境的作用机制。

国内学者在前人研究的基础上，根据利益相关者发展历程，将其过程划分为三个重要阶段：企业依存阶段、战略管理阶段和动态演化阶段（宋丽萍，2014），这一划分清晰地反映了利益相关者理论在不同发展时期的主要研究重点与理论演进路径。

第一阶段，学者主要持“企业依存观”，强调企业的长期生存与健康发展必须充分考虑到其与利益相关者之间的依存关系，不能单纯以股东利益为唯一目标。学者们重点讨论了“谁是企业的利益相关者”以及“为什么企业要主动照顾这些利益相关者的利益”。此时的研究主要聚焦于界定利益相关者的范围和角色，阐述企业与利益相关者之间的相互依赖关系，形成了理论的初步框架。

第二阶段，理论研究逐渐从企业依存转向了战略管理视角，开始关注如何将利益相关者理论融入企业的战略理论。此时的研究重心在于分析不同利益相关者对企业的不同影响，强调企业在制定战略时应综合考虑各类利益相关者的利益诉求。此时的最大贡献是将利益相关者理论与企业战略管理理论相结合，进一步深化了企业战略管理中的利益相关者视角，不仅解决了企业依存阶段所提出的基本问题，也为后续研究提供了新思路。即如何在企业战略层面保障利益相关者权益。这一阶段的研究推动了企业从单纯依赖利益相关者的利益转向更为主动的战略性利益相关者管理，为企业在激烈的市场竞争中实现长期可持续发展提供了理论支持。

第三阶段，利益相关者理论进入了动态演化阶段。企业与利益相关者关系并非固定不变，而是随着外部环境和企业内部条件的变化而不断变化的。当企业主动承担社会责任后，会引来合作伙伴的关注，给予企业更多的支持和资源，从而促进企业发展（王垒等，2022；贾明等，2023）。因此，企业应从动态角度出发，灵活调整与利益相关者的互动关系，以应对复杂多变的市场环境。动态演化观强调，企业在生产经营活动中需要与利益相关者进行持续的沟通与合作，及时回应他们的需求与期待。如果企业履行社会责任，则会获得社会上相关利益者的信任和认可，从而与相关伙伴建立起长久的合作关系（李建等，2023）。通过这种动态管理，企业不仅能够提升管理水平，还可以在利益相关者的支持下实现更加稳定和持续的发展。

（二）利益相关者理论下 ESG 评级与企业平衡多方利益的战略路径

利益相关者理论发展的三阶段划分为理解企业与利益相关者之间的复杂关系提供了重要的理论框架。但在企业实际经营过程中，企业的生存与发展往往会涉及多方利益相关者。由于管理者的注意力有限，可能无法同时兼顾所有利益相关者的需求，加之利益相关者内部可能存在利益冲突，理性的管理者通常会优先将有限的资源投入对企业最为关键的主要利益相关者。在此背景下，ESG 逐渐成为企业平衡各方利益的最大公约数。通过对企业进行 ESG 评估，能够全面考虑和回应不同利益相关者诉求。同时，ESG 评级机构通过对企业的非财务信息进行评级和披露不仅帮助利益相关者获取更全面信息，还为企业在处理利益冲突时提供依据，促进了利益相关者之间的信任与合作。

根据利益相关者理论，企业的利益相关者可以分为投资者主体和其他主体两大类。其中，投资者主体主要包括债券投资者和股票投资者。债券投资者关注企业按期支付利息和归还本金，期望企业能够保持稳定的运营。由于债券投资者作为外部投资者难以直接掌握企业的实际经营状况，ESG 评级通过披露非财务信息，使得债券投资者能够更好地了解企业运营情况，从而有效监督企业，确保债权人利益不受损害。股票投资者则更加关注企业长期发展和股东价值最大化，期望通过企业股票增值获取更高收益。然而，股票投资者内部也存在大股东和中小股东，这两类股东在对企业信息的掌握和监督能力存在差异。此时，ESG 评级往往会起到关键作用，通过深入挖掘企业的非财务信息，促使企业履行社会责任，在环境保护、社会责任和公司治理方面做出积极行动，从而推动企业实现可持续发展。随着企业发展潜力的释放，企业股票价值也会随之增加，使股东获得更大的利益。

分析师作为企业重要的其他利益相关者，同样在 ESG 评级中发挥重要作用。分析师通过跟踪企业，结合公开信息与私有信息，对企业未来发展趋势进行预测。ESG 评级的存在促使企业披露更高质量的信息，以获取投资者关注。分析师则依靠其专业能力，利用这些信息进行更为精准的分析和预测。分析师的预测越准确，其专业声誉就越高，这不仅有助于资本市场的有效运作，也推动了企业信息透明化。信用评级机构作为另一关键外部利益相关者，其在 ESG 评级中同样发挥关键作用。信用评级机构依靠其独立性和专业能力，将企业的 ESG 表现纳入信用风险评估体系，帮助投资者和其他市场参与者更全面了解企业长期偿债能力和经营风险。信用评级的精准性不仅提高了机构自身的信誉，也促进了资本市场的稳定运行。在此期间，企业为获得更高的信用评级，通常会加强其 ESG 实践以改善治理结构。

综上所述，通过 ESG 评级，企业可以更好地平衡不同利益相关者的需求，减少信息不对称问题，并提升企业在资本市场的表现。对于企业管理者而言，ESG 评级不仅是其履行社会责任的外部监督工具，也是其在复杂的利益相关者网络中做出明智决策的有力支持。然而，ESG 评级分歧可能对上述过程产生负面影响，导致利益相关者对企业 ESG 表现产生不同甚至矛盾看法，进而影响他们的决策行为。因此，企业在利用 ESG 来平衡各方利益时，应注重提高信息透明度和标准化，以确保评级的客观性和一致性。

二、可持续发展理论

（一）可持续发展理论演进与实践应用

可持续发展的概念是在一系列国际会议和相关报告中逐步形成的。1972 年，联合国人类环境会议在瑞典斯德哥尔摩举办，这是全球首次专门关注环境问题的国际会议，标志着国际社会开始重视人类与自然环境之间的可持续性。1992年在巴西里约热内卢召开的联合国环境与发展会议进一步提出了包括全球环境保护和社会经济可持续发展在内的综合性策略。随后在南非约翰内斯堡举行的可持续发展世界首脑会议延续了之前的讨论，聚焦于可持续发展在经济、社会和环境之间的平衡并提出了一系列行动计划。在这些会议中，围绕全球环境和社会经济的可持续问题，发布了一系列影响深远的报告或文件，如《里约宣言》《生物多样性公约》《气候变化框架公约》《增长的极限》《我们共同的未来》和《世界保护策略》等。这些文件反映了可持续发展理论的系统化提出过程，为全球治理与发展的战略规划奠定了坚实的理论基础。1987年，世界环境与发展委员会在其报告中正式给出了可持续发展的定义，标志着该理论进入国际主流议题。2002年召开的约翰内斯堡可持续发展世界首脑会议，进一步推动了全球对可持续发展的关注，并通过了一系列旨在促进全球可持续发展的行动计划与文件，如《约翰内斯堡政治宣言》和《实施计划》。这些文件为后续的可持续发展实践提供了指导，明确了发展的目标，即在提升人类生活质量的同时保护自然资源，确保经济、社会和环境的协调发展。

可持续发展理论不仅限于宏观的全球治理，还深刻影响了企业的行为与责任，企业实现自身的业绩效益和可持续发展战略，离不开经济和社会的可持续发展（方拥军，2010）。在企业层面，可持续发展理论能指导企业社会和环境层面行为，为企业调整发展策略、积极履行社会责任提供了有力指引（杨代艳，2021）。企业社会责任（CSR）与可持续发展的紧密联系在于，企业的长期成功与其对社会责任的履行息息相关。良好的社会责任管理与内部控制体系的互动，有助于企业实现更高的经济效益和长期稳健的发展。

为了有效评估可持续发展水平，全球范围内逐步形成了多个评价体系。主要包括：其一，《21世纪议程》指标体系。联合国在其《21世纪议程》报告中提出了可持续发展的评价框架，该框架涵盖了经济、社会、环境和制度四个维度，从驱动力、状态和响应三个方面评估国家或地区的可持续发展能力。然而，由于该体系包含指标多达130个，操作性相对较弱。其二，SCOPE指标体系。由联合国环境问题科学委员会构建，以“人”为核心，重点评估人类、经济、社会和生态环境的和谐共存能力，特别关注社会公平与生活质量的改善，以及未来代际的持续发展。其三，世界银行指标体系。世界银行将可持续发展的四大要素定义为自然资源、生产资源、人力资源和社会资本，构建了相应的评价体系，强调资源的拥有和利用程度，特别是在自然资源和社会资本管理方面。其四，中国在《21世纪议程》基础上的指标体系。我国政府依据《21世纪议程》提出了符合中国国情的可持续发展指标体系，包含经济、社会、人口、资源、环境等多个方面。这一体系在国际框架的基础上，结合了中国的实际情况和发展需求。

（二）可持续发展理论下ESG评级与企业绿色战略转型

随着全球可持续投资理念的普及，ESG评级逐渐成为衡量企业可持续发展的重要工具，它不仅是对企业环境影响、社会责任履行及治理结构的评估，更是引导资本市场向长期价值导向转变的重要机制。ESG评级与可持续发展的关系在于，它提供了衡量企业可持续发展水平的量化指标，使得投资者能够基于企业的ESG表现进行理性投资决策。在当前背景下，资本市场、政府、社会公众和产业链的合作伙伴日益关注企业的社会价值和治理实践。ESG评级强调企业在环境保护、社会责任和公司治理方面的具体行动，推动企业从单一的经济增长向多维度的可持续发展转型。在环境方面，随着全球气候问题日益严峻，国家相继出台环境政策，鼓励企业推行低碳发展战略。ESG评级引导企业减少碳排放，优化资源使用，为未来的可持续发展打下基础。在社会方面，企业不仅要考虑股东的利益，还需要兼顾各类利益相关者的需求。通过ESG评级，企业能够平衡经济效益与社会责任之间的关系，实现更广泛的社会价值。在公司治理方面，ESG理念的引入有助于改善企业的治理结构。企业通过改善内部治理机制，明确责任主体，加大风险控制力度，促进更高效的决策和管理，这为企业的长期稳定发展奠定了坚实基础。

未来，随着全球气候问题、资源稀缺和社会公平问题日益凸显，专业评级机构将在推动ESG理念与可持续发展理念深度融合的过程中发挥关键作用，它们将通过评估企业的环境、社会和公司治理绩效，帮助企业识别与可持续发展相关的机遇和风险，从而推动企业在环境保护、社会责任履行和治理结构优化方面不断进步。而ESG评级分歧也将是实现上述目标的重大阻碍。不同评级机构的标准和评估方法会导致对企业ESG表现的不同解读，进而影响投资者和其他利益相关者对企业可持续发展能力的评估。因此，未来需要进一步加强ESG评级标准的统一性和透明度，以确保评级能够有效促进企业可持续发展的进程。

三、有限关注理论

（一）有限关注理论演进与实践应用

早在1971年，西蒙就提出了有限关注理论的基础——有限理性理论，认为信息是消耗性的，人们的选择性关注是因为信息的庞大数量而导致的。基于此，卡尼曼于1973年提出有限关注理论，该理论认为受到认知能力与信息处理的限制，人的注意力是有限的，无法同时考虑和处理所有事件。同时，人的注意力也受关注目标产生的刺激的影响，这一刺激容易被心理因素所干扰，进而改变人们的关注度，这与传统的经济学提出的“理性人”假设不同。相关理论指出，投资者在处理公司相关信息时，往往会被心理因素所影响，致使其没有能力整合市场的所有信息，而是根据自己的相关认知做出判断，从而意味着投资者会依据自身判断给予不同信息异质关注度（徐洪波和于礼，2014；张鸣等，2011；李小晗和朱红军，2011；DellaVigna and Pollet，2009）。

有限关注理论常常被用来解释经典金融理论下出现的异常现象，如资本市场上投资者的非理性行为等（Della and Pollet，2009；Peng and Xiong，2006）。具体而言，投资者因注意力的限制而无法处理所有关于股票的信息（Barber and Odean，2008），仅仅会考虑那些吸引注意的股票（Odean，

1999)，有限的注意力也将导致投资者无法准确识别企业不良信息，形成对企业相关绩效的有效关注。投资者不能准确识别所有的相关信息与风险，会使其更容易被市场上的信息所迷惑，导致自身投资风险的增加。在现实中也存在着这一现象，投资者往往无法凭借基本面信息获取超额收益。基于传统经济学理论，在有效市场中，公司公布财务业绩后，股票价格应快速到达适当位置并趋于稳定。但学者通过对现实数据的研究发现，投资者精力的有限性导致其只会专注于部分信息而非市场上所有信息（Aboody et al.，2010）。在有限关注约束下，投资者会更加偏向于关注同一类资产的共同信息(Peng and Xiong，2006)，即投资者受有限关注的约束，会更加偏好于关注整体的股票信息而非个股信息，从而导致股价会在一段时间内朝一个方向持续移动，增加了股价同步性问题发生的概率，进而容易产生股价崩盘，这与有效市场理论和理性假设不符（Ball and Brown，1968）。

因而，投资者如何在有限关注情境下获取有效信息成为现阶段学者们的关注重点。由于注意力是一种有限且不可再生的资源，而处理信息需要大量注意力，因此对于投资者而言并不是所获取的信息越多越好，而是能被处理的有用信息获得的越多越好。现实中，金融市场的海量信息加剧了投资者的注意力紧缺程度，处理这些信息需要耗费投资者大量的注意力资源，因此投资者更聚焦于相对明显和容易获取的信息（Barber and Odean，2008）。当投资者需要基于大量的信息集中做出选择时，往往会选择关注某一个小的信息集，实现复杂问题简单化，以期提高投资决策效率（Masatlioglu et al.，2012）。

（二）有限关注理论下 ESG 评级在投资决策中的信息价值与分歧

ESG 评级作为一种衡量企业长期发展能力的指标，可以体现企业股价的稳定性、企业员工招聘情况以及债券的抗风险能力，其具备着较大的信息熵值，往往会比基本面信息蕴含着更多的内容。同时，当前投资者所面临的信息环境十分复杂，企业基本面信息造假频发（侯晓辉和王腾宇，2024），仅在 2024 年就有多家上市公司被证实财务造假。这就使得作为一名“理性人”的投资者对企业的基本面表现产生怀疑，在有限关注的约束下，更加偏向于关注标准简单与更加直接的ESG评分等企业非财务信息，进而帮助投资者降低投资组合的潜在风险，实现良好的风险管理，从而有助于提升投资者的决策效率。

然而，伴随ESG评级分歧的出现，投资者难以再借助单一ESG评分对企业经营水平形成准确认知。注意力作为一种短期内不可再生的资源，意味着投资主体面对全面信息时只能选择处理某一种信息，ESG评级分歧的出现进一步转移了投资者对企业的关注，使其更关注宏观信息，从而降低了单一ESG评级对市场参与者投资效率的提升作用（王垒等，2024b）。经验表明，同一天有越多分析师发布研究报告，市场反应越不足，这说明市场上竞争信息越多，投资者对信息的反应程度越弱（方军雄等，2018）。虽然ESG评级机构的进入会带给投资者更多企业特质信息，但随着ESG评级机构数量的增加，相关特质性的信息数量也在增加，这会降低投资者对信息的敏感度，同时，多重ESG评级体系带来的差异性结果也会带给市场更加不一致的信息，加速“信息茧房”的形成，降低市场中有效信息的传递效率，从而增加信息不对称程度（刘向强等，2023）。对于债券投资者而言，由于关注度是有限的，ESG评级分歧所形成的“信息茧房”，会致使其对于企业ESG关键性信息的获取错失。同时，由于大部分债券投资者缺乏成熟的信息甄别经验，这也会增加其对于企业债券的投资失误，从而导致风险变大与收益较低。对于分析师而言，在资本市场中搜集信息会耗费其大量精力，而ESG评级分歧所造成的信息不对称，则会引导分析师偏好于收集某一方面的信息，从而无法对企业进行精准预测（周泽将等，2023）。

综上所述，ESG评级进入会向外界投资者释放大量信息，增强了投资者重点关注信息的迅速获取，减少信息的搜集成本，也降低了因注意力关注某一方面信息而造成的效率损失。但当ESG评级分歧出现时，信息的质量会更加难以甄别，导致投资者注意力无法集中在准确微观信息中，从而加剧债券信用利差。

四、信息不对称理论

（一）信息不对称理论演进与实践应用

信息不对称理论由美国经济学家约瑟夫·斯蒂格利茨、迈克尔·斯彭斯等提出。该理论认为，市场交易中，买卖双方对信息的掌握程度是存在差异的，卖方通常掌握更多信息，居于信息优势地位；而买方往往缺乏信息，处于信息劣势地位，进而导致卖方可以借助信息优势谋取更多利益。具体而言，信息不对称可以分为两类：一是信息内容的不对称，不对称的信息可能是参与人行动的不同，也可能是参与人知识的不同；二是信息发生时间的不对称，若信息不对称发生在事件之前被称为逆向选择，发生在事件之后被称为道德风险。

逆向选择的概念是由乔治·阿克尔洛夫在1970年发表的著作《柠檬市场》中提出的。其通过柠檬去隐喻外表相似但质量却参差不齐的商品，并通过研究柠檬市场建立了二手车市场模型，证明了信息不对称中的逆向选择会导致“市场失灵”。在二手车市场上，二手车的卖家与买家之间存在着信息不对称问题，二手车卖家比起买家掌握着更多的信息，卖家为了更好地出售二手车往往会隐藏一些不利于出售的信息，而买家缺少有关车状况的关键信息，无法对车进行有效定价，最终只能选择支付一个平均价格。这就将导致劣质二手车抢占市场份额，优质二手车由于难以获得期望价格而逐渐退出市场，即出现了逆向选择问题。现阶段，学界认为逆向选择是指市场交易过程中，信息优势方若利用其优势地位获益时，信息劣势方便难以顺利地做出买卖决策，最终导致市场交易效率的降低。逆向选择有以下几个特征：一是买卖双方信息不对称；二是信息处于不利地位的一方只愿意为商品支付一个平均价格；三是劣质品驱逐优质品的现象。

道德风险也被称为隐藏行动问题，是指在信息不对称的情况下，处在信息优势地位的一方在签订交易合同之后，为了自己收益最大化，从事另一方不可见的合同规定之外的活动，而该活动会导致另一方利益受损。信息劣势方无法及时观察到信息优势方是否从事了损害其利益的行为，这一点直接导致了道德风险的潜在性和破坏性。一方面，道德风险的潜在性表现为，信息劣势方难以判断信息优势方是否采取了合同之外的高风险行为，即使信息优势方采取这种行为时，信息劣势方也难以察觉；另一方面，道德风险的破坏性表现为信息优势方的高风险行为极有可能导致其利益亏损，并连带影响处于合同另一端的信息劣势方利益。因此，道德风险本质上是被委托人利用信息优势损害委托人利益的行为，最终的结果将会导致整个市场交易效率的下降。

（二）信息不对称理论下ESG评级的信息增量与透明化挑战

信息不对称理论对经济理论的发展起到了积极的推动作用，为我国经济转型中的运行机制提供了新的研究视角，也为我国经济的制度设计和政策选择提供了启示。在当前信息不对称的市场环境下，市场交易双方的信息搜集成本与交易成本较高，导致市场交易效率下降、投机事件频发等问题。市场信息的匮乏会导致投资者采取谨慎态度，降低了投资效率，进而增加企业的融资约束。因此，作为信息优势方的企业若一味利用其信息优势获利，不关注信息不对称问题，将难以实现其可持续发展。在这种情况下，企业的ESG评级作为传递企业信息的直接信号，给予了外部利益相关者更多信息资源，进而缓解企业的信息不对称。具体而言，企业作为践行ESG理念的行为主体，时刻掌控自身的环境、社会和公司治理方面的表现，处于信息的绝对优势方；而股票投资者、债券投资者、证券分析师以及信用评级机构等资本市场参与者对于企业信息的掌握情况通常少于企业本身，处于信息的相对劣势方。ESG评级相关信息降低了资本市场中的信息不对称，帮助投资者实现更加精准地投资、分析师实现更加准确的预测（李井林，2023）。资本市场各参与主体会主动挖掘企业ESG相关信息，了解和分析企业的行为和绩效，以降低自身与企业的信息不对称。而在信息不对称的市场环境中，企业信息搜集渠道受限，更倾向借助ESG评级机构的专业优势力量，以获取更多信息，从而对企业的经营表现进行全面评估，帮助其进行投资分析与决策。同时，传统信用评级机构为了维护和拓展业务，可能会利用信息不对称的环境与发行人进行合谋，导致其发布信息的可信度大大降低。而ESG评级相关信息可以向外界传递更多信息，提高企业的信息透明度，这为外部利益相关者发挥监督作用提供了便利，在利益相关者的监督压力下，评级机构为了防止合谋行为被发现后的声誉降低，市场份额减少将会坚守信用评级的公平性与真实性，企业与评级机构的合谋行为大幅减少。因此，ESG评级的进入向市场释放了大量有效信息，缓解了信息不对称问题，改善了市场信息环境。然而，由于ESG评级机构的评级体系存在差异，ESG评级分歧的现象广泛存在。当企业ESG评级存在分歧时，企业ESG表现的信号作用减弱，信息的使用者难以分辨不同ESG评级表现的真实性，因而无法从企业的ESG评级中获得有效信息，市场中的信息呈现出复杂性的特点，企业ESG表现的信息效应减弱，从而加剧信息不对称程度。

五、信号传递理论

（一）信号传递理论演进与实践应用

在现实经济活动中，完全信息情境极为罕见，信息不对称则是市场运作中的普遍现象。由于信息不对称的存在，市场中的交易双方无法充分掌握对方的真实状况，导致市场交易成本上升，交易效率下降，引发逆向选择和道德风险等问题。针对信息不对称可能带来的不利后果，众多经济学家提出了不同的理论框架，以期缓解或解决这一现象，其中，信号传递理论被广泛应用于经济学、金融学等领域。

信号传递理论最早由美国经济学家迈克尔·斯彭斯（1970）提出，他通过研究劳动力市场中的信息不对称现象指出，在买卖双方信息不对称的情境下，信息占优的一方可以通过释放某种信号向信息劣势一方传递隐藏的信息，从而降低信息不对称带来的障碍。信号传递理论揭示了在市场互动中，信息较为透明的一方通过自身行为或决策，能够传递其掌握的私人信息，进而影响另一方的行为和决策。

信号传递理论还认为，在信息不对称的情况下，公司通常可以通过股利公告、利润公告和融资公告三种方式向外界传递信息。股利公告作为一种可靠的信号，能有效缓解逆向选择问题，降低公司内部与外部人员之间的信息不对称。资本市场中投资者倾向于规避风险，因此他们更愿意投资现金股利分配更加丰厚的企业。研究发现，外部投资者将现金股利视为上市公司向其传递的信息，因而更倾向于投资派发现金股利的公司（魏志华等，2012）。然而，信号传递的有效性往往依赖于信号的真实度和可验证性。如果企业夸大其优势或隐匿潜在风险，则投资者可能会基于错误信息做出不利决策，进一步加剧市场不稳定性。

（二）信号传递理论下ESG评级中的信息博弈与市场反应

随着全球可持续发展理念的普及，越来越多的投资者和利益相关者将ESG表现作为评估企业竞争力和风险管理能力的关键指标（方先明和胡丁，2023）。企业在环境、社会和公司治理方面的行为被视为其对未来发展承诺的重要信号，这些信号不仅影响外部投资者的决策，还可能影响企业内部管理者的战略选择。一般而言，ESG评级进入则会释放正面信号，表明企业在可持续发展领域取得了显著进展。这一积极信号能引发资本市场正向反应，增强企业市场竞争力。研究表明，ESG评级进入可以降低企业与利益相关者之间的信息不对称（Flammer，2015）。当企业开始披露ESG信息时，市场往往将此视为其提升长期价值和风险管控能力的积极信号，进而推高其股票价格。

然而，ESG领域中的信号传递并非清晰明确的。现实中，由于缺乏有效的信息获取手段，投资者尤其是个人投资者需要借助评级机构发布的ESG评分作为企业ESG信号，以便进行投资决策（史永东和王淏淼，2023）。ESG评级机构根据企业披露的信息对其ESG表现进行评估，不同评级机构可能基于不同的评价标准产生不同的结果，形成所谓的评级分歧（陈宏韬等，2024）。这种分歧会向市场参与者传递出混乱的信号，影响投资者的决策。相关研究发现，公司的评级分歧越大，股票收益波动越大，外部融资成本越高（Christensen，2021）。此外，部分企业可能出于减少信息披露成本、保护商业秘密等考虑，有意模糊其ESG信号，进一步加剧市场的不确定性。

综上所述，信号传递理论能够有效解释企业行为如何影响市场参与者的行为和决策。企业不同 ESG 表现通过信号传递机制影响投资者、评级机构以及其他市场主体，而市场主体的反应又会影响企业的战略和决策。这种双向互动使得信号传递理论在 ESG 领域具有极高的应用价值。

六、有效市场理论

（一）有效市场理论演进与实践应用

有效市场理论又称为有效市场假说，是目前金融学发展的重要支柱，带动了资本资产定价模型、行为经济学以及博弈论等等诸多模型和理论的变革。有效资本市场假说的核心观点是：股票的价格包含着投资者可以从市场中获取的所有信息，不仅包括过去发生的历史信息，也包括现在公开和未被公开的内部信息。同时，市场中的信息交流非常充分，任何投资者都可以迅速地获得自己想要信息。在这种市场下信息是完全流通的，因此无法通过信息获取超额利润，投资者只能赚取平均收益。

1970 年，尤金·法马系统性提出了有效市场假说，但该假说在此之前已经经历了很长一段时间的发展。最早开始谈论市场有效性问题的是英国的学者（Gibson，1889）；随后法国学者将随机游走模型运用到股价波动的研究中，发现股价波动同布朗运动（液体和气体粒子一直做着无休止的、无秩序的运动）一样毫无规律，股价的收益率期望值一直为零，股票价格遵循公平游戏模型（Bachelier，1990）；此后，相关研究先后发现股价与随机游走以及随机游走与公平游戏模型的关系（Kendall and Hill，1953；Samuelson，1965；Mandelbrot，1966），为有效市场理论的系统性提出做了理论铺垫。有效市场理论不断发展，一直是资本市场研究的热点，其作为明确概念首次被提出和阐述是在 1965 年。尤金·法马认为当市场是有效的时候，市场中的投资者都是理性的，都以追求自身利益最大化为目标，他们之间的竞争十分激烈，每个人都在积极预测股票价格在未来的变化趋势，人们获得信息的成本很低，市场中不存在信息不对称，在有效市场中，股票的市场价格不仅包含过去发生的和现在尚未发生的信息，还包括未来预期的信息（Fama，1965）。尤金·法马在提出相关概念后，进一步发现股票价格收益率在统计上缺乏记忆性，意味着投资者不能依据过往的交易历史价格来预测未来的股价变动，并对有效市场假说做出系统性解释（Fama，1970）。

有效市场理论是现代金融学中的一项核心理论，不仅提供了市场价格形成的基本框架，还隐含了一些重要的前提假设，构成了该理论的基础。第一，投资者理性假设。有效市场理论假设资本市场中的投资者是理性的，他们的主要目标是追求自身的收益最大化，并力求获取超越市场平均水平的超额利润，投资者在决策时会基于可用的信息做出最佳选择。第二，完美市场假设。有效市场理论还假定市场是一个完美市场，即不存在交易摩擦或税收成本等对交易产生阻碍的因素。第三，资产可分割假设。市场中的所有资产被视为可分割的，这使得投资者可以根据自身需求自由买卖资产。第四，信息可得性假设。市场中信息具有随机性且传播速度极快，所有投资者都能够及时获取所需信息，从而确保股票价格能够迅速反映所有可得信息，股票价格包含了市场中所有可以获得的信息，市场中交易不存在信息成本。第五，完全竞争假设。市场是完全竞争的市场，每个投资者只能做价格的接受者而非制定者。

有效市场理论将市场信息分为三个层次：过去的交易价格信息、公司的公开信息和所有可得信息。根据这些信息的涵盖范围，市场被区分为弱式有效、半强式有效和强式有效市场三类。

首先，在弱式有效市场中，证券的价格已经完全体现了历史交易价格的信息，因此，投资者不能依靠历史价格或成交量等数据来预测未来的市场价格走向。弱式有效市场假设股票价格遵循随机游走模型，投资者通过股票的历史价格信息是无法对股票将来的价格走向进行预测的，因为如果能够从历史价格信息中获利，那么每个人都可以获得超额利润，所以否认历史变动信息能够推测未来证券价格的变化。由于任何基于历史信息的获利机会都被市场参与者迅速利用，因此在此情况下也否认了技术分析的有效性，投资者只能获得与其所承担的风险相对应的平均收益。

其次，在半强式有效市场中，证券价格不仅包含历史信息，还全面反映了所有公开信息，如历史价格记录、公开发布的财务报表和年报中的各项数据。这意味着，投资者无法通过分析公开信息来获得超额收益。在这一市场环境中，由于股票的价格已经包含了所有公开可得的信息，因此投资者不仅无法通过技术分析获取超额利润，还无法通过对公开信息的分析来获利。此时无论是技术分析还是基本分析在半强式有效市场中均无效，因为市场价格已经包含了所有相关信息。

最后，强式有效市场是最严格的一种假设，认为证券价格不仅反映了历史信息和公开信息，还包括内部未公开信息。这意味着，在这种市场环境下，没有任何投资者能够通过掌握未公开信息来获得超额收益。这一假设对市场的透明度和信息对称性提出了极高的要求，然而在现实市场中，强式有效市场的假设往往受到质疑，因为内部信息的存在使得某些投资者能够获取不对称的信息优势。

（二）有效市场理论下 ESG 评级信息一致性与分歧博弈

在有效市场理论框架下，市场能够迅速、充分地反映所有公开信息，包括企业的 ESG 表现。因此，ESG 信息披露和评级可以通过提供新的信息影响企业的股票价格和市场表现。企业的 ESG 评级进入被认为是积极信号，表明企业在可持续发展和社会责任方面有显著进展。这种正面信号能够降低信息不对称，帮助投资者更准确地评估企业的长期价值，进而提升股票流动性和资本市场的定价效率（邓贵佳，2024）。这种信息在有效市场中尤为重要，ESG 评级所提供的信息增量能够帮助利益相关者做出更明智的市场决策，在一定程度上平滑市场波动（王武笛和杨熠，2023）。

然而，ESG 评级分歧则可能破坏这一机制。首先，由于不同评级机构对同一企业的评估标准和方法各不相同，评级分歧可能导致投资者接收到不一致的信号。这种不一致会加剧市场的不确定性，增加投资者对企业未来表现的困惑，进而导致股价波动性增加，市场定价效率降低（李晓艳等，2023）。其次，评级分歧反映了信息的不对称性，投资者难以判断哪一评级更加准确，从而影响其投资决策，导致股价同步性上升，使得市场价格更容易受到外部因素的影响，而不是企业自身的基本面表现，增加资本市场的不稳定性（刘向强等，2023）。最后，市场可能无法有效地反映企业的真实价值，进而削弱了ESG评级作为有效市场信息工具的作用。当评级分歧较大时，企业难以根据评级反馈有效调整其行为，导致外部投资者对企业的可持续发展能力产生怀疑，抑制企业在绿色技术创新等领域的投资（赵沁娜和李航，2024）。这进一步证明，信息一致性在有效市场理论中至关重要，ESG评级分歧破坏了市场的透明度和信号的清晰度。

因此，从有效市场理论的角度来看，ESG评级进入有助于提升市场的有效性，而评级分歧则削弱了这一效果。为此，政策制定者和监管机构需要推动统一的ESG评级标准，减少评级分歧带来的市场不确定性，提升市场定价效率（楼秋然，2023）。通过减少评级分歧，市场能够更有效地利用ESG信息，提升资本市场的稳定性。

七、风险溢价理论

（一）风险溢价理论演进与实践应用

作为金融经济学的核心概念，风险溢价指投资者在持有风险资产所获得的预期持有期收益率和无风险收益率的差值，而无风险收益率是投资者将资金投入无风险资产，如短期国库券、货币市场基金或者银行时所获得的利率。有关风险溢价的研究始于股权市场，作为金融资产定价理论的重要领域，许多学者将风险溢价理论应用于股权资产定价研究，并不断进行创新和前沿性探索，逐渐形成了以C－CAPM模型为基础的资产定价理论体系。

均值方差模型最早于1952年被提出，开创了风险投资模型的先河（MarNowitz，1952）。该模型把风险定义为收益率的波动率，并将数理统计理念应用于投资组合选择以实现收益与风险的平衡。随后，相关学者在均值方差模型基础上提出了单期资本资产定价模型CAPM，通过资产收益率与市场平均资产收益率来衡量投资者持有风险资产的风险补偿（Lintner，1956；Sharpe，1964）。虽然C－CAPM模型的创立是金融资产定价领域的一大进步，但该模型的解释效力一直受到学术界的质疑，其在实证检验中存在多种“异象”，无法解释美国股票市场的升水现象，被称为“风险溢价之谜”。与此同时，有学者使用美国标准普尔的股票实际收益率与短期政府债券收益率数据对标准 C－CAPM 模型进行了检验，发现该模型对美国无风险收益率的解释力度不足，无法用于准确测算市场风险溢价（Mankiw and Weil，1989）。

为解决“风险溢价之谜”，将风险与相关资产联系起来的资本资产定价模型应运而生。其中，以消费为基础的资本资产定价模型通过测算投资者所持有的风险资产能否维系其消费水平对风险溢价进行表征。而有学者针对人们在宏观经济状况较差时，为维系自身原有消费水平而倾向于获得额外的风险收益的现象，提出了资产在不同经济环境下的收益特征，将风险溢价区分为“正溢价”和“负溢价”，当一项资产在经济环境较好时提供正收益，而在经济环境较差时收益下降，则该资产具有“正溢价”；反之则具有“负溢价”。由此可见，自 C－CAPM 模型的实证问题被提出以来，大量学者围绕“股权溢价之谜”进行了大量研究，并针对该问题对标准资本资产定价模型做出了改进。

随着资本市场和现代金融学理论的发展，风险溢价理论逐渐从股权市场向其他金融产品市场延伸，进而产生保险市场风险溢价、债券市场风险溢价、金融衍生品市场风险溢价等多个延伸概念。例如，保险产品的“保费”便是投资者为享受资产的风险补偿机制而付出的“溢价”。其中，在国际经济环境不确定时，美元成为国际货币市场的“保险”，当世界经济下行时，投资者纷纷买入美元以进行风险规避，美元随之升值。而随着期权等金融衍生品的发展，人们不再满足于对股权风险溢价等低阶矩风险溢价的研究，而是将目光聚焦于波动率风险溢价、相关性风险溢价等高阶矩风险溢价（陈伟忠和王浩，2023）。其中，对于波动率风险溢价，不同学者基于股票期权市场、碳市场和香港股票市场等的研究均证实了波动率风险溢价的存在性，并逐渐形成了波动率风险溢价理论，该理论很好地解释了中国上证 50ETF 市场中方差风险溢价中的正溢价对市场收益的影响。此外，田凤平和杨科（2020）利用商品期货的期权数据对其方差进行估计，证实了方差风险溢价的时变特征。

（二）风险溢价理论下 ESG 评级信息透明度与风险溢价

随着可持续发展理念以及 ESG 投资理念的盛行，ESG 评级在资本市场中的作用也越来越受到关注。在 ESG 评级的资本市场信息效应情境下，各市场主体的逐利动机会驱使其更加关注企业的可持续发展能力和潜在风险，在其对企业经营绩效和风险情况进行评估以及做出投资决策时，会更多地参考企业 ESG 相关信息（马亚明等，2024）。大多数投资者都是厌恶风险的，当承受较高信用风险或流动性风险等投资风险时，就需要一定的风险补偿。而 ESG 评级作为重要的非财务信息，反映着企业的可持续发展能力，可以帮助各市场主体更好地了解企业的治理结构和风险情况。同时，随着投资者掌握的 ESG 相关信息增多，其加深了对企业的了解程度，提高了对其分析评估的准确性，从而使得投资者投资失败的可能性有所降低。一方面，当 ESG 评级进入时，提高了市场中的信息含量，投资者对企业各方面有了更加透彻的了解，降低了投资风险，从而降低了风险溢价（陈宏韬等，2024；孙会霞等，2024）。另一方面，当存在 ESG 评级分歧时，不同的评级标准和评级结果加剧了市场信息环境的复杂性和信息不对称程度，市场参与主体掌握企业真实情况的难度加大，这也增加了投资风险，并由此提高了风险溢价（Avramov et al.，2022）。随着资本市场和现代金融学理论的发展，风险溢价理论逐渐从股权市场向其他金融产品市场延伸。相较股票投资者，债券市场投资者的抗风险能力较弱，获得稳定收益与回报的愿望也更加强烈，因此对债券风险溢价的要求也更为严格。债券信用利差的差异体现了不同发债主体的风险差异，在 ESG 评级进入和 ESG 评级分歧的现实背景下，不同发债主体的风险状况产生了差异，从而影响债券信用利差。

第二节　理论框架搭建

资本市场是中国式现代化金融体系的重要组成部分，具有“牵一发而动全身”的枢纽作用，在资源配置、风险缓释、预期管理等方面有独特而重要的功能。经过多年的发展，我国股票市场和债券市场两类资本市场规模均位居全球第二，影响力也不断扩大。无论在股票市场还是债券市场中，信息是资本市场良好运转的关键因素，以往学者大多基于财务信息探索资本市场效率，而随着可持续发展理念的深入，财务信息难以满足市场参与主体的异质性信息需求，以 ESG 为代表的非财务信息愈发受到市场参与主体的关注。作为向市场传递 ESG 信息的专业机构，ESG 评级信息的出现无疑为资本市场中利益相关者决策提供了重要的参考依据。能够降低债券市场信用评级机构以及股票分析师与企业之间的信息不对称，为资本市场参与者营造良好的信息环境，增强市场活力。然而，由于投资风险、目标等方面的差异，处于不同类型资本市场中的利益相关者对 ESG 评级信息的反应逻辑可能存在差异，相比于期望企业平稳经营的债券市场主体，以股票投资者和分析师为代表的股票市场主体往往更倾向于企业未来价值的持续发展，以获取更高的股票溢价。基于信息不对称理论和信号传递理论，ESG 评级信息的出现无疑增加了资本市场中的信息总量。但由于不同资本市场参与主体信息处理能力、专业知识等方面的差异，使得不同类型资本市场中的异质主体使用 ESG 评级信息进行决策的行为逻辑和影响机理可能有所不同。然而现实中，由于我国 ESG 评级体系尚处于探索建设阶段，且各评级机构间也尚未形成完备的行业范式，导致不同 ESG 评级机构对同一企业的评级结果有所差异成为常态。基于有限关注理论，资本市场参与主体往往将自身有限的注意力分配在其认为更重要的信息上，无法准确甄别大量分歧的 ESG 评级信息的真伪，影响其行为逻辑和决策结果。因此，有必要分别从股票市场和债券市场出发，探讨具有不同注意力和决策目标的股票投资者、证券分析师、债券投资者和信用评级机构面临 ESG 评级进入和分歧时的行为逻辑和作用机理、边界条件，以明晰 ESG 评级的资本市场信息效应，为 ESG 评级体系的完善和资本市场参与主体行为策略提供理论支撑和实践参考，助力资本市场健康稳定发展。基于此，构建本书的理论框架如图 3 - 1 所示。

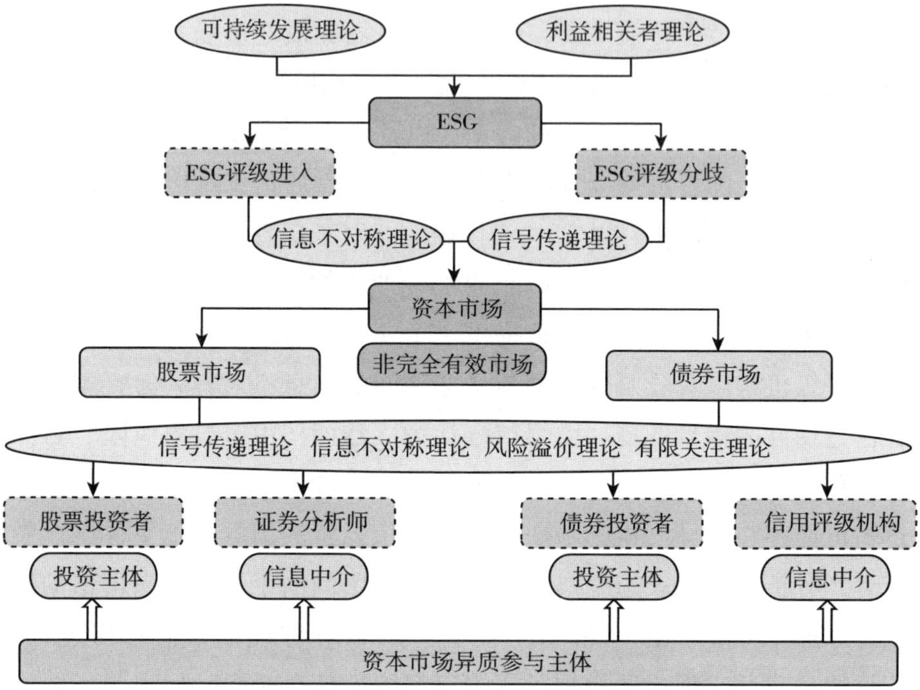

图 3－1　本书的理论框架

第三节　本章小结

本章结合 ESG 评级特征和资本市场参与主体行为特征，对上市公司 ESG 评级的资本市场信息效应研究中所涉及的理论基础进行了详细的梳理和归纳。正如本章所述，可持续发展理念和公司利益相关之间的联系推动了 ESG 的发展，构成了 ESG 评级及其分歧的重要基础。在此背景下，ESG 评级及其分歧作为一种信息，对资本市场的运转产生重要影响。若在有效市场的情况下，ESG 信息传递更加精准迅速，但实际上，信息不对称才是资本市场发展的常态，资本市场异质参与主体需要结合企业行为和 ESG 评级机构的专业评价，指导自身行为。此外，作为“理性人”，资本市场各参与主体大多为利益追逐者，当其投资的股票或债券存在风险时，会索要相应的风险补偿；同时，作为个体行为人，其注意力是有限的，无法关注所有公司的全部信息，这会使得如投资者、证券分析师等市场参与主体在面对 ESG 评级及其分歧时改变其注意力，进而影响其行为。总体而言，在可持续发展理念盛行和推动资本市场稳健发展的背景下，ESG 评级在资本市场中存在诸多不确定影响，有必要明确 ESG 评级进入和评级分歧的资本市场信息效应。因此，如何优化和矫正 ESG 评级的信息功能，优化资本市场异质参与主体的行为策略，进而推动资本市场健康发展，正是本书的研究重点。

第四章

中国上市公司 ESG 评级发展现状及特征事实

第一节　ESG 发展历程

ESG 的发展与国际社会在应对气候变化、促进社会公平和完善公司治理结构方面的持续努力紧密相连。从 20 世纪 70 年代 ESG 理念的萌芽，到 21 世纪的概念提出，再到如今全球资本市场对 ESG 的普遍重视，ESG 逐渐成为衡量企业可持续性和风险管理能力的重要工具。本节将系统回顾 ESG 理念的发展历程，分析其在不同历史阶段的演变与实践，并探讨这一概念对全球资本市场和企业经营所带来的深远影响。

一、ESG 理念的萌芽

自 20 世纪 70 年代开始，以美国为代表的诸多发达国家步入了一个经济繁荣的黄金时期，这一时期的快速经济增长也带来了一系列环境和社会问题，引发了对发展模式的深刻反思。在此背景下，欧美国家开始提出环保倡议，并发起了一系列环保运动，以抵制企业为追求利润而过度开发资源、破坏环境的行为。这些运动不仅提高了公众对环境问题的认识，也促使国际机构开始关注环境保护议题。

1972 年，联合国在斯德哥尔摩举行了人类环境会议，这是全球环境保护运动的一个里程碑，为后续环境保护共同方案的出台奠定了基础。1980 年，国际自然保护同盟发布的《世界自然资源保护大纲》指出，资源的利用必须与生态系统的保护相结合，只有理解和协调好资源利用、生态保护与经济发展的平衡关系，才能更好地实现经济的可持续增长，这一观点也直接促使各国关注资源的可持续管理。1981 年，美国学者 Brown（1982）提出了通过控制人口的增长、开发再生能源和保护资源基础等途径实现可持续发展的观点。1987 年，联合国世界环境与发展委员会发布了报告《我们共同的未来》，并首次正式提出“可持续发展理念”，强调经济发展、社会公正和环境保护之间的相互联系，并试图找到一种方式，即既能满足当代人的需求，又不损害后代人满足其需求。在这一时期，投资者和非政府组织推动的社会责任投资（Socially Responsible Investment，SRI）也开始受到广泛关注。SRI 着重于伦理和价值观导向的投资，如反对投资于烟草、武器、赌博等行业。这一阶段的投资理念主要基于排除法进行负面筛选，以回避那些不符合道德标准的企业。

随着对可持续发展认识的深入，人们开始将经济发展和环境保护结合起来，更加科学地看待可持续发展。例如，Barbie（2003）在其著作《经济、自然资源：不足和发展》中把可持续发展理念定义为“在保持自然资源的质量及其所提供服务的前提下，使经济发展的净利益增加到最大限度”。Pearce（1988）则认为，可持续发展是指今天对资源的使用不会对未来的实际收入造成负面影响，即在可持续发展理念下，经济进步是不以牺牲后代福利为条件的当代人的福利增加。这些观点体现了对资源与环境的关注，同时更加注重环境保护与经济发展之间的平衡。1992 年 6 月，联合国组织的环境与发展大会通过了《里约环境与发展宣言》和《21 世纪议程》等文件。其中，《里约环境与发展宣言》是一份包含 27 条原则的宣言，它强调了环境保护与经济发展之间的平衡，以及在可持续发展过程中实现社会公正的重要性。《21 世纪议程》是一份更为详细的行动计划，它包含 40 章内容，涵盖从气候变化、生物多样性保护、森林资源管理到贫困减少、健康和教育等广泛的议题。《21 世纪议程》的目标是为实现全球可持续发展提供一个全面的行动框架。在上述国际背景下，中国也高度重视环境与经济的协调发展，1997 年的中共十五大明确了可持续发展战略，主要包括社会、生态和经济三个方面的可持续，并把可持续发展战略确立为我国实现社会主义现代化国家的过程中必须坚持的重大战略。

二、ESG 概念的提出与早期实践

20 世纪 90 年代，全球经济进入全球化加速发展的阶段，可持续发展面临着气候变化、生物多样性丧失等日益严峻的挑战，因而企业的社会责任越发受到各个国家和地区的重视。在这一背景下，可持续发展议题，特别是与气候变化、资源枯竭、社会不平等相关的问题，成为各国政府、企业和投资者关注的焦点。与此同时，企业治理问题引发了一系列金融危机和企业丑闻（如安然事件），暴露出传统投资决策中忽略公司治理重要性的问题。这些事件为 ESG 概念的提出奠定了基础，因为它们表明，仅依赖财务指标无法充分评估企业的全面风险和长期可持续性。

ESG 作为一个系统性概念，正式出现在 2004 年由联合国全球契约组织和瑞士政府发布的报告“*Who Cares Wins*”中。该报告首次提出，企业的环境、社会和治理表现对其长期的财务业绩有重大影响。这一理念得到了投资界的广泛认同，成为可持续投资的基石。与此同时，联合国环境规划署金融倡议机构制作了“弗雷什菲尔德报告”（*Freshfield Report*），该报告明确了 ESG 因素与财务评估的相关性。这两份报告一起构成了 2006 年在纽约证券交易所推出的责任投资原则以及次年推出的可持续证券交易所倡议（Sustainable Stock Exchange Initiative，SSEI）的基石，并最终推动了联合国责任投资原则组织（Principles for Responsible Investment，PRI）的成立。

ESG 聚焦于从环境、社会和公司治理三大维度来评估企业的可持续发展能力，虽然与 CSR 具有一定的相似性，但两者在实践和实施方面有显著区别。表 4 - 1 从企业报告的披露角度梳理了 ESG 与 CSR 的主要差异。

表 4-1　ESG 报告与 CSR 报告比较

标准	ESG 报告	CSR 报告
是否强制发布	在部分国家和地区，如欧盟，部分上市公司需强制发布；中国则逐渐推进强制披露	通常为自愿发布，但在一些国家逐步被要求纳入上市公司的披露体系
目标受众	主要面向投资者、监管机构、评级机构以及广泛的资本市场参与者	多利益相关方视角，关注的群体比较宽泛，注重对更多利益相关方的关切与回应
编制依据	基于多个国际标准，如全球报告倡议（GRI）、联合国责任投资原则（PRI）、气候相关财务信息披露工作组（TCFD）等	无强制依据，一般参照 GRI 标准、中国企业社会责任报告指南 4.0（CASS－CSR4.0）、深交所或上交所相关指引等
框架和内容	涵盖环境、社会、治理三个核心维度，并包括气候变化、治理架构、劳工权益、产品质量等指标	侧重社会责任，包括劳工权利、社区建设、慈善活动等，较少涉及治理和环境的细节
发布时间	有关资料涵盖的期间须与其年报内容涵盖的时间相同，必须登载于交易所及公司网站	无具体规定，通常为年报形式，自愿发布，未必同步于财报
数据透明度和精准度	数据更细致，注重定量分析，常要求提供详细的环境、社会和治理绩效指标	通常以定性描述为主，强调企业社会责任活动的描述，数据透明度相对较低
主要功能和目的	评估企业在可持续发展方面的风险和机会，帮助投资者评估长期投资回报和风险	展示企业履行社会责任的努力，提升企业形象，构建与社区和利益相关者的良好关系
主要涉及领域	强调治理、环境和社会三方面的平衡，尤其是气候变化、碳排放、劳工权益等	主要关注社会责任，包括员工福利、社区发展、社会公益等
使用者的评价工具	常与 ESG 评级相结合，用于金融市场、投资者决策和企业风险管理	多用于社会责任评估，主要关注企业的社会声誉和公共形象

三、ESG 迅速普及期

随着全球对可持续发展、气候变化和社会责任等议题的关注度不断提高，ESG 的影响力得到了空前的发展。资本市场、监管机构以及公众对 ESG 因素的认同和推动，使其在全球范围内得以迅速普及。例如，欧盟在 2014 年通过了《非财务报告指令》，要求大企业每年披露其在环境、社会、劳工、反腐败等方面的表现。2015 年，《巴黎气候协定》和联合国可持续发展目标（Sustainable Development Goals，SDGs）的发布，将气候变化与可持续发展问题推向国际政治经济舞台的中心。其中，《巴黎气候协定》为全球应对气候变化设定了明确的目标，要求各国采取积极行动减少碳排放，推动了对环境保护的关注；而联合国可持续发展目标的 17 个目标中，许多目标直接或间接与 ESG 框架密切相关，如消除贫困、应对气候变化、促进经济增长与平等。

上述国际倡议不仅为政府制定政策提供了依据，也极大地影响了企业和投资者的行为，促使企业在运营中更加注重环境和社会责任，并推动资本市场逐渐将 ESG 因素纳入投资决策。一方面，各类 ESG 数据平台和评级机构如明晟（MSCI）、富时罗素（FTSE Russell）、商道融绿（SynTao Green Finance）等，提供了企业 ESG 表现的系统性评价。这些机构使投资者可以方便地获取企业在环境、社会和治理方面的表现数据，提升了投资决策的效率。另一方面，ESG 基金与债券开始在欧洲、北美等发达资本市场涌现。如贝莱德、挪威主权财富基金等将 ESG 纳入投资策略，采用负面筛选（排除表现不佳的企业）和正面筛选（重点投资 ESG 表现优异的企业）相结合的方式进行投资。绿色债券和可持续发展债券在这一阶段得到迅猛发展，企业通过发行此类债券来筹集资金，以支持符合 ESG 标准的项目或活动。

尽管 ESG 在这一时期得到了迅速发展和广泛普及，但评级标准和方法的多样性带来了分歧和不确定性。不同评级机构对同一企业的 ESG 表现可能给出不同的评估结果，导致市场的波动性增加，并使得投资者难以全面准确地评估企业的 ESG 表现和风险。因此，下一阶段的重要任务就是建立统一和透明的 ESG 评级标准与框架，以提升评估的一致性和可信度。

四、ESG 深化与标准化阶段

全球经济体系和供应链的脆弱性显著推动了 ESG 的深化与发展。2020 年全球公共卫生事件不仅暴露了全球经济系统的敏感性和供应链的不稳定性，还加速了 ESG 理念的深化，促使投资者和企业更加关注长期可持续性和社会责任。在这一背景下，企业如何在危机中保障员工福祉、维护供应链韧性以及做出企业社会贡献，成为 ESG 评估的重要维度。这些因素不仅关系到企业的社会形象，也直接影响到其长期的商业成功和风险管理能力。与此同时，气候变化议题的紧迫性在全球范围内日益增强。1990 ~ 2019 年，全球温室气体排放量增加了约 54%，且 2019 年的排放量较 2010 年高出 12%①。这一趋势促使多个国家和地区（包括中国、欧盟、美国）相继提出了到 2050 年或 2060 年实现碳中和的目标。这种全球共识的形成，使得 ESG 中的环境维度——尤其是碳排放控制和可再生能源的应用——成为企业和投资者关注的核心领域之一。投资者不仅关心企业的短期财务回报，更重视其长期的环境影响和碳减排目标，这反映了资本市场对环境可持续性的长期承诺。

在上述背景下，2021 年国际财务报告准则基金会宣布成立国际可持续发展标准委员会，标志着全球在推动 ESG 标准化方面迈出了关键一步，旨在制定全球统一的可持续发展报告标准，以减少不同地区和市场之间的评级差异。同年，欧盟推出了《可持续金融披露法规》，要求资产管理公司和金融机构在投资过程中对 ESG 因素进行强制性披露，并提供明确的标准来衡量可持续性目标，有效促进了市场中的信息透明化和 ESG 评级机构评级标准的统一化。中国证券监督管理委员会也在 2021 年发布了《关于加强上市公司 ESG 信息披露的指导意见（征求意见稿）》，要求上市公司更系统

① "10 Big Findings from the 2023 IPCC Report on Climate Change". https://www.wri.org/insights/2023-ipcc-ar6-synthesis-report-climate-change-findings.

地披露ESG相关数据，逐步构建符合国际标准的ESG披露框架。这一举措有助于提高中国上市公司的透明度和责任感，同时也为国际投资者提供了更加可靠的决策依据。2022年，美国证券交易委员会（SEC）提议要求上市公司披露其温室气体排放和气候风险管理措施，表明美国市场也在推动ESG信息披露的透明化和标准化。SEC的这一提议进一步强化了全球资本市场对ESG信息披露的重视，体现了监管机构在促进环境透明度和应对气候变化方面的积极作用。

综上所述，从全球范围来看，ESG理念的发展正受到越来越多的关注和支持。各国政府、监管机构、企业和投资者都在采取行动，以促进ESG信息的披露和标准化，不仅有助于提高市场的透明度，也推动了全球向更加可持续的未来转型。

第二节　上市公司的ESG行动

ESG信息不仅对投资者决策具有重要参考意义，也为企业的可持续发展提供了指导方向。通过ESG框架，企业可以更清晰地了解环境保护的重点，承担相应的社会责任，并完善内部治理机制，不仅能提升企业在资本市场中的竞争力，还能推动国家高质量发展的战略目标的现实。然而，在实际履行中，并非所有企业都能切实贯彻ESG原则，部分企业由于缺乏履行ESG责任的动力，常常引发各种争议事件，给自身带来负面影响。这些企业往往存在治理不善、社会责任履行不力等问题，导致其ESG评级较低，进而影响了企业的声誉和资本市场表现。更为严重的是，一些企业在表面上声称重视ESG，实际上却通过虚假的宣传和不透明的操作手段，这种表里不一的“漂绿”行为不仅欺骗了投资者和消费者，还严重破坏了市场对ESG的信任。此外，在西方国家，ESG领域还面临另一股挑战，即“反ESG”风潮，部分政界人士和商业领袖公开质疑甚至抵制ESG投资。因此，企业在实际经营中对ESG理念的践行情况并不一致，形成了多种应对方式，从积极响应到消极抵制不一而足。

一、积极行动

在当今复杂多变的全球经济环境中，企业的发展质量与长期价值的提升已成为衡量其成功的关键指标。ESG理念的践行，不再是企业的一种道德责任，更是企业实现可持续发展的战略选择。遵循ESG发展理念的企业，不仅在风险管理上展现出更强的抵御能力，其业务管理水平也更为卓越。这些企业更加重视长期价值的创造，能够基于科学的数据分析，设定合理的发展目标，并制订相应的战略规划，以确保在不断变化的市场环境中保持竞争力。本节将具体介绍联想（科技制造与全球化信息技术服务行业）、阿里巴巴（电子商务与数字化服务行业）、中国建设银行（金融服务行业）以及百胜中国（餐饮与消费品行业）等代表性企业在ESG方面的积极行动。这些企业在各自的行业内占据领导地位，而且其所在的行业对中国经济的可持续发展具有深远的影响。它们的实践不仅体现了ESG理念的深远意义，也为其他企业提供了宝贵的经验和启示。

作为全球领先的科技制造企业，联想集团全球化销售、制造和研发布局的广度和深度决定了其在产品碳足迹、清洁能源、供应链管理、公司治理等关键议题上面临巨大的挑战。但联想集团一直以来都积极发布ESG报告，特别是对供应链ESG情况进行详细披露，为行业树立了标杆。具体来说，联想通过实施供应商责任计划，要求其供应商遵守严格的环境和社会标准，并提供在线培训和现场评估，确保了其全球供应链的稳定、安全和可持续。联想还积极参与科学碳目标倡议，承诺到2040年实现净零排放，比巴黎协定的目标早十年。公司为此制定了经过审核的碳减排目标，并发布了涵盖短期、中期、长期的碳中和路径规划，充分展现了其在环境责任方面的领导力。

阿里巴巴集团，作为中国电子商务和云计算领域的领军企业，其在ESG方面的卓越表现主要体现在全面推进的减碳举措和数字化普惠发展方面[①]。

① 阿里巴巴发布2024年ESG报告，持续推进减碳与数字化普惠，https：//ali - home. alibaba. com/document - 1752127870676762624。

2024 财年，阿里巴巴集团自身运营净碳排放量为 444.9 万吨，同比减少 5%，减排量达到 232 万吨，按年增加 63.5%。此外，阿里巴巴集团通过其平台生态系统带动的减排量达到 3333.8 万吨。阿里云自建数据中心的清洁电力使用比例从 2023 年的 53.9% 提升至 2024 年的 56.0%，并通过优化电力使用效率进一步减少碳排放。此外，阿里巴巴集团在推动无障碍、医疗、适老化和中小微企业的普惠发展方面，利用其数字技术和平台能力提供了广泛的社会服务。

中国建设银行，作为中国最大的商业银行之一，其在绿色金融领域的深耕，体现了其在 ESG 实践中的卓越表现①。在金融业务方面，中国建设银行大力发展绿色贷款、绿色债券等绿色金融产品，截至 2023 年末，绿色贷款余额超过 3.88 万亿元，折合减排二氧化碳当量超 1.7 亿吨；在风险管理方面，中国建设银行还率先上线全量对公客户的 ESG 评级工具，融入信用评级和投融资业务，不仅提高了银行的风险管理能力，也促进了客户对 ESG 因素的重视；在社会责任方面，中国建设银行通过普惠金融战略，支持小微企业和农村地区的经济发展。截至 2023 年 11 月，建设银行的普惠金融贷款余额已突破 3 万亿元，年复合增速超过 40%，普惠金融贷款客户数量从 2018 年的 100 万户增长至 2023 年 8 月的 300 万户。在疫情期间，建设银行累计为超过 44 万户普惠小微客户提供了延期还本贷款，金额超过 2600 亿元，帮助企业渡过难关，促进了中国经济的包容性增长。

百胜中国，作为中国餐饮行业的领导者，其在绿色能源使用、废物处理、员工福利和社会公益方面的实践，体现了企业对 ESG 理念的深入贯彻②。在绿色能源的使用上，百胜中国不仅成功建立了国内首个 100% 使用绿色电力的冷链物流中心，还通过参与绿电交易和实施分布式光伏项目，进一步优化了其能源结构，不仅减少了对化石燃料的依赖，也降低了企业的碳排放。在废物处理方面，百胜中国还在全国建成五个咖啡渣回收处置

① 建设银行发布 2023 年环境信息披露报告，https://www3.ccb.com/cn/group/trends/20240731_1722414944.html。

② 百胜中国发布 2023 年可持续发展报告，https://ir.yumchina.com/zh-hans/news-releases/news-release-details/yum-chinas-unwavering-commitment-esg-highlighted-2023。

中心，通过将咖啡渣转化为有机肥料或其他有价值的产品，推动了废弃物的资源化利用。此外，百胜中国在员工福利和社会公益方面也表现出色，公司连续 6 年荣获“中国杰出雇主”称号，通过公益项目“捐一元”等活动支持教育和扶贫工作，展现了企业良好的社会责任感。

上述企业的 ESG 实践表明，通过积极履行环境责任、社会责任和优化公司治理，企业能够在全球资本市场中获得更高的认可，同时提升自身的可持续发展能力。这些实践不仅为企业自身带来了长远的利益，也为行业乃至中国经济的可持续发展作出了积极贡献。

二、消极行动

在当今的全球资本市场中，ESG 表现已成为衡量企业综合能力和可持续发展的重要指标。对于投资者而言，ESG 评级不仅是评估企业风险和机遇的重要工具，也是推动企业实现长期可持续发展的关键因素。然而，一些企业尽管在市值和营收上表现突出，其 ESG 实践却远远落后于行业标准。特别是在第三方评级机构的评估体系下，企业的 ESG 表现在不同的第三方视角下还可能会有不同的解读，进一步激发了企业的“漂绿”行为和反 ESG 行为。上述消极行动既不利于企业赢得良好的市场声誉，也不利于行业形成正确的共识，甚至会阻碍国家可持续发展战略的推进。整体而言，当前企业的消极行为主要分为三类：ESG 不作为、ESG“漂绿”以及反 ESG。

首先，ESG 不作为方面。本节以三家在中国资本市场上具有重要地位的企业——均胜电子、紫金矿业和卫星化学为例，分析它们在 ESG 实践中的内部困境和外部挑战，以及这些挑战对企业发展乃至 ESG 本身的潜在影响，从而为中国 ESG 体系建设提供反面案例参考。其一，均胜电子。均胜电子作为中国汽车安全行业的龙头企业，其市场市值位居同行业前列。然而，与营收和市场地位的优势相比，均胜电子的 ESG 表现却显著落后。根据明晟 ESG 评级，均胜电子自 2019 年以来几乎一直被评为 CCC 级，仅在 2020 年短暂上调至 B 级，随后又被调回最低级别，落后于 83% 的全球汽车零部件同行企业。2024 年，均胜电子因在募资使用过程中的违规行为受到宁波证监局的行政监管，导致股价大幅下跌 7%。这些违规行为不仅反映出公司在资金管理和信息披露方面的缺陷，也暴露了其在治理维度上的短板。截至 2024 年 6 月，作为一家 A 股汽车零部件行业市值排名第 12 位的公司，均胜电子未能有效化解社会责任和公司治理问题，导致其 ESG 评级持续处于低水平，从而降低 ESG 理念投资者的关注度。其二，紫金矿业。紫金矿业作为全球领先的黄金矿企，面临着严峻的 ESG 评级挑战。自 2022 年以来，紫金矿业的明晟 ESG 评级一直维持在 B 级，落后于金属和矿业行业的多数同行。紫金矿业在环境维度的表现并非全然落后，其在水资源利用和废物管理方面表现得较为积极。2023 年，该公司水资源循环利用率已提高至 94.8%，新鲜水用量持续下降。然而，紫金矿业在生物多样性和土地利用方面表现较差，明晟认为其采矿活动对周边环境和生态系统的影响难以避免；并且，公司在劳务管理和社区关系方面同样面临挑战。2023 年，该公司员工和承包商的工亡人数大幅上升至 11 人，社区申诉数量也同比增长 71.4%。这些社会维度上的问题使得紫金矿业的 ESG 评级难以提升，也使公司在国内外资本市场上的形象受损。其三，卫星化学。卫星化学是一家基础化工企业，尽管其在碳减排和资源利用方面做出了一定努力，但在明晟 ESG 评级中却以 CCC 级在 ESG 表现上连续三年垫底。在环境维度上，卫星化学在碳排放和水资源利用方面表现不佳，温室气体排放量和水资源消耗量均高于行业平均水平，表明公司在环保方面的治理仍然滞后。在社会维度和治理维度上，卫星化学的表现同样堪忧。2023 年，卫星化学因信息披露违规、财务资助不当等问题多次受到监管处罚，尤其是在内部控制和公司治理结构上，存在较大改进空间。尽管公司获得了国家级绿色工厂等荣誉，但其实际 ESG 表现难以满足资本市场和投资者的期望。

除了 ESG 实践方面的不足，部分企业在实际操作中并未真正践行 ESG 理念，反而通过“漂绿”行为，虚假夸大其 ESG 表现。这种行为不仅损害了企业的声誉，也使投资者、消费者和监管者对 ESG 投资的信心产生怀疑，形成了潜在的金融和道德风险。以纽约梅隆银行旗下资管顾问公司（BNYMIA）为例，其在做出投资决策时，对 ESG 因素部分存在错误陈述和遗漏。根据 SEC 的公告，在 2018 年 7 月至 2021 年 9 月，BNYMIA 多次在各类报告或声明中表示（或暗示）其所有的投资项目都通过了ESG质量审查，但实际上，一部分BNYMIA管理的基金在进行投资决策时并没有提供ESG质量审查分数。虽然BNYMIA十分配合SEC委员会工作人员的调查，并迅速采取了补救措施，最终美国证券交易委员会仍认定其违反了1940年的《投资顾问法》，BNYMIA也因为此次ESG“漂绿”事件向SEC支付了150万美元的罚款。然而“漂绿”行为的危害不仅限于监管处罚，还对企业的声誉和财务表现带来了长远的负面影响。当消费者或投资者发现企业的ESG承诺缺乏真实性时，可能会对企业产生不信任感，甚至采取法律行动或发动抵制。企业在资本市场上的表现也可能受到拖累，股价大幅下跌等情况屡见不鲜。因此，“漂绿”行为不仅危及企业的长期发展，也削弱了公众对ESG框架的信任和支持。但这也进一步反映了ESG理念在实际应用中的复杂性，尤其是在法规约束不足的情况下，企业很可能会选择掩饰或夸大其ESG表现来迎合市场需求而非真正在实践中落实可持续发展目标。

在此背景下，全球反ESG的声音也逐渐增多，尤其是在美国等西方国家。一些州通过立法限制公共资金投资于ESG产品，部分大型金融机构也因对ESG的质疑而退出与气候相关的国际联盟。这些反ESG情绪背后有多方面的原因。首先，部分反ESG的支持者认为，ESG投资理念有时偏离了为投资者带来最大回报的核心目标。他们主张，ESG投资可能会让投资决策过于侧重于道德和政治考量，而忽视了企业的财务表现。例如，得克萨斯州的反ESG立法明确表示，金融公司撤资化石燃料行业虽基于环保考量，但影响了该州的就业与经济发展，州政府认为，环保主义者推动的ESG投资将扼杀其能源产业，直接威胁了地方经济的核心利益。其次，一些反对者批评ESG投资缺乏透明的标准，不同评级机构对同一企业的评估差异较大，这导致投资者难以判断ESG是否真正能为投资决策带来可靠性。先锋领航集团等顶级资产管理公司退出全球气候金融联盟，就是基于这样的担忧。集团强调，退出气候金融联盟的决定是为了更好地履行其“为投资者带来长期回报”的核心使命，而不是追求基于政策和气候的非金融目标。最后，有部分更激进的反ESG运动者认为ESG投资理念被滥用为政治工具，尤其是在社会维度和治理维度上，推动了某些社会议题的过度干预。例如，一些评论者认为，金融机构和投资者不应因社会或政治压力而在投资决策中强调社会问题，如性别多样性、劳工权益或公司治理中的平等问题，这些议题不应成为影响财务表现的核心因素。

综上所述，企业在 ESG 方面的消极行动不仅反映了其短视的经营思维，也暴露出企业在面对全球可持续发展浪潮时的战略迷失。无论是未能切实履行 ESG 责任，甚至通过“漂绿”来迎合市场需求，还是公开反对 ESG，均将 ESG 视为过度干预企业经营的政治工具。这些行动不仅损害了企业的声誉，还动摇了资本市场对其可持续发展能力的信任。更深层次来看，企业对 ESG 的消极态度折射出：在全球化背景下，企业如何在经济利益与社会责任之间寻找平衡——只有将 ESG 责任真正内化为企业发展战略的一部分，企业才能在可持续发展中获得长期竞争优势。

第三节　上市公司 ESG 评级发展现状

ESG 评级之所以能够成为企业可持续发展的衡量指标，离不开上层政策的指引与监管以及下层评级机构的执行与实践。本节将深入探讨这一双重结构如何推动 ESG 评级的全面发展。上层建筑层面，国际和国内的 ESG 标准指引与政策监管构建了企业非财务信息披露的框架，促使企业逐步将可持续发展理念融入日常运营。下层执行层面，各类 ESG 评级机构通过标准化的评估工具和实践经验，将复杂的 ESG 理念转化为具体的企业评级，推动资本市场更有效地识别企业的长期风险。通过对上述 ESG 上层建筑和下层执行的剖析，读者将全面了解上市公司 ESG 评级的现状与未来发展方向。

一、上层建筑的指引与监管

（一）ESG 标准指引

近年来，一系列公司爆雷的“黑天鹅”事件不断进入公众视野，引发强烈的社会反应。ESG 概念作为衡量企业可持续发展的重要指标，能够弥补仅对企业进行财务评价的局限性，而这一作用的有效发挥离不开 ESG 标准的指引，如表 4－2 所示，本书系统梳理了国际 ESG 标准指引的发展脉络。伴随着全球对可持续发展议程的逐步推进，ESG 标准的起源可以追溯至 1992 年《里约环境与发展会议》上通过的《里约宣言》和 1997 年签署的《京都议定书》，国际社会开始意识到企业在全球环境治理和社会责任履行中的重要作用，明确了发达国家温室气体减排的具体要求，为后续的 ESG 标准提供了重要的气候治理框架。这一时期，企业社会责任逐渐被认可为企业长期经营的战略，然而 ESG 标准还处于宏观层面的理念萌芽阶段，与之相关的企业社会责任主要依赖于自愿披露，企业在 ESG 方面的表现缺乏统一的评估标准。

表 4－2　　国际 ESG 标准指引发展历程[①]

时间	政策/标准/指南	要点
2000 年 6 月	全球报告倡议组织发布第一版《可持续发展报告指南》（G1）	第一份适用于任何规模和类型组织的可持续发展报告指南（杨敏等，2012）
2002 年 9 月	全球报告倡议组织发布第二版《可持续发展报告指南》（G2）	一般情况下可持续发展报告可以与财务报告同时发布，或者作为财务报告整体的一部分（杨敏等，2012）
2006 年 10 月	全球报告倡议组织发布第三版《可持续发展报告指南》（G3）	当时国际上应用范围最广、影响最大的一个报告指南（杨敏等，2012）
2010 年 11 月	国际标准化组织发布《社会责任指南（ISO26000：2010）》	提供了社会责任活动国际标准，在更大范围、更高层次上推动了全球社会责任运动的发展（杨敏等，2012）
2013 年 5 月	全球报告倡议组织发布第四版《可持续发展报告指南》（G4）	要求企业优先报告对其业务和利益相关者产生重大影响的议题，成为众多组织和企业编制 ESG 报告的基准标准

① https：//mp. weixin. qq. com/s/mEGBuMm0pAJp739－8iFp2A；https：//mp. weixin. qq. com/s/JhIgaYPGU41qBxSWF65IZg；https：//mp. weixin. qq. com/s/4VolBWHN_C－7U2trgF3－0g；同时也参考了杨敏等人在 2012 年的研究。

续表

时间	政策/标准/指南	要点
2014 年 10 月	欧盟发布《非财务报告指令》	要求欧盟成员国出台国内法令，强制员工人数超过 500 人的大型公共利益实体从 2018 年起编制非财务报告
2016 年 6 月	新加坡交易所要求上市公司在年报中融入 ESG 信息	由自愿披露上升为“不遵守就解释”，要求上市公司 2018 年开始每年发布可持续发展报告
2016 年 10 月	全球报告倡议组织发布第四版《可持续发展报告标准》	提供全球公认的可持续披露标准，于 2018 年 7 月正式生效，取代了此前发布的 G4
2017 年 2 月	伦敦证券交易所发布《ESG 报告指南》	鼓励上市公司发布 ESG 报告
2017 年 6 月	气候相关财务信息披露工作组发布《最终报告：气候相关财务信息披露工作组建议》	从治理、战略、风险管理及指标、目标四大核心要素，构建气候相关信息披露的框架
2018 年 11 月	可持续发展会计准则委员会发布《可持续发展会计准则》	SASB 首套标准，创建了可持续工业分类系统
2019 年 5 月	纳斯达克交易所发布全新的《ESG 报告指南》（第二版）	在第一版的基础上引入了 TCFD、GRI 相关内容
2019 年 11 月	欧盟发布《可持续金融披露条例》	要求金融市场参与者披露相应的可持续影响和风险，说明其投资和信贷对环境可持续发展“不造成重大损害”
2021 年 10 月	全球报告倡议组织发布首份行业标准——油气行业标准	GRI 行业标准
2021 年 12 月	新加坡交易所公布《通用核心 ESG 指标入门》	提供了 27 项核心 ESG 指标清单
2022 年 3 月	国际可持续准则理事会发布首批《国际财务报告可持续披露准则（征求意见稿）》	《国际财务报告可持续披露准则 S1：可持续相关财务信息披露一般要求》 《国际财务报告可持续披露准则 S2：气候相关披露》

续表

时间	政策/标准/指南	要点
2022 年 11 月	欧盟正式批准《公司可持续发展报告指令》	取代《非财务报告指令》，扩大欧盟企业 ESG 披露范围，指定欧盟统一披露批准
2023 年 1 月	GRI 通用标准（2021）正式生效	取代了 2016 年的版本
2023 年 2 月	国际可持续准则理事会通过首批两份《国际财务报告可持续披露准则》	将于 2024 年 1 月 1 日或之后开始的年度报告期内生效
2023 年 1 月	欧盟发布《可持续金融信息披露条例》下的《监管技术标准》（二级要求）开始实施	要求在欧盟销售基金产品的欧盟及非欧盟金融机构均遵守其规定，披露可持续相关的信息
2023 年 3 月	美国证券交易委员会气候披露新规	要求上市公司和 IPO 进行与气候相关的披露，包括温室气体排放量、气候风险的治理和监督、气候风险对公司战略、商业模式和前景的影响、风险管理流程以及气候相关目标
2023 年 6 月	国际可持续发展准则委员会发布《国际财务报告可持续披露准则 S1：可持续相关财务信息披露一般要求》《国际财务报告可持续披露准则 S2：气候相关披露》	提供企业在可持续发展方面的全面信息，帮助投资者更好地评估企业的长期价值和可持续性风险
2023 年 7 月	欧盟《欧洲可持续报告准则》	纳入欧盟企业可持续报告指令 CSRD 管理范围内的全部企业必须强制使用
2023 年 11 月	国际标准化组织发布 ISO 14068	为碳中和声明提供了一个标准化的方法，包括如何计算、减少和抵消碳排放的具体指南
2024 年 3 月	美国证券交易委员会发布气候相关披露规则	要求上市公司在年度报告和注册声明中披露与气候相关的风险
2024 年 7 月	欧盟《企业可持续发展尽责管理指令》	要求大型企业承担可持续尽职调查的义务，识别、消除、预防、减轻公司自身、子公司以及与公司建立业务关系的其他实体对人权和环境的负面影响

进入 21 世纪，ESG 理念逐步走向成熟，ESG 标准开始逐步落地。2006 年，联合国启动的《负责任投资原则》标志着 ESG 进入国际投资议程，全球资产管理公司和投资者被倡导在其决策中将 ESG 因素纳入考量。这一时期，ESG 不仅仅是企业社会责任的延伸，更成为金融市场上衡量企业长期风险和机遇的重要标准。与此同时，全球报告倡议（GRI）的报告编制标准逐渐成为全球范围内企业可持续发展报告的主要框架，推动了企业非财务信息披露的规范化。GRI 的标准从最初的社会责任报告发展为系统化的 ESG 评估体系，涵盖环境、社会和治理等多个具体维度的内容，促使企业更加透明和规范地披露其在这些领域的表现。

2010 年以后，ESG 评估标准进一步扩展和深化，国际社会加强了对气候变化的关注，加剧了企业在环境责任方面的压力。特别是 2015 年《巴黎气候协定》的达成，使得全球范围内的碳排放、气候变化成为企业 ESG 标准中环境维度的核心议题。2014 年，欧盟发布了《非财务报告指令》，要求大型公司强制披露环境和社会责任信息。2017 年，气候相关财务信息披露工作组（TCFD）推出了气候风险信息披露建议，进一步提升了气候变化对企业财务表现的影响评估。TCFD 框架强调企业需要将气候相关的物理风险和过渡风险纳入财务决策，推动了环境维度下的 ESG 评估细化。在社会责任维度和治理维度，企业的劳工权益、供应链管理、董事会多元化等议题开始受到更多关注。国际组织如联合国全球契约和 ISO 26000 社会责任标准为企业在社会和治理领域提供了参考标准，进一步推动了企业社会责任的制度化。此时，越来越多的企业开始认识到，强有力的治理结构和公平的社会责任履行不仅是企业道德责任的体现，也是长期竞争力的重要来源。

2019 年以来，全球气候变化问题日益紧迫，企业的社会责任、员工福利以及治理结构的有效性成为全球资本市场关注的焦点。2020 年，欧盟通过了《可持续金融披露条例》，要求金融机构披露其投资中涉及的可持续发展风险，推动了 ESG 在金融市场中的主流化。国际可持续发展准则理事会在 2022 年发布了《国际财务报告可持续披露准则》，加快全球统一的 ESG 披露标准建立。同年，欧盟通过了《公司可持续发展报告指令》，不仅推动了欧洲企业在 ESG 领域的透明化，也促使全球投资者对企业非财务信息的披露提出更高要求。

在中国，ESG 标准近年来逐步与国际接轨，不仅推动了中国资本市场的可持续发展，也对全球 ESG 标准的形成产生了积极影响。表 4 – 3 系统梳理了中国 ESG 指引政策的发展脉络，2003 年，原国家环保总局发布的《关于企业环境信息公开的公告》标志着中国在环境信息披露领域的首个官方指引出台。2006 年深圳证券交易所发布的《上市公司社会责任指引》首次对企业社会责任提出了具体要求，鼓励公司根据指引要求建立社会责任制度，定期检查和评价公司社会责任制度的执行情况和存在问题，自愿披露社会责任相关信息。虽然这一指引性文件的效力仍取决于企业自身，但更重要的作用在于为后续的 ESG 政策规范奠定基础。其中，2008 年国务院国资委发布的《关于中央企业履行社会责任的指导意见》就明确要求央企建立社会责任报告制度，关于 ESG 建设的要求进一步细化。2012 年，证监会发布的《公开发行证券的公司信息披露内容与格式准则第 30 号》明确规定了社会责任报告应经过董事会审议并单独发布，意味着企业 ESG 信息的质量要求开始向财务信息的质量要求靠拢，为进一步规范企业的 ESG 建设奠定了良好的内部基础。但在总体上，这一阶段的 ESG 标准以倡导和鼓励为主，考虑到现实条件，官方并未针对企业的 ESG 建设出台更为具体的硬性规定，主要是引导企业通过自愿披露的方式参与 ESG 实践，为我国后续 ESG 标准的完善和规范奠定基础。

表 4 – 3　　中国 ESG 指引政策发展脉络[①]

时间	政策	要点
2003 年 9 月	原国家环保总局《关于企业环境信息公开的公告》	要求污染超标企业披露相关环境信息
2006 年 9 月	深圳证券交易所《上市公司社会责任指引》	鼓励上市公司自愿披露社会责任相关信息

① 资料来源：https：//mp. weixin. qq. com/s/yaDc1PxNeMY75Sea_Ya4aA；https：//mp. weixin. qq. com/s/La_mkmTWtRaj1gB81jW1Vw；https：//mp. weixin. qq. com/s/NtC – keShayqJnNIyjzfjcg；同时也参考了杨敏等人在 2012 年的研究。

续表

时间	政策	要点
2007年4月	原国家环保总局《环境信息公开办法（试行）》	鼓励企业自愿公开环境信息
2008年1月	国务院国资委《关于中央企业履行社会责任的指导意见》	要求央企建立社会责任报告制度，有条件的定期发布社会责任报告或可持续发展报告
2008年5月	上海证券交易所《上市公司环境信息披露指引》和《关于加强上市公司社会责任承担工作的通知》	要求上市公司披露环保相关重大信息，并鼓励披露年报社会责任报告
2008年12月	上海证券交易所《关于做好上市公司2008年年度报告披露工作的通知》	要求纳入“上证公司治理板块”样本公司，发行境外上市外资股的公司及金融类公司应披露社会责任报告
2010年12月	深圳证券交易所发布《关于做好上市公司2010年年度报告披露工作的通知》	要求纳入深圳100指数的上市公司披露社会责任报告
2012年8月	香港联交所发布《环境、社会及管制报告指引》（第一版）	建议上市公司自愿披露ESG报告
2012年12月	证监会发布《公开发行证券的公司信息披露内容与格式准则第30号》	要求社会责任报告应经董事会审议，并以单独报告发布
2013年4月	深交所发布《上市公司信息披露工作考核办法》	信披质量分为四个等级，其中未按规定披露社会责任报告的上市公司信披考核结果不能为A
2015年12月	香港联交所发布修订后的《环境、社会及管制报告指引》（第二版）	扩大强制披露的范围持续提升对在港上市公司的ESG信息披露要求
2016年7月	国务院国资委《关于国有企业更好履行社会责任的指导意见》	要求国有企业建立健全社会责任报告发布制度，定期发布报告
2018年6月	A股正式纳入MSCI新兴市场指数	所有被纳入的上市公司需要接受MSCI ESG评级

续表

时间	政策	要点
2018年9月	证监会修订了《上市公司治理准则》	要求上市公司按照法律法规和相关要求披露环境信息和社会责任信息
2019年12月	香港联交所发布修订的《环境、社会及管制报告指引》（第三版）	增加“管制构架”和“汇报原则”的强制披露规定，新增气候变化指标，环境KPI为披露目标，社会KPI披露责任提升为“不遵守就解释”
2020年9月	深圳证券交易所发布修订后的《上市公司信息披露工作考核办法》	履行社会责任披露的上市公司将加分
2020年12月	香港金融管理局发起设立的绿色和持续金融跨机构督导小组发布有关“巩固香港金融生态系统，共建更绿色和更可持续未来”策略计划	相关行业在2025年或之前按照TCFD建议的框架披露气候信息
2020年12月	上海证券交易所《科创板股票上市规则》	科创板公司应当在年度报告中披露履行社会责任情况，并视情况编制和披露社会责任报告、可持续发展报告、环境责任报告等文件
2021年7月	中国人民银行《金融机构环境信息披露指南》	对金融机构环境信息披露提出要求
2021年11月	香港交易所发布《气候信息披露指引》	促进上市公司按照TCFD建议的框架披露气候信息
2021年12月	香港联交所要求ESG报告与上市公司年度报告同步披露	2022年1月1日起正式实施
2022年1月	上海证券交易所发布《关于做好科创板上市公司2021年年度报告披露工作的通知》	要求科创板公司应当披露ESG信息，科创指数50成分公司应当在年报披露的同时披露社会责任报告或ESG报告
2022年5月	国务院国资委《提高央企控股上市公司质量工作方案》	要求推动更多央企控股公司披露ESG报告，力争到2023年相关专项报告披露全覆盖

续表

时间	政策	要点
2023年3月	香港联交所《2022上市委员会报告》	提出着重将气候披露标准调整至与气候相关财务披露小组的建议及国际可持续发展准则理事会的新标准一致
2023年7月	国资委《关于转发〈央企控股上市公司ESG专项报告编制研究〉的通知》	为央企控股上市公司编制ESG报告提供了建议与参考
2023年10月	生态环境部、市场监管总局《温室气体自愿减排交易管理办法（试行）》	保障全国温室气体自愿减排交易市场有序运行的基础性制度，规定了温室气体自愿减排交易及其相关活动的基本管理要求，明确了各市场参与主体的权利和责任
2024年3月	中国人民银行联合国家发展改革委等七部门《关于进一步强化金融支持绿色低碳发展的指导意见》	推动金融系统逐步开展碳核算，制定统一的绿色金融标准体系，强化环境信息披露
2024年4月	沪、深、北交易所《上市公司自律监管指引——可持续发展报告（试行）（征求意见稿）》	报告期内持续被纳入上证180、科创50、深证100、创业板指数的样本公司，以及境内外同时上市公司、必须披露ESG报告，其余上市公司自愿披露
2024年5月	财政部《企业可持续披露准则——基本准则（征求意见稿）》	准则适用于在中华人民共和国境内设立的企业，旨在规范企业在可持续发展方面的信息披露
2024年6月	国务院国资委《关于新时代中央企业高标准履行社会责任的指导意见》	引导中央企业在新时代背景下以更高的标准履行社会责任，并要求企业通过高标准履行社会责任来增强核心功能和提高核心竞争力

随着“双碳”目标的提出，中国的ESG标准进入了多部门协同指引的深化阶段。2021年中国人民银行发布《金融机构环境信息披露指南》，首次明确了金融机构在环境信息披露中的关键内容，涵盖了碳排放、资源消耗、污染防治以及气候风险管理等多个具体方面的具体内容，要求金融机

构系统性地披露其环境影响和应对措施。与此同时，国务院国资委和其他部门发布了一系列政策文件，推动央企和金融机构在社会责任和环境信息披露方面的规范化，针对上市公司尤其是科创板公司在 ESG 方面的标准更加严格。例如，上海证券交易所发布通知，披露社会责任报告或 ESG 报告成为科创 50 指数成分公司在后续年报中的强制性要求，在具体的披露标准方面特别规定企业要重点披露助力“双碳”目标的实质行动，要从政策、制度、管理措施与绩效四个维度回应投资者的关切，坚持 ESG 信息的风险防范功能，避免空洞的文字信息堆砌。在这一趋势下，2024 年沪、深、北三大交易所的《上市公司自律监管指引》进一步明确了上市公司 ESG 披露的标准，要求包括上证 180 和创业板等指数的样本公司必须发布 ESG 报告，并对 ESG 报告的内容、标准、形式、数据和目标等多个方面进行了具体规范。这一阶段，中国的 ESG 指引政策逐步与国际标准接轨，不再局限于笼统地倡导企业开展 ESG 实践，而是通过制度化、规范化的政策指引推动各类企业具体落实 ESG 理念并有效披露 ESG 信息。

经过上述演变，中国 ESG 标准的发展从最初的倡导性指导逐步走向强制性和规范化，并伴随全球可持续发展议程的推进，不断与国际标准接轨。首先，在完善 ESG 标准的推动力方面。国际 ESG 标准制定的推动力主要来自投资者和国际社会对可持续发展的诉求，特别是随着全球气候变化议题的加剧，ESG 政策在西方国家迅速升温。中国的 ESG 标准更多的是政府主导，尤其是在推动国家战略目标（如“碳达峰、碳中和”）的背景下，ESG 标准成为国家高质量发展和绿色金融的重要组成部分。其次，在完善 ESG 政策方面，国际政策框架如 GRI 和 TCFD 为全球企业提供了广泛认可的披露指南，而中国的政策更多的是基于国内实际情况，尤其是强调国有企业在履行 ESG 责任方面的义务，但总体在逐步与国际标准接轨。最后，在强制性与标准化进程方面。欧盟、美国等国家已经强制推行 ESG 信息披露，并通过立法保障其实施。例如，欧盟的《可持续金融披露条例》要求金融市场参与者披露相关可持续信息。相比之下，中国的 ESG 政策虽有强制性要求，但整体上仍处于标准化和规范化推进阶段，尤其是在中小企业的 ESG 信息披露上尚未完全覆盖。通过对比，可以看出中国在推进 ESG 政策时采取了渐进式的路径，政策从自愿披露逐步转向强制披露，ESG标准指引逐步向国际接轨的趋势越来越明显。未来，随着各国政府和国际组织对可持续发展的承诺不断加深，企业的ESG表现将成为评估其长期风险和机遇的核心因素，全球资本市场的投资者和监管者将更加依赖于统一、透明的ESG标准，以确保企业的经营行为与全球可持续发展目标保持一致。

（二）ESG政策监管

中国的ESG政策监管发展迅速，特别是在近年来全球对可持续发展和气候变化问题日益关注的背景下，ESG已经成为国家经济和企业治理的重要议题。本节进一步对比了中国与欧美国家的ESG监管政策，探讨中国在全球ESG监管体系中的独特发展路径。

欧美国家在ESG监管方面具有明显的先发优势，其政策框架不仅高度完善，而且涵盖了从立法、披露到投资的全链条监管体系。以欧盟为例，其政策制定者通过《欧洲绿色协议》和《可持续金融行动计划》等文件，构建了严密的ESG监管体系，旨在确保成员国共同落实联合国可持续发展目标，尤其是碳减排和碳中和的量化目标。欧盟的《可持续金融信息披露条例》是金融机构ESG信息披露的重要法律依据，确保金融市场的资金和资产环节都能有效纳入ESG标准。在推动企业ESG信息披露方面，欧盟采取了循序渐进的方式。自《非财务报告指令》出台以来，欧盟先通过试点推进ESG披露，再逐步扩大披露范围。2022年，欧盟推出了公司可持续发展报告指令，进一步强化了企业披露的强制性要求，并将披露范围扩展至更多中小型企业。通过这种自上而下的政策推动，欧盟的ESG政策不仅为企业提供了明确的合规指引，还通过碳市场、碳边境调节机制等一系列配套措施形成了较为完善的碳约束机制。相比之下，美国的ESG监管相对更分散，但其监管力度相当。美国证券交易委员会近年来加大了对气候相关财务信息的监管力度，要求上市公司披露与气候变化相关的风险和影响，并加强了对企业虚假披露行为的打击。这种自上而下的监管推动确保了ESG信息披露的透明性和可信度，逐渐形成了金融机构、投资者与企业间的ESG信息价值链。

与欧美相比，中国的ESG监管起步较晚，但在全球可持续发展的大趋势下，特别是在“双碳”目标提出后，ESG相关政策迅速跟进。中国的ESG监管以国家政策为主导，核心推动者包括证监会、证券交易所、生态环境部门及国资委等。对于所有上市企业，证监会在2018年修订的《上市公司治理准则》首次在公司治理中引入了ESG框架，提出了企业在环境方面更高的信息披露要求和在公司治理中更严格的管理标准。随着政策的深入实施，香港联合交易所和上海证券交易所等也陆续发布了与环境、社会及治理相关的监管政策，进一步推动了两地上市公司在ESG方面的信息披露要求。例如，2019年香港联交所发布了修订后的《环境、社会及管制报告指引》，要求上市公司必须公开在应对气候变化方面的具体措施，明确规定了上市公司需要披露其治理架构，包括公司如何在管理层和董事会层级进行ESG事务管理。与此同时，生态环境信息的依法披露也逐步成为企业环境管理的重要内容。2020年，中央深改委通过了《环境信息依法披露制度改革方案》，该方案要求企业逐步实现环境信息的强制性披露，并明确提出到2025年要基本形成强制性披露制度。对于央企来说，国资委在ESG监管方面起到了重要作用。2022年发布的《提高央企控股上市公司质量工作方案》，要求央企控股上市公司不断完善ESG工作机制，并实现ESG报告的全面覆盖。央企的带头作用不仅提升了中国资本市场的ESG水平，也在助力中国实现高质量发展目标方面发挥了示范作用。除了上述直接针对企业的监管措施外，中国的绿色金融体系建设也为ESG监管提供了有力支持。2022年，国家金融监督管理总局发布《银行业保险业绿色金融指引》，首次明确了绿色金融的全流程监管要求。中国人民银行也联合多部门发布了《可持续金融共同分类目录》，旨在通过建立统一的绿色金融标准，为国内外投资者提供清晰的指引，帮助识别符合可持续发展要求的投资项目。这不仅为国内绿色金融市场提供了系统化的标准，还促进了中国金融机构与国际市场在可持续发展项目上的合作，为跨境绿色资本的流动提供了便利。

通过对比中国与欧美在ESG政策监管上的发展路径可以看出，虽然中国的ESG监管起步较晚，但其发展速度迅猛且具有明确的政策指引。在全球气候变化的背景下，中国的 ESG 监管逐步与国际接轨，并通过政策主导和央企带头机制迅速推动了资本市场的 ESG 转型。未来，随着政策的深化和完善，尤其是环境信息强制披露制度的全面实施，中国将进一步提升在全球 ESG 治理中的地位。完善的 ESG 监管体系不仅有助于企业提升可持续发展能力，也将成为实现中国经济高质量发展的重要引擎。

二、下层评级机构的采用与执行

（一）ESG 评级机构概况

在全球可持续发展浪潮的推动下，ESG 评级逐渐成为衡量企业风险应对能力、可持续发展水平以及长期投资价值的重要工具。国内外众多机构通过专业评估体系为投资者提供 ESG 评级服务，这些机构根据不同的行业标准和数据来源，针对企业的环境保护、社会责任履行、公司治理结构等方面进行全面评估。本节将对国内外主流的 ESG 评级机构进行分析，探讨它们的发展脉络及其对资本市场的影响。

国内外知名的第三方 ESG 评级机构包括和讯网、商道融绿、润灵环球、社会价值投资联盟、万得、华证、富时罗素和明晟等，这些评级机构的发展历程及评级体系各有不同。其中，和讯网作为中国最早的社会责任报告评测机构，自 1996 年成立以来，已从早期聚焦于企业社会责任的评估逐步扩展到 ESG 领域。商道融绿是国内最早发布上市公司 ESG 评级的专业机构，2015 年推出了其自主研发的 ESG 评级方法，并于 2021 年正式登录彭博终端，成为中国首家登录国际数据平台的 ESG 评级机构。润灵环球自 2007 年起提供责任评级服务，开发了中国首个上市公司社会责任报告评级系统，专注于为国内企业提供全面的 ESG 服务，其评级内容涵盖 CSR 报告评估及社会责任投资服务。社会价值投资联盟自 2016 年成立以来，专注于推动 A 股上市公司的 ESG 评级，发布了首个 A 股上市公司可持续发展价值数据库，并逐步建立了涵盖沪深 300 成分股公司的 ESG 数据分析体系。万得凭借其在金融数据领域的优势，自 2018 年起对 ESG 进行了深入研究，并于 2021 年推出了基于国内外 ESG 评级标准的独立评级体系。万得凭借其庞大的数据分析能力及广泛的市场覆盖，迅速成为国内 ESG 数据和评级的重要参与者。

与国内 ESG 评级机构相比，国外 ESG 评级机构的发展历史更为悠久。明晟作为全球最具影响力的金融信息提供商之一，成立于 20 世纪 60 年代，凭借自身丰富的经验和全球数据覆盖能力，为全球投资者提供了全面的 ESG 评级及指数产品。自 2018 年起，明晟将中国 A 股上市企业纳入其 ESG 评级体系，并逐步扩展评级覆盖面，成为全球投资者的重要参考。富时罗素作为全球第二大指数编制公司，自 2019 年开始将中国 A 股纳入其全球股票指数系列，并通过其 ESG 指数系列和社会责任指数产品为全球投资者提供了重要的分析工具。

从机构定位来看，国内的 ESG 评级机构可以分为三类：商道融绿、润灵环球等是以 ESG 专业服务为核心的评级机构，提供投资者需要的深度分析和责任投资服务。和讯网、万得等则通过数据服务的方式，为金融市场提供全面的 ESG 信息。社投盟作为国际化的公益平台，侧重于通过推动可持续发展和社会价值评估，提升 A 股上市公司在全球市场中的社会责任意识。国外的评级机构，尤其是明晟和富时罗素，在全球资本市场中占据着主导地位，凭借其丰富的国际经验和严谨的评级体系为国际资本市场提供了重要的 ESG 支持。其中，明晟的 ESG 评级框架特别注重对公司未来长期风险的评估，如气候变化对公司业务的冲击以及企业是否具备完善的治理结构应对这些风险。与明晟的定位不同，富时罗素的指数设计更加侧重于为投资者提供透明、可跟踪的投资工具，其指数产品以明确的 ESG 标准为基础，更适合被动投资策略，如通过指数产品进行可持续投资。此外，富时罗素的 ESG 评级更强调企业在全球指数中的表现，帮助投资者快速识别出符合 ESG 标准的公司，并将其纳入投资组合中。

在全球可持续发展目标的指引下，ESG 评级逐渐成为投资者评估企业长期竞争力和风险的重要工具，而国内外评级机构通过各自的优势，为资本市场提供了多样化的 ESG 评估体系。国内机构如商道融绿、润灵环球、万得等，凭借对本地市场的深刻理解和数据支持，为中国企业的 ESG 评级提供了强有力的支持。而国际机构如明晟、富时罗素，凭借其丰富的经验和全球视野，帮助中国企业与国际市场接轨。未来，随着全球 ESG 标准的不断统一和完善，ESG 评级将进一步推动企业可持续发展的进程，并为全球资本市场的稳定和可持续发展提供重要支撑。

（二）ESG 评级实践

不同的 ESG 评级机构基于环境保护、社会责任和公司治理三个维度对企业进行全面评估，旨在为市场提供透明、可信赖的决策依据。这些评级工具的引入不仅为企业提供了外部监督，也为资本市场提供了新的评估标准。然而，尽管评级框架一致，不同的 ESG 评级机构在具体的议题选择、评估范围以及考核方法上存在显著差异，虽然在某种程度上体现了市场需求和政策需求的差异性，但这些差异给企业经营者、投资者乃至 ESG 发展都带来了巨大的挑战。

1. ESG 评级议题

ESG 评级议题是指评级机构用以考核企业 ESG 表现的具体内容。尽管大多数评级机构都遵循环境、社会责任、公司治理三大维度对企业进行评估，但各机构在这些维度下所选择的评级议题及参考指标有所不同。例如，国内的和讯网、商道融绿、润灵环球等机构，以及国际上的明晟和富时罗素，虽然都对企业的 ESG 表现进行评价，但在指标的构建与具体的评级方法上存在差异。

和讯网的 ESG 评价体系涵盖 13 个二级指标和 37 个三级指标，针对消费、制造、服务类企业进行定制化评估。例如，消费类行业更加重视供应商、客户和消费者权益责任，制造类行业更加注重环境责任，而服务类行业公司则更加重视社会责任，这种灵活的指标设计使得和讯网的评级体系能够兼顾行业差异，为投资者提供更加精确的企业可持续发展数据。商道融绿的 ESG 评级框架包括 14 个核心议题，涉及近 200 个 ESG 指标，其评估模型覆盖 51 个行业，并通过 700 多个数据点的采集进行数据分析。该框架不仅体现了商道融绿在行业分析方面的深度，也使其 ESG 评级具备较高的细致性。润灵环球则根据行业特性识别出投资者在不同维度下最关注的关键议题，并动态调整评估标准。其管理评估模型通过政策法规的变化以及投资者的需求进行实时更新，确保评级的时效性和针对性。社投盟的评级体系则采用了筛选模型和评分模型相结合的方法，通过 57 个四级指标对企业进行多层次评估，其评估范围逐步扩展至覆盖沪深300 及 A 股上市公司，展现出其在国内市场的广泛影响力。万得依托于其数据分析优势，提出了 25 个议题、2000 多个数据点的评估体系，并结合 400 多项管理实践指标和 1200 多个风险标签，涵盖了短期突发事件和长期可持续性因素。

国际上的评级机构，如明晟和富时罗素，则有着更加系统化和全球化的评级方法。明晟的 ESG 评级体系主要涵盖 37 个关键问题，其中环境类指标涉及气候变化、自然资源、污染防治与环境机会等 13 个二级指标，社会类和治理类指标关注人力资本、产品责任、企业行为等维度。富时罗素的评级框架则由 14 个主题及 300 多项独立指标组成，针对全球企业进行深度分析。这些国际评级机构凭借其丰富的数据积累和全球覆盖能力，极大地推动了全球 ESG 投资的透明化。

2. 评级覆盖范围

评级覆盖范围指不同的 ESG 评级机构进行评价的对象的范围。在国内的评级机构中，和讯起步较早，主要进行社会责任的评测，其评测对象几乎涵盖国内所有上市企业。商道融绿基于其自主研发的 ESG 评估模型，ESG 评级覆盖 A 股、港股、中概股以及诸多债券发行主体。润灵环球在累计评估了 1000 家 A 股上市公司的企业社会责任报告的基础上于 2019 年开始评估 A 股上市公司的 ESG 报告，并于 2022 年完成了全市场覆盖，该机构还发布了诸多医药行业、房地产行业、汽车及零配件行业的 ESG 评级报告。社会价值投资联盟成立之初其评价范围涵盖沪深 300 成分股公司，从 2017 年开始逐步将全部 A 股企业纳入报告范围。万得 ESG 评级覆盖了全部 A 股上市企业，此外还包含发债主体和基金的 ESG 评级。华证的 ESG 评价体系不仅包含国内全部 A 股上市公司，还包含对 2000 + 发债主体 ESG 表现的评价信息。而在国际上的 ESG 评级机构中，富时罗素在中国的 ESG 评级不仅涵盖了诸多 A 股企业，还包括中国上市公司证券（包括 A 股、港股、中概股等)。作为专业提供全球指数的评级机构——明晟，其评级产品覆盖全球超过6000家公司，包括发达市场和新兴市场，涵盖了全球行业分类标准中的所有11个行业部门。除此之外，明晟还提供定制化的ESG评级服务，以满足特定投资者或资产管理公司的需求。

3. 评级形式

评级形式差异是指经ESG评级机构评定后，最终评价结果呈现方式的不同。实质上，ESG评级是一种对受评主体ESG绩效评估的表现形式，依照该核心理念，目前市场中存在的ESG评级形式主要有三种：第一种是以等级形式呈现的ESG评价，如商道融绿公布A+到D共10个等级，社投盟则公布AAA到D的10个大等级，以及经"+""-"号微调后的20个子等级。第二种是以得分形式呈现的ESG评价，如富时罗素按5分制原则公布企业ESG绩效。此外，部分机构选择结合上述两种方式，同时公布等级与得分，如明晟、润灵环球、华证、万得等，但润灵环球、万得采用10分制七档等级，而华证采用百分制九档等级。第三种是隐性ESG评级形式，即市场中存在部分表面上被视为企业社会责任，但实际上评价的维度包含E、S、G三个方面内容，如和讯社会责任评价，其以等级和分数的形式呈现企业在股东责任、员工责任、供应商、客户和消费者权益责任、环境责任和社会捐赠责任等方面的表现，该评估也被不少学者分别归入ESG三个方面进行相关研究（潘海英和董越，2023)。综合来看，上述差异虽体现为形式上的不同，但其造成的后果会对ESG评级使用者形成实质性的分歧干扰。其中，百分制的评级结果可以反映出不同企业间更细致的绩效差异，10分制的评级形式则会弱化不同企业间的差异，而等级制会更进一步平滑其差异，这些形式上的差异会强化凸显ESG评级结果的分歧。同时，数据库评级名称（如CSR）与评级内容的差异容易使不同使用者产生分歧，增加了CSR评价与ESG评价间关系的争议，进而从评级形式层面加剧了ESG评级分歧的特征事实。

总体而言，ESG评级机构根据其评级框架、议题选择及评估方法的不同，为市场提供了多样化的评估结果。这些差异不仅反映了评级机构在数据来源、评级模型及行业理解上的不同，也表明了ESG评价体系在全球化过程中面临的挑战。未来，随着评级标准的不断统一和数据透明度的提高，ESG 评级的差异性将逐渐缩小，有助于企业更好地融入全球资本市场的可持续发展浪潮。同时，投资者应在使用 ESG 评级数据时，结合多个来源和评估方法，确保对企业可持续发展能力的综合理解。

第四节 上市公司 ESG 评级分歧特征事实

在资本市场中，ESG 评级已成为衡量企业长期投资价值的重要工具。然而，不同评级机构之间的评级标准、评估方法和数据来源的差异，导致同一企业在不同评级体系下的结果往往存在显著差异。这不仅反映了 ESG 评级行业的复杂性，可能混淆投资者的决策，影响企业在资本市场中的表现；还揭示了 ESG 评级本身在多维度评估下的局限性，同时也凸显出标准化、透明化评级体系建立的必要性。本章将深入探讨上市公司 ESG 评级分歧的特征事实，并从理念、数据和技术这三个维度分析 ESG 评级分歧的根源。

一、ESG 评级分歧的内部特征

ESG 评级分歧指不同评级机构给出关于企业 ESG 表现相异或相斥的评价，即同一家企业或项目在某一评级机构获得高评分或高等级，但在另一评级机构获得低评分或低等级的现象。从不同评级机构间评级结果的相关性来看，各评级机构之间的相关关系整体较弱，且不同评级机构间的相关程度差异明显（见表 4 - 4 Panel A）。具体而言，商道融绿、社投盟、明晟、富时罗素、润灵环球和华证六家 ESG 评级机构整体的评级结果相关系数为 0.4285。其中，富时罗素—润灵环球、富时罗素—商道融绿以及润灵环球—商道融绿这三组的相关性最高，相关系数分别为 0.6775、0.6083 和 0.5916，而华证—富时罗素、华证—明晟的相关系数最低。即富时罗素、润灵环球、商道融绿三家评级结果的一致性相对较高，而华证与其他评级机构间相关性较差。

进一步地，从更加直观的视角来看，上述六家 ESG 评级分歧程度为 0.2016，略高于 Avramov 等（2022）利用同样方法测度的美国 ESG 评级分歧程度。且从中位数来看，0.1929 明显小于 0.2016，表明我国 ESG 评级分歧呈右偏分布。而这一差异可能是由 ESG 评级机构的异质特征造成的，为更加清晰地了解 ESG 评级分歧的特征事实，本章进一步从评级机构的国别属性、专职属性以及指标丰富度三个方面观察其差异。

表 4-4　ESG 评级分歧的基本事实

Panel A		不同 ESG 评级间的相关性分析						
		商道融绿	社投盟	明晟	富时罗素	润灵环球	华证	均值
商道融绿		1.0000						
社投盟		0.4136	1.0000					
明晟		0.4876	0.3468	1.0000				
富时罗素		0.6083	0.3214	0.5804	1.0000			
润灵环球		0.5916	0.5033	0.5871	0.6775	1.0000		
华证		0.3277	0.4345	0.2093	0.1782	0.3472	1.0000	
均值		0.4858	0.4039	0.4422	0.4711	0.5383	0.2994	0.4285
Panel B		全样本 ESG 评级分歧的描述性统计结果						
变量名		均值	标准差	最小值	25 分位数	50 分位数	75 分位数	最大值
ESG 评级分歧		0.2016	0.1197	0.0000	0.1142	0.1929	0.2717	0.6935
Panel C		评级机构异质特征下 ESG 评级分歧的描述性统计结果						
异质特征		均值	标准差	最小值	25 分位数	50 分位数	75 分位数	最大值
国别属性	国内	0.1950	0.1278	0.0000	0.0906	0.1752	0.2763	0.7029
	国外	0.1480	0.1212	0.0001	0.0535	0.1166	0.2145	0.6733
专职属性	专职型	0.1937	0.1414	0.0000	0.0766	0.1669	0.2874	0.7029
	非专职	0.2237	0.1418	0.0003	0.1087	0.2058	0.3189	0.6935
指标丰富度	低丰富	0.2041	0.1414	0.0000	0.0905	0.1771	0.2968	0.6987
	高丰富	0.1911	0.1272	0.0002	0.0883	0.1739	0.2747	0.6393

（一）国别属性

从国别属性来看，国内评级机构之间的分歧高于国外评级机构之间的分歧，同时样本中两家国外评级机构具有较高的国际权威性，表明国外评级机构对中国上市公司 ESG 表现的看法更加一致，这可能与国内外评级体系特点、评级方式成熟度等方面的差异有关。国外评级机构对部分国内沪深股市企业的 ESG 表现进行评价时，限于国家制度背景、企业经营环境等方面的差异，其评级方式难以差异化、精细化地评价国内企业 ESG 的真实表现，而是更多地通过自身构建的综合性评级框架，采用同一套评级体系进行衡量，这在一定程度上降低了评级者的主观化多元判断，有助于降低不同机构之间 ESG 评级的分歧；而国内评级机构主要专注于国内沪深股市，更加专注于了解国内市场的运行情况，同时也造成了更多主观性的解读。此外，为了能够在激烈的 ESG 评级市场中占据有利的地位，评级机构有更强的动机构建自身独有的 ESG 评级框架与体系，这也进一步加剧了国内不同机构之间的 ESG 评级分歧。

（二）专职属性

从专职属性来看，仅提供 ESG 相关服务的评级者比综合经营性的评级机构具有更低的分歧，这可能与 ESG 评级机构的评级初衷或理念差异有关。专门提供 ESG 评级的机构建立初衷便是为了客观、准确地评价企业的 ESG 表现，因而在其构建评级体系、选取指标等过程中更贴合 ESG 的专属特性，更能够反映 ESG 表现的真实情况，并减小评级结构的分歧，而对于综合性的评级机构，其评级体系可能会受已有评级业务的影响，而与 ESG 的属性特征契合度相对更低，进而其评价结果可能会存在更高的偏离度；此外，专职的 ESG 评级机构聘用的评级专家通常具备 ESG 行业知识专长，而综合性评级机构的评级人员可能是机构既有的、具备相关行业知识专长的人员，其认知理念可能与 ESG 理念吻合度更低，因而可能导致更大的 ESG 评级分歧。

（三）指标丰富度

从指标丰富度来看，指标丰富度较低的评级者之间的分歧高于指标丰富度较高的评级者间的分歧。这表明指标越丰富，容错率越高，分歧越低。其原因在于，如果基础指标的数量越少，关键指标被遗漏的概率越高，而被采纳的指标对最终的评级结果影响就越大。特别是采集的数据或使用的指标有偏时，会进一步扩大评级分歧。ESG评级机构对企业的ESG评价是基于底层指标测算而来的，基础指标体系覆盖越全面，评价企业ESG表现的准确性越高，不同机构评级指标的重叠交互概率越高，造成的ESG评级分歧越小；相反，如果基础指标的数量越少，关键指标被遗漏的概率就越大，而指标对最终的影响结果就越大。当采集的数据或使用的指标有偏时，就会进一步增大评级结果的偏差以及不同评级机构之间的ESG评级分歧。

二、ESG评级分歧的外部特征

随着新ESG评级机构的不断进入，评级机构间的差异在不断变化，而不同地区、行业的ESG绩效差异明显，其ESG评级分歧的特征也可能具有较大差异。基于此，本章从时间、地区、行业三个方面探究ESG评级分歧的截面特征。

（一）时变动态特征

ESG评级分歧整体下降明显，在2017年达到分歧的相对低位，但近期略有反弹趋势。图4-1显示了不同年份下ESG评级分歧的变化，从均值和中位数的绝对视角来看，2016年ESG评级机构间的评价结果存在较大的分歧，而该阶段的ESG评级市场才刚刚兴起，市场成熟度较低；2017年ESG评级分歧处于相对低位，这可能是源于2017年我国对ESG的关注度明显提升，ESG评级理念和评级市场向好发展，如2017~2018年中国签约UNPRI的数量激增，2017年1月万得编制万得全A可持续ESG指数，6月中国证券投资基金协会以 ESG 责任投资理念为核心开展“2017 年中国责任投资论坛”等。但随着社会各界对 ESG 关注度的加深，国内外涌现出一批评价企业 ESG 表现的第三方机构，加大了评级市场的紊乱，使得 2018～2020 年 ESG 评级分歧的均值和中位数都出现了反弹趋势。从均值和中位数的相对视角来看，ESG 评级分歧的均值始终高于中位数，说明我国的 ESG 评级分歧程度始终呈现右偏特征。但 2015～2017 年均值和中位数的差值明显高于 2018～2020 年的差值，即 ESG 评级分歧过高的企业数量有所减少。这说明虽然 ESG 评级分歧的均值和中位数有所反弹，但部分分歧过高的现象有所缓解，ESG 评级分歧的情况得到一定程度的结构性改善。

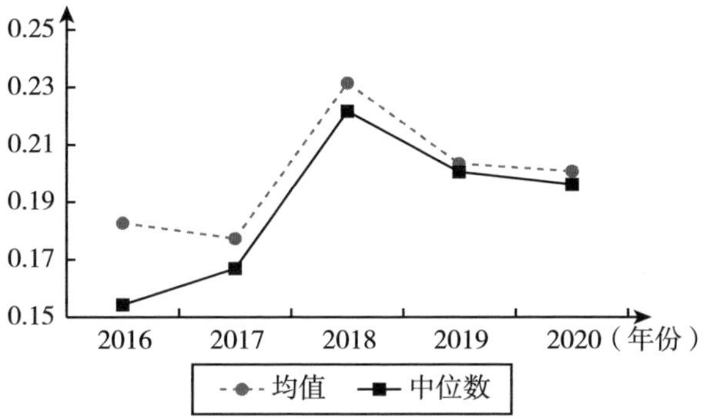

图 4－1　不同年份下 ESG 评级分歧的时变特征

（二）地理分布特征

ESG 评级分歧的区域差异明显，市场化程度较高和上市公司数量较多省区市的 ESG 评级分歧更低。图 4－2 显示了不同区域下 ESG 评级分歧的差异情况，从均值和中位数的绝对视角来看，新疆、宁夏、甘肃、青海等地区的 ESG 评级分歧较高，这些地区的市场化程度相对较低，市场信息环境的透明度较差，ESG 的信息模糊度较高，加剧了 ESG 评级的分歧程度。同时，这些地区的上市公司数量较少，截至 2020 年底，青海、宁夏、西藏的 A 股上市公司数量在 31 个省区市中最少，分别仅为 12 家、14 家、20 家，支持和管理上市公司的地方性政策经验相对不足，增加 ESG 评级的难度。相反，北京、上海、广东、浙江、江苏等地区的市场化程度较高，且上市公司数量较多，对于上市公司的管理经验丰富，地方性政策较为完善，市场信息环境的质量较高，为 ESG 评级带来一定的便利。从均值和中位数的相对视角来看，宁夏、新疆、广西、海南等地区的均值与中位数的差值较大，右偏程度较高，存在部分上市公司的 ESG 评级分歧过高的情况，与绝对视角下 ESG 评级分歧具有的地理分布特征一致。

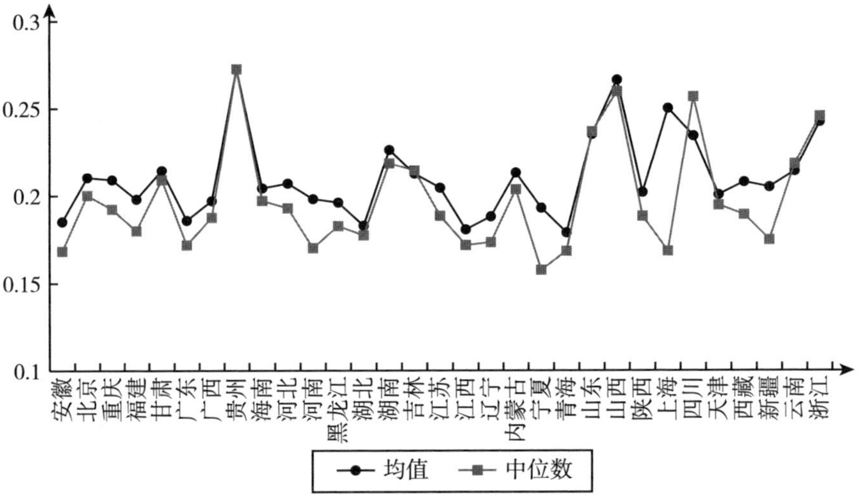

图 4-2　不同区域下 ESG 评级分歧的分布特征

（三）行业结构特征

ESG 理念更加深刻的行业具有更低水平的 ESG 评级分歧。图 4-3 显示了一级行业分类下 ESG 评级分歧的行业特征。从均值和中位数的绝对视角来看，金融业（J）、科学研究和技术服务业（M）的 ESG 评级分歧水平在 18 类行业中最低，这与金融行业倡导的可持续发展投资理念和科研服务机构关注的 ESG 研究热点有关，反映出不同评级机构对于具备较强 ESG 理念的行业存在更为一致的看法；而对其他行业而言，其 ESG 理念不深刻或自身经营性质具有高耗能高污染的特性，不同评级机构之间的分歧程度更高。从均值和中位数的相对视角来看，金融行业的两数值之差较小，未呈现出右偏分布，即不存在分歧度过高的企业，进一步表明 ESG 理念深刻的行业，其 ESG 评级分歧水平相对较低。

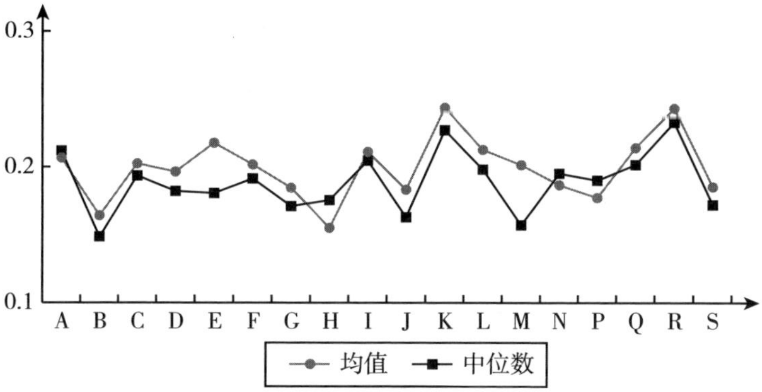

图 4-3 一级行业分类下 ESG 评级分歧的行业特征

第五节 上市公司 ESG 评级分歧根源

识别造成 ESG 评级分歧的根本原因是减少企业面临的可持续发展阻力的必要前提，有助于降低中国式现代化在实体经济层面的发展障碍。从 ESG 评级分歧的特征事实可以看出，在不同的情境下 ESG 评级表现出不同的特征，即分歧并非仅由评级机构一方造成，对 ESG 评级分歧成因的探索应当从 ESG 评级的全局出发。理论上，指标的最终形成取决于其所处的环境、采用的方法及数据（张乾友，2021）。同样地，ESG 评级是评级机构在依据社会层面 ESG 整体发展状况的基础上，确定一套与自身经营背景相符的 ESG 理念，并以此为指引，采用一定的信息处理技术或方法对企业 ESG 原始数据进行加工整理，从而得到的评价结果。那么，在理念、数据、技术三个维度中的任何一个维度出现分歧，都将导致不同 ESG 评级机构的评价结果产生差异。而这三个维度的最终形成与 ESG 评级的全流程密切相关，当理念、数据和技术的各自形成环节高度一致时，其三个维度的最终差异也将具有较小差距。结合 ESG 评级环节主要包含标准制定、披露要求①、数据披露、数据采集、评分评级五个环节，ESG评级分歧虽然最终在第五个环节得以呈现，但这一现象是全流程五个环节差异的综合体现，凸显了从标准制定到披露要求再到评分评级造成的理念维差异、从披露要求和数据披露到数据采集造成的数据维差异，以及从数据采集到评分评级造成的技术维差异。综上所述，ESG评级分歧主要源于不同维度（理念维、技术维、数据维）下不同环节（标准制定、披露要求、数据披露、数据采集、评分评级）的差异。

一、理念维差异

“理念”一词最早可追溯至柏拉图的理念论，他认为理念与事物之间具有紧密的联系，理念是可感事物（摹仿事物）的原型，事物是理念的摹本。而在康德的哲学体系中，理念被理解为一种必然的理性概念，在感官经验中没有任何与之相对应的现象。发展到今天，根据《辞海》（1989）对“理念”一词的解释，既可将其认为是看法、思想、思维活动的结果或是一种理论、观念，又可视为表象或客观事物在人脑中留下的概括的印象。换言之，理念是一个具有每个个体或一类现象、每种个别现象共性之能力的普遍概念，具体说它是理性认识及其成果的集大成（眭依凡，2000）。理念没有正确与错误之分，也没有一成不变之言，随着事物的发展，理念需要经过实践不断地完善，并与周围的物质环境相融合，从而实现更高层次的理念进化，并延伸理念的范围与深刻内涵。在理念的指引下，人们或各社会主体会做出与理念相对应的各项行为。

聚焦到ESG理念，则可概括为主体对ESG的概念、特征、理论基础等内涵以及ESG所处社会环境及其发展现状与前景等外延的综合理解与观点

① ESG信息披露标准（标准制定）侧重对ESG概念及具体内容的界定，而ESG信息披露要求（披露要求）则强调对企业披露ESG信息的某些要求，虽然这两项内容可能是源于同一机构的同一条文，但也存在源自不同机构不同条文的情况。从信息发布的时间维度视角来看，ESG信息披露标准与ESG信息披露要求可能无法严格区分其流程，但从整个ESG评级的流程来看，相较于ESG信息披露要求，ESG内涵与外延的梳理的流程溯源更深。因此，本书仅将ESG信息披露标准视为ESG评级全流程的第一环节。

态度，映射到评级机构的直接行为则是表现在其构建的指标体系层级结构和评价指标的相对重要性等方面。而评级机构 ESG 理念的形成则是综合了 ESG 标准制定、ESG 信息披露要求等市场复合环境以及评级机构不断实践而形成的自身机构特点。然而由于物理环境中的各项 ESG 组成具有广泛的可选择性以及评级机构背景的多元化，使得不同的评级机构更易形成不同的评级理念，而从根本上导致了 ESG 评级分歧的产生。具体而言，理念维度的差异形成可以扩散至 ESG 信息披露标准的差异、ESG 信息披露要求的差异以及评级机构自身经营理念差异等多个方面。

首先，就信息披露标准而言，顶层设计的标准差异成为评级机构对 ESG 理念把握存在分歧的首要因素。在国内自上而下的 ESG 评级体系下，评级机构的评级理念是依托部分权威机构发布的标准而形成的，但由于标准众多，且不同的标准尚未达成共识，其秉持的侧重点存在差异，这使得可供评级机构选择的参考较多，增加了机构的选择“裁量空间”，不利于形成统一且科学的 ESG 理念，造成评级机构出现“应该评什么”“应该怎么评”等理念维的差异，加剧了 ESG 评级分歧。从发展实际来看，ESG 标准指引体系主要是以国际组织发布的标准为蓝本，不同国家、地区或部门机构根据自身发展特征及现实需要差异化制定不同的标准指引。然而，由于发布 ESG 标准指引的国际组织的属性较为复杂，不同类型的国际组织的性质和服务对象不同，其制定标准的出发点也不同，从而使得最终出台的标准也普遍存在差异。如具有较大国际影响力的全球报告倡议机构、可持续会计准则委员会以及国际综合报告委员会等，前者主要以对经济、环境和社会产生重大影响或对投资者的评估与决策产生实质性影响为标准，后者则聚焦于股东短中长期获得价值的标准，而 SASB 更多的是对构成重要影响的事项进行考量。这些差异使得 ESG 的内涵外延以及信息披露标准的丰富度有所提升，进而导致机构参考不同的指引会形成不同的 ESG 理念，造成理念维差异，且由国际组织标准延伸出的其他标准会进一步深化分歧程度。

其次，ESG 信息披露相关的监管差异是导致评级机构 ESG 理念差异化的另一重要因素。ESG 披露要求的发布主体是政府、监管机构等权威组织或部门，其发布的内容具有较强的指引性，但ESG监管模式和披露模式的多元化难以使不同的评级机构形成相对一致的评级理念，导致最终评级结果的分歧。具体而言，一是ESG监管模式的整合型与单因素型的差异。目前的ESG信息披露监管存在将E、S、G三因素信息披露整体监管的整合型模式和仅注重某一项或两项的单因素监管模式，如欧盟等实行整合型的ESG披露监管，而我国则处于从单因素监管模式向整合型监管模式的转变期，如新设立社会责任局、发布《上市公司投资者关系管理工作指引》等。整合型的监管模式是明确以ESG信息披露为核心制定的监管规则，其ESG监管政策的制定通常集中于某一部门，具有较为明确的ESG核心观念和发展模式，更易厘清三方面因素与ESG整体发展的关系，也更易促进评级机构对ESG理念形成系统性的统一认知。相反，单因素监管模式“找点打点”的信息披露要求仅能突出其中一项或两项的内在发展要求，难以向市场传递三因素间及三因素与ESG整体的具体逻辑关系，也无法准确传递ESG发展的整体理念，更易产生评级机构间的理念认知差异，造成评级结果的分歧。二是ESG信息披露强制性与否的差异。已有研究发现，是否强制要求披露ESG信息会显著影响企业发生风险事件的可能性。这表明ESG信息披露的强制性要求会影响市场预期及表现，从而会影响市场不同主体对ESG理念的解读。具体地，目前市场中存在强制性披露、自愿性披露以及“不遵守则解释”① 三种披露要求，如美国、日本分别属于前两者，而中国则是将三种方式相结合（李晓蹊等，2022），这种是否强制性披露的差异会直接使评级机构在内的整体市场对ESG发展理念的定位不清晰，对于ESG发展战略是否要融入以及在哪些方面、多大程度上融入企业发展的必要战略核心存在模糊导向，这种模糊导向会传递给评级机构不同的理念信号，从而形成理念维差异；同时，在强制性要求披露的细则性方面，不同证券交易所的要求也存在差异，如深交所规定纺织服装、酒制造业等企业应披露重大环境污染信息及其细节，并解释其负面信息原因，而上交所并未对此作出规定，这会导致评级机构在确定某一行业内或不同行业间应

① 指对未能履行强制性披露的企业采用解释其原因的方式。

该重点关注哪些领域和指标产生理念上的认知模糊，导致最后评级结果的差异。

最后，作为 ESG 评级的最终实现端，ESG 评级机构自身的特质会直接影响机构 ESG 理念的形成与选择。ESG 评级机构的自身特质包括认知模式、价值判断及其战略定位等方面，这与其所处的社会文化背景、法律法规、组织使命等外部环境密切相关。有学者指出，不同评级者所处的社会文化背景越相似、法源越相近、机构文化及其发展定位和历史渊源等越一致，其构建的 ESG 理念框架的一致性越高，塑造出的 ESG 评级结果的分歧度越低（操群和许骞，2019）。从现实来看，评价国内企业 ESG 绩效表现的评级机构涉及国内机构和国外机构两类，这使得影响评级机构 ESG 理念形成的差异不仅来自国内外的社会文化及法律法规差异，还来自同区域内评级者自身特征的差异。首先，就国内外社会文化背景而言，国内形成以市场为导向、重视国家宏观调控、深化国有企业改革、推动中国市场开放的中国特色社会主义市场经济体制（张瑞环和项继权，2023），强调集体意识和担当以及中共党员的先锋模范作用（柳学信等，2022），企业更多肩负着碳达峰、碳中和、双循环格局、乡村振兴、共同富裕等新发展理念的时代命题；而美国则更加注重个人的利益和成就，强调个人的独立性和权利，使企业更多地为股东的长远利益考虑。其次，就法源而言，大陆法系倾向于多方利益相关者，而英美法系更加注重独尊股东，前者典型代表是关注程序正义和民众权益的 Vigeo Eiris 评级机构，后者则是如 MSCI 等关注企业实际效益的评级机构（王凯和邹洋，2021）。最后，就国内不同评级机构的性质而言，万得 ESG 评级源于中国领先的金融软件服务企业，依托其完善的大型金融工程和财经数据仓库，实现了 ESG 评级数据的日更频率，其评级结果面向全社会各类型群体，指标的选取更偏向既有的可视化指标，评估流程相对透明度更高；商道融绿 ESG 评级和华证 ESG 评级作为投资和信息服务机构，其评级主要基于投资者利益进行评价，如华证 ESG 评价指标体系较为充分地考虑了因子收益、个股风险预警与尾部风险规避等因素；而中央财经大学绿色金融国际研究院 ESG 评级和中国证券投资基金业协会 ESG 评级作为科研和非营利性组织，其评级理念更加关注企业

ESG的负面信息，揭示企业潜在风险。

综上所述，ESG评级机构发展背景差异、ESG信息披露标准、披露要求等层面的差异共同造成了ESG评级机构的理念维差异，进而导致评级者对ESG评级对象、评级范围、评级维度等的选取产生差异，同时，使其在ESG评级指标体系搭建过程中对不同行业、不同地区、不同评价维度之间以及各维度内所属指标等的重要性优先级排序不同。

二、数据维差异

从经济学视角看，数据是指人类参与生产、分配、交换和消费等活动所产生的原始记录，以文字、数字、图像、语言等形式进行储存并展示（王传智，2022），其本质是对物品、服务或经济主体等相关信息的电子或非电子形式的记录，反映了客观世界的主观描述和认知。随着第三次工业革命和数字经济时代的到来，数据不再仅仅是一种简单用于记录信息的产物，而是成为继土地、劳动、资本、知识、技术和管理之后的第七个独立生产要素，发挥着推动国民经济发展的关键驱动作用（谢康和肖静华，2022），尤其是在党的十九届四中全会明确了数据的生产要素地位后，进一步凸显了数据要素在数字经济时代扮演的关键力量。从数据要素参与生产的具体运行流程来看，不同类型的企业运用的数据要素类型及方式有所差异。对于一般企业而言①，数据作为企业内部的生产要素参与生产，强调数据要素需要与其他传统生产要素相结合，最终通过提升产品或服务的性能或生产效率从而实现数据要素的价值（蔡继明等，2022）。但对于专业的数据处理企业（数据机构）而言，则更加强调数据作为生产要素的独立性，通过对原始数据要素②进行加工处理后最终得到仍然以数据形式呈现的可供打包交易的产品或服务。具体到ESG评级，其本身是一种以数据为

① 主要是指非专业的数据处理企业，此处数据处理企业主要指评级机构、数据交易所、数据库提供方等向市场提供的产品或服务是以数据的形式呈现的企业或组织。

② 指未经数字技术开发的数据资源，又称静态的原始数据。

核心生产要素，以 ESG 评级结果为载体的数据产品。此时，当不同评级机构投入使用的数据要素存在差异越大时，其最终得到的评级结果存在差异的可能性越大，分歧越高。总而言之，评级机构使用的数据要素存在差异的源头主要有：一是数据披露端，二是数据接收端，具体可体现在 ESG 评级全流程中的披露要求、数据披露和数据采集三个环节。

首先，就数据披露端（披露要求和数据披露环节）而言，ESG 底层数据的可得性与完整性是影响 ESG 评级结果的重要因素。根据数据来源的渠道，市场中的信息可分为企业披露的传统数据与非企业披露的另类数据①。从传统数据披露来看，在披露要求环节，当前的 ESG 信息披露监管尚未发布统一标准，该现象不仅存在于 GRI、SASB 等国际公认的组织标准之间，还存在于由证券交易所、行业协会、科研机构等提出的十余种标准规范的国内市场，且不同证券交易所或组织要求披露信息的强制性水平以及披露范围的要求差异明显（李晓蹊等，2022）。在数据披露环节，上一监管环节的模糊直接导致该环节数据质量的大幅下降。一方面，存在数据披露缺失的情况，企业既可能因选择某一种披露标准而放弃其他标准，导致部分信息披露缺失的客观结果，也可能存在出于逐利动机选择性地披露自身的正面信息而隐藏负面信息，构成 ESG“漂绿”行为，误导数据使用者（王垒等，2024c），如南京钢铁股份有限公司其下属子公司存在排污超标的情形，但在其 2022 年上半年年报中未披露相关情况；另一方面，在已披露的数据中存在定量数据披露少、数据标准不统一等情况。以定性披露为主、以定量披露为辅是当前企业披露 ESG 信息的主要模式，但定性信息可读性差且容易存在虚假语调和信息，加大数据使用者的分析难度，同时，由于缺乏统一标准，不同企业对于同一信息的统计口径可能存在差异，导致其披露的定量数据存在单位量和总量、部分和总体、同行业不同测度角度的区别，造成相关信息不可比的情况（李晓蹊等，2022），为最终评级者在

① 另类数据是指区别于如企业年报等传统的新型数据。同时结合资本市场发展实际，香港中文大学（深圳）经管学院执行副院长张博辉指出另类数据并非由企业直接提供，而是由第三方“另类渠道”提供的。因此，本书将企业披露的数据视为传统数据，媒体、政府等非企业披露的数据视为另类数据。

数据使用层面的差异埋下伏笔。从另类数据披露来看，在披露要求环节，媒体报道是其需要监管的重点，在全媒体时代，以往对媒体监管控制的手段和方法大多失效（布超，2019），而新的媒体报道监管体系尚未完善，使得媒体报道受约束程度较低，报道内容的主观性较高，造假成本低。这一缺位将传导至数据披露环节，媒体为博眼球、迎合企业或市场情绪而报道夸张甚至错误的信息，干扰评级者对舆情数据的使用。此外，包括媒体报道、监管部门公告和社会组织调查在内的另类数据存在过度关注部分行业或企业的表现，而弱化对部分群体的关注，从而致使市场中不同企业的 ESG 信息量差距明显。无论是传统数据还是另类数据，上述情况会导致市场中部分企业 ESG 信息缺失严重、信息噪音较大以及不同数据间的可比性和可利用性较低，加大评级者使用 ESG 相关数据的难度以及自主衡量企业相关发展绩效的自由度，增加最终评级结果分歧的概率。

其次，就数据接收端①（数据采集环节）而言，ESG 数据采集及其频率是影响数据接收者掌握企业信息量的重要因素。在 ESG 数据采集方面，评级机构能否准确定位并收集数据源是决定其掌握企业信息量的第一步。如前所述，市场中关于企业 ESG 表现的数据有两类，一类是企业自身披露的信息，虽然其传递出企业经营及发展状况的最直接的一手信息，但定性描述的非结构化数据具有较高的舞弊可能性；另一类是非企业披露的信息，由于其相较于企业具有一定的独立性，通常情况下能够发挥对企业的监督作用。而评级机构会差异化使用这两类数据，如富时罗素 ESG 评级主要基于企业提供的公开信息进行评价，明晟 ESG 评级则在利用企业主观数据的基础上，运用学术机构、政府组织、NGO 组织等提供的另类数据加以佐证其真实性表现，其中另类数据约占全部数据源的 45%，这导致不同数据处理者掌握的数据生产要素的质量和数量是有差别的，进而加大最终 ESG 评级产品出现差异的概率。在采集频率方面，评级机构采集数据是否及时是

① 从实际来看，收集企业 ESG 数据的机构既包括专门的数据处理商，也包括 ESG 评级机构，如 AMI（Access to Medicine Index）使用了 Sustainalytics 的数据，而万得使用自己的数据。为描述简便，本书不严格区分其主体，而注重 ESG 评级形成的全流程，因此，本部分的 ESG 评级机构、数据接收端、数据处理者均是指数据处理的主体。

保证数据更新时效性和准确性的重要一步，对最终的评级结果具有重要影响。其采集频率的高低主要取决于两个方面，一是评级机构发布评级数据的频率，这在主观上决定了选择数据采集频率，如万得ESG评级选择日更的属性使其采集数据的频率至少需要以日为单位进行；二是受限于评级机构的信息源，如年报等信息源更新频率较低在客观上阻碍了评级者的采集频率。采集频率较低可能会导致重要的企业ESG信息变动无法及时捕捉，从而使得高频数据收集商和低频数据收集商掌握的关于企业ESG信息的数据生产要素存在差异，造成ESG评级分歧。

综上所述，ESG信息披露监管要求的不统一和缺位极大降低了企业披露传统数据的质量，加之媒体报道等另类数据包含较多的噪音以及不同企业的另类数据量参差程度较高，导致提供给数据处理者的初始生产要素良莠不一，同时，数据处理者从质量参差的数据市场差异化选择数据源和采集频率，这使得进入每家机构的数据生产要素差异进一步拉大，最终增加ESG评级产品差异的概率。

三、技术维差异

技术通常是指人类根据生产实践经验和自然科学原理而成的各种操作性手段、程度和方法（郎友兴和吕鸿强，2018），强调人类在改造自然、社会以及自身的全部活动中应用的各种手段、方法、知识等活动方式的总和（李芒，2007），而从更宽泛的角度来讲，技术是指任何讲究方法的有效活动（伍正翔，2011）。从政治经济学视角来看，技术作为一种核心生产要素，在推动社会生产、实现商品价值增值等方面发挥了重要作用。在数字经济时代，虽然数据成为新的核心生产要素（任保平，2023），但技术在各生产要素中仍旧占据重要地位，它是实现数据价值增值的主要推动因素，这主要是因为数据生产要素只是静态的数据资源，需要结合算力、算法等技术对数据进行集成、处理、分析等，才能从数据生产要素转化到以数据为载体的商品，从而实现价值增值。简言之，数据是一种生产原材料，需要通过加工处理才能够形成最终的商品，而加工处理的这一过程就会涉及采用的技术方法和生产流程等①，但当该处理过程不一致时可能会导致最终的商品出现差异。具体到ESG评级，作为ESG评级机构生产的商品，其亦是机构通过对原始静态的企业ESG绩效数据进行加工处理后的结果，这也导致了即使评级机构采用相同的ESG理念和相同的原始数据，但只要使用不同的处理技术、采用不同的评级流程、运用不同的计算方式，都会产生有差别的商品，从而导致ESG评级分歧的产生，即形成由技术维差异引致的分歧。从涉及的加工处理技术的环节来看，主要包括数据采集环节和评分评级环节②。

在数据采集环节，主要涉及数据的抓取③、缺失值的填补以及数据标准化的处理三个方面的技术。首先，就数据的抓取而言，由于诸多关于企业ESG表现的信息贮存于非结构化的数据之中，数据处理者在抓取企业信息的过程中可能存在两个方面的干扰，导致其抓取到的数据可能存在偏差，进而影响最终评级的一致性。一方面，目前市场中的数据处理者普遍采用AI、网络爬虫、语义分析、命名实体识别、集成分析、自然语言处理等技术，从文本、图片、HTML、视频等信息载体中提取非结构化数据，但各评级机构具体使用了哪些技术并不完全透明，且技术的可替代性使得机构采用的技术可能存在差异，这导致最终提取出的数据也存在一定的差异。另一方面，即使评级者采用相同的评级技术，也可能会提取到不同的数据，这主要是限于AI、自然语言处理等技术均是由行为人个体发出指令，而不同行为人基于不同的理念、方法论等因素导致其发出的指令可能存在较大差异，进而影响模型的输出结果。其次，就数据缺失值的填补而言，在我

---

① 这一技术也可被认为是信息技术，即指对信息的采集、加工、存储、交流、应用的手段和方法的体系。

② 企业或非企业主体释放的信息由于存在单位不统一、数据非结构化等情况无法直接进入评级机构的评级打分环节，而是需要对市场中的信息进行采集并清洗，进而达到可进入评级程序的数据标准。虽然在实际评级过程中，并非所有的评级机构都是按照该流程实施，但为了方便讨论比较评级机构对企业ESG各项信息评级程序的差异，本书将数据可使用前涉及到的数据处理技术均归于数据采集环节的技术。

③ 在数据披露环节亦存在数据抓取技术应用的差异，如企业为披露ESG数据需要抓取并记录相关信息，但目前企业在监测、记录等方面的数字化和智能化应用水平不足，技术使用频率低、使用方法不得当、使用技术不统一等问题频出，人工统计正确率、记录精准度等方面有待进一步提升，且即使采用相同的技术，但由于其发出的指令不同，也会导致其披露出的数据质量不一，对ESG评级的一致性造成干扰，这与评级机构层面的数据抓取技术差异相似，此处未单独进行分析。

国半强制性披露的 ESG 评级体系下，评级机构选取的指标不可避免地出现缺失值的现象，而缺失值的估算过程主要存在两个方面的差异。一方面，目前缺失值的填补方法主要有基于规则的替换法、输入输出模型的替换法、统计替换法等，而不同的方法依托的原理及其得出的估测结果并不一致，导致空缺值的填补存在分歧。另一方面，在选择同样的替换方法的情况下也可能会出现差异的估测值，上述方法的共同特点是基于人工的设定，但不同评级机构设定的模型可能存在较大差异，如基于规则的替换法是根据设计者设定的规则直接进行填补，统计替换法则受限于被预测变量的连续性以及回归模型中数据的样本量、选取的变量等，这种受人为主观因素影响的方法会导致估测值存在偏差，从而增加最终评级结果的分歧。最后，就数据标准化的处理而言，为了解决不同量纲数据的可比性和不同性质数据的可加性，需要对收集到的 ESG 数据进行无量纲化处理，当前主流的标准化处理方式是将数据映射到［0，1］的区间上，即归一法，其具体的计算方式有最小—最大规范化、零均值规范化、Log 函数转换等。由此，不同的计算方式会得出不同的归一结果，进而影响下一步数据的处理与使用。此外，即使选择同样的计算公式，也可能会产生归一结果的差别。以最小—最大规范化为例，不同的设置规则会有不同的归一化结果，虽然目前各评级机构鲜有披露原始数据标准化的处理过程，但从部分机构在后续评级过程中涉及的标准化处理相关问题可以看出，不同评级机构的归一化方式可能存在一定差异。例如，明晟对企业环境和社会责任两个维度进行评级时，会选择数据集中 95% ~ 100% 的数值为最大值，以 0 ~ 5% 的数值为最小值，而并非绝对意义上的最大值和最小值，同时该机构将最终的结果映射到［0，10］的赋值区间，而并非［0，1］，以此进行去量纲处理，而华证的各维度指标的取值范围在 0 ~ 100。

在评分评级环节，主要涉及各个 ESG 评级机构构建的评级模型（方法论①）差异。在经过基础的数据收集和数据清理后，评级机构将基于一定

① 方法论分为元方法论和具体方法论，前者在总体上规定了研究目标和指导思想，是具体方法论的基础，后者是指操作层面的方法论总和。此处指的是具体方法论。

的方法利用结构化的规范数据（经过清洗后的结构化数据）对企业ESG的表现进行评价。但不同评级机构构建的评级模型并不相同，具体体现在评级计算流程的不同以及加权、赋值方法的不同，这会导致即使采用相同的规范数据仍旧产生不同评级的结果。首先，从评级计算流程的差异来看，如明晟ESG的流程是先确定其选取的各项指标对应的指标权重，并根据其团队分析对指标进行打分，进而对各关键指标加权聚类到环境、社会责任、治理三个分项得分以及ESG综合得分，在此基础上，根据企业所属行业进行行业特性调整得到企业的行业相对得分，并根据这一分数给予企业ESG评级结果。但与明晟ESG评级最终行业调整不同的是万得ESG的行业调整是在估算ESG综合得分时已经考虑在内，然后直接根据企业所属行业的相对位置给予不同的评级结果①。此外，标普ESG虽然也考虑行业特性，但其主要是在指标选取时进行考虑，其评级流程相对简单，后续不再有行业的调整，而晨星ESG则较少考虑行业特性。这些不同的评级机构对于是否考虑行业差异以及行业差异在哪些评级流程中进行调整等因素均会使得企业最终的ESG评级结果出现分歧。其次，从评级流程中方法的差异来看，主要体现在加权方法和赋值计算方法的不同。与数据集成及清洗的技术不同，加权及赋值尚未形成相对严格成熟的方法体系，各评级机构的自主性更强，导致其输出的ESG综合评分差距更大。从具体实例来看，一是加权方法方面，如商道融绿按照18个一级行业进行分类，并运用熵权法设置子行业的指标权重；万得则根据62个三级行业的差别赋予权重，其赋值过程主要考虑国内政策、ESG相关信息披露及争议事件数据等；明晟则按照全球行业分类标准（GICS），考虑11个一级行业以及158个子行业，其对子行业的权重设置主要依据关键议题下对环境、社会责任产生影响的比例以及产生实质性风险或机遇的时间进程。上述评级机构依据的加权准则均不一致，且详细的加权过程并不公开，进一步加大了最终ESG评级分歧的概

① 虽然万得评级对于最终行业调整的具体方法并未对外直接公布，但从其公布的实例中可以推算出这一结果。如重药控股（000950）与昊华能源（601101）虽然在同一日期获得了同一分数，但在赋予等级时，两者分获A级和BBB级。

率。二是赋值计算方法方面，不同评级机构的选择差异更加明显。例如，明晟 ESG 综合评分是由环境、社会、治理三个子维度加权后的均值计算而来的，其中前两者的得分是通过对企业的风险和机遇进行赋值测得，风险项总得分 =7 -（MAX ｛风险暴露/敞口得分，2｝- 风险管理得分），最高取 7 分，机遇项得分则从机遇暴露程度和抓机遇能力两个方面进行赋值计算；后者根据某企业与该领域前沿企业之间的差距度量企业治理能力，其得分采用在初始值为 10 分的基础上倒扣分的方式进行计算。商道融绿的 ESG 综合评分与之类似①，但是其风险得分的计算不同于明晟，它是通过设置风险矩阵确定企业面临的五个风险等级。社会价值投资联盟则不同于上述两种方式，其通过“筛选子模型”直接剔除掉满足模型条件的风险企业，从而仅对剩余的企业利用“评分子模型”计算最终的 ESG 综合得分，即风险得分并未进入最终的评分。不难发现，即使采用相同的原始数据、相同的数据清洗方法以及相同的权重赋值，由于其赋值计算方法的不同，也会使得最终的评级结果出现较大差异。

整体来看，从数据收集环节的数据集成技术、缺失值填补技术以及标准化处理技术到评分评级环节的评级计算流程、权重给予方法、赋值计算方法，每一步数据处理及技术方法选择的不同都会导致下一步的数据结构和形式产生差别，使得企业某一 ESG 行为因不同的处理技术，被差异化甚至错误化地反映在 ESG 评级结果中，最终加剧不同评级机构间结果的分歧。

第六节　本章小结

在当前全球对气候变化和社会责任的关注与日俱增的背景下，ESG 评级的影响力和重要性不断提升，通过推动 ESG 评级体系的完善，可以促进

① 商道融绿的 ESG 综合得分 = ESG 主动管理得分 + ESG 风险暴露总得分 = $\sum$ 各维度主动管理总分 + $\sum$ 各维度风险暴露总分。

更加可持续和负责任的经济发展，实现企业、社会和环境的和谐共生。本章基于国内国外双重视角，深入探讨了中国上市公司在ESG评级方面的发展现状及其特征事实，不仅有利于中国资本市场ESG评级体系的建设和完善，也为中国更好地融入全球ESG评级体系提供了重要启示。

首先，本章系统梳理了国内外ESG的发展历程。从ESG理念的萌芽到其概念的提出与早期实践，再到ESG的迅速普及和深化阶段，这一过程不仅反映了ESG体系的构建过程，也折射出全球资本市场对可持续发展的日益重视，ESG框架也因此成为衡量企业可持续性和风险管理能力的重要工具。

尽管ESG在全球范围内得到了广泛传播和迅速发展，但企业在具体的ESG实践过程中却出现了分歧。上市公司在ESG方面的积极行动和消极行动体现了企业在生产经营过程中面临着如何有效平衡经济效益、环境保护与社会责任的现实挑战。本章以联想集团、阿里巴巴集团、紫金矿业等多个重要行业的代表性企业为例，介绍了它们的ESG行动以及其他ESG“漂绿”和反ESG的现象。

其次，企业的ESG行动需要有效的评级体系来予以制约和反映。因此，本章分别从上层政策规制与ESG评级机构具体落实两个方面梳理了ESG评级的发展现状。政府以及相关部门陆续出台了一系列政策，科学地引导ESG的发展，同时也在不断完善相应的ESG监管政策，在这一过程中，越来越多的机构参与到ESG评级中，对企业的ESG表现进行评价并为市场提供更多的信息，揭示了评级体系在促进企业透明度和责任性方面的重要作用。

然而，评级分歧的存在指出了评级体系在标准化和一致性方面的不足。本章进一步从内部特征和外部特征两个方面阐述了ESG评级分歧的特征。ESG评级在金融市场发挥着重要作用的同时，ESG评级分歧也越来越成为不可忽视的因素，为此，本章从时间、地区、行业三个方面探究了ESG评级分歧的截面特征，并进一步从评级机构的国别属性、专职属性以及指标丰富度三个方面观察其内部差异。

最后，系统识别了ESG评级分歧的根源是减少企业面临的可持续发展阻力的必要前提。基于 ESG 评级分歧的特征事实，本章深入探究了上市公司 ESG 评级分歧的根源。研究发现，在理念、数据、技术三个维度中的任何一个维度出现分歧，都将导致不同 ESG 评级机构的评价结果产生差异，本章就上述三个维度对 ESG 评级分歧的潜在影响进行了详细分析，揭示了评级机构在构建更加科学、公正的评级体系时需要克服的障碍。

ESG 评级体系的完善对于推动企业的可持续发展具有重要意义。评级体系不仅要客观呈现企业在环境、社会和治理方面的表现，还要能够提供有效的信息以供投资者做出理性决策。然而，ESG 评级分歧的存在提示我们评级体系的标准化和一致性仍有待提高。为了构建一个更加科学、公正的评级体系，需要从理念、数据、技术三个维度进行深入的分析和改进，不仅有助于提升 ESG 评级结果的准确性和可靠性，也有助于在推动企业在追求经济效益的同时，更好地履行社会责任和环境保护义务，从而实现长期的价值创造和有效的风险管理。

股票市场篇

第五章

上市公司 ESG 评级与股票定价效率

第一节　研究背景与问题提出

党的二十大报告明确指出：要“健全资本市场功能，提高直接融资比重”，从而“构建高水平社会主义市场经济体制”。资本市场的正常运行直接关系到我国金融行业的稳定发展，其中股票市场作为资本市场的重要组成部分，其健康发展为公司成长和经济增长提供了强劲动力。股票定价效率的高低是股票市场能否正常发挥功能的重要前提，然而我国资本市场信息传递机制尚未完善，导致信息流通速度降低，阻碍了股票定价效率的提升，进而抑制企业创新行为并加剧其融资约束，降低公司运行效率（刘力源等，2023），提升投资者之间的信息不对称程度，加剧股价延迟现象（王春峰等，2018）。在此背景下，ESG 评级作为一种新兴评价工具，不仅能从多个维度评估公司的整体价值，还能为投资者提供更加全面的信息。ESG 评级进入不仅有助于反映公司的未来发展潜力，还能有效缓解股票市场中的信息不对称现象（席龙胜和王岩，2022），从而改善股票的定价效率。因此，探索 ESG 评级对股票定价效率的影响机制，既对于提升资本市场的功能具有重要的现实意义，还有助于加快构建高水平经济体制的进程，为我国资本市场的健康发展提供新的动力与方向。

自联合国环境规划署提出在投资决策过程中应充分考虑环境、社会和公司治理因素以来，ESG评级信息已被广泛应用于投资决策与风险管理之中。ESG评级是一种全面评估公司非财务表现的信息，它超越了传统的财务绩效评价，转而聚焦于企业在环境保护、社会责任以及公司治理方面的表现。中国自2007年起陆续发布了《环境信息公开办法（试行）》《社会责任指南》《社会责任报告编写指南》《社会责任绩效分类指引》《关于加快构建绿色金融体系的指导意见》等多项指导文件，旨在推动企业社会责任的透明度和环境信息的公开。为统一上市公司的ESG衡量标准，ESG评价体系应运而生。这一评价体系不仅为投资者提供了更为全面和客观的参考依据，还帮助企业识别和管理潜在的环境、社会和治理风险。作为非财务信息的重要组成部分，ESG信息披露具有定性特征和分散性，这使得投资者直接评估企业的价值和可持续发展情况面临诸多挑战。为解决这一难题，诸如商道融绿等第三方ESG评级机构应运而生。这些机构通过对企业的ESG表现进行评级，不仅为资本市场的信息使用者提供了相对客观的数据支持，而且在一定程度上也为信息市场的规范化提供了软性监管力量。本章认为，ESG评级作为一种非财务信息，可以向资本市场传递公司经营的增量信息，提高公司经营透明度，减缓投资者与上市公司之间信息不对称程度，从而促进投资者理性决策，提升股票定价效率（席龙胜和王岩，2022）。但是目前ESG评级机构数量众多，不同评级机构的ESG评级标准并不统一，对于同一家公司不同的评级机构可能给出截然相反的评级结果，这会给予股票市场一定负面冲击。一方面，ESG评级分歧会增加股票市场的冗余信息，提高信息不对称程度，加剧投资者情绪波动（李小荣和徐腾冲，2022），进而造成股价同步性的升高，降低股票定价效率。同时ESG评级分歧也会使得投资者难以清晰地认知企业未来发展状况，进而降低股票定价效率。另一方面，多评级机构的参与也可能带来更全面和多元的视角，提供更多企业特质信息，有助于投资者更准确地评估公司价值，从而提高股票定价效率。

ESG评级进入传递出公司经营状况的相关增量信息，在一定程度上提高资本市场信息透明度，稳定投资者情绪，同时在环境、社会、治理方面的优异表现能够提高公司市场竞争力，有利于高质量发展，从而获得投资者信任与偏好，提高股票定价效率（张高勋和殷吉浩，2024）。然而，当 ESG 评级出现分歧时，情况则可能截然不同，评级分歧不仅未能提供额外的有效信息，反而可能产生冗余乃至矛盾的信息，导致外部投资者对公司实际经营状况产生混淆，最终削弱股票的流动性，影响股票定价的效率。因此，ESG 评级及其影响是一个复杂的过程，它既有可能通过提供有价值的信息来优化股票定价效率，也可能因为评级标准的不统一而带来负面效果。随着更多评级机构的加入，这种信息的多样性和潜在的不一致性将如何演变？ESG 评级进入与 ESG 评级分歧又将如何影响股票定价效率？除此之外，货币政策作为影响股票定价效率的重要因素，ESG 评级进入与 ESG 评级分歧在不同货币政策不确定性或货币政策宽松度等情景下又有何差异？通过探究这些问题，不仅能够更好地理解 ESG 评级对股票投资者行为的具体作用，还能够促进资本市场核心功能的有效发挥，确保市场的健康稳定发展。

第二节　理论分析与研究假设

一、上市公司 ESG 评级进入与股票定价效率

有效市场理论认为，市场上的信息可以被完全释放并得到充分吸收，同时市场投资者是完全理性的，基于该理论，股票市场定价可以反映股票的内在价值（Fama，1970）。但是现实却并非如此，公司源于对自身声誉、融资约束以及经营稳健性的考虑，往往趋于隐匿部分信息（彭烨和张志远，2023）；同时，投资者会受到自身情绪等非理性因素的影响，难以做到完全理性（王道平等，2022），导致公司特质信息难以完全反映在股票价格中。ESG 评级进入，可能会降低公司与其信息使用者之间的信息不对称，反向激励公司积极地生产经营，从而提振投资者信心，提高股票定价效率。

一方面，ESG 评级可以向市场传递更多公司特质信息，降低股票市场投资者与公司之间的信息不对称。ESG 评级是第三方信息机构披露的关于公司可持续发展能力的非财务信息，ESG 评级进入意味着公司生产经营状

况、价值理念以及社会责任的履行状况等相关信息将通过新的路径传递给投资者，丰富了公司的股票市场信息环境，有利于投资者掌握公司更多的内部经营信息，降低信息不对称程度（唐凯桃等，2023）。而投资者所获经营信息属于股票定价模型中的关键因子，是股票定价测度方式的重要修正因素。当股票投资者掌握公司的特质信息增加时，对公司真实价值的判断更加准确，进而促使其根据公司信息进行股票投资，降低股价同步性，提升公司的股票定价效率（Yang et al.，2012）。

另一方面，ESG 评级进入具有反向激励作用，会使投资者形成良性预期，认为公司具有较高的 ESG 治理动力。ESG 评级是市场信息中介对公司在环境、社会以及公司治理的综合评价，公司为了充分获得 ESG 评级带来的资源效应，往往会全方位提升自身实力，以迎合 ESG 严苛的评级过程（唐凯桃等，2023）。相比于未被评级的企业，被评级的企业能够接受评级机构的有效监督，有助于树立更加良好的企业形象并向外部市场提供更多特质增量信息，使投资者在充分使用信息的情况下理性决策，提高股票定价效率。综上所述，ESG 评级进入不仅向市场释放了更多的信息，降低公司信息不对称，同时还可能会对公司形成逆向激励效应，改善自身生产经营状况，从而提高股票定价效率（崔宸瑜等，2022）。基于以上的分析提出如下假设：

H5－1：ESG 评级进入会提高上市公司股票定价效率。

二、上市公司 ESG 评级分歧与股票定价效率

尽管 ESG 评级作为一种新型公司评价标准，增加了公司的透明度，降低了公司信息不对称（Baker et al.，2021），但由于不同评级机构的数据来源以及评级架构不同，导致对同一家公司的 ESG 评级存在分歧。而 ESG 评级分歧会削弱 ESG 评级的正向信息效应，弱化 ESG 评级进入对公司的逆向激励作用，降低投资者对公司的信心，给投资者的情绪造成不利冲击，从而降低股票定价效率。

一方面，ESG 评级分歧提高了公司信息环境的复杂度，使得股票投资者面临的信息环境更加冗杂，加大公司特质信息获取难度，降低股票定价

效率。ESG 评级的差异主要是由各个评级机构拥有的私有信息不同以及运用的评价方式不同造成的。在底层数据统一和评级过程透明的前提下，ESG 评级分歧会产生更多的有效信息，从多视角反映出公司的经营状况。但在评级规范缺失的现阶段，ESG 评级机构使用的底层数据不清晰、评级过程不透明等问题突出，加大了投资者判断公司真实表现的难度，尤其是存在完全相反的评级结果时，其信息干扰程度更高。在此情况下，ESG 评级分歧反而增加了公司信息的模糊性，加剧企业内外部信息不对称程度（马文杰和余伯健，2023）。根据信息不对称理论，这种信息的复杂度和模糊度将股票市场投资者置于不利位置，加大了投资者运用特质信息投资的难度，降低股价中的特质信息含量，导致股票定价效率下降。

另一方面，ESG 评级分歧会对投资者预期产生影响，进而加剧股价波动性，降低股票定价效率。在实际的投资实践中，投资者面临着资源和时间限制，往往难以全面且深入地分析和处理 ESG 评级分歧所带来的增量信息。不同投资者由于其投资理念、目标以及获取信息的能力和范围不同，对同一公司的 ESG 表现可能会形成迥异的理解和预期。尽管 ESG 评级旨在提供关于企业非财务表现的特质信息，但评级标准和方法上的不一致，会引发投资者之间的认知差异，从而对股价稳定性构成挑战。随着 ESG 评级分歧程度的增加，投资者之间的预期差异也将随之扩大。这种预期的多样性不仅会导致市场上对公司价值评估的分歧加大，还会促使股价出现更加频繁和剧烈的波动，最终对股票定价效率造成负面影响。基于以上的分析提出如下假设：

H5－2：ESG 评级分歧会降低上市公司股票定价效率。

第三节　研究设计与变量定义

一、样本选择与数据来源

本章以 2013～2020 年 A 股上市公司作为研究样本。选择 2013 年作为研究起点的原因如下：第一，第三方评级机构——商道融绿在 2015 年首次推出了自主研发的ESG评级体系，并对沪深300指数成分股进行了评价，建立了中国最早的上市公司ESG数据库，这一事件标志着中国ESG评级体系的初步形成和发展。为了构建双重差分（DID）模型，本章的样本区间需要包含2013年和2014年的数据，以确保模型的有效性和准确性。第二，2021年是我国“双碳”目标推进的关键年份，这一年密集出台了多项有关企业ESG信息披露的政策，并涌现出大量新的ESG评级机构，竞争环境的显著变化对评级机构的行为产生了深远影响。因此，为了保证研究的稳定性和一致性，本章将研究样本截至2020年。在此基础上，本章进一步剔除了金融和房地产行业企业，ST类企业以及当年新上市的企业，以避免其对研究结果的干扰。

数据来源方面，本章所采用的企业财务数据主要来自国泰安数据库，该数据库提供了详尽的财务报表和财务指标，为研究提供数据基础。ESG评级数据则主要来自Wind数据库，该数据库是中国金融市场上最全面的数据平台之一，涵盖了广泛的金融和经济数据。为了确保数据的准确性和完整性，本章还通过查询各评级机构的官方网站对ESG评级数据进行了补充和校验。此外，为了控制极端值对研究结果的影响，本章对所有连续变量进行了上下1%的缩尾处理，以减少异常值的干扰，确保统计分析的稳健性。

二、变量定义

（一）被解释变量

本章的被解释变量是股票定价效率。通常而言，股票定价效率反映了股票价格包含公司特质信息含量的丰富度，股票价格中的公司特质信息越丰富，越能反映出企业的真实价值，股票定价效率也就越高。基于此，本章利用股价同步性反映公司股票的定价效率，股价与市场的同步性越高，越难以反映出企业的特质信息，即股票定价效率越低。借鉴Durnev等（2003）和王亚平等（2009）的相关研究，运用式（5－1）和式（5－2）测算股票定价效率。

$$r_{i,t} = \beta_0 + \beta_1 r_{m,t} + \beta_2 r_{l,t} + \varepsilon_{i,t} \tag{5-1}$$

$$SYN_i = Ln\left(\frac{R_i^2}{1 - R_i^2}\right) \tag{5-2}$$

其中，$r_{i,t}$为第t周的个股收益率，$r_{m,t}$为第t周的市场收益率，$r_{i,t}$为第t周的行业收益率。其中，$r_{l,t}$是按照中国证监会行业分类标准，以公司流通市值为权重，对$r_{i,t}$加权平均计算出来的指标；R_i^2为式（5－1）的拟合度。

（二）解释变量

ESG评级作为连接企业与市场的重要桥梁，缓解了企业与利益相关者之间的信息不对称问题，使其能够更加全面地掌握企业的非财务信息。这不仅能降低利益相关者的监督成本，还增强了投资者对企业行为进行监督和施加约束的积极性。在ESG评级介入的情况下，各方的最大利益诉求能够得到有效维护的同时企业的长期竞争力得以提升（胡洁等，2023）。虽然投资者和企业越来越认可ESG是衡量企业长期健康与风险管理的关键指标，但由于ESG属于非标准化的非财务信息，其客观性与准确性仍然存在巨大争议（Christensen et al.，2022；冯钰婷等，2024）。特别是随着ESG评级需求的增加，各类市场化的ESG评级机构如雨后春笋。由于不同评级机构在标准和方法上缺乏透明度和一致性，同一企业甚至能获得矛盾的ESG评价，不仅导致利益相关者在解读企业风险或可持续发展能力时出现混淆，还削弱了利益相关者对企业的监督效力。因此，本章一方面关注ESG评级机构进入前后股票投资者投资行为的差异，并构建ESG评级进入（ESG）虚拟变量；另一方面关注ESG评级机构分歧出现前后股票定价效率的差异，并构建ESG评级分歧（DIS）虚拟变量。

在构建ESG评级进入（ESG）虚拟变量时，本章选取了商道融绿、社投盟、明晟、富时罗素、润灵环球和华证这六家ESG评级机构。其中，商道融绿既是中国最早发布ESG评级信息的机构，也是中国最早签署联合国责任投资原则（UNPRI）的专业机构；社投盟通过研发义利评估模型（FIN－ESG Rating），填补了中国市场缺乏本土权威的ESG评级标准的空白；明晟是全球领先的指数提供商，其ESG评级是全球资本市场最具影响力的 ESG 评级体系之一；富时罗素是伦敦证券交易所集团旗下的品牌，提供灵活性和定制化的数据模型，以及与联合国可持续发展目标（SDG）相契合的 ESG 评分；润灵环球早在 2008 年就独立研发了中国首个企业社会责任报告评价体系，是中国企业社会责任的权威第三方评级机构；华证采用大数据引擎，集成传统数据与另类数据，可以按季度和月度提供更高频的 ESG 评级。随着越来越多的上市公司重视 ESG 信息披露，各评级机构的样本也随之增加，这一动态的评级进入过程为本章构建多时点双重差分模型提供了契机。参考晓芳等（2021）、胡洁等（2023）的做法，当上市公司在某年度首次被 ESG 评级机构评级时 ESG 赋值为 1，否则赋值为 0。

在构建 ESG 评级分歧（DIS）虚拟变量时，考虑到现阶段不同评级机构在评价标准、权重设置和数据使用上存在较大差异，且部分非结构化的 ESG 信息往往依赖专家的定性分析，导致同一企业在不同评级体系下的得分存在较大差异（Christensen et al.，2022；Berg et al.，2022）。从本章选取的六家评级机构来说，全球机构如明晟、富时罗素倾向于将 ESG 风险与财务表现相结合，侧重评估企业的长期可持续性及其全球表现，尤其注重环境和治理的财务影响。而本土机构如商道融绿、社投盟、润灵环球和华证则更关注企业的社会责任、合规性以及对中国政策的响应。全球机构往往采用国际公开数据和复杂的量化模型进行评估，而本土机构则依赖于中国本地的信息来源和政策导向的定性分析。这些差异都可能导致企业在不同评级机构中的 ESG 评分结果存在显著分歧，从而加剧信息不对称，增加投资者的决策难度，也可能对企业造成多重合规压力。因此，当上市公司同时被两家及以上 ESG 评级机构评级时，本章将 DIS 赋值为 1，否则赋值为 0。

（三）控制变量

参考 Avramov 等（2022）和伊志宏等（2019）的研究，考虑公司的资产结构、公司价值等可能影响股票定价效率的因素，本章选取企业规模（*Size*）、成立年限（*Age*）、企业成长性（*Gro*）、总资产净利润率（*Roa*）、股权集中度（*Top*1）、审计意见（*Aud*）、是否为“四大”（*Big*4）、两职合一（*Dul*）、产权性质（*Soe*）、机构持股比例（*Ins*）、股价波动率（*Yisy*）、股票交易量（*Vol*）、每股收益（*Earn*）作为控制变量。此外，本章同时控制了年份（*Year*）和行业（*Ind*）哑变量。具体变量定义和衡量方式如表5－1所示。

表5－1 主要变量定义

变量	基本含义	符号	度量方式
被解释变量	股票定价效率	*SYN*	见上文
解释变量	ESG评级进入	*ESG*	企业首次被ESG评级机构评级时为1，否则为0
	ESG评级分歧	*DIS*	企业被任意两家及以上的ESG评级机构评价时为1，否则为0
控制变量	企业规模	*Size*	企业总资产的自然对数
	成立年限	*Age*	企业成立时间加1的自然对数
	企业成长性	*Gro*	企业营业利润增长率
	总资产净利润率	*Roa*	企业净利润与总资产的比值
	股权集中度	*Top*1	企业第一大股东的持股比例
	审计意见	*Aud*	标准无保留＝1；保留意见＝2；保留意见加事项段＝3；无法发表意见＝4；无保留意见加事项段＝5
	是否为“四大”	*Big*4	企业是否被四大会计事务所审计，是为1，否为0
	两职合一	*Dul*	企业董事长与总经理的兼任情况，是为1，否为0
	产权性质	*Soe*	企业的产权性质，国企为1，否则为0
	机构持股比例	*Ins*	机构投资者的持股比例
	股价波动率	*Yisy*	企业当年股票日收益率的标准差
	股票交易量	*Vol*	公司当年股票交易股数除以总股数
	每股收益	*Earn*	企业税后利润与股本总数的比值

三、计量模型设定

（一）ESG评级进入与股票定价效率的计量模型设定

本章借鉴闫昊生等（2021）的做法，采用双重差分模型评估ESG评级机构进入对股票定价效率的影响。具体而言，以商道融绿、社投盟、明晟、富时罗素、润灵环球和华证这六家ESG评级机构首次发布上市公司ESG评级这一事件作为外生冲击，利用式（5-3）进行估计：

$$SYN_{i,t+1} = \alpha_0 + \alpha_1 ESG_{i,t} + \alpha_j Cons_{i,t} + \sum Year + \sum Ind + \varepsilon_{i,t+1} \quad (5-3)$$

其中，$SYN_{i,t+1}$为股票定价效率；$ESG_{i,t}$为上市公司是否首次被ESG评级机构评价的虚拟变量，当上市公司在某年度首次被商道融绿、社投盟、明晟、富时罗素、润灵环球或华证评级时$ESG_{i,t}$赋值为1，否则赋值为0；$Cons_{i,t}$为一系列控制变量；$\varepsilon_{i,t+1}$为随机误差项。同时，本章还控制了年份效应和行业效应。对于这一模型，本章重点关注$ESG_{i,t}$的回归系数，若α_1显著为负，则说明ESG评级进入可以提升股票定价效率；反之，若α_1显著为正，则说明ESG评级进入抑制了股票定价效率的提升。

（二）ESG评级分歧与股票定价效率的计量模型设定

在此基础上，本章进一步关注ESG评级信息对股票定价效率的影响是否会随着评级机构数的增加而存在差异。具体来说，由于现阶段不同评级机构在评价标准、权重设置和数据使用上缺乏一致性和透明度，且部分非结构化的ESG信息往往依赖专家的定性分析，导致同一上市公司在不同评级体系下的得分存在较大差异（Christensen et al.，2022；Berg et al.，2022），此时股票投资者所掌握的预测信息及其对应的预期行为可能会发生变化，这为本章提供了第二个维度，据此构建下列模型：

$$SYN_{i,t+1} = \beta_0 + \beta_1 DIS_{i,t} + \beta_j Cons_{i,t} + \sum Year + \sum Ind + \theta_{i,t+1} \quad (5-4)$$

其中，$DIS_{i,t}$为上市公司在某年度是否被两家及以上机构进行评级的虚拟变量，当存在第二家评级机构评级时赋值为1，否则赋值为0；$\theta_{i,t+1}$为随机误差项；其余变量定义与式（5－3）一致。对于这一模型，本章重点关注 $DIS_{i,t}$ 的回归系数，若 β_1 显著为负，则说明在已有 ESG 评级的情况下，被两家及以上机构进行评级可以进一步提升股票定价效率；反之，若 β_1 显著为正，则说明在已有 ESG 评级的情况下，被两家及以上机构进行评级反而抑制了股票定价效率的提升。

第四节 实证结果与回归分析

一、描述性统计

表 5－2 为本章主要变量的描述性统计结果，从该表可以看出，在 19162 个样本中，股价同步性 *SYN* 均值为－0.7446，中位数为－0.6619，标准差为 1.0341，最小值为－4.0144，最大值为 1.2860，表明股价同步性在不同的公司中具有较大差异性；ESG 评级进入的均值为 0.3833，标准差为 0.4862，表明进行 ESG 评级的公司较多；*DIS* 均值为 0.1275，标准差为 0.3335，表明 ESG 评价分歧差别较大，且不同的评级机构对公司的评级区别较大。在控制变量中，公司规模的最大值和最小值分别为 26.2193 和 19.9155，标准差为 1.2953，说明样本中各公司规模存在显著性差异；企业成长性 *Gro* 的最大值和最小值分别为 10.4710 和－15.7350，标准差为 2.5929，说明样本中各公司企业成长性存在差异。上述数据特征显著差异性有助于本章开展进一步的研究。其他控制变量的描述性特征均在合理范围之内，与相关研究基本一致（晓芳等，2021）。

表 5－2　　主要变量描述性统计

变量	N	Mean	P50	SD	Min	Max
SYN	19162	－0.7446	－0.6619	1.0341	－4.0144	1.2860
ESG	19162	0.3833	0	0.4862	0	1
DIS	19162	0.1275	0	0.3335	0	1

续表

变量	N	Mean	P50	SD	Min	Max
Size	19162	22.2395	22.0529	1.2953	19.9155	26.2193
Gro	19162	-0.0201	0.0923	2.5929	-15.7350	10.4710
Age	19162	2.9059	2.9444	0.3146	1.9459	3.4965
Roa	19162	0.0458	0.0426	0.0537	-0.2086	0.2222
*Top*1	19162	34.8242	32.9400	14.7192	8.7700	74.8900
Aud	19162	1.0428	1	0.3924	1	5
*Big*4	19162	0.0600	0	0.2375	0	1
Dul	19162	0.2985	0	0.4576	0	1
Soe	19162	0.3329	0	0.4713	0	1
Ins	19162	44.2528	46.1415	25.4229	0.2812	92.7905
Yisy	19162	0.0327	0.0283	0.0175	0.0129	0.1368
Vol	19162	3.6278	2.9586	2.6051	0.2866	13.3678
Earn	19162	0.4543	0.3300	0.5675	-1.2200	2.8900

二、相关性分析

表 5-3 列示了各主要变量的皮尔逊相关系数，可以看出被解释变量 *SYN* 与解释变量 *ESG* 相关系数为负，并且在 1% 的置信水平下显著，这与假设 H5-1，即 ESG 评级降低股价同步性的预期结论一致；被解释变量 *SYN* 与解释变量 *DIS* 相关系数为正，并且在 1% 的置信水平下显著，这与假设 H5-2，即 ESG 评级分歧提高股价同步性的预期结论一致。同时，从表 5-3 中还可以看出，各主要变量之间的皮尔逊相关系数均未超过 0.8，表明各变量之间不存在严重的多重共线性。此外，被解释变量 *SYN* 与大部分控制变量的相关系数在 1% 的置信水平下显著，说明本章控制变量的选取具有一定代表性。

表5-3　　主要变量相关性分析

变量	*SYN*	*ESG*	*DIS*	*Size*	*Gro*	*Age*	*Roa*	*Top*1	*Aud*	*Big*4	*Dul*	*Soe*	*Irs*	*Yisy*	*Vol*
ESG	-0.2670 ***														
DIS	0.0399 ***	0.4849 ***													
Size	0.1877 ***	0.2928 ***	0.5070 ***												
Gro	0.0642 ***	-0.0403 ***	0.0072	0.0507 ***											
Age	-0.0470 ***	0.2326 ***	0.1397 ***	0.1879 ***	-0.0102										
Roa	0.0496 ***	-0.0070	0.0589 ***	-0.0744 ***	0.5065 ***	-0.0913 ***									
*Top*1	0.0339 ***	0.0035	0.0837 ***	0.1733 ***	0.0423 ***	-0.0713 ***	0.1157 ***								
Aud	-0.0295 ***	-0.0014	-0.0066	-0.0067	-0.0905 ***	0.0308 ***	-0.1233 ***	-0.0397 ***							
*Big*4	0.0481 ***	0.1190 ***	0.2177 ***	0.3421 ***	0.0247 ***	0.0310 ***	0.0297 ***	0.1462 ***	-0.0152 **						
Dul	-0.0614 ***	-0.0072	-0.0578 ***	-0.1971 ***	0.0103	-0.1218 ***	0.0605 ***	-0.0405 ***	-0.0084	-0.0673 ***					
Soe	0.1505 ***	0.0554 ***	0.1447 ***	0.4008 ***	-0.0150 **	0.2272 ***	-0.1254 ***	0.2059 ***	-0.0203 ***	0.1465 ***	-0.2986 ***				
Ins	0.0903 ***	0.0680 ***	0.2333 ***	0.4444 ***	0.0476 ***	0.0793 ***	0.0626 ***	0.4798 ***	-0.0115	0.2486 ***	-0.1976 ***	0.4265 ***			
Yisy	-0.1011 ***	-0.1164 ***	-0.1660 ***	-0.3001 ***	0.0095	-0.1861 ***	0.0962 ***	-0.0122 *	-0.0125 *	-0.0584 ***	0.1501 ***	-0.1855 ***	-0.0977 ***		
Vol	-0.0657 ***	0.0039	-0.1694 ***	-0.2905 ***	-0.0424 ***	-0.0005	-0.1381 ***	-0.2474 ***	0.0091	-0.1570 ***	0.0349 ***	-0.0510 ***	-0.3009 ***	0.1992 ***	
Earn	0.0442 ***	0.0986 ***	0.1666 ***	0.1457 ***	0.3563 ***	-0.0455 ***	0.7185 ***	0.1249 ***	-0.0972 ***	0.1276 ***	0.0556 ***	-0.0520 ***	0.1343 ***	0.1474 ***	-0.1870 ***

注：*、**、*** 分别表示在10%、5%和1%的水平上显著，下同。

三、实证结果分析

（一）ESG评级进入与股票定价效率的回归结果

ESG评级进入对股票定价效率的回归结果如表5－4所示，ESG评级进入与股价同步性*SYN*的回归系数显著为负，由于股价同步性*SYN*与股票定价效率呈反向关系，因此这一回归结果显示了ESG评级进入提高了股票定价效率。表5－4中列（1）显示了在加入企业财务特征控制变量的条件下，ESG评级进入与股价同步性*SYN*的回归系数在1%的显著性水平下为负；列（2）显示了加入全部控制变量后ESG评级进入与股价同步性*SYN*的回归系数在1%的显著性水平下为负。这一回归结果表明ESG评级进入提高了股票定价效率。其原因在于：一方面，根据信息不对称理论，ESG评级的出现能够形成以评促改的积极治理效应，不仅能够通过帮助该公司提升生产、经营及管理信息的质量，还可以通过激励公司主动对外披露具有更多价值的相关信息来降低公司内外部信息使用者之间的信息不对称，从而提升了股票定价效率（张延良等，2022）。另一方面，根据信号理论，ESG评级作为一种市场信号可以向投资者传递公司经营管理状况以及公司价值理念的相关信号，增加投资者对公司的了解程度，有助于提升投资者对该公司的信心，进一步稳定投资者情绪，导致股票定价效率提高（王博，2014）。综上所述，假设H5－1得到了验证。

表5－4　　ESG评级进入与股票定价效率

变量	(1)	(2)
	SYN	*SYN*
ESG	−0.1350*** (0.0289)	−0.1485*** (0.0286)
Size	0.1934*** (0.0076)	0.2018*** (0.0085)
Gro	0.0014 (0.0029)	−0.0022 (0.0029)

续表

变量	(1)	(2)
	SYN	*SYN*
Age	-0.0057 (0.0269)	-0.0707** (0.0275)
Roa	0.9796*** (0.1581)	1.4804*** (0.2164)
*Top*1		-0.0007 (0.0006)
Aud		-0.0527*** (0.0164)
*Big*4		-0.0643* (0.0379)
Dul		0.0016 (0.0162)
Soe		0.1898*** (0.0203)
Ins		-0.0007* (0.0004)
Yisy		-0.0902 (0.4224)
Vol		0.0282*** (0.0031)
Earn		-0.0071 (0.0205)
_cons	-5.0224*** (0.1759)	-5.0819*** (0.2092)
Year	Yes	Yes
Ind	Yes	Yes
adj. R^2	0.3170	0.3276
N	19162	19162

注：*、**、*** 分别表示在 10%、5% 和 1% 的水平上显著，括号内为回归标准误，下同。

（二）ESG 评级分歧与股票定价效率的回归结果

ESG 评级分歧对股票定价效率的回归结果如表 5－5 所示，结果显示，ESG 评级分歧与股价同步性之间的回归系数显著为正，即 ESG 评级分歧降低了股票定价效率。表 5－5 中列（1）显示了在加入企业财务特征控制变量的条件下，ESG 评级分歧与股价同步性 *SYN* 的回归系数在 1% 的显著性水平下显著为正。列（2）显示了加入全部控制变量后 ESG 评级分歧与股价同步性 *SYN* 的回归系数在 1% 的显著性水平下显著为正。这一回归结果表明 ESG 评级分歧降低了公司的股票定价效率。其原因在于以下三个方面：首先，ESG 评级分歧将会恶化企业信息环境，降低其信息透明度，从而加剧其内外部信息不对称的程度，降低其股票定价效率（马文杰和余伯健，2023）。其次，ESG 评级分歧的出现会隐藏公司真实的经营状况，投资者无法知晓公司的真实风险，这作为一种不利的市场信息将会打击投资者对公司的热情，增加投资者情绪波动，进而降低股票定价效率（Yang et al.，2012）。最后，由于投资者的精力是有限的，投资者只能选择更加关注与其自身的投资理念、投资目的契合度高的 ESG 评级信息，并据此形成自身的投资预期，而不同的投资者预期会影响股价波动性，导致股票定价效率降低（陈远志和田靖，2021）。综上所述，该回归结果表明假设 H5－2 得到了验证。

表 5－5　　　　ESG 评级分歧与股票定价效率

变量	(1)	(2)
	SYN	*SYN*
DIS	0.1283*** (0.0335)	0.1505*** (0.0330)
Size	0.2105*** (0.0138)	0.2143*** (0.0151)
Gro	0.0067 (0.0053)	0.0012 (0.0053)
Age	0.0457 (0.0432)	－0.0155 (0.0447)

续表

变量	(1)	(2)
	SYN	*SYN*
Roa	0.9148*** (0.2478)	1.3634*** (0.3312)
*Top*1		-0.0004 (0.0009)
Aud		-0.0379 (0.0276)
*Big*4		-0.0620 (0.0461)
Dul		0.0020 (0.0261)
Soe		0.2208*** (0.0305)
Ins		-0.0004 (0.0006)
Yisy		1.7606** (0.7411)
Vol		0.0312*** (0.0049)
Earn		-0.0000 (0.0269)
_cons	-6.0974*** (0.3195)	-6.1984*** (0.3641)
Year	Yes	Yes
Ind	Yes	Yes
adj. R^2	0.2721	0.2849
N	7344	7344

（三）ESG 评级机构国别属性对股票定价效率的影响

由于国内外 ESG 评级机构存在评级架构差异，因此本章进一步研究了

ESG 评级机构国别属性对股票定价效率的影响。其具体原因如下：第一，国内外 ESG 评级机构的差异性。不同国家和地区存在不同的监管环境、法律制度和社会文化背景，导致 ESG 评级机构在评估标准、权重分配等方面存在差异。例如，一些国际评级机构可能更侧重于全球通用的标准，而国内评级机构可能更关注本土化的需求和法律法规要求。这种差异可能会影响 ESG 评级的可比性和有效性，进而影响股票定价效率。第二，投资者信任度。国内外评级机构的知名度和公信力也可能有所不同，这可能影响投资者对 ESG 评级的认可程度。如果投资者更信赖某一类型的评级机构，那么该机构的评级结果就可能对股票定价产生更大的影响。第三，市场国际化程度。随着资本市场的全球化，越来越多的投资者开始关注跨国公司的 ESG 表现。因此，了解不同国别属性的评级机构对股票定价效率的影响，有助于投资者做出更明智的投资决策。

表 5－6 显示了 ESG 评级机构异质性分析的回归结果。本章将 ESG 评级机构按照国别属性分为国内 ESG 评级机构以及国外 ESG 评级机构，其中，定义当且仅当上市公司当年及以后被国外 ESG 评级机构评价时 *Abroad* 为 1，否则为 0，通过设置 ESG 评级进入与国外评级机构的交乘项 $Abroad \times ESG$、ESG 评级分歧与国外评级机构的交乘项 $Abroad \times DIS$，考察了国外和国内 ESG 评级机构对于公司股票定价效率的影响是否存在差异，结果如表 5－6 中列（1）、列（2）所示。列（1）显示了 ESG 评级进入与国别的交乘项对股价同步性的回归系数在 1% 的显著性水平下为正。而在表 5－4 中列（2）中，ESG 评级进入对股价同步性的回归系数显著为负，这说明相较于仅有国内 ESG 评级的公司样本而言，在有国外 ESG 评级机构的样本中，ESG 评级进入对股票定价效率的促进作用会被削弱。这是因为 ESG 评级结果与机构所在地区的政治背景、文化底蕴以及法律制度息息相关（Liang and Renneboog，2017）。国外 ESG 评级体系在一定程度上可能不完全适用于中国企业，其所展示的公司信息可能存在偏差，会增加市场信息的混乱性，弱化 ESG 进入对股票定价效率的促进作用（马文杰和余伯健，2023）。

表5-6 ESG评级、国别属性与股票定价效率

变量	(1)	(2)
	SYN	*SYN*
Abroad × *ESG*	0.2723*** (0.0295)	
ESG	-0.1342*** (0.0286)	
Abroad × *DIS*		0.1002** (0.0494)
DIS		0.0886** (0.0447)
Controls	Yes	Yes
Year	Yes	Yes
Ind	Yes	Yes
adj. R^2	0.3311	0.2853
N	19162	7344

表5-6中列(2)显示了ESG评级分歧与国别属性的交乘项对股价同步性的回归系数在5%的显著性水平下显著为正。由于在主回归结果表5-5中列(2)中，ESG评级分歧对股价同步性的回归系数显著为正，因此相较于仅有国内ESG评级的公司样本而言，在有国外ESG评级机构的样本中ESG评级分歧对股票定价效率的抑制作用会被加强。这是因为，国外ESG评级体系发展领先于中国，其具备更加成熟的评价构架，但当出现ESG评级分歧时，投资者将会更加慎重地考虑国外ESG评级机构的评级结果，而国外ESG评级标准并不一定适合中国企业，这将误导投资者的投资预期，进一步降低股票定价效率。

四、稳健性检验

（一）内生性检验

1. 平行趋势检验

本章对基准回归结果进行了平行趋势检验，以探讨ESG评级进入和评

级分歧对股票定价效率的动态影响变化。图 5－1 呈现了 ESG 评级进入对股票定价效率的平行趋势检验结果。结果显示，在 ESG 评级进入之前，ESG 评级进入的回归系数估计值均不显著，满足平行趋势检验条件；在 ESG 评级进入后，回归系数估计值显著为负，表明 ESG 评级进入有效提高股票定价效率。图 5－2 呈现了 ESG 评级分歧对股票定价效率的平行趋势检验结果。结果显示，在 ESG 评级分歧之前，ESG 评级分歧的回归系数估计值均不显著，满足平行趋势检验条件；但在 ESG 评级分歧后，回归系数估计值显著为正，这表明 ESG 评级分歧将抑制股票定价效率。

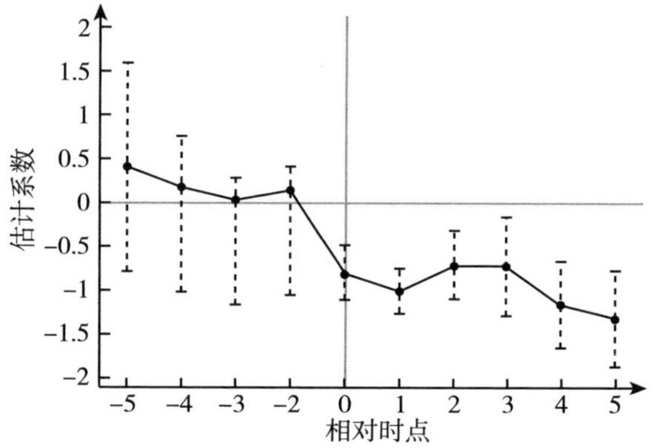

图 5－1　ESG 评级进入平行趋势检验

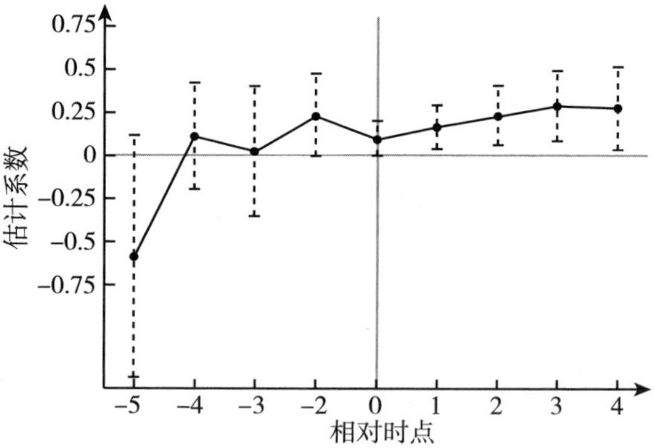

图 5－2　ESG 评级分歧平行趋势检验

2. 安慰剂检验

本章针对基准回归进行安慰剂检验。图5-3为ESG评级进入对股票定价效率的安慰剂检验结果，由图5-3可知，ESG评级进入虚假估计分布曲线近似正态分布，均值接近于零，满足安慰剂检验条件。图5-4为ESG评级分歧对股票定价效率的安慰剂检验结果。ESG评级分歧的虚假估计分布曲线接近于正态分布，其均值接近于零，满足安慰剂检验条件。

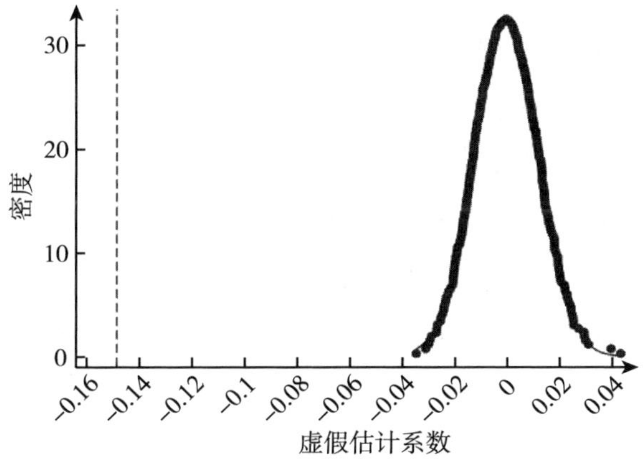

图5-3　ESG评级进入安慰剂检验

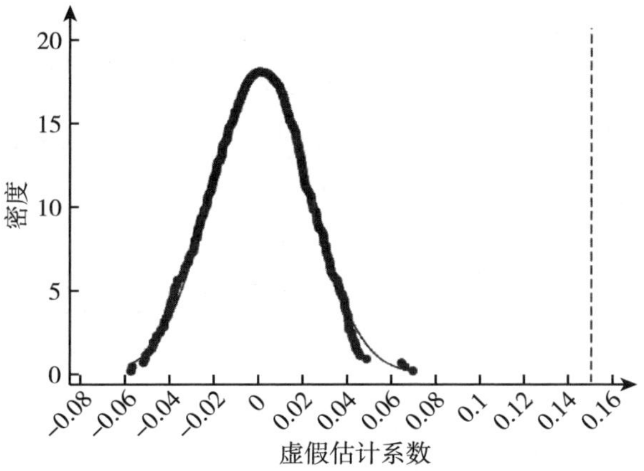

图5-4　ESG评级分歧安慰剂检验

3. Heckman 两步法

表 5 - 7 中列（1）为针对 ESG 评级进入和分歧的 Heckman 两步法实证结果。结果显示，ESG 评级进入与股价同步性的回归系数在 1% 的水平上显著为负。这意味着 ESG 评级进入能够有效降低股价同步性，从而提高股票定价效率。列（2）中 ESG 评级分歧与股价同步性的回归系数在 1% 的水平上显著为正。这说明 ESG 评级分歧会导致股价波动性增加，从而降低股票定价效率。分歧的存在可能引发投资者对企业的未来前景产生不确定感，导致市场反应过度，加剧股价波动，不利于股票定价的精确性。总结起来，这两项实证结果强调了 ESG 评级对企业股价稳定性的重要影响。ESG 评级进入有助于提高股票定价效率，而分歧则会产生负面效应。因此，政策制定者和市场参与者应鼓励企业采用一致的 ESG 评级标准，以提高市场的稳定性和透明度。

4. PSM - DID

为了进一步验证结论的合理性，本章需要排除选择性偏差对结果的干扰。本章在选择获得 ESG 评级的企业样本时可能存在非随机性样本，导致结果出现偏差。一般而言，往往拥有 ESG 评级的公司规模比较大，举债能力强，盈利性也比较好，因此本章选取上述控制变量进行配对，并且重新构造了实验组和对照组，配对变量的总体均值偏差不再显著。表 5 - 7 中列（3）中 *ESG* 的回归系数为 - 0. 1264 且在 1% 的水平下显著，说明 ESG 评级进入提高了股票定价效率，并非受到公司固有特征的影响。列（4）中 *DIS* 的回归系数为 0. 1684，在 1% 的水平下显著正相关，进一步证明基准回归研究结果稳健。

表 5 - 7　　ESG 评级与股票定价效率：内生性检验

变量	*Heckman*		*PSM - DID*	
	(1)	(2)	(3)	(4)
	SYN	*SYN*	*SYN*	*SYN*
ESG	- 0. 1258 *** (0. 0309)		- 0. 1264 *** (0. 0430)	

续表

变量	Heckman		PSM - DID	
	(1)	(2)	(3)	(4)
	SYN	*SYN*	*SYN*	*SYN*
DIS		0.1360*** (0.0331)		0.1684*** (0.0467)
IMR	0.0910*** (0.0112)	-0.1283** (0.0538)		
Controls	Yes	Yes	Yes	Yes
Year	Yes	Yes	Yes	Yes
Ind	Yes	Yes	Yes	Yes
adj. R^2	0.2583	0.2906	0.3471	0.2401
N	15679	7115	8367	1991

（二）其他稳健性检验

1. 替换被解释变量

为了增加可信度，本章参考伊志宏等（2019）的做法，在式（5-1）的基础上，进一步纳入时间序列因素，考虑市场价格和行业价格的上期影响，并将回归模型得到的 R^2 利用式（5-2）进行计算作为股票定价效率的代理变量 *SYN*2，其回归结果如表5-8中列（1）、列（2）所示。其中，列（1）中 *ESG* 与 *SYN*2 呈负相关且在1%的水平上显著，其系数为-0.1142，结果符合假设H5-1，即ESG评级进入提高了股票定价效率。列（2）中 *DIS* 与 *SYN*2 呈正相关且在1%水平上显著，其系数为0.1328，结果符合假设H5-2，ESG评级分歧降低了股票定价效率。

2. 行业—年份交互固定效应

为了分析股价同步性的时序差异，本书采用行业—年度固定效应再次检验。表5-8中列（3）结果显示，公司ESG评级进入与股价同步性相关

系数为 -0.1420 且在 1% 置信水平下显著，支持假设 H5-1。列（4）结果显示，公司 ESG 评级分歧与股价同步性相关系数为 0.1503 且在 1% 水平下显著，支持假设 H5-2，回归结果依旧稳健。

3. 剔除疫情干扰

疫情的出现对公司的生产经营影响巨大，导致了剧烈的股价波动，考虑到这些现实基础，本部分保留 2019 年及以前的样本进行检验，从表 5-8 中列（5）的结果可知，*SYN* 与 ESG 评级进入呈现负相关关系，且在 1% 的水平上显著，其系数为 -0.1048，说明假设 H5-1 依旧成立，ESG 评级进入提高了股票定价效率，列（6）表明 *SYN* 与 ESG 评级分歧呈现正相关关系且在 1% 的水平上显著，其系数为 0.1684，说明假设 H5-2 依旧成立，ESG 评级分歧降低了股票定价效率。

表 5-8　　ESG 评级与股票定价效率：其他稳健性检验

变量	替换被解释变量		行业-年度交互固定效应		剔除疫情干扰	
	(1)	(2)	(3)	(4)	(5)	(6)
	SYN2	*SYN2*	*SYN*	*SYN*	*SYN*	*SYN*
ESG	-0.1142*** (0.0251)		-0.1420*** (0.0286)		-0.1048*** (0.0301)	
DIS		0.1328*** (0.0286)		0.1503*** (0.0339)		0.1684*** (0.0409)
Controls	Yes	Yes	Yes	Yes	Yes	Yes
Year	Yes	Yes	No	No	Yes	Yes
Ind	Yes	Yes	No	No	Yes	Yes
Ind × *Year*	No	No	Yes	Yes	No	No
adj. R^2	0.3598	0.3009	0.3438	0.2983	0.3092	0.3230
N	19162	7343	19158	7338	16017	4266

第五节　进一步分析与讨论

一、作用机制分析

通过前面可知，ESG 评级进入和分歧对股票定价效率具有复杂的影响。ESG 评级进入可能使得投资者面临的信息环境变好，并可以稳定投资者情绪，但若存在 ESG 评级分歧，投资者面临的市场环境可能变差，情绪波动也会增大，从而影响股票定价效率。但两家及以上 ESG 评级机构的进入并不完全等价于 ESG 评级分歧的存在，同时 ESG 评级进入及其分歧对股票定价效率的影响机制尚不清楚。因此，为了更深入地理解 ESG 评级如何影响股票定价效率，本章将从 ESG 评级分歧存在性的作用机理以及 ESG 评级对股票定价效率的作用机理这两个方面进行详细分析。

（一）ESG 评级分歧存在性的作用机理检验

在前述研究中，采用虚拟变量刻画并初步验证了 ESG 评级分歧存在性，但对于 ESG 评级分歧的程度高低仍需要佐证，本章进一步使用了连续变量作为 ESG 评级分歧的替换变量重新进行回归。具体而言，采取六家国内外 ESG 评级机构数据的标准差作为衡量 ESG 评级分歧的指标（*DIS*），包括华证、商道融绿、润灵环球、社投盟、明晟以及富时罗素，其中部分评级机构采用的是评级而非评分，且不同评级或评分之间的上下阈值及跨度不同，不具有直接的可比性。参考 Avramov 等（2022）的研究，首先，根据各自数据提供者的原始评级量表涵盖的企业进行排序，对评级或评分数据进行百分等级法（PR）处理，同时对该值进行归一化处理。其次，利用式（5－5）计算任意两个 ESG 评级结果的标准差，构成 ESG 评级对。最后，计算所有评级对的均值作为最终的企业 ESG 评级分歧（Disagree）。

$$S_{m,w,i}=\sqrt{\frac{\left(g_{m,i}-\frac{g_{m,i}+g_{w,i}}{2}\right)^{2}+\left(g_{w,i}-\frac{g_{m,i}+g_{w,i}}{2}\right)^{2}}{2-1}} \tag{5-5}$$

其中，$g_{m,i}$和$g_{w,i}$分别表示公司i在评级机构m和评级机构w的原始量表中经百分等级归一化之后的排名数值，$S_{m,w,i}$表示任意一组评级者对的标准差，即评级机构m与评级机构w对公司i的评级标准差。回归结果显示，在表5-9中列（1）中，ESG 评级分歧与股价同步性的回归系数在1%的显著性水平下为正，即 ESG 评级分歧越高，该公司的股票定价效率越低。

（二）ESG 评级对股票定价效率的作用机制检验

通过前面可知，ESG 评级对股票定价效率的影响是复杂的。一方面，ESG 评级进入可以提高股票定价效率；而另一方面，ESG 评级分歧却会降低股票定价效率。ESG 评级作为一种非财务信息指标，具有较强的透明度和信息丰富性，ESG 评级进入与评级分歧可能通过投资者情绪波动、公司信息披露程度以及公司股票流动性影响股票定价效率。因此，本章在已有实证结果的基础上，进一步探讨 ESG 评级影响股票定价效率的作用路径。

1. 基于投资者情绪的机制检验

投资者情绪是影响公司股票定价效率的重要因素，这是因为投资者的情绪往往会引发大量噪声交易，这些噪声交易将影响股票的需求量，进而对股票定价效率产生影响。已有研究表明，ESG 评级通过对外披露高质量的增量信息提高信息透明度，降低信息不对称程度，有助于畅通投资者与上市公司之间的信息渠道，进而影响投资者情绪波动与理性行为决策（席龙胜和王岩，2022）。进一步，投资者情绪可以影响股价同步性，如乐观情绪会稳定投资者情绪，促进其积极交易，而悲观情绪则可能引发大规模抛售，导致股价下跌。这种情绪驱动的买卖行为会加剧市场的不稳定性和股价的非理性波动，影响股票定价的效率。在此基础之上，本章借鉴李晓艳等（2024）的研究，使用股吧发帖情绪衡量投资者情绪（*EMO*），具体计算公式为：Ln[(1＋正面发帖数量)÷(1＋负面发帖数量)]，投资者情绪的值越大，表明投资者情绪越积极。

表5-9中列（2）、列（3）为ESG评级影响投资者情绪的回归结果。其中，列（2）显示ESG评级进入与投资者正向情绪的回归系数在5%的水平下显著为正，即ESG评级进入促进了投资者正向情绪波动进而提升了股票定价效率。这意味着，当一家公司首次获得ESG评级时，市场上的正面信息会显著增加，激发投资者正向情绪。这种现象可以从以下两个方面解释：一方面，信息披露。ESG评级的引入促使公司更加注重其环境、社会和治理表现，从而提高了信息披露的质量和数量。公司为了获得更好的ESG评级，往往会主动披露更多的正面信息，如环保项目、社会责任活动和良好的公司治理实践。这些正面信息能够增强投资者的信心，并吸引投资者支持。另一方面，市场关注。当公司首次获得ESG评级时，资本市场上关于该公司的ESG信息显著增加，有利于吸引外界投资者关注并促进投资者利用增量信息理性决策，从而形成了一个良性循环，推动公司股价和市场情绪的正向发展。

表5-9　基于ESG评级分歧存在性及投资者情绪的机制检验

变量	(1)	(2)	(3)
	SYN	*EMO*	*EMO*
Disagree	0.3698** (0.1558)		
ESG		0.0161** (0.0080)	
DIS			-0.0166* (0.0085)
Controls	Yes	Yes	Yes
Year	Yes	Yes	Yes
Ind	Yes	Yes	Yes
adj. R^2	0.2502	0.2651	0.2074
N	2443	19162	7343

表 5 – 9 中列（3）显示了 ESG 评级分歧与投资者正向情绪的回归系数在 10% 的显著性水平下为负，即 ESG 评级分歧抑制了投资者正向情绪波动进而降低了股票定价效率。这意味着，当不同 ESG 评级机构对同一家公司给出不同的评级时，市场上的正面信息会显著减少，对投资者的正向情绪产生抑制作用。其可能的原因如下：首先，信息混淆。ESG 评级分歧会导致投资者和市场参与者对公司的 ESG 表现感到困惑。当不同的评级机构给出不同的评价时，投资者可能会怀疑这些评级的可靠性和一致性，从而减少对正面信息的信任和传播。这种信息混淆效应使得市场上的正面信息减少，加剧投资者恐慌情绪。其次，信任危机。ESG 评级分歧可能引发市场对 ESG 评级体系的信任危机。如果投资者认为 ESG 评级不可靠或缺乏一致性，投资者可能会减少对 ESG 相关信息的关注，转而依赖其他更为传统的财务指标。这种信任危机不仅减少了正面信息的传播，还可能削弱公司通过改善 ESG 表现来提升市场形象的努力。

综上所述，ESG 评级进入和分歧通过投资者情绪对股票定价效率产生了显著影响。ESG 评级进入显著促进了投资者的正向情绪，进而提升了股票定价效率；相反，ESG 评级分歧显著抑制了投资者的正向情绪波动，降低了股票定价效率。这一发现强调了在 ESG 评级体系中提升评级标准一致性和透明度的重要性，以确保投资者能够获得可靠和一致的信息，从而做出更加理性的投资决策。

2. 基于公司信息披露程度的机制检验

公司特质信息是影响股票定价效率的重要因素之一。投资者在进行股票交易时可能由于缺乏公司特质信息使得可供投资者参考的公司基本面信息太少，只能转而参考技术面信息，而技术面信息往往存在很多噪声，降低公司股票定价效率。而如果 ESG 评级释放了更多公司特质信息，则更有利于投资者形成正确的投资预期，提升股票定价效率。鉴于此，本章参考 Ascioglu 等（2005）、李春涛等（2018）以及林长泉等（2016）的方法，考察公司信息披露是否在 ESG 评级介入股票定价效率过程中发挥中介作用。具体是利用股票收益率对股票成交量进行回归得到的斜率项（KV）来衡量公司信息披露质量。这是因为，如果公司信息披露质量较差，投资者缺乏对公司基本面信息的了解，则其对股票交易量中所包含的信息依赖程度更高，此时股票交易量的变动会引起股票价格的大幅度波动。由此可见，KV 指标越高，公司信息披露度越低，投资者形成的投资预期所受到的干扰越多，股票定价效率越低。

表 5-10 中列（1）、列（2）显示了 ESG 评级进入影响企业信息披露程度的回归结果。列（1）显示了 ESG 评级进入与 KV 指标回归系数在 1% 的显著性水平下显著为负，即 ESG 评级进入，提高了公司信息披露程度，进而提高了股票定价效率。其可能的原因如下：第一，外部监督压力方面。获得 ESG 评级后公司更容易受到市场和投资者的监督，使得市场对 ESG 表现的关注度增加，促使公司更加主动地披露信息，以展示其在这些方面的努力和成果。第二，内部管理改进方面。ESG 评级的要求促使公司建立健全的信息披露流程，确保所有重要信息都能及时、准确地披露给市场和投资者，从而提高信息披露质量，减少信息不对称，增强投资者对公司的信任。

表 5-10　　　　基于公司信息披露程度的机制检验

变量	(1)	(2)
	KV	*KV*
ESG	-0.0091*** (0.0030)	
DIS		0.0063** (0.0032)
Controls	Yes	Yes
Year	Yes	Yes
Ind	Yes	Yes
adj. R^2	0.4114	0.5014
N	19125	7343

表5-10中列（2）显示了ESG评级分歧与KV指数回归系数在5%的显著性水平下显著为正，即ESG评级分歧降低了公司信息披露程度从而降低了股票定价效率。这可能是因为：第一，信息冗余和混淆方面。不同的ESG评级机构可能采用不同的评估标准和方法，导致公司需要披露大量不同格式和内容的信息，这种信息冗余不仅增加了公司的披露负担，还可能导致股票投资者难以从中筛选出有用的信息。第二，选择性信息披露策略方面。ESG评级分歧可能增加公司信息披露的成本，包括数据收集、整理和报告的成本。为了控制成本，公司可能会减少某些方面的信息披露，特别是那些不直接影响财务表现的信息，从而降低了信息披露的全面性和准确性。

综上所述，ESG评级进入和分歧通过影响公司信息披露程度对股票定价效率产生了显著影响。ESG评级进入通过提高外部监督压力、促进公司改进内部管理和提高投资者需求等，提高了公司信息披露的质量和透明度，减少了信息不对称从而提升了股票定价效率。相反，ESG评级分歧降低投资者对信息披露的信任度，增加决策难度，减少投资意愿，从而降低股票定价效率。因此，建立统一和透明的ESG评级标准，减少评级分歧，对于提高信息披露质量和股票定价效率具有重要意义。

3. 基于股票流动性的机制检验

股票流动性也是影响股票定价效率的重要因素之一。已有研究表明，股票流动性通过信息机制发挥信息传递效应，影响公司信息透明度和市场投资者对公司经营状况的判断，从而影响股票定价效率（李良等，2022）。较高的信息透明度减少了信息不对称，使得市场参与者能够更准确地评估公司的价值，这不仅提高了市场的整体效率，还减少了价格的波动性和交易成本，从而提升了股票定价的效率。当ESG评级进入时，市场上关于该公司的股票交易可能偏向于回归长期价值投资，股票流动性趋于稳定；此时，投资者关注宏观整体信息的边际效用可能减少，从而促使其更加关注公司的基本面和特定信息，提高股票定价效率。当ESG评级出现分歧时，多元化的信息增量和市场交易的提升可能会扰乱投资者的判断，强化异质信念，增加股票流动性，但同时也会为投机行为提供空间，使股价更容易受到短期因素的影响，从而降低股票定价效率。鉴于此，本章参考 Amihud 和 Mendelson（1986）的方法，使用非流动性指标 FLU 衡量中国资本市场的股票流动性，考察股票流动性是否在 ESG 评级进入影响股票定价效率过程中发挥中介作用。值得注意的是，FLU 指标与股票流动性之间呈现显著的负相关关系，即 FLU 指标越大，意味着单位交易金额对公司股票价格的冲击越大，公司股票流动性越低。

表 5-11 中列（1）、列（2）显示了 ESG 评级进入通过公司股票流动性影响公司股票定价效率的回归结果。列（1）显示了 ESG 评级进入与非流动性指标 *FLU* 的回归系数在 5% 的显著性水平下显著为正，即 ESG 评级进入会减少公司股票流动性，进而降低股价同步性。这一结果可以从以下几个方面进行解释：第一，投资者群体的变化方面。ESG 评级进入吸引了更多关注可持续发展的长期投资者。这些投资者倾向于持有股票较长时间，而不是频繁买卖，从而减少了市场上的交易量，降低了股票的流动性。第二，市场关注度集中方面。ESG 评级进入提高了公司的信息透明度，使得市场对公司的关注更加集中。投资者可以更准确地评估公司的价值，减少了因信息不对称导致的频繁交易，从而降低了股票的流动性。

表 5-11　　基于股票流动性的机制检验

变量	(1)	(2)
	FLU	*FLU*
ESG	0.2493** (0.1023)	
DIS		-0.3128*** (0.1035)
Controls	Yes	Yes
Year	Yes	Yes
Ind	Yes	Yes
adj. R^2	0.4726	0.4316
N	19162	7343

表5－11中列（2）显示了ESG评级分歧与非流动性指标*FLU*的回归系数在1%的显著性水平下显著为负，即ESG评级分歧会增加公司股票流动性，促使投资者更加关注短期内的股价市场走势，进而提高股价同步性。其可能的原因如下：第一，信息多样性和市场活跃度方面。ESG评级分歧意味着不同评级机构提供了多样化的信息和观点，增加了市场上的信息多样性。此时，激发了投资者的异质信念，增加了股票的流动性。第二，投机行为增加方面。评级分歧增加了市场的不确定性，使得一些投资者更倾向于短期交易，以快速响应市场变化，这种短期交易行为增加了市场的交易量，提高了股票的流动性。进一步地，短期交易的增加推动了股票投资者关注市场信息的需求，加大了个股与市场同涨同跌的趋势，降低股票定价效率。

综上所述，ESG评级进入通过吸引长期投资者、提高信息透明度和增加ESG成本转移，提高了股票定价效率。相反，ESG评级分歧通过增加信息干扰性、引发投机行为以及提高投资者关注和参与度，降低了股票定价效率。这表明，ESG评级的一致性和可靠性对于维护市场稳定和提高定价效率至关重要。

二、情境因素分析

基于前面分析，ESG评级进入会提高股票定价效率，ESG评级分歧会降低股票定价效率，可见有必要将ESG评级与股票定价效率放置于同一研究框架下进行探讨。在当前资本市场交易不够活跃以及投资者信息不对称的情况下，探讨何种因素会在ESG评级进入对股票定价效率的促进效应以及ESG评级分歧对股票定价效率的抑制效应中产生影响具有重要的现实意义。一方面，货币政策作为中央银行的制度安排，对各市场主体都产生着监管和约束作用。不同的货币政策出台会对资本市场的资金流动以及公司的决策产生不同的影响，当货币政策不确定性低时，投资者预期明确，政策连续性更好，因此，货币政策不确定性的高低可能会在ESG评级对股票定价效率的影响过程中发挥作用。另一方面，实现我国股票市场高质量发展，核心在于降低市场中交易双方的信息不对称，而这有赖于良好的市场环境。在货币政策宽松的时期，各种信息资源的流动配置更加高效，会降低投资者收集信息的成本，进而影响各市场主体的行为和预期，因此，货币政策的宽松与否可能会在 ESG 评级对股票定价效率的影响过程中发挥作用。本章接下来对货币政策的不确定性以及货币政策环境的调节作用机制进行分析。

（一）货币政策不确定性

股价作为公司价值的体现，其价值的波动与公司的发展状况、经营前景、投资者对公司的预期相关，而经济的发展状况在很大程度上受货币政策的影响。货币政策不确定性加大了货币政策的调整频率和方向，这将加剧货币政策变化中无法被预测的部分，形成不确定性预期，即导致投资者无法预知政策是否会改变，何时会改变，以及会如何改变。这种不确定性变化影响了投资者决策的信息环境（李成等，2022），影响了投资者对公司的信心和情绪，进而对股票定价效率产生影响。为探究货币政策不确定性是否会在 ESG 评级进入对股票定价效率的促进作用中，以及 ESG 评级分歧对股票定价效率的抑制作用中发挥作用，本章借鉴 Huang 和 Luk（2020）的研究，构建货币政策不确定性指标，以该指标为依据将样本划分为货币政策不确定性高以及货币政策不确定性低两个样本组。

表 5－12 中列（1）汇报了在高货币政策不确定性的情境下，ESG 评级进入对股价同步性 SYN 的回归系数在 1% 的显著性水平下显著为负。列（2）汇报了在低货币政策不确定性的情境下，ESG 评级进入对股价同步性 SYN 的回归系数为 －0. 0660，但并不显著。实证结果表明，在高货币政策不确定性的情境下，市场环境充满了不确定性和波动性，投资者对未来的预期更加模糊。此时，ESG 评级进入为投资者提供了更多的非财务信息，有助于稳定投资者的情绪，减少股价的波动性，从而提高股票定价的效率。反之，当货币政策不确定性逐渐降低，市场环境相对稳定，投资者对未来的预期较为明确。此时，ESG 评级进入虽然仍然提供了额外的信息，但由于市场已经较为稳定，这些信息的边际效应相对较小，不足以显著影响股价的波动性。

表 5-12　　基于货币政策不确定性的情境分析

变量	高政策不确定性	低政策不确定性	高政策不确定性	低政策不确定性
	(1)	(2)	(3)	(4)
	SYN	*SYN*	*SYN*	*SYN*
ESG	-0.1881*** (0.0319)	-0.0660 (0.0451)		
DIS			0.1690*** (0.0383)	0.0451 (0.0633)
Controls	Yes	Yes	Yes	Yes
Year	Yes	Yes	Yes	Yes
Ind	Yes	Yes	Yes	Yes
adj. R^2	0.2462	0.3609	0.1785	0.2106
N	11010	8152	5889	1453

表 5-12 中列（3）汇报了在高货币政策不确定性的情境下，ESG 评级分歧对股价同步性 SYN 的回归系数在 1% 的显著性水平下显著为正。列（4）汇报了在低货币政策不确定性的情境下，ESG 评级分歧对股价同步性 SYN 的系数为 0.0451，但并不显著。实证结果表明，在高货币政策不确定性的情境下 ESG 评级分歧抑制股票定价效率，原因在于当市场环境的不确定性和波动性已经很高时，投资者对未来的预期非常模糊，此时，ESG 评级分歧进一步增加了信息的模糊度和复杂性，导致投资者难以形成一致的预期和投资决策。这种信息的混乱加剧了市场的波动性，增加了股价的同向波动性，从而降低了股票定价的效率。反之，在低货币政策不确定性的情境下市场环境相对稳定，投资者对未来的预期较为明确，此时，即使存在 ESG 评级分歧，市场已经具备较强的稳定性和透明度，投资者能够更好地处理和消化这些信息，因此 ESG 评级分歧难以对股票定价效率产生显著影响。

综上所述，货币政策不确定性越大，ESG 评级提供的特质信息对股票定价效率的影响越显著。在高不确定性环境下，ESG 评级进入显著提高了股票定价效率；ESG 评级分歧则显著抑制了股票定价效率，相反，随着货币政策不确定性降低，ESG 评级进入和分歧对股票定价效率的影响均不显著。

（二）货币政策宽松度

随着我国资本市场的不断完善和发展，货币政策环境对经济的调控作用越来越受到人们的关注，货币政策宽松度的变化在很大程度上会影响实体经济的发展进而影响投资者的行为（饶品贵和姜国华，2013）。货币政策是调控宏观经济的重要手段，其主要的方式是通过市场利率以及货币信贷调节宏观经济。在不同的货币政策环境下，投资者对 ESG 信息的依赖和反应会有所不同，从而影响股票定价效率。为了探究货币政策宽松度是否会在 ESG 评级进入对股票定价效率的促进作用中，以及 ESG 评级分歧对股票定价效率的抑制作用中发挥作用，本章借鉴蒋益民和陈璋（2009）的研究，选取 M2 增速作为货币政策宽松度的度量指标。这是因为与狭义的货币供给增速相比，广义的货币供应量是中央银行为了达到稳定经济目标而干预调节的货币供给量，更能够代表货币政策的导向。本章根据 M2 增速将样本分为货币政策宽松和货币政策紧缩两个样本组，以检验不同货币政策环境下 ESG 评级对股票定价效率的影响。

表 5 – 13 中列（1）结果显示，在货币政策宽松度高的情境下，ESG 评级进入对股价同步性 SYN 的回归系数在 1% 的显著性水平下显著为负。列（2）结果显示，在货币政策宽松度低的情境下，ESG 评级进入对股价同步性 SYN 的回归系数在 1% 的显著性水平下显著为负但系数更小。实证结果表明，在货币政策宽松的环境下，市场利率较低，信贷供给充足，企业融资成本降低，投资者对市场的信心增强，更愿意进行长期投资，并且 ESG 评级进入提供了更多的非财务信息，帮助投资者更好地评估公司的长期可持续性和风险管理能力，这种信息的增加有利于投资者理性决策，从而显著提高股票定价的效率。随着货币政策宽松度降低，在货币政策紧缩的环境下，市场利率较高，信贷条件收紧，企业融资成本增加，投资者对市场的信心减弱，更倾向于短期交易以规避风险。尽管如此，ESG 评级进

入仍然提供了额外的信息，帮助投资者更好地评估公司的长期可持续性和风险管理能力，这种信息的增加有助于减少股价的波动性，从而提高股票定价的效率，但效果相对较弱。

表 5－13　　　　基于货币政策宽松度的情境分析

变量	高货币政策宽松度	低货币政策宽松度	高货币政策宽松度	低货币政策宽松度
	(1)	(2)	(3)	(4)
	SYN	*SYN*	*SYN*	*SYN*
ESG	－0.2530 *** (0.0454)	－0.1474 *** (0.0337)		
DIS			0.1971 *** (0.0369)	－0.0337 (0.0210)
Controls	Yes	Yes	Yes	Yes
Year	Yes	Yes	Yes	Yes
Ind	Yes	Yes	Yes	Yes
$adj.\ R^2$	0.3621	0.2921	0.1944	0.1829
N	10739	8423	6368	974

表 5－13 中列（3）结果显示，在货币政策宽松度高的情境下，ESG 评级分歧对股价同步性 SYN 的回归系数在 1% 的显著性水平下显著为正。列（4）结果显示，在货币政策宽松度低的情境下，ESG 评级分歧对股价同步性 SYN 的回归系数为－0.0337，但并不显著。实证结果表明，在货币政策宽松的环境下，股票投资者可用资金增多，市场流动性较高，其也能够更容易地获取和处理各种信息，包括 ESG 评级信息。然而，ESG 评级分歧增加了信息的模糊度和复杂性，导致投资者难以形成一致的预期和投资决策，这种信息的混乱加剧了市场的波动性，增加了股价的同向波动性，从而显著降低了股票定价的效率。反之，在货币政策紧缩的环境下，投资者可用资金较少，市场流动性较低，其获取和处理信息的意愿减弱，此时即使存

在 ESG 评级分歧，由于市场环境已经较为紧张，投资者积极性降低，对这些信息的依赖程度减弱，ESG 评级的负面影响可能被部分抵消，因此 ESG 评级分歧对股票定价效率的抑制作用不显著。

综上所述，货币政策宽松度在 ESG 评级对股票定价效率的影响中起到了显著的调节作用。在货币政策宽松的环境下，市场利率较低，信贷充足，投资者信心增强，ESG 评级进入显著提高了股票定价效率。相反，ESG 评级分歧显著抑制了股票定价效率，因信息模糊导致市场波动加剧。

第六节 本章小结

本章使用了股价同步性作为股票定价效率的代理变量，并通过回归分析考察了 ESG 评级进入和评级分歧对股票定价效率的影响及其作用机制。首先，通过基准回归分析，检验了 ESG 评级进入和 ESG 评级分歧对股票定价效率的影响。其次，探究了不同 ESG 评级机构国别属性下 ESG 评级进入和分歧的影响差异，并剖析了 ESG 评级进入和分歧的作用机制，包括投资者情绪波动、公司信息披露程度以及公司股票流动性。最后，分析了货币政策不确定性及货币政策宽松度对 ESG 评级影响股票定价效率的调节作用。

本章通过实证分析发现：（1）ESG 评级进入与股价同步性呈显著的负相关关系，表明 ESG 评级进入减少了股价的同步性，提高了股票定价的效率；而 ESG 评级分歧与股价同步性呈显著的正相关关系，表明 ESG 评级分歧降低了股票定价的效率。（2）国外 ESG 评级机构的进入抑制了 ESG 评级对股票定价效率的促进作用，而在有国外 ESG 评级机构的样本中，ESG 评级分歧对股票定价效率的抑制作用被加强。（3）作用机制分析表明，ESG 评级进入通过稳定投资者情绪、提高公司信息披露质量和减少公司股票流动性来提升股票定价效率；而 ESG 评级分歧则通过加剧投资者情绪波动、降低公司信息披露质量和增加公司股票流动性来降低股票定价效率。（4）情境因素分析显示，在高货币政策不确定性或货币政策宽松度高的情境下，ESG 评级进入显著提高了股票定价效率，ESG 评级分歧显著抑制了股票定价效率；而在低货币政策不确定和低货币政策宽松度的情境下，ESG 评级进入及其分歧对股票定价效率的影响被削弱。这些结论为理解 ESG 评级在不同市场环境下的影响机制提供了重要的实证支持。

第六章

上市公司 ESG 评级与分析师预测

第一节　研究背景与问题提出

在资本市场中，信息披露不仅是企业与投资者之间沟通的桥梁，也是保障市场公平、透明和高效运行的基石。在此背景下，中国证监会于 2021 年发布《上市公司信息披露管理办法（2021 修订）》，旨在进一步规范上市公司的信息披露行为，提高信息披露的质量和透明度。分析师作为资本市场的关键参与者，在信息披露领域发挥着不可替代的作用：它通过深入分析市场上的融资企业，将获取的信息经专业化处理后有偿提供给投资者，显著提升了投资决策的质量，确保了稀缺资本能够流向最具效益的企业。在这一过程中，分析师不仅扮演着会计信息使用者的角色，更是资本市场信息的提供者。ESG 评级信息为分析师信息获取增添了新的维度，它涵盖了环境保护、社会责任和公司治理三个方面。当企业存在诸如“漂绿”等粉饰型信息披露行为时，会直接影响分析师对其真实 ESG 表现的评估。如果分析师未能识别出这些不实信息，预测就会出现偏差。本章认为，通过强化第三方审核和认证制度，提升透明度，能够帮助投资者及其他利益相关者更容易获取并理解 ESG 评级信息，发展和完善 ESG 评级体系，使其成为市场参与者的重要参考依据，优质 ESG 披露信息会更好地服务分析师预测行为，更好地支持资本市场的健康发展。

作为资本市场的重要信息中介，分析师凭借其专业能力和信息优势，对企业未来的盈余情况进行预测，并据此给出相应的投资建议（陈作华和张芳芳，2023）。这一过程有助于缓解投资者与企业之间的信息不对称，有效发挥资本市场资源配置的功能。根据有效市场假说，分析师的盈余预测是基于市场中企业对外披露的全部信息进行评估的，因此其预测能力能够在一定程度上反映股票市场中股票相关信息的质量和有效性（吴迪和赵奇锋，2023）。然而，ESG 评级分歧也给分析师带来了新的挑战。不同的 ESG 评级机构在评价标准、指标权重等方面的侧重点差异，导致不同 ESG 评级机构对同一企业的评级一致性不高。这种分歧可能导致分析师难以有效整合和应用 ESG 信息，从而影响其预测的准确性。尽管如此，ESG 评级机构仍促进了市场参与者对 ESG 因素的认识和理解，从而进一步推动了资本市场的健康有序发展。在此条件下，分析师能够更好地整合 ESG 信息，优化其预测模型，提高预测精度，进而为投资者提供更加科学合理、符合可持续发展目标的投资建议。

近年来，ESG 评级机构作为评价企业环境、社会、公司治理情况的专业机构，通过建立涵盖百余项的多层评价指标体系实现对非结构化 ESG 信息的整合与量化，并向资本市场中各投资主体提供企业私有信息以帮助投资者决策，已经成为分析师获取企业关键经营信息、预测发展潜力和评估企业价值的重要参考。但不同 ESG 评级结果虽然增加了 ESG 信息的供给，却也会导致 ESG 评级机构的分歧，不一致的评级结果也会使得分析师质疑所获取的信息。为降低因信息偏差面临的潜在执业风险，分析师不得不通过实地调研等方式辨别信息的真伪（刘少波等，2021），增加了分析师信息搜寻成本。因此，面对 ESG 评级进入和分歧，分析师究竟会产生何种差异化反应？除此之外，ESG 评级作为外部治理机制，可能在不同情境下对分析师预测精准度产生差异影响。例如，广泛应用 GRI 标准的信息披露情况可能提升企业透明度，进而影响预测的准确性。同时，媒体关注等外部因素也可能改变企业决策。在不同情境下，ESG 评级及 ESG 分歧对预测偏差的治理效应有何差异？上述问题的回答不仅有助于从分析师预测的视角厘清 ESG 评级的股票市场信息效应，还为政府 ESG 监管政策制定和分析师预测行为提供理论支持和实践指导。

第二节 理论分析与研究假设

一、上市公司 ESG 评级进入与分析师预测

在可持续发展背景下，将 ESG 因素纳入投资考量已成为资本市场各方主体的共识。作为资本市场中重要的信息中介，分析师凭借较强的信息收集能力，整合市场中有关企业的优质信息，并基于严谨的态度对获取的信息进行解读，给出可供参考的投资建议（胡军和王甄，2015），从而预测公司未来发展状况。研究表明，分析师在从事相关金融活动时对上市公司公开披露的信息最为重视（Bae et al.，2008），公开信息也较容易获取，而作为企业重要的非财务信息，企业社会责任报告、可持续发展报告中所涵盖的 ESG 信息（Cameran et al.，2014），能够向分析师传递企业未来发展的增量信息，进而对分析师盈余预测表现产生重要影响。

分析师在资本市场上扮演着信息使用者与提供者的双重角色，这一角色的重要性体现在他们对公司盈余预测的过程中，而该过程主要依赖于市场上易于获取的公开信息（Dechow et al.，2010）。分析师不仅需要分析企业的财务报表，还需要深入理解宏观经济环境、行业发展趋势以及公司特有的经营策略，以形成对未来的预测。相较于一般投资者，分析师具备更强的信息处理能力和专业知识，能够更有效地解读包括环境、社会和治理在内的非财务信息。然而，即使拥有这些优势，分析师在获取和分析 ESG 相关信息方面仍面临挑战，特别是与专业的 ESG 第三方评级机构相比仍有一定差距，如商道融绿拥有专门的团队和资源，能够更加系统化、全面地收集和评估 ESG 数据。这些专业机构提供的 ESG 评级信息不仅为投资者提供重要的决策参考，也对分析师的预测工作产生了显著影响。分析师往往将这些评级信息作为补充资料，用以完善自己的分析预测模型，提高预测的准确性和可靠性。

一方面，从信息数量视角出发，ESG评级信息的出现为市场提供了新的信息，降低了公司与利益相关者的信息不对称程度（张馨元等，2023），有效改善了分析师的预测质量。具体而言，作为一种市场软监管的重要手段，ESG评级机构通过构建“金字塔”式评分体系，将E、S、G三个一级指标拆解细化至公司层面百余项底层数据指标，将企业分散在各层面的信息进行进一步加工处理以实现企业信息的整合与量化，为分析师预测企业未来股价收益提供了特质信息，提高了分析师的预测精度。与此同时，作为企业非财务信息的重要组成部分，ESG信息的定性特征加大了信息使用者的收集难度，而ESG评级机构则能够通过实地调研、大数据监测等方式全方位收集与企业可持续发展相关的私有信息（Wei and Zhu，2022），并作为数据服务商将其提供给分析师所在的金融机构，增加市场中的信息数量，进而为分析师盈余预测提供信息增量（程博和潘飞，2017）。因此，ESG评级机构发布的评级信息为利益相关者获取企业可持续发展信息提供了潜在渠道，为分析师更好地理解公司价值提供信息增量，从而有效改善分析师的预测表现。

另一方面，从信息质量视角出发，ESG评级机构能够对企业ESG信息进行排序，提高了资本市场中的信息质量（Lateef and Omotayo，2019），进而降低分析师预测的误差和分歧度。具体而言，尽管作为专业信息中介的分析师有一定能力在公司年报、可持续发展报告中收集企业可持续发展的信息并据此做出盈余预测，但相比之下，ESG评级机构所发布的专业排名信息更容易被分析师直接使用，从而改善分析师预测表现。与此同时，ESG评级机构的专业性使其对于企业可持续发展相关的信息分析能力要强于分析师，更易于识别和判断公司所发布ESG信息的真伪，优化资本市场的信息环境，降低分析师收集信息的成本（肖土盛等，2017），为分析师盈余预测提供更多有效信息。因此，商道融绿等第三方ESG评级机构信息的发布能够补充分析师对公司价值判断的有效信息，从而提升分析师的预测精度，降低分析师预测分歧。

H6－1：ESG评级进入能够有效提高分析师预测能力，降低预测误差。

二、上市公司ESG评级分歧与分析师预测

随着责任投资理念的发展与推广，尤其是2018年《上市公司治理准则》颁布后，ESG评级机构不断涌现，自2015年商道融绿首次建立中国最早的上市公司ESG数据库，并发布沪深300成分股的ESG评级结果以来，目前已有社投盟、MSCI、富时罗素、华证等第三方机构构建了各自的ESG评级体系，为市场提供了更多的ESG增量信息（马文杰和余伯健，2023）。但研究表明，不同ESG评级机构对同一企业的评级一致性不高，存在明显的ESG评级分歧现象，给信息使用者的决策带来困惑，影响分析师的预测。

一方面，从信息数量视角出发，多家ESG评级机构发布的信息具有一定相似性，向外界传递的信息多而杂，导致市场中的冗余信息增加（Frenkel et al.，2020），这使信息使用者无法甄别企业关键信息，进而增加了分析师预测的误差和分歧度。尽管许多ESG评级机构会通过自身机构衡量标准对环境、社会和公司治理信息进行实践评估（张晶和刘学昆，2022），并通过综合赋值形成对该公司的ESG评级结果，但本质上，现有ESG评级机构所获取的信息基本来自公司年报、可持续发展报告等同源信息（张慧，2023），其评级结果更多的是对现有可获取信息的行业内部排序，这种多元化的信息不仅无法发挥“1+1>2”的效果，反而会因ESG评级分歧使得分析师对信息的真实性产生怀疑，增加分析师甄别ESG信息的成本（孙光国等，2023），给分析师的未来盈余预测造成困难（白晓宇，2009），导致分析师的预测误差和分歧增加。

另一方面，从信息质量视角出发，多家ESG评级机构发布的信息可能具有一定主观性，导致企业信息失真（王春峰等，2015），进而增加了分析师预测的误差和分歧度。在缺乏明确的评估实践规则的情况下，不同ESG评级机构对于指标的解读存在较强的主观性，在评价标准、参考指标以及覆盖范围等方面各不相同，倾向于通过自身偏好对非结构化的ESG信息进行量化赋值（谭劲松等，2022），并运用不同的经验法则给出企业ESG评级结果，再加之不同分析师对于ESG的判断、评估和解释存在差异，使

得企业 ESG 信息质量并未得到改善，反而导致市场中的信息失真（黄波和王满，2018），降低分析师的预测精度。与此同时，虽然 ESG 评级机构的“涌现”能够全方位提供有关企业 ESG 的信息，但多元化信息导致的评级分歧会使分析师不得不投入大量精力甄别信息的准确性（谢震和熊金武，2014）。因此，从信息质量的角度来看，ESG 评级机构的涌现并不一定能提高资本市场中的信息质量，反而会增加分析师获取有效信息的难度和成本，加大分析师预测误差和分歧。

H6－2：ESG 评级分歧将削弱分析师预测能力，增加预测误差。

第三节　研究设计

一、样本选择与数据来源

本章选取 2013～2020 年 A 股上市公司作为研究对象。选择 2013 年为起点，原因包括：一方面，商道融绿于 2015 年推出中国首个上市公司 ESG 评级体系，对沪深 300 指数成分股进行评估，成为中国 ESG 信息披露的重要里程碑；另一方面，构建双重差分模型需要包含 2013 年和 2014 年的数据，以分析政策或市场变化的影响。研究样本截至 2020 年，因为自 2021 年起国家为支持“双碳”目标出台多项政策，市场出现新的 ESG 评级机构，改变了原有竞争格局。为确保研究准确性，排除了金融、房地产行业企业，以及 ST 类企业、新上市企业和关键变量缺失的企业。

此外，对于分析师预测行为相关指标的研究，本章纳入了至少有三位分析师跟踪的企业。这样做的目的是提高样本的代表性，确保研究结论的可靠性和稳健性。当企业的跟踪分析师数量较少时，个别分析师的行为和偏见可能对预测结果产生较大影响，因此，设定至少三位分析师的标准有助于减少因个别分析师异常行为带来的噪音。为了进一步确保数据的质量，本章还排除了那些跟踪记录断层的企业，这样可以避免因为分析师预测更新不及时或数据不完整而对结果产生的偏差。本章还重点关注有持续跟踪历史的企业，以减少样本中的短期波动影响，从而更准确地反映分析师对企业长期表现的判断。本章剔除了分析师预测出现异常波动的情况，如预测变化幅度极大或频繁出现显著调升或调降的分析师，以降低异常预测对研究结果的干扰。通过这些数据筛选和标准化步骤，本章力求构建一个更加稳定和高质量的样本，以确保分析结果在不同情境下的稳健性。本章所用的数据来源主要包括国泰安数据库中的分析师预测数据和企业财务数据，而 ESG 评级数据则主要来源于 Wind 数据库，并通过查阅各评级机构的官方网站进行了补充。为了减少极端值带来的偏差，所有连续变量均进行了上下 1% 的缩尾处理。

二、变量定义

（一）被解释变量

为精确地衡量分析师预测的质量，并评估其对市场的影响，本章借鉴褚剑等（2019）的做法，采用分析师预测偏差（*FE*）作为衡量分析师预测准确性的代理变量。具体来说，分析师预测偏差是指分析师的预测值与实际发生的数值之间的差异，这一差异可以反映出分析师预测的准确性以及可能存在的系统性偏差。

$$FE_{i,t} = \frac{Mean(FEPS_{i,t}) - MEPS_{i,t}}{Price_{i,t}} \tag{6-1}$$

其中，*Mean*（*FEPS*）为每个分析师当年最近一次每股盈余预测的均值；*MEPS* 为实际每股盈余；*Price* 为公司期初股票价格。

（二）解释变量

本章一方面关注 ESG 评级机构进入前后分析师预测的差异，并构建 ESG 评级进入（*ESG*）虚拟变量；另一方面，关注 ESG 评级机构分歧出现前后分析师预测的差异，并构建 ESG 评级分歧（*DIS*）虚拟变量。

在构建 ESG 评级进入（*ESG*）虚拟变量时，本章选取了商道融绿、社投盟、明晟、富时罗素、润灵环球和华证这六家 ESG 评级机构。随着越来越多的上市公司重视ESG信息披露，各评级机构的样本也随之增加，这一动态的评级进入过程为本章构建多时点双重差分模型提供了契机。参考晓芳等（2021）、胡洁等（2023）的做法，当上市公司在某年度首次被ESG评级机构评级时*ESG*赋值为1，否则赋值为0。

在构建ESG评级分歧（*DIS*）虚拟变量时，考虑到现阶段不同评级机构在评价标准、权重设置和数据使用上存在较大差异，且部分非结构化的ESG信息往往依赖专家的定性分析，导致同一企业在不同评级体系下的得分存在较大差异（Christensen et al.，2022；Berg et al.，2022）。这些差异都可能导致企业在不同评级机构中的ESG评分结果存在显著分歧，从而加剧信息不对称，增加投资者的决策难度，也可能对企业造成多重合规压力。因此，当上市公司同时被两家及以上ESG评级机构评级时，本章将*DIS*赋值为1，否则赋值为0。

（三）控制变量

借鉴褚剑等（2019）、林晚发等（2020）等学者的做法，本章选取企业规模（*Size*）、上市年限（*Age*）、账面市值比（*Bm*）、托宾Q值（*Tbq*）、企业成长性（*Gro*）、是否发生差错更正（*Correct*）、管理费用率（*Man*）、是否为国企（*Soe*）、第一大股东持股比例（*Top*）、机构投资者持股比例（*Ins*）、分析师预测区间（*Hor*）、被分析师关注数量（*Num*）作为控制变量。此外，本章同时控制了年份（*Year*）和行业（*Ind*）哑变量。具体变量定义和衡量方式如表6-1所示。

表6-1　　主要变量定义

变量	基本含义	符号	度量方式
被解释变量	分析师预测偏差	*FE*	见上文
解释变量	ESG评级信息	*ESG*	企业当年被ESG评级机构评级时赋值为1，否则为0
	ESG评级分歧	*DIS*	企业当年被两家及以上评级机构评价时赋值为1，否则为0

续表

变量	基本含义	符号	度量方式
控制变量	企业规模	*Size*	企业总资产的自然对数
	上市年限	*Age*	企业上市年限加 1 的自然对数
	账面市值比	*Bm*	企业股东权益与市值之比
	托宾 Q 值	*Tbq*	企业市值与年末总资产之比
	企业成长性	*Gro*	企业营业收入增长率
	是否发生差错更正	*Correct*	发生差错更正为 1，否则为 0
	管理费用率	*Man*	企业管理费用与主营业务收入之比
	是否为国企	*Soe*	国企为 1，否则为 0
	第一大股东持股比例	*Top*	企业中第一大股东的持股占比
	机构投资者持股比例	*Ins*	企业机构投资者持股占比
	分析师预测区间	*Hor*	分析师预测发布日期与公司财务报告披露日期相差天数的平均数加 1 的自然对数
	被分析师关注数量	*Num*	企业被分析师跟踪预测的数量加 1 的自然对数

三、计量模型设定

（一）ESG 评级进入与分析师预测的计量模型设定

本章借鉴闫昊生等（2021）的做法，采用双重差分模型评估 ESG 评级机构进入对分析师预测偏差的影响。具体而言，以商道融绿、社投盟、明晟、富时罗素、润灵环球和华证六家 ESG 评级机构首次发布上市公司 ESG 评级这一事件作为外生冲击，利用式（6－2）进行估计：

$$FE_{i,t+1} = a_0 + a_1 ESG_{i,t} + a_j Cons_{i,t} + \sum Year + \sum Ind + \varepsilon_{i,t+1} \quad (6-2)$$

其中，$FE_{i,t+1}$为分析师预测偏差；$ESG_{i,t}$为上市公司是否首次被 ESG 评级机构评价的虚拟变量，当上市公司在某年度首次被商道融绿、社投盟、明晟、富时罗素、润灵环球或华证评级时 $ESG_{i,t}$赋值为 1，否则赋值为 0；

$Cons_{i,t}$为一系列控制变量；$\varepsilon_{i,t+1}$为随机误差项。同时，本章还控制了年份效应和行业效应。对于这一模型，本章重点关注 $ESG_{i,t}$的回归系数，若 a_1 显著为正，则说明 ESG 评级进入会加剧分析师预测偏差；反之，若 a_1 显著为负，则说明 ESG 评级进入降低了分析师预测偏差的程度。

（二）ESG 评级分歧与分析师预测的计量模型设定

在此基础上，本章进一步关注 ESG 评级信息对分析师预测偏差的影响是否会随着评级机构数量的增加而存在差异。具体来说，由于现阶段不同评级机构在评价标准、权重设置和数据使用上缺乏一致性和透明度，且部分非结构化的 ESG 信息往往依赖专家的定性分析，导致同一上市公司在不同评级体系下的得分存在较大差异（Christensen et al.，2022；Berg et al.，2022），此时分析师所掌握的预测信息及其对应的预期行为可能会发生变化，这为本章提供了第二个维度，据此构建下列模型：

$$FE_{i,t+1} = \beta_0 + \beta_1 DIS_{i,t} + \beta_j Cons_{i,t} + \sum Year + \sum Ind + \theta_{i,t+1} \quad (6-3)$$

其中，$DIS_{i,t}$为上市公司在某年度是否被两家及以上机构进行评级的虚拟变量，当存在第二家评级机构评级时赋值为 1，否则赋值为 0；$\theta_{i,t+1}$为随机误差项；其余变量定义与式（6－2）一致。对于这一模型，本章重点关注 $DIS_{i,t}$的回归系数，若 β_1 显著为正，则说明在已有 ESG 评级的情况下，被两家及以上机构进行评级可以进一步加剧分析师预测偏差；反之，若 β_1 显著为负，则说明在已有 ESG 评级的情况下，被两家及以上机构进行评级降低了分析师预测偏差水平。

第四节　实证结果与回归分析

一、描述性统计

表 6－2 展示了与研究相关的变量的描述性统计结果。从统计数据可以

看出，样本企业中分析师预测的偏差范围广泛，最大偏差达到了23.0000，而最小偏差仅为0.0070，这一显著的差异表明，在对企业的业绩进行预估时，不同的分析师之间存在相当大的准确度差异。此外，已获得ESG评级的企业占样本总量的33.4%，反映了在当前商业环境中，越来越多的企业开始重视其可持续发展能力，并接受第三方评估。更进一步地，有大约15.61%的企业同时获得了两家独立评级机构的ESG评级，这一事实不仅增加了数据的多样性和复杂性，同时也为后续的回归分析提供了坚实的数据支持，有助于深入探讨ESG评级对企业绩效及市场表现的影响。此外，控制变量中，分析师预测区间最大值为6.0331，最小值为4.0690，这意味着分析师们的预测发布时间与实际财报披露时间之间的差距存在显著差异。这种差异可能反映了分析师预测的时间点在不同情况下有着较大的波动，进而影响到预测的时效性和准确性。被分析师关注数量最大值为3.8501，最小值为0.6931，说明在样本范围内，企业受到的关注程度差异显著。这些差异为理解企业行为及其市场影响提供了重要的背景信息，并对后续分析中控制潜在干扰因素具有重要意义。

表6-2　　主要变量描述性统计

变量	N	Mean	P50	SD	Min	Max
FE	14358	1.7996	0.6538	3.4549	0.0070	23.0000
ESG	14358	0.3340	0	0.4717	0	1
DIS	14358	0.1561	0	0.3629	0	1
Size	14358	22.5080	22.3003	1.3253	20.1988	26.4490
Age	14358	2.9297	2.9444	0.2970	2.0794	3.5264
Bm	14358	0.6014	0.5862	0.2510	0.1202	1.1681
Tbq	14358	2.1134	1.7059	1.3096	0.8561	8.3199
Gro	14358	0.2000	0.1274	0.3838	-0.4350	2.4012
Correct	14358	0.1363	0	0.3431	0	1
Man	14358	0.0884	0.0722	0.0666	0.0084	0.3826

续表

变量	N	Mean	P50	SD	Min	Max
Soe	14358	0. 3184	0	0. 4659	0	1
Top	14358	34. 9563	33. 0400	14. 9202	8. 9500	74. 9800
Ins	14358	45. 6004	48. 5767	25. 2402	0. 8321	91. 5235
Hor	14358	5. 3667	5. 4072	0. 3544	4. 0690	6. 0331
Num	14358	2. 1246	2. 0794	0. 8345	0. 6931	3. 8501

二、相关性分析

本章进一步深入探讨了主要变量之间的相关性分析，以检验 ESG 评级进入市场、ESG 评级的分歧程度以及各项控制变量与分析师预测偏差之间的关联性。具体而言，表 6 – 3 详细列出了这些主要变量之间的皮尔逊相关系数。通过观察表 6 – 3 中的相关性系数及其显著性水平，可以发现 ESG 评级进入市场与分析师预测偏差之间存在显著的负相关关系，这一结果与假设 H6 – 1 的预设相符，表明 ESG 评级机构的参与有助于减少分析师的预测偏差。

然而，对于 ESG 评级分歧与分析师预测偏差的关系，相关性系数却与最初的假设相悖——ESG 评级分歧与分析师预测偏差之间也呈现出负相关趋势。尽管如此，本章不能简单地将此视为结论性证据，因为相关性并不等同于因果性，在没有控制其他潜在影响因素的情况下，本章无法直接推断因果关系。为了更准确地确定因果关系，本章需要在排除其他干扰因素的情况下，考察自变量对因变量的具体影响程度。因此，后续研究将进一步利用其他统计方法来验证 ESG 评级分歧与分析师预测偏差之间的确切关系。此外，通过对主要变量间相关性的全面分析，本章还发现它们之间并不存在严重的多重共线性问题。这意味着，在后续的回归分析中，模型参数估计的准确性不会受到多重共线性带来的负面影响，从而确保了回归分析结果的有效性和可靠性，为接下来更为深入的研究奠定了坚实的基础。

表 6－3 主要变量相关性分析

变量	*FE*	*ESG*	*DIS*	*Size*	*Age*	*Bm*	*Tbq*	*Gro*	*Correct*	*Man*	*Soe*	*Tcp*	*Ins*	*Hor*
ESG	-0.1831 ***													
DIS	-0.1270 ***	0.6072 ***												
Size	-0.1327 ***	0.3722 ***	0.4992 ***											
Age	-0.0623 ***	0.2162 ***	0.1744 ***	0.2410 ***										
Bm	-0.0283 ***	0.1432 ***	0.1298 ***	0.6037 ***	0.1767 ***									
Tbq	0.0094	-0.0439 ***	-0.0023	-0.4098 ***	-0.0985 ***	-0.8241 ***								
Gro	-0.0732 ***	-0.0651 ***	-0.0600 ***	-0.0147 *	-0.0463 ***	-0.0726 ***	0.0532 ***							
Correct	-0.0183 **	0.1348 ***	0.0904 ***	0.0655 ***	0.0861 ***	0.0533 ***	-0.0369 ***	0.0042						
Man	0.1439 ***	-0.2433 ***	-0.1880 ***	-0.3976 ***	-0.1591 ***	-0.3698 ***	0.3262 ***	-0.0541 ***	-0.0559 ***					
Soe	-0.0620 ***	0.0801 ***	0.1546 ***	0.4330 ***	0.2174 ***	0.3096 ***	-0.2007 ***	-0.1178 ***	-0.0166 **	-0.1677 ***				
Top	-0.0659 ***	0.0305 ***	0.0954 ***	0.2094 ***	-0.0481 ***	0.1503 ***	-0.0931 ***	-0.0589 ***	-0.0423 ***	-0.1521 ***	0.2581 ***			
Ins	-0.1266 ***	0.1403 ***	0.2419 ***	0.4682 ***	0.1335 ***	0.2049 ***	-0.0929 ***	-0.0396 ***	-0.0236 ***	-0.2249 ***	0.4451 ***	0.3026 ***		
Hor	0.1582 ***	0.0019	-0.0032	0.0238 ***	0.0526 ***	0.0992 ***	-0.0842 ***	-0.1065 ***	-0.0008	0.0238 ***	0.0491 ***	-0.0069	-0.0359 ***	

注：*、**、*** 分别表示在 10%、5% 和 1% 的水平上显著，下同。

三、实证结果分析

（一）ESG 评级进入与分析师预测偏差的回归结果

表 6－4 展示了企业 ESG 评级进入对分析师预测偏差的影响结果。其中，表 6－4 中列（1）仅纳入企业财务特性等控制变量；列（2）进一步加入所有控制变量。从列（1）可以看出，核心解释变量 *ESG* 系数在 1% 显著性水平为负，表明 ESG 评级进入能够降低分析师预测偏差。列（2）在控制所有控制变量后，核心解释变量 *ESG* 仍在 1% 显著性水平为负，进一步证实 ESG 评级进入能够提升分析师预测准确性，降低分析师预测偏差。上述结果表明，ESG 评级进入对分析师预测准确性有着积极的影响作用，可能原因在于：一方面，ESG 评级进入缓解了企业与分析师之间的信息不对称。ESG 评级提供的非财务信息能补充财务数据，帮助分析师更全面地了解企业状况。ESG 评级机构通过实地调研和大数据监测，收集企业可持续发展信息，并提供给分析师所在的金融机构，增加市场信息量，为盈余预测提供增量信息。另一方面，ESG 评级进入提高了企业信息质量。ESG 强调提高公司治理水平和履行与利益相关者的契约，可以减少管理层的自利行为，保护投资者利益。较高 ESG 评级的公司往往信息披露更规范，信息透明度更高，从而降低了分析师预测偏差。由此，H6－1 得证。

表 6－4　ESG 评级进入与分析师预测偏差

变量	(1)	(2)
	FE	*FE*
ESG	-0.9322^{***} (0.0764)	-0.9412^{***} (0.0741)
Size	-0.2947^{***} (0.0282)	0.0705^{*} (0.0368)
Age	−0.0713 (0.1016)	−0.1634 (0.1018)

续表

变量	(1)	(2)
	FE	FE
Bm	1.2414*** (0.2342)	0.1250 (0.2450)
Tbq	0.0753* (0.0388)	0.0509 (0.0379)
Gro	-0.7207*** (0.0772)	-0.5002*** (0.0754)
Correct	0.1636** (0.0802)	0.1044 (0.0778)
Man		4.1943*** (0.6172)
Soe		-0.2213*** (0.0747)
Top		-0.0064*** (0.0021)
Ins		-0.0071*** (0.0014)
Hor		1.5117*** (0.0856)
Num		-0.4220*** (0.0408)
_cons	8.1696*** (0.6015)	-6.0603*** (0.8846)
Year	Yes	Yes
Ind	Yes	Yes
adj. R^2	0.0549	0.0943
N	14358	14358

注：*、**、*** 分别表示在 10%、5% 和 1% 的水平上显著，括号内为回归标准误，下同。

（二）ESG评级分歧与分析师预测偏差回归结果

表6－5展示了ESG评级分歧对分析师预测偏差（*FE*）的影响结果。表6－5中列（1）仅控制企业财务特征等基本变量；列（2）进一步加入全部控制变量。列（1）表明，核心解释变量*DIS*系数在5%显著性水平上为正，表明ESG评级分歧会增大分析师预测偏差。列（2）显示，在加入全部控制变量后，核心解释变量*DIS*系数在5%显著性水平上为正，表明ESG评级分歧会导致分析师预测偏差增加。上述分析表明，ESG评级分歧会对分析师形成干扰，使得他们难以做出准确的预测。ESG评级分歧增加分析师预测偏差的原因可能是：一方面，多家ESG评级机构的信息存在相似性，增加了市场中的冗余信息。分析师面对ESG评级分歧时，因精力有限，只能关注部分信息，导致预测偏误增加。此外，不同分析师的信息搜集途径差异也会导致预测偏差。另一方面，ESG评级具有主观性，可能导致信息失真，使得分析师难以识别真实信息。此外，不同评级机构使用不同的评级规则，分析师对ESG的判断和解释也存在差异，可能进一步扭曲信息质量。同时，由于个人风险偏好不同，分析师可能会对信息的真伪持不同态度，导致他们在解读ESG评级分歧时产生不同预期，从而加剧预测偏差。由此，H6－2得证。

表6－5　　ESG评级分歧与分析师预测偏差

变量	(1)	(2)
	FE	*FE*
DIS	0.0972** (0.0452)	0.1018** (0.0435)
Size	−0.2008*** (0.0241)	−0.0171 (0.0284)
Age	−0.0101 (0.0668)	−0.0948 (0.0672)

续表

变量	(1)	(2)
	FE	*FE*
Bm	0. 4425*** (0. 1407)	-0. 0498 (0. 1522)
Tbq	-0. 0699*** (0. 0184)	-0. 0606*** (0. 0175)
Gro	-0. 4027*** (0. 0600)	-0. 2688*** (0. 0553)
Correct	0. 0235 (0. 0494)	0. 0072 (0. 0481)
Man		2. 2490*** (0. 5633)
Soe		-0. 1468*** (0. 0429)
Top		-0. 0029** (0. 0015)
Ins		-0. 0059*** (0. 0011)
Hor		0. 7957*** (0. 0577)
Num		-0. 1701*** (0. 0281)
_cons	5. 4662*** (0. 5296)	-1. 8297*** (0. 6744)
Year	Yes	Yes
Ind	Yes	Yes
adj. R^2	0. 0678	0. 1318
N	4796	4796

（三）ESG 评级机构国别属性对分析师预测偏差的影响

随着国外 ESG 评级机构进入中国市场，它们开始对企业相关信息进行处理和加工，并将评级结果传递给市场参与者。本章定义当且仅当上市公司当年及以后被国外 ESG 评级机构评价时 *Abroad* 为 1，否则为 0。表 6－6 展示了 ESG 评级机构国别属性对分析师预测偏差的影响分析结果。在表 6－6 中列（1）中，*Aborad* × *ESG* 在 1% 的水平上显著为正，即相较于具有国外 ESG 评级的公司样本，ESG 评级进入对仅具有国内 ESG 评级公司的分析师预测偏差的抑制作用更大，表明国外评级机构的 ESG 评级信息削弱了 ESG 评级进入对分析师预测偏差的缓解作用。列（2）中，*Aborad* × *DIS* 在 10% 的水平上显著为正，即相较于仅具有国内 ESG 评级公司样本，ESG 评级分歧对具有国外 ESG 评级公司的分析师预测偏差扩大作用更大，表明国外评级机构的 ESG 评级信息增强了 ESG 评级分歧对分析师预测偏差的扩大作用。

表 6－6　　ESG 评级、国别属性与分析师预测

变量	(1)	(2)
	FE	*FE*
Aboard × *ESG*	0.2565*** (0.0664)	
ESG	−0.9198*** (0.0764)	
Aboard × *DIS*		0.1107* (0.0639)
DIS		0.0381 (0.0521)
Controls	Yes	Yes
Year	Yes	Yes

续表

变量	(1)	(2)
	FE	*FE*
Ind	Yes	Yes
adj. R^2	0.0945	0.1320
N	14358	4796

上述结果表明，尽管国外 ESG 评级机构旨在提供更加客观和全面的企业评价标准，但在实际应用过程中，可能由于文化差异、市场理解深度不同等因素，导致国外 ESG 评级并没有达到预期的效果，甚至增加了分析师预测的不确定性。因此，在接纳国外 ESG 评级时，有必要结合本土实际情况，制定更为合理有效的信息整合机制，以期真正提升分析师预测质量。国外 ESG 信息无法缓解分析师预测偏差可能原因是：第一，国外 ESG 评级机构拥有自身一套 ESG 评级体系，与国内评级标准存在差异，导致评级机构向外界传递的信息与企业实际情况存在差异；第二，国外评级机构表达方式和思维逻辑与国内不同，导致分析师在利用国外 ESG 评级机构所发布的信息时转置成本较高，降低分析师获取信息的效率，致使分析师预测偏差增加。

四、稳健性检验

（一）内生性检验

1. 平行趋势检验

本章对基准回归结果进行了平行趋势检验，以探讨 ESG 评级进入和评级分歧对分析师预测偏差的动态影响变化。图 6－1 呈现了 ESG 评级进入对分析师预测偏差的平行趋势检验结果。结果显示，在 ESG 评级进入之前，ESG 评级进入的回归系数估计值均不显著，满足平行趋势检验条件；在 ESG 评级进入后，回归系数估计值显著为负，表明 ESG 评级进入有效降低分析师预测偏差。图6－2呈现了ESG评级分歧对分析师预测偏差的平行趋势检验结果。结果显示，在ESG评级分歧之前，ESG评级分歧的回归系数估计值均不显著，满足平行趋势检验条件；但在ESG评级分歧后，回归系数估计值显著为正，表明ESG评级分歧将扩大分析师预测偏差。

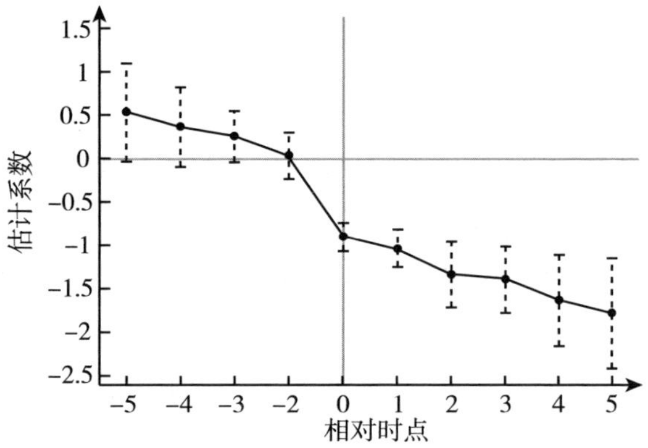

图6－1　ESG评级进入平行趋势检验

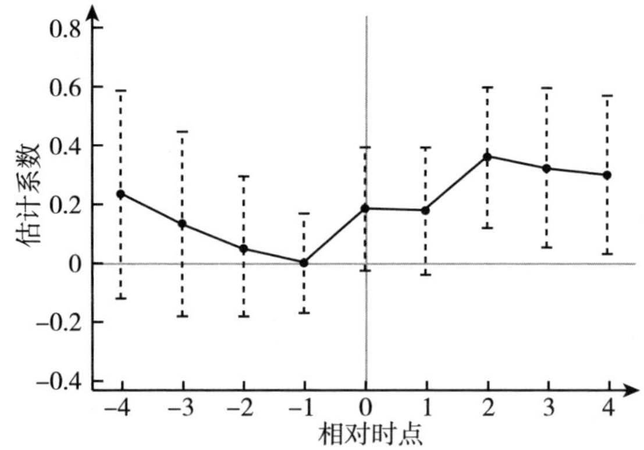

图6－2　ESG评级分歧平行趋势检验

2. 安慰剂检验

本章针对基准回归进行安慰剂检验。图6－3为ESG评级进入对分析师预测偏差的安慰剂检验结果，由图6－3可知，ESG评级进入虚假估计分布曲线近似正态分布，均值接近于零，满足安慰剂检验条件。图 6－4 为 ESG 评级分歧对分析师预测偏差的安慰剂检验结果。ESG 评级分歧的虚假估计分布曲线接近于正态分布，其均值接近于零，满足安慰剂检验条件。

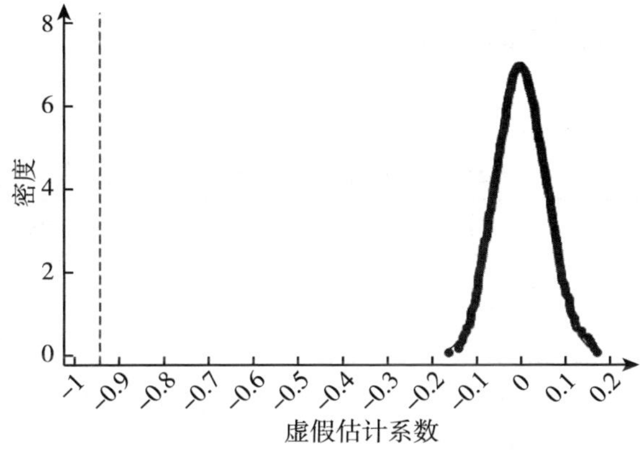

图 6－3　ESG 进入安慰剂检验

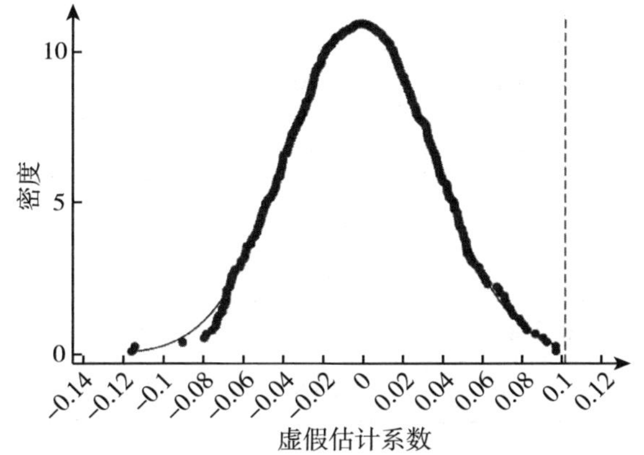

图 6－4　ESG 分歧安慰剂检验

3. Heckman 两步法

为减轻潜在遗漏变量的影响以及避免因样本自选择而导致的结果偏差，本章利用了 Heckman 两阶段模型来进行进一步的稳健性测试。表 6－7 汇报了采用 Heckman 两步法，探究 ESG 评级进入对 ESG 评级分歧对分析师预测偏差影响的结果。在第一阶段中，本节估计了逆米尔斯比率（*IMR*），并将其作为控制变量纳入初始回归模型中，以此来校正由于样本选择和遗漏变量可能引起的偏差。表6－7中列（1）和列（2）的回归结果表明，在引入*IMR*调整后，所得结果与未调整前的主要发现基本吻合，表明即使在考虑了选择性偏差和遗漏变量的影响之后，本章的核心结论依然稳健。

表6－7　ESG评级与分析师预测：内生性检验

变量	*Heckman*		*PSM－DID*	
	(1)	(2)	(3)	(4)
	FE	*FE*	*FE*	*FE*
ESG	－1.0739*** (0.0945)		－0.9336*** (0.1137)	
DIS		0.1335*** (0.0465)		0.1013* (0.0522)
IMR	－0.0242 (0.0404)	0.1692*** (0.0504)		
Controls	Yes	Yes	Yes	Yes
Year	Yes	Yes	Yes	Yes
Ind	Yes	Yes	Yes	Yes
adj. R^2	0.0989	0.1320	0.0906	0.1281
N	11210	4563	5342	2132

4. PSM－DID

ESG评级机构所选择的企业在一定程度上不是完全随机的，由于其他变量不随时间变化并且无法观察到，因而会给ESG评级进入和ESG评级分歧对分析师预测产生不同程度的影响。同时，企业所处的行业和自身特征会对分析师预测质量产生影响，对估计结果会产生一定的偏差。为了解决上述问题，本章参考张金清等（2022）的方法，采用倾向得分匹配方法为每一个实验组企业寻找与其最为相似的对照组企业，然后再利用匹配后的样本进行模型估计。具体而言，本章选择上述控制变量作为协变量进行匹配，来估计 ESG 评级进入和 ESG 评级分歧对分析师预测偏差造成的影响以消除样本选择偏差。表 6 – 7 中列（3）汇报了倾向得分匹配的回归结果。列（3）的结果表明，在消除企业特征差异后，ESG 评级进入对分析师预测偏差（*FE*）的治理效应依然显著，说明 ESG 评级进入改善企业信息环境，降低分析师预测偏差。列（4）的结果表明，在消除企业特征差异后，ESG 评级分歧对分析师预测偏差（*FE*）的影响依然显著为正，说明 ESG 评级分歧会增加分析师预测偏差。可见，PSM 的估计结果同样支持了本章研究结论，研究结果稳健。

（二）其他稳健性检验

1. 替换被解释变量

为进一步验证 ESG 评级进入和 ESG 评级分歧对分析师预测偏差的影响，本章采用分析师预测分歧（*FD*）对原被解释变量分析师预测偏差（*FE*）进行替换以确保实证结果的稳健性。分析师预测分歧计算方式如式（6 – 4）所示，其中，*Std*（*FEPS*）为所有分析师当年最近一次每股盈余预测的标准差；*Price* 为公司期初股票价格。回归结果如表 6 – 8 中列（1）和列（2）所示，回归结果与基准回归保持一致，说明本章基准回归研究结论依旧稳健。

$$FD_{i,t} = \frac{Std(FEPS_{i,t})}{Price_{i,t}} \tag{6-4}$$

2. 行业—年份交互固定效应

为深入分析分析师预测中的时序差异，本章在模型中加入了行业—年度固定效应，并进行了补充检验。依据表 6 – 8 中列（3）的回归结果，ESG 评级进入系数在 1% 的置信水平下显著为负，这一发现强有力地支持了假设 H6 – 1。而在列（4）的结果中，ESG 评级分歧系数在 5% 的显著性水平下为正，进一步证实了假设 H6 – 2 的有效性。综合来看，无论是在引入行业—年度固定效应前还是后，回归结果均表现出高度的一致性和稳健性。

表6-8　　ESG评级与分析师预测：其他稳健性检验

变量	替换被解释变量		行业—年份交互固定效应		剔除疫情干扰	
	(1)	(2)	(3)	(4)	(5)	(6)
	FD	*FD*	*FE*	*FE*	*FE*	*FE*
ESG	-0.5062*** (0.0490)		-0.9265*** (0.0762)		-0.9227*** (0.0801)	
DIS		0.0844*** (0.0308)		0.0874** (0.0440)		0.1323** (0.0546)
Controls	Yes	Yes	Yes	Yes	Yes	Yes
Year	Yes	Yes	No	No	Yes	Yes
Ind	Yes	Yes	No	No	Yes	Yes
Ind × *Year*	No	No	Yes	Yes	No	No
adj. R^2	0.0859	0.0784	0.0975	0.1316	0.0882	0.1371
N	14358	4796	14358	4796	12612	3060

3. 剔除疫情干扰

为了排除干扰性因素对分析师预测精准度产生的影响，本章梳理研究期间重大外生事件，并选择疫情事件作为干扰分析师预测的重要因素。ESG表现要求企业更多地履行社会责任，但在特殊情境下不同利益相关者对企业践行ESG的感知与行动会有一定的差异。考虑到疫情具有跨期冲击的特点，会对微观企业和金融市场造成常态化的影响。本章剔除了疫情冲击的年份样本重新检验ESG评级进入与分歧对分析师预测偏差的影响。表6-8中列（5）汇报了本章将疫情剔除后的回归结果。列（5）的结果表明，在剔除疫情因素后，ESG评级进入对分析师预测偏差（*FE*）的治理效应依然显著，说明ESG评级进入会向外界传递更多的信息，导致分析师预测偏差降低。列（6）的结果表明，在剔除疫情因素后，ESG评级分歧对分析师预测偏差（*FE*）的影响依然显著为正，说明ESG评级分歧会导致资本市场上信息不一致，使分析师无法有效利用多家ESG评级机构对企业关键经营信息的披露，导致分析师预测偏差增加。综上所述，本章结果与基准回归一致，结果稳健。

第五节　进一步分析与讨论

一、作用机制分析

从前面可知，ESG 评级机构能够获取企业内部信息，向外界信息使用者传递企业较难以被挖掘的信息，降低分析师预测偏差，那么 ESG 评级进入影响分析师预测偏差的潜在机制是什么？为何相较于单个 ESG 评级机构进入而言，多个 ESG 评级机构向外界传递更多的信息，反而增加了分析师预测偏差？因此，本章在已有实证结果的基础上，从信息筛选、分析师注意力两个方面，探讨 ESG 评级进入与评级分歧对分析师预测偏差的作用路径。

（一）ESG 评级分歧存在性的作用机制检验

为更精确地衡量 ESG 评级分歧的程度及对分析师预测偏差的影响，本章采取了一种改进的方法，即将原有的测量方式替换为连续变量，并基于此重新进行了回归分析。这种方法不仅能够直观地反映 ESG 评级分歧的高低，还能直接检验这种分歧对分析师预测准确性的影响程度。沿用第五章研究所采用的方法，本章选用六家国内外知名 ESG 评级机构评分的标准差作为衡量 ESG 评级分歧（*Disagree*）的指标。表 6 - 9 中列（1）结果显示，ESG 评级分歧的存在确实会加剧分析师预测偏差（*FE*），其回归系数在 10% 的显著性水平上显著为正。这意味着，随着 ESG 评级分歧的增加，分析师预测的偏差也随之增大，即 ESG 评级分歧越大，分析师面临的预测难度越高，预测结果的误差也相应增加。换言之，当不同的 ESG 评级机构对同一企业给出不同的评级时，这种分歧表明评级机构在传递企业真实信息方面存在不一致性。这向外界释放了更多复杂的信息，使得各利益相关者难以透彻理解企业的真实状况。因此，分析师在甄别信息真伪时面临困难，增加其预测的偏差。

（二）ESG评级进入影响分析师预测偏差的作用机制检验

在分析师预测行为的研究中，本章设计了三个机制检验，以探讨ESG评级如何影响分析师的信息处理方式。核心问题是信息的复杂性与筛选难度。首先，ESG评级提供了大量非财务信息，尽管有助于提高市场透明度，却增加了信息筛选的难度。因此，本章通过信息筛选难度的机制检验，评估分析师如何在信息繁杂的环境中做出有效选择。其次，分析师跟踪公司数量的机制检验关注分析师面对不同信息负担时的行为。在跟踪更多公司的情况下，信息筛选压力加大，本章通过这一机制分析ESG评级对其预测准确性的影响。最后，基于明星分析师的机制检验，探讨在面对复杂ESG信息时，经验丰富的明星分析师是否能更精准地处理信息。

1. 基于信息筛选难度的作用机制检验

信息筛选是资本市场信息使用者挑选有用信息的过程。市场中充斥着大量的信息，质量参差不齐，这给分析师甄别信息带来巨大挑战。ESG评级进入市场原本预期会向外界释放特质信息，帮助分析师快速搜集到企业私有信息并进行高效处理，从而实现更精准的预测。在信息筛选难度较低的高透明度市场环境中，分析师已经能够获取到大量高质量且可靠的信息，为他们提供了充分的数据支持，使得他们能够做出较为准确的预测。在这种情况下，ESG评级进入对分析师预测偏差的抑制作用相对较弱，因为市场本身已经提供了足够的有用信息，ESG评级所提供的信息增量价值有限。相反，在信息透明度较低的市场环境中，分析师面临的信息缺口较大，此时ESG评级进入能够提供额外的信息来源，增强信息的多样性和稳健性。尽管这些信息的质量和可信度可能受到质疑，但在信息稀缺的环境中，即使是有限质量的信息也可能对分析师的预测产生积极的影响，从而在一定程度上抑制预测偏差。就ESG评级分歧而言，在信息透明度较高的市场环境中，分析师可以利用其他高质量信息来对冲ESG评级分歧带来的不确定性，使其对分析师预测偏差的加剧作用可能相对较弱。然而，在信息透明度较低的市场中，ESG 评级分歧可能会加剧分析师的预测偏差，因为分析师缺乏足够的高质量信息来识别和校正 ESG 评级分歧所引入的潜在偏差。为此，本章借鉴 Kothari 等（2005）的做法，以修正琼斯模型所得残差的绝对值来衡量上市公司当年的信息透明度，该指标值越大则公司信息环境越差。为方便结果解释，本章将信息透明度的相反数记为 *Opa*，即 *Opa* 越大，信息透明度越高。

表 6-9 中列（2）的结果表明，*ESG* × *Opa* 的系数在 1% 的水平上显著为正，说明在企业信息透明度较低的情境下，ESG 评级进入对分析师预测偏差的缓解作用被强化。其具体原因可能是：在一个信息环境良好的市场中，企业披露的信息已经足够透明和全面，分析师可以依赖这些信息做出较为准确的预测，ESG 评级提供的信息补充作用被削弱；在信息透明度较差的市场中，缺乏足够的信息加以验证，从而强化了 ESG 评级进入的积极作用。这验证了 ESG 评级进入后向外界传递了更多的信息，降低分析师对信息的筛选难度，从而抑制分析师预测偏差的加剧。

表 6-9　基于 ESG 评级分歧存在性及信息筛选难度的机制检验

变量	(1)	(2)	(3)
	FE	*FE*	*FE*
Disagree	0.3199* (0.1814)		
ESG × *Opa*		2.6268*** (0.5628)	
ESG		-0.5609*** (0.1168)	
DIS × *Opa*			-0.6270* (0.3771)
DIS			0.0510 (0.0700)

续表

变量	(1)	(2)	(3)
	FE	*FE*	*FE*
Opa		-3.3118*** (0.5334)	-0.3552 (0.2378)
Controls	Yes	Yes	Yes
Year	Yes	Yes	Yes
Ind	Yes	Yes	Yes
adj. R^2	0.1260	0.1062	0.1500
N	2241	9754	3587

表6-9中列（3）的结果表明，*DIS*×*Opa*在10%水平上显著为负，说明在企业信息透明度较低的情境下，ESG评级分歧加剧了信息的复杂性，强化了ESG评级分歧对分析师预测偏差的扩大作用。其具体原因可能是：第一，ESG评级分歧传递了复杂的信息，而在信息透明度较低的环境中，这些分歧加大了分析师提取有效信息的难度，使其难以找到真正有价值的信息，从而降低了预测的准确性；第二，ESG评级分歧在某种程度上虽然反映了市场的多元化观点，但这增加了分析师的信息搜寻成本，不利于预测的准确性的提高。

综上所述，信息筛选是资本市场中信息使用者挑选有用信息的过程。ESG评级进入市场旨在提供更多信息以帮助分析师做出精准预测，且在信息透明度较差的背景下，ESG评级进入的积极作用更加明显。相反，ESG评级分歧在低信息透明度下加剧了预测偏差，因为较差的信息环境下，分析师难以利用其他信息验证ESG评级分歧信息的准确性，进一步降低了预测准确性。这说明ESG评级进入及分歧会显著影响分析师筛选信息的难度，进而影响其预测偏差。

2. 基于分析师跟踪公司数量的作用机制检验

分析师跟踪企业能够使其获得更多的真实信息，增加对企业的了解程度（王明涛和李茜，2023），但分析师的注意力是有限的（白俊和李云，2023）。当外界对分析师注意力造成冲击时，会影响分析师预测偏差。因此，一般情况下，分析师越专注于跟踪少数企业，受有限关注的约束越小，对企业的了解程度越深，从而会降低对其他新增信息的需求。具体而言，在分析师注意力高度集中的情境下，ESG 评级机构的介入会分散分析师的注意力，导致他们在处理大量 ESG 信息时耗费更多的时间和精力。这可能会使分析师对企业其他关键信息的关注度降低，从而影响对关键企业信息的全面把握，进而削弱 ESG 评级进入对于分析师预测偏差的缓解作用。就 ESG 评级分歧而言，在分析师注意力集中度较低的情境下，分析师本身消耗了大量精力关注多家企业表现，有限关注的约束程度相对较高，而在 ESG 评级分歧的冲击下，分析师面临的信息环境更加复杂，这会加剧有限关注的约束，进而更加显著地加剧分析师预测偏差。换言之，在分析师注意力较为集中的情境下，会缓解 ESG 评级分歧对于分析师预测偏差的加剧作用。为此，本章借鉴丁方飞和陈如焰（2022）的做法，用分析师预测公司数量的相反数 Att 衡量分析师注意力，其值越大，表示分析师注意力越集中。

表 6－10 中列（1）的结果表明，$ESG \times Att$ 在 1% 水平上显著为正，说明在分析师注意力较为集中的情境下，ESG 评级进入对分析师预测偏差的抑制作用被削弱。其原因是：在注意力较为集中的情境下，分析师通常深耕某一行业或持续追踪某一企业，使其对企业的了解程度较高，此时，即使 ESG 评级进入会增加信息量，但对于精力集中的分析师而言，其对新增信息的需求可能相对较小；相反，对于精力不集中的分析师而言，ESG 评级进入带来的信息增量作用可能更加明显，从而有效降低分析师预测偏差。

表 6－10　　基于分析师跟踪的机制检验

变量	（1）	（2）
	FE	*FE*
$ESG \times Att$	0.0169*** （0.0035）	

续表

变量	(1)	(2)
	FE	FE
ESG	-0.0883 (0.1969)	
DIS × Att		-0.0062* (0.0034)
DIS		-0.1760 (0.1542)
Att	-0.0086*** (0.0031)	0.0031 (0.0025)
Controls	Yes	Yes
Year	Yes	Yes
Ind	Yes	Yes
$adj.\ R^2$	0.0954	0.1323
N	14325	4786

表6-10中列（2）的结果表明，*DIS × Att* 在10%水平上显著为负，说明在分析师注意力较为集中的情境下，ESG 评级分歧对于分析师预测偏差加剧作用被削弱。其原因是：在注意力较为集中的情况下，分析师能够更有效地筛选出高质量的 ESG 评级信息，忽略那些低质量和不可靠的评级。他们可以通过交叉验证和对比分析，识别出不同评级机构之间的共同点和差异，从而形成更准确的判断。这种筛选和整合能力有助于减少因 ESG 评级分歧导致的预测偏误。反观精力不集中的分析师，其难以从冗杂的数据中筛选出有效信息，从而加剧分析师预测偏差。

综上所述，分析师跟踪企业能够获取更多真实信息，但其注意力资源是有限的。当 ESG 评级机构进入市场时，会向市场传递更多信息，此时对于跟踪多家企业的分析师而言，能够有效缓解其有限关注的限制，从而降低分析师预测偏差。ESG 评级分歧的出现则会向市场释放大量信息，当分析师跟踪的公司较少时，他们能够更有效地从这些信息中甄别出有用的细节，提高预测质量。然而，当分析师跟踪的公司数量增加时，其注意力难以集中，加之 ESG 评级分歧的信息干扰效应，从而进一步加剧分析师预测偏差，降低预测质量。

3. 基于明星分析师的作用机制检验

明星分析师具有较强的研究能力、市场资源、信息来源优势以及较强的核心竞争力（张宗新和姚佩怡，2018），可以更加精准获取企业信息（李馨子等，2022）。当分析师具备明星分析师的资质时，他们通常已经建立了一套高效的信息收集和分析体系，能够独立获取并解读企业的高质量信息。因此，对于这些分析师来说，ESG 评级进入可能并不会对他们的信息库产生太大的影响，因为他们已经能够提供准确的分析和预测。这种情况下，ESG 评级的补充作用相对有限。在 ESG 评级分歧情境中，明星分析师能够更有效地处理 ESG 评级分歧带来的信息。他们可以利用自己的专业能力和经验，快速识别出不同评级机构之间的共同点和差异，从而形成更准确的判断。这种专业能力和经验的优势使明星分析师能够更好地利用 ESG 评级分歧，减少预测偏差。本章参考了许启发等（2023）的研究方法，分析师当年被《新财富》杂志评选为“年度最佳分析师”为明星分析师，否则为非明星分析师。当企业被明星分析师跟踪时，设置虚拟变量 *Star* 赋值为 1，否则赋值为 0。

表 6 - 11 中列（1）的结果表明，$ESG \times Star$ 在 1% 水平上显著为正，说明在存在明星分析师跟踪公司的情况下，ESG 评级进入对于分析师预测偏差的抑制作用被削弱。其原因是：当企业被明星分析师跟踪时，明星分析师已经形成了对企业的稳定预测模型，具备深厚的行业知识和对企业的深刻理解，这使得他们能够自行发掘并提供高质量的信息。此时，ESG 评级进入带来的信息对分析师的信息获取和分析能力的影响相对较小，从而降低 ESG 评级进入的积极作用。

表 6 - 11 中列（2）的结果表明，$DIS \times Star$ 在 5% 水平上显著为负，说明在明星分析师跟踪公司的情况下，ESG 评级分歧对分析师预测偏差的加

剧作用被削弱。其原因是：第一，明星分析师能够借助自身竞争优势获取 ESG 评级有效信息。ESG 评级分歧的出现，明星分析师能够从评级分歧中获取符合企业实际经营状况的信息加以利用。第二，明星分析师为维持声誉深度挖掘企业信息从而改善分析预测偏差。明星分析师为了更好地获取业务，必须更好地维持其自身声誉，因此分析师能够保持更谨慎的态度，去挖掘企业信息，将获得的信息进行加工处理，导致分析师预测偏差降低。

表 6-11　　基于明星分析师的机制检验

变量	(1)	(2)
	FE	*FE*
ESG × Star	0.6760*** (0.1143)	
ESG	-1.4819*** (0.1172)	
DIS × Star		-0.2275** (0.1020)
DIS		0.2567*** (0.0867)
Star	-0.4313*** (0.1097)	0.1239* (0.0638)
Controls	Yes	Yes
Year	Yes	Yes
Ind	Yes	Yes
adj. R^2	0.0964	0.1331
N	14335	4790

综上所述，明星分析师的存在对 ESG 评级信息的处理具有双重影响。一方面，ESG 评级进入在明星分析师跟踪公司的情况下，由于分析师自身的信息优势，会降低对 ESG 评级信息的依赖，从而弱化对预测偏差的影响；另一方面，ESG 评级分歧在明星分析师跟踪公司的情况下，由于明星

分析师能够有效利用评级分歧中的有用信息并深度挖掘企业信息，从而缓解预测偏差。这些结果进一步强调了明星分析师在处理复杂信息时的独特优势和重要性。

二、情境因素分析

（一）GRI标准披露

GRI标准是一套广泛认可的可持续发展报告框架，旨在帮助企业和其他组织编制关于其经济、环境、社会和治理绩效的报告。GRI标准提供了一种系统化的方法，使组织能够透明地披露其可持续发展活动和影响，从而增强利益相关者的信任和信心。考虑ESG评级进入，当企业参照GRI协议时，GRI协议提供了一套全面、系统的可持续发展报告标准，企业参照这些标准进行信息披露，此时分析师已经能够获取高质量的信息对企业进行盈余预测。在此背景下，ESG评级进入所带来的信息增量不能够给分析师预测准确性带来显著改善。当企业不参照GRI协议时，企业提供的信息可能不完整或难以理解，导致分析师难以获取高质量的数据，此时ESG评级进入带来的增量信息可以形成分析师盈余预测依据的有益补充，从而提高分析师预测的准确性。考虑ESG评级分歧，当企业参照GRI协议时，信息质量提升，即使存在ESG评级分歧，参照GRI协议的企业依然能够提供高质量的信息。分析师可以通过多渠道获取和验证信息，减少评级分歧带来的负面影响。当企业不参照GRI协议时，信息质量下降，企业缺乏统一的披露标准，难以提供高质量的信息。分析师获取的数据可能不完整或不可靠，导致预测的偏差增加。本章将研究样本分为参照GRI组和非参照GRI组。

表6－12中列（1）、列（2）的结果显示，无论企业是否参照GRI标准进行披露，ESG评级进入都能够缓解分析师预测偏差。观察系数发现，当企业不参照GRI标准进行信息披露时，ESG评级进入对于分析师预测偏差的削弱作用更强。其原因在于：第一，GRI协议的使用减少了企业和外

部信息使用者之间的信息不对称，分析师能够更全面地了解企业的可持续发展状况，提高预测的精度。第二，当企业不参照GRI协议进行披露时，ESG评级机构通过独立的数据收集和评估，可以提供企业未披露或未充分披露的信息，填补信息空白。当ESG评级进入时，分析师可以利用这些额外的、经过验证的ESG信息，更准确地评估企业的可持续性和风险，从而改善预测的准确性。

表6－12　　　　基于是否参照GRI的情景分析

变量	参照GRI	非参照GRI	参照GRI	非参照GRI
	(1)	(2)	(3)	(4)
	FE	*FE*	*FE*	*FE*
ESG	−0.8792*** (0.2898)	−0.9993*** (0.0816)		
DIS			0.0590 (0.1155)	0.1088** (0.0476)
Controls	Yes	Yes	Yes	Yes
Year	Yes	Yes	Yes	Yes
Ind	Yes	Yes	Yes	Yes
adj. R^2	0.1000	0.0898	0.1595	0.1230
N	1167	13168	794	3996

表6－12中列（3）、列（4）的结果显示，在企业参照GRI标准进行披露时，ESG评级分歧对于分析师预测偏差的作用效果不显著，在企业不参照GRI标准进行披露时，ESG评级分歧会加剧分析师预测偏差。其原因在于：第一，当企业不参照GRI标准进行披露时，其可能使用不同的渠道和方式披露ESG信息，导致分析师需要从多个来源收集数据，增加了信息搜集的复杂性和工作量。第二，企业可能选择性地披露对其有利的信息，而忽略不利的方面，导致分析师无法获得全面的ESG数据，影响分析的完整性。因此，在企业不参照GRI标准进行披露时，会强化ESG评级分歧对于分析师预测偏差的加剧作用。

综上所述，ESG 评级进入能够有效减少分析师预测偏差，尤其当企业不遵循 GRI 标准进行信息披露时，这一效应更为明显。这是因为遵循 GRI 标准的企业提供了更准确、可靠且透明的信息，有助于提高分析师预测的准确性并增强市场信任。当存在 ESG 评级分歧时，若企业不依据 GRI 标准披露信息，则可能因信息搜集难度提升和信息准确性降低而导致分析师预测偏差加剧。

（二）媒体关注

媒体能够迅速获取市场信息，并对事件持续跟进，向外界信息获取者传递大量信息，以客观公正的态度挖掘事件信息，形成媒体监督效应（袁业虎和熊笑涵，2021）。当媒体关注度较高时，媒体的关注会激发企业声誉动机（熊勇清等，2022），促使企业遵守法规并且合规经营以减少负面信息的产生，此时，ESG 评级进入可能与媒体的监督产生互补效应，强化 ESG 评级进入的积极影响。当媒体关注度较低时，市场监督效应较弱，难以与 ESG 评级进入形成合力，从而导致改善分析师预测精度的程度较弱。在 ESG 评级分歧情境下，当媒体关注较高时，企业受外界的监督作用越强，此时企业的信息披露度较为充分，分析师获取的信息较为准确，这使其即使面对 ESG 评级分歧也会发布相对准确的预测内容。当媒体关注度较低时，企业外部压力减少，这可能会导致企业信息舞弊程度加强，干扰分析师预测的精度，此时 ESG 评级分歧的负面作用可能会被加剧。本章借鉴周开国等（2014）的做法，利用百度新闻搜索平台手工收集了被预测年度包含上市公司股票名称的新闻报道数量，作为媒体关注度的衡量指标。具体的做法是将上市公司的股票名称键入百度新闻搜索平台进行分时段搜索，以搜索结果中的新闻条数作为媒体对该公司股票的关注度。如果媒体的新闻报道数量越多，说明媒体对上市公司的关注度越高。

表 6 - 13 中列（1）的结果表明，在媒体关注度较高的情况下，ESG 评级进入对分析师预测偏差（*FE*）的影响系数在 1% 的显著性水平上为负；而在媒体关注度较低的情境下，列（2）的结果同样显示，ESG 评级进入对分析师预测偏差的影响系数在 1% 的显著性水平上也为负。这表明无论

是在高媒体关注度还是低媒体关注度的情境下，ESG评级进入均能显著改善分析师的预测偏差。其原因在于：媒体关注度高的企业受到媒体监督功能的影响，其生产决策会更加谨慎，向外界传递高质量信息，盈余操纵和损害股东利益的行为减少，从而提高信息质量；而在媒体关注度较低的情况下，ESG评级机构提供的信息成为分析师获取企业信息的重要补充渠道，其专业性和独立性增强了信息的可信度，同时通过发布详细的评级报告，提高了信息透明度，并作为一种强有力的市场信号，引导分析师关注企业的长期可持续发展能力，从而在信息环境不佳的情况下也能改善预测偏差。但媒体关注度高组的影响更大，说明媒体关注形成的监督效应与ESG评级进入的信息优化效应相互补充，对分析师预测偏差的优化作用产生“1 + 1 > 2”的效果。

表6-13　　基于媒体关注的情境分析

变量	高媒体关注	低媒体关注	高媒体关注	低媒体关注
	(1)	(2)	(3)	(4)
	FE	*FE*	*FE*	*FE*
ESG	-0.9761*** (0.1102)	-0.9310*** (0.1107)		
DIS			0.0478 (0.0674)	0.1060* (0.0609)
Controls	Yes	Yes	Yes	Yes
Year	Yes	Yes	Yes	Yes
Ind	Yes	Yes	Yes	Yes
adj. R^2	0.1001	0.0893	0.1769	0.1033
N	7340	6771	2017	2621

表6-13中列（3）的结果表明，在媒体关注度较高时，ESG评级分歧对分析师预测偏差（*FE*）的影响系数不显著；在媒体关注较低的情境下，列（4）的结果表明，ESG评级分歧在媒体关注的作用下对分析师预测偏差的影响系数显著为正。这一现象的原因在于：在媒体关注度较高的情境

下，企业受到媒体的严密监督，其生产和管理决策更加谨慎，信息透明度增强，对外传递的信息质量更高，这使得即使不同评级机构之间存在分歧，分析师也能通过媒体获取的高质量信息来校准预测，从而减弱了ESG评级分歧带来的负面影响；而在媒体关注度较低的情况下，企业信息透明度较低，信息筛选难度增加，分析师难以分辨哪些信息是可靠和有价值的，加上信息来源受限且质量参差不齐，使得ESG评级分歧的存在增加了分析师的信息处理复杂性，导致预测偏差显著增加。

综上所述，媒体能够迅速获取并持续跟进市场信息，通过客观公正的态度挖掘事件真相，形成有效的媒体监督效应。当ESG评级机构进入市场时，媒体关注度较高的情况下，媒体的监督作用促使企业更加注重声誉管理和合规经营，从而提高企业信息质量。反之，在媒体关注度较低时，市场无法及时传递企业的真实信息，导致信息不对称，无法有效改善分析师预测的精度。ESG评级分歧在媒体关注度较高时，会对分析师预测产生更小的冲击；但在媒体关注度较低时，信息环境恶化加剧，分析师预测偏差显著增加。

第六节　本章小结

本章考察了ESG评级进入与ESG评级分歧对分析师预测行为的影响及其作用机制。首先，通过基准回归分析，检验了ESG评级进入和ESG评级分歧对分析师预测偏差的影响。其次，探究了不同ESG评级机构国别属性下ESG评级进入和分歧的影响差异，并剖析了ESG评级进入和分歧的作用机制，包括信息筛选难度、分析师跟踪公司数量和明星分析师。最后，分析了GRI标准披露及媒体关注对ESG评级影响分析师预测偏差的调节作用。

本章通过实证分析发现：（1）ESG评级进入与分析师预测偏差呈显著的负相关关系，表明ESG评级进入有助于提高分析师预测的准确性；而ESG评级分歧与分析师预测偏差呈显著的正相关关系，表明ESG评级分歧可能干扰分析师的信息处理过程，从而影响其预测质量。(2) 国外ESG评级机构的进入抑制了ESG评级对分析师预测偏差的降低作用，而在有国外ESG评级机构的样本中，ESG评级分歧对分析师预测偏差的恶化作用被强化。(3) 作用机制分析表明，ESG评级进入在高透明度环境、跟踪企业数量少、存在明星分析师时对分析师预测偏差的降低作用会被削弱；而ESG评级分歧在低透明度环境、跟踪企业数量多、不存在明星分析师时对分析师预测偏差的恶化作用会被强化。(4) 情境因素分析显示，企业不遵循GRI标准与高媒体关注情境下强化了ESG评级进入对分析师预测偏差的降低作用；而遵循GRI标准和高媒体关注度会削弱ESG评级分歧对分析师预测偏差的恶化作用。这些结论为理解ESG评级在不同市场环境下的影响机制提供了重要的实证支持。

债券市场篇

第七章

上市公司 ESG 评级与债券信用利差

第一节　研究背景与问题提出

债券融资作为企业的关键融资渠道，在我国资本市场中具有重要地位。2018 年政府工作报告提出要深化多层次资本市场改革，推动债券市场发展。2023 年，我国债券市场托管余额已达 144.8 万亿元，远超同期股票市场市值。由此可见，债券市场在满足实体经济融资需求等方面发挥了重要作用（林晚发等，2019）。然而伴随债券市场的发展，债券违约事件频出致使刚性兑付逐渐被打破。从 2014 年超日债首次打破刚性兑付到 2016 年债券市场集体违约，市场环境的变化促使现阶段信用债定价更贴近风险因素，也对投资者的风险识别能力有了更高要求。债券定价效率作为保证债券市场健康发展的关键因素，在违约频发的现今环境下又将如何发挥作用成为学者们密切关注的问题。传统研究思路大多基于企业过往的经营信息来优化债券市场信息环境，提升债券定价效率（廉永辉等，2023）。然而，"15 东特钢 CP001" 违约的事实表明，企业对外披露的信息存在一定失真性，投资者若单纯地依靠企业披露的信息难以识别其经营风险。而借助第三方 ESG 评级评估发债企业风险，正在成为解决这一问题的重要举措。ESG 评级是包含环境、社会、治理三大维度的综合评价体系，不仅广泛应用于企业经营能力评判，减少市场交易中的信息不对称（Tan and Zhu,

2022），也在综合评价企业信用状况方面发挥着重要作用，逐渐成为投资者投资决策的重要参考（马文杰和余伯健，2023）。

当企业被 ESG 评级机构评级时，能够提升企业的信息透明度，使企业在市场上的公开信息增加，有助于降低企业的债务融资成本（廉永辉等，2023）。同时，市场信息环境的改善能够通过提升企业信息披露质量来加强投资者投资信心（殷媛，2023），从而降低投资者对债券的风险回报，对债券信用利差产生影响。虽然 ESG 评级能够缓解企业信息不对称，但目前不同的 ESG 评级机构对同一企业的评级存在明显的分歧现象，且评级的一致性不高（Berg et al.，2022）。这一分歧现象不仅会增加投资者搜寻信息的成本，促使信息环境恶化，还会削弱 ESG 信息的风险规避功能，使得投资者需要花费更多的时间和精力去分析比较不同评级机构的信息，以做出合理的投资决策。因此，基于有限关注理论，投资者可能会无法更加全面地评估企业风险，从而要求更高的风险回报，进而对债券信用利差产生负面影响。

基于有限关注理论，ESG 评级的进入与分歧可以有效影响债券投资者的注意力分配情况，从而影响企业债券信用利差。债券投资者虽面临有限关注的制约，但 ESG 评级作为当下资本市场的关键信息评级，始终是投资者关注的焦点，其发生分歧时又将怎样影响投资者关注度？并且投资者关注度同时受自身主观动机与客观债券信息影响，不同主客观环境下又将造成 ESG 评级及其分歧影响作用的何种差异，也是难以忽视的关键问题。除此之外，地区金融发展水平与地区信贷筛选水平作为反映债券市场融资环境的关键指标，不同金融与信贷水平将显著干扰投资者对信息的需求程度，进而影响 ESG 评级的作用发挥。例如，地区金融发展水平越高，对 ESG 评级的信息质量要求越高。而地区信贷筛选水平越低，由于政府相应监管的缺失，ESG 评级的来源信息质量越可能会下降。由此可见，基于不同情景下研究 ESG 评级及其分歧对债券信用利差的影响，更能够展现 ESG 评级发挥的作用。因而本章提出以下研究问题，ESG 评级的引入对债券信用利差究竟产生何种影响？ESG 评级分歧是否会扩大债券信用风险？ESG 评级的引入和分歧是否会影响投资者关注度？这些影响是否会受到地区金融发展水平和信贷筛选能力差异的制约？本章通过研究 ESG 评级及其分歧对债券信用利差的影响，不仅丰富了债券市场风险定价理论和有限关注理论的应用，还对优化债券市场信息环境、提升债券定价效率具有重要实践意义，为监管政策制定和投资者风险识别提供了理论支持和实践指导。

第二节 理论分析与研究假设

一、上市公司ESG评级进入与债券信用利差

作为更具风险规避偏好的资本市场投资者，债券投资者有限关注与信息不对称是阻碍我国债券市场定价效率提升的重要原因，与债券信用利差变化也息息相关（周宏等，2014）。就债券市场而言，发债主体透明度越差（Yu，2005），信息不对称程度越高（Friewald and Nagle，2019），对债券定价效率的影响越显著。其根本原因在于信息不对称增加了债券投资者搜集企业信息所花费的精力，在有限关注的约束下，这将进一步减少投资者对企业基本面信息的关注，从而导致投资者面临较高的投资风险，提高其对高回报率的要求，导致市场定价效率低下。而信息不对称问题的缓解有助于增加投资者对发债企业的了解程度，减轻投资者有限关注所引发的问题，降低其面临的未知风险，降低债券信用利差。ESG评级进入有助于缓解信息不对称问题，为投资者提供有关企业ESG表现的相关信息，使其能够更全面地了解企业的非财务风险和长期发展潜力。这不仅降低了投资者在有限关注条件下搜集信息的成本，还增强了他们对企业基本面的把握，从而有助于降低市场定价效率的紊乱程度，减少投资者对高回报率的要求，进而降低债券信用利差。

具体而言，一方面，ESG评级进入能够改善债券市场信息环境，缓解企业信息不对称，从而改善企业债券的风险溢价。ESG评级机构作为评判企业未来可持续发展以及抵御风险能力的关键信息中介，能够向市场传递企业经营方式以及理念是否具备可持续性。具体到债券投资者层面，债券投资者相较于其他金融产品投资者的投资风格更加稳健，通常不以追求超额的资本增值为目标，更倾向于实现长期稳定的资产回报，因此，债券投

资者在有限关注的约束下，将更加偏好捕捉信息熵值较大与更能代表企业基本面信息的信号。同时，现有研究发现具有 ESG 评级的企业往往具有更好的基本面表现与更加健康的经营状况，故 ESG 评级进入能够提供企业未来业绩表现信号，以吸引债券投资者的关注（殷媛，2023）。此外，当前社会对企业可持续发展的重视程度越来越高，ESG 评级的缺失会导致投资者对于企业的经营情况表示怀疑，认为其可能存在一定惩罚风险，进而要求更高的风险补偿。因此，企业是否具有 ESG 评级对债券投资者来说是一种关键信号，具有 ESG 评级的企业在经营层面一般均具有较好的表现与抗风险能力。鉴于有限关注的影响，债券投资者偏好关注那些拥有显著特征的企业，因此，具备 ESG 评级的企业往往能够更加吸引债券投资者的关注，投资者对相应企业债券需求的提升，最终降低债券信用利差。

另一方面，ESG 评级进入为企业违规行为施加了软约束，降低了财务欺骗行为发生的可能性，从而有效减少了企业债券信用利差。被纳入 ESG 评级的企业会加强对企业自身管理的重视，增加企业内部控制强度，同时，在可持续价值观的激励下，企业高管也会更加认真地对待工作，减少工作失误，从而降低了财务重述等不良行为发生的可能（曹志鹏和侯云云，2024）。这也从客观上提高企业财务报表的质量，降低企业的财务风险。企业自身风险的降低会通过信息渠道传导至债券投资者端，从而致使债券投资者减少花费在额外信息搜集上的精力，放松投资者有限关注对企业债券风险溢价的约束。同时，这也将进一步改善债券投资者对市场信用环境的风险感知，降低债券信用利差。由此，本章认为，ESG 评级进入既能够有效改善债券投资者所面临的信息不对称，降低债券投资者所要求的风险溢价，又可以通过降低企业端的财务欺诈风险，来改善投资者对企业债券的风险感知，进而降低企业债券的信用利差。基于此，提出如下假设：

H7-1：ESG 评级进入会降低债券信用利差。

二、上市公司 ESG 评级分歧与债券信用利差

ESG 评级分歧会加剧信息不对称程度进而增加债券信用利差。债券投

资者如果不能对一家公司的真正价值进行判定，也将难以明确公司真实的违约风险，进而会增加其投资损失的可能，并要求较高的债券风险溢价。即，发债企业信息环境质量越差，债券投资者要求的风险补偿越高。

尽管已有关于信息中介评价分歧的研究认为分歧丰富了市场信息含量（赵胜民和何玉洁，2017），但信息含量增加的同时，也可能由于多样化的评价方式使得信息总量中增加的多为噪音信息或错误信息，这些信息甚至可能会掩盖企业的真实信息。结合有限关注理论，投资者因注意力有限，难以准确剥离出企业真实信息，这使得他们更倾向于要求更高的收益补偿。在此基础上，学者们通过实证研究也证实了相关现象的存在。例如，国内对于该现象的论证首先出现于分析师领域，研究发现分析师等第三方评级间的观点差异与企业信息不对称具有一定的关联（肖作平和曲佳莉，2013）。更进一步地，投资者作为有限注意力个体，当面临因分析师预测分歧释放的竞争性信息时，会因注意力分散导致市场投资者无法有效吸收信息（方军雄等，2018）。

具体而言，一方面，ESG 评级分歧所造成的信息环境恶化将提升债券投资者的风险厌恶水平，进而提升企业债券的信用利差。相比于传统依据统一评价标准的市场中介，ESG 评级机构往往各成一派。模糊的 ESG 评价标准导致 ESG 评级机构之间的分歧更明显，对投资者的干扰性也更强。尤其是现阶段并未就 ESG 评级形成统一标准的情况下，各评级机构公布的 ESG 评级意见大多相左，使其向市场传递的 ESG 信息具有明显的竞争性。对债券投资者而言，竞争性信息会降低债券市场的有效信息含量，冗杂的噪音信息也会干扰投资者的注意力，使其难以吸收债券实际表现的有效信息，加大债券投资者损失的可能性，进而要求更高的风险回报（肖作平和曲佳莉，2013）。换言之，ESG 评级分歧产生的过剩信息对债券投资者而言是一种负担，导致投资者面临的市场信息环境变差，风险增大，因此债券投资者会要求更高的风险回报，最终导致信用利差增大。

另一方面，ESG 评级分歧也可能会增加企业财务造假风险，从而提升了投资者所要求的债券风险溢价水平。前面提到，ESG 评级分歧的出现会干扰投资者对企业 ESG 表现的识别，造成市场信息环境恶化，从而进一步降低投融资市场的透明度，增加企业财务造假的可能。同时，ESG 评级分歧所带来的评级不一致，也会造成企业价值观的混淆，使得外界无法准确识别该企业的可持续发展态度，进而加大企业融资约束，增加企业融资困难。这也将进一步增强企业进行财务造假而取得额外资金的动机，为企业实施财务造假行为提供了条件。因此，投资者在面临 ESG 评级分歧时，将花费更多的精力来搜集和辨别真实信息，从而要求具有 ESG 评级分歧企业的债券票面利率升高，增加企业债券信用利差。由此，本章认为，ESG 评级分歧会导致债券投资者注意力被分散，增加投资者分辨有效信息的难度，从而使得投资者要求更高的风险回报，提高债券信用利差。基于此，本章提出如下假设：

H7－2：ESG 评级分歧会提高债券信用利差。

第三节　研究设计与变量定义

一、样本选择与数据来源

本章以 2013～2020 年存在债券发行的 A 股上市公司作为研究样本。其中，以 2013 年作为研究起点的原因在于：第三方评级机构——商道融绿在 2015 年推出了自主研发的 ESG 评级体系，并对沪深 300 指数成分股展开评价，建立了中国最早的上市公司 ESG 数据库。为构建 DID 模型，本章的样本区间需要包含 2013 年和 2014 年数据。与此同时，考虑到在“双碳”目标推动下，我国在 2021 年密集出台了有关企业 ESG 信息披露方面的政策，同时涌现了大批 ESG 评级机构，竞争环境的变化无疑会对评级机构的行为产生影响，因此本章将研究样本截至 2020 年。

在此基础上，本章进一步剔除了金融、房地产行业企业、ST 类和当年上市的企业以及变量缺失的企业。同时，根据债券基本信息与中债国债收益率进行逐个匹配，并剔除年度内无有效交易的样本与缺失值的样本。其中，企业财务数据来自国泰安数据库，债券相关数据与 ESG 评级数据主要来自 Wind 数据库并通过查询评级机构官方网站进行补充。此外，为控制极端值的影响，本章对所有连续变量进行上下 1% 的缩尾处理。

二、变量定义

（一）被解释变量

为考察 ESG 评级信息对债券信用利差的影响，本章借鉴孙晓燕和林晚发（2022）的研究，采用债券到期收益率与相同剩余期限国债收益率的差值来度量债券信用利差。为匹配样本的年度数据，本章将计算后的债券信用利差日度数据聚类到年度层面，以其日度数据年度均值（*MCS*）作为被解释变量。

（二）解释变量

本章一方面关注 ESG 评级机构进入前后债券投资者投资行为的差异，并构建 ESG 评级进入（*ESG*）虚拟变量；另一方面，关注 ESG 评级机构分歧出现前后债券投资者投资行为的差异，并构建 ESG 评级分歧（*DIS*）虚拟变量。

在构建 ESG 评级进入（*ESG*）虚拟变量时，本章选取了商道融绿、社投盟、明晟、富时罗素、润灵环球和华证这六家 ESG 评级机构。随着越来越多的上市公司重视 ESG 信息披露，各评级机构的样本也随之增加，这一动态的评级进入过程为本章构建多时点双重差分模型提供了契机。参考晓芳等（2021）、胡洁等（2023）的做法，当上市公司在某年度首次被 ESG 评级机构评级时 *ESG* 赋值为 1，否则赋值为 0。

在构建 ESG 评级分歧（*DIS*）虚拟变量时，考虑到现阶段不同评级机构在评价标准、权重设置和数据使用上存在较大差异，且部分非结构化的 ESG 信息往往依赖专家的定性分析，导致同一企业在不同评级体系下的得分存在较大差异（Christensen et al.，2022；Berg et al.，2022）。这些差异都可能导致企业在不同评级机构中的 ESG 评分结果存在显著分歧，从而加剧信息不对称，增加投资者的决策难度，也可能对企业造成多重合规压力。因此，当上市公司同时被两家及以上 ESG 评级机构评级时，本章将 *DIS* 赋值为 1，否则赋值为 0。

（三）控制变量

参考杨国超和蒋安璇（2022）的研究，选取以下控制变量：债券发行规模（*Scale*）、债券到期期限（*Term*）、债券是否担保（*Gua*）、债券是否含权（*Emb*）、企业规模（*Size*）、资产负债率（*Lev*）、上市年限（*Age*）、总市值（*Mv*）、企业成长性（*Gro*）、总资产净利润率（*Roa*）、资产报酬率（*Rebit*）、流动资产比率（*Cr*）、股权集中度（*Shr*）。最后，考虑到可能还存在行业和年度的部分特征难以被准确度量现象，本章进一步控制了行业和年度固定效应。具体度量方式如表 7－1 所示。

表 7－1　　主要变量定义

变量	基本含义	符号	度量方式
被解释变量	债券信用利差	*MCS*	见上文
解释变量	ESG 评级进入	*ESG*	企业首次被 ESG 评级机构评价时为 1，否则为 0
	ESG 评级分歧	*DIS*	企业被任意两家及以上的 ESG 评级机构评价时为 1，否则为 0
控制变量	债券发行规模	*Scale*	债券发行规模的自然对数
	债券到期期限	*Term*	债券发行期限（以年为单位）
	债券是否担保	*Gua*	债券有担保为 1，否则为 0
	债券是否含权	*Emb*	债券含权为 1，否则为 0
	企业规模	*Size*	企业期末总资产的自然对数
	资产负债率	*Lev*	企业期末总负债与总资产之比
	上市年限	*Age*	企业上市年限加 1 取自然对数
	总市值	*Mv*	企业个股总市值的自然对数
	成长性	*Gro*	企业营业收入总额减去上年营业收入总额除以上年营业收入总额
	总资产净利润率	*Roa*	企业净利润与总资产之比
	资产报酬率	*Rebit*	息税前利润与资产总额之比
	流动资产比率	*Cr*	企业流动资产与流动负债之比
	股权集中度	*Shr*	公司前 3 位流通股股东持股比例之和

三、计量模型设定

（一）ESG评级进入与债券信用利差的计量模型设定

本章借鉴闫昊生等（2021）的做法，采用双重差分模型评估ESG评级进入对债券信用利差的影响。具体而言，以商道融绿、社投盟、明晟、富时罗素、润灵环球和华证这六家ESG评级机构首次发布上市公司ESG评级这一事件作为外生冲击，利用式（7－1）进行估计：

$$MCS_{i,t+1} = a_0 + a_1 ESG_{i,t} + a_j Cons_{i,t} + \sum Year + \sum Ind + \varepsilon_{i,t+1} \tag{7-1}$$

其中，$MCS_{i,t+1}$为上市公司债券信用利差；$ESG_{i,t}$为企业是否首次被ESG评级机构评级的虚拟变量，当企业被某ESG机构首次评级时ESG赋值为1，否则赋值为0；$Cons_{i,t}$为一系列控制变量，具体定义见表7－1；$\varepsilon_{i,t+1}$为随机误差项，同时，本章还控制了年份固定效应和行业固定效应。

（二）ESG评级分歧与债券信用利差的计量模型设定

在此基础上，本章关注ESG评级信息对债券投资者投资行为的影响是否会随着评级信息的增加而存在差异，即若出现了另一家评级机构同时对该企业进行了ESG评价，此时债券投资者行为决策是否会因掌握的差异化ESG评级信息而发生变化，这为本章的研究提供了第二个维度，据此构建双重差分模型：

$$MCS_{i,t+1} = \beta_0 + \beta_1 DIS_{i,t} + \beta_j Cons_{i,t} + \sum Year + \sum Ind + \theta_{i,t+1} \tag{7-2}$$

式（7－2）中，$DIS_{i,t}$为企业是否被两家及以上评级机构进行评价的虚拟变量，当存在第二家评级机构评价时赋值为1，否则赋值为0；$\theta_{i,t+1}$为随机误差项；其余变量定义与式（7－1）一致。

第四节　实证结果与回归分析

一、描述性统计

表 7 - 2 报告了主要变量的描述性统计结果。结果表明，债券信用利差（*MCS*）的均值为 2.4642，即公司债券信用利差总体高于国债收益率 2.4642 个百分点，中位数为 2.0002，呈右偏分布，这说明了公司债券出现了一定程度的风险溢价，同时也说明企业在发行债券普遍存在债券信用利差的现象。ESG 评级进入作为虚拟变量，均值为 0.3303，说明随着 ESG 在资本市场的重要性逐渐提高，接受 ESG 评级的企业也越来越多，因此更应重视 ESG 评级所带来的影响。ESG 评级分歧的均值为 0.2256，表明在接受 ESG 评级的发债上市企业中，有超过半数的企业被两家及以上的 ESG 评级机构评价。另外，就公司债券特征层面而言，债券到期期限（*Term*）平均为 5.4729，说明样本企业偏好发行中长期债券，债券发行规模（*Scale*）的均值为 2.1974，说明企业的融资规模相对较低。债券是否具有可回售性（*Cr*）均值为 0.4790，这表明部分债券都具有可回售性，进一步说明了中国市场的债券具备一定的流通性，债券是否含权（*Emb*）均值为 0.7334，说明企业往往会通过赋予债券持有者一定权利，以降低债券票面利率。就企业特征层面而言，资产负债率（*Lev*）均值为 0.5690，表明发债企业的整体负债率较高。其他控制变量的描述性特征均在合理范围之内，与其他相关研究基本一致。

表 7 - 2　　主要变量描述性统计

变量	N	Mean	P50	SD	Min	Max
MCS	1977	2.4642	2.0002	1.8619	0.3942	18.6026
ESG	1977	0.3303	0	0.4704	0	1
DIS	1977	0.2256	0	0.4181	0	1

续表

变量	N	Mean	P50	SD	Min	Max
Scale	1977	2.1974	2.1401	0.7942	−0.6932	5.0752
Term	1977	5.4729	5	1.6465	2	15
Gua	1977	0.3804	0	0.4856	0	1
Emb	1977	0.7334	1	0.4423	0	1
Size	1977	23.7502	23.5899	1.3906	20.3839	28.6365
Lev	1977	0.5690	0.5724	0.1587	0.0730	0.9943
Age	1977	2.5155	2.6391	0.5780	0	3.4012
Mv	1977	16.4535	16.3325	1.0437	14.1119	21.2831
Gro	1977	0.5337	0.1340	2.6918	−2.6833	86.7160
Roa	1977	0.0292	0.0256	0.0459	−0.5860	0.2533
Rebit	1977	0.0549	0.0497	0.0490	−0.4153	0.3983
Cr	1977	0.4790	0.4616	0.2428	0.0224	0.9814
Shr	1977	52.4772	52.3748	16.8589	9.2105	98.2904

二、相关性分析

本章通过对主要变量进行相关性分析，初步检验了ESG评级进入、ESG评级分歧及各控制变量与债券信用利差之间的关系。表7－3具体展示了主要变量间的皮尔逊相关系数。观察表7－3的相关性系数及显著性可知：ESG评级进入与债券信用利差的相关系数为－0.1493，且在1%的显著性水平下显著，与前面预期一致，初步说明了ESG评级进入可以降低发债主体的债券信用利差。ESG评级分歧与债券信用利差在1%的显著性水平下呈负相关，相关系数为－0.0964，表明两者存在较强的负相关关系。该结论虽然与前面理论分析的预期矛盾，但该结果尚未控制其他因素的干扰；而在实际情况中ESG评级分歧是在控制其他因素的情况下，衡量对债券信用利差的影响，两者存在区别，因而需要通过其他检验进一步识别ESG评级分歧与债券信用利差之间的关系。同时分析得出，各个主要变量

表 7 – 3　　相关性分析

变量	MCS	ESG	DIS	Scale	Term	Gua	Emb	Size	Lev	Age	Mv	Gro	Roa	Rebit	Cr
ESG	-0.1493***														
DIS	-0.0964***	0.7685***													
Scale	-0.2425***	0.3267***	0.3226***												
Term	-0.0392*	0.0021	-0.0294	0.2540***											
Gua	-0.0414*	-0.1360***	-0.1562***	0.0148	0.2673***										
Emb	0.1388***	-0.0801***	-0.0934***	-0.2252***	0.0175	-0.1992***									
Size	-0.2552***	0.5515***	0.5604***	0.7369***	0.1907***	-0.0395*	-0.3112***								
Lev	0.1011***	0.0575**	0.0930***	0.3195***	0.0834***	0.0317	-0.0333	0.4329***							
Age	-0.1143***	0.1708***	0.1459***	0.1696***	0.0547**	0.0518**	-0.0604***	0.2117***	0.1472***						
Mv	-0.3325***	0.5292***	0.5335***	0.5686***	0.1163***	-0.0617***	-0.2632***	0.7792***	0.0226	0.0525**					
Gro	-0.0185	-0.0353	-0.0263	-0.0132	-0.0326	0.0407*	-0.0057	0.0107	0.1042***	0.0766***	-0.0477**				
Roa	-0.3025***	0.1096***	0.0868***	-0.0187	-0.0499**	-0.0940***	-0.0345	0.0391*	-0.3936***	-0.0166	0.2607***	-0.0036			
Rebit	-0.2728***	0.0852***	0.0619***	-0.0244	-0.0452**	-0.0785***	-0.0278	0.0210	-0.3665***	-0.0069	0.2530***	-0.0176	0.9596***		
Cr	0.1122***	-0.0876***	-0.0568**	-0.0985***	-0.1649***	-0.0457**	0.1651***	-0.0749***	0.2401***	-0.0754***	-0.0913***	0.2019***	-0.0288	-0.0773***	
Shr	-0.2359***	0.2187***	0.2020***	0.3781***	0.1275***	0.1328***	-0.2489***	0.4319***	0.0523**	-0.0928***	0.3900***	-0.0021	0.1059***	0.1096***	-0.1911***

注：*、**、*** 分别表示在 10%、5% 和 1% 的水平上显著，下同。

间不存在严重的多重共线性问题，在一定程度上保证了回归分析结果的可靠性，为后面的进一步检验和分析提供了基础。

三、实证结果分析

（一）ESG 评级进入与债券信用利差的回归结果

ESG 评级进入对债券信用利差的回归结果如表 7－4 所示。其中，ESG 评级进入对债券信用利差的影响如表 7－4 中列（1）、列（2）所示，列（1）当仅控制年份、行业固定效应与企业特征，而没有控制债券层面变量时，ESG 评级进入与债券信用利差在 1% 的水平下显著负相关，回归系数为－0.3458；列（2）为加入全部控制变量后，ESG 评级进入对信用利差在 1% 的水平下显著负相关，回归系数为－0.3249。由此验证了 H7－1，ESG 评级的进入会抑制债券信用利差。其原因如下：一方面，ESG 特质信息的增加，改善了市场信息环境，由此降低了投资者面临的风险，进而要求更少的风险补偿，降低债券信用利差；另一方面，ESG 评级进入有利于向外界展示真实的企业基本面经营情况，放松投资者的关注约束，降低投资者对债券市场的风险预期与风险补偿要求。

表 7－4　　ESG 评级进入与债券信用利差

变量	（1）	（2）
	MCS	*MCS*
ESG	-0.3458^{***} (0.1158)	-0.3249^{***} (0.1148)
Size	-0.3585^{***} (0.0900)	-0.3930^{***} (0.0936)
Lev	1.3964^{***} (0.4414)	1.4817^{***} (0.4356)
Age	-0.4457^{***} (0.0765)	-0.4279^{***} (0.0775)

续表

变量	(1)	(2)
	MCS	*MCS*
Mv	-0.0959 (0.1043)	-0.0735 (0.1028)
Gro	-0.0261** (0.0118)	-0.0253** (0.0113)
Roa	-17.0263*** (5.8059)	-17.7432*** (5.8382)
Rebit	7.9077* (4.3450)	8.5132* (4.3652)
Cr	0.1223 (0.2569)	0.1328 (0.2557)
Shr	-0.0099*** (0.0026)	-0.0095*** (0.0027)
Scale		-0.0747 (0.0760)
Term		0.0608*** (0.0205)
Gua		-0.2234*** (0.0789)
Emb		-0.1907* (0.1038)
_cons	13.5375*** (0.8565)	13.9009*** (1.3006)
Year	Yes	Yes
Ind	Yes	Yes
adj. R^2	0.3406	0.3436
N	1977	1977

注：*、**、*** 分别表示在 10%、5% 和 1% 的水平上显著，括号内为回归标准误，下同。

（二）ESG 评级分歧与债券信用利差的回归结果

ESG 评级分歧对债券信用利差的回归结果如表 7－5 所示。从表 7－5 中列（1）、列（2）可知，ESG 评级分歧的确会对债券信用利差产生影响。列（1）表示没有控制债券层面变量的样本中，ESG 评级分歧与债券信用利差在 5%的显著性水平下正相关，回归系数为 0.4325；列（2）表示加入债券层面的控制变量后，ESG 评级分歧与债券信用利差在 1%的显著性水平下正相关，回归系数为 0.4416。由此验证了 H7－2，ESG 评级分歧会扩大债券信用利差。其原因可能如下：对债券投资者而言，ESG 竞争性信息会降低债券市场的有效信息含量，而冗杂的噪音信息会干扰投资者的注意力。ESG 评级分歧产生的过剩信息对投资者而言是一种负担，导致投资者面临的市场信息环境变差，风险增大，因此债券投资者会要求更高的风险回报，最终导致信用利差增大。

表 7－5　　ESG 评级分歧与债券信用利差

变量	(1)	(2)
	MCS	*MCS*
DIS	0.4325** (0.1691)	0.4416*** (0.1682)
Size	−0.1770 (0.1275)	−0.1201 (0.1436)
Lev	−0.7889 (0.7500)	−0.8439 (0.7401)
Age	−0.5628*** (0.1127)	−0.5700*** (0.1117)
Mv	−0.2389* (0.1419)	−0.2462* (0.1417)
Gro	−0.1423** (0.0647)	−0.1426** (0.0655)

续表

变量	(1)	(2)
	MCS	*MCS*
Roa	-32.9018*** (7.4252)	-32.3722*** (7.5988)
Rebit	22.3613*** (5.7351)	21.8269*** (5.9030)
Cr	0.6884 (0.4626)	0.6873 (0.4699)
Shr	-0.0180*** (0.0048)	-0.0183*** (0.0049)
Scale		0.0040 (0.1080)
Term		-0.0007 (0.0265)
Gua		0.1714 (0.1458)
Emb		0.2833** (0.1315)
_cons	12.8688*** (1.7191)	11.4082*** (2.1861)
Year	Yes	Yes
Ind	Yes	Yes
adj. R^2	0.3851	0.3850
N	653	653

（三）ESG 评级机构国别属性对债券信用利差的影响

现实中，ESG 评级机构并没有一致的评级标准，不同国家的 ESG 评级机构也会根据本国的国情而加入一些特色条目，这就导致两者在 ESG 评级的解释与应用不完全相同。同时，由于国际性评级机构的评价标准与中国国情切合度不高，本章猜测国际性 ESG 评级虽存在一定影响，但在债券市场中的应用效力并不明显。本章定义当且仅当上市公司当年及以后被国外 ESG 评级机构评价时 *Abroad* 为 1，否则为 0。

方面，ESG 评级进入和国别属性的交互项 *Abroad* × *ESG* 对债券信用利差的影响如表 7 - 6 中的列（1）所示。可以看出，ESG 评级进入和国别属性的交互项 *Abroad* × *ESG* 系数在 10% 的水平下显著正相关。由此可见，国外 ESG 评级机构的存在会削弱 ESG 评级进入对债券信用利差的抑制作用。这是因为，国外 ESG 评级机构更多地基于本国的现实国情和企业状况构建 ESG 评价标准和体系，与我国的现实情况契合度较低，国内投资者对国外 ESG 信息解读需要花费更大的成本。因此，相较于国内的 ESG 评级机构，国外 ESG 评级机构传递出的信息削弱了 ESG 评级对信用利差的抑制作用。

表 7 - 6　　ESG 评级、国别属性与债券信用利差

变量	(1)	(2)
	MCS	*MCS*
Abroad × *ESG*	0.3508* (0.1831)	
ESG	-0.3095*** (0.1167)	
Abroad × *DIS*		0.5939*** (0.2219)
DIS		0.1658 (0.1551)
Controls	Yes	Yes
Year	Yes	Yes
Ind	Yes	Yes
adj. R^2	0.3447	0.3904
N	1977	653

另一方面，ESG评级分歧和国别属性的交互项 $Abroad \times DIS$ 对债券信用利差的影响如表7－6中的列（2）所示。可以看出，在控制相关变量的情况下，ESG评级分歧和国外样本的交互项 $Abroad \times DIS$ 系数在1%的水平下显著正相关。由此可得，在有国外ESG评级机构的样本中，ESG评级分歧对债券信用利差的提升作用被加强。这是因为，国外ESG评级机构对东道国文化、制度和市场环境的理解可能不如本地机构深入，导致其评估的ESG评级分数与实际情况存在偏差或误读，也进一步加剧市场上的信息嘈杂问题，导致信用利差进一步扩大。

四、稳健性检验

（一）内生性检验

1. 平行趋势检验

为剔除随时间变化因素对于债券信用利差的影响，本章对于实证结果进行平行趋势检验。图7－1显示ESG评级进入对企业债券信用利差的影响。结果显示，在ESG评级进入之前，回归系数的估计值均不显著；而在政策实施之后，实证结果的回归系数显著为负，说明ESG评级的进入能够显著降低债券信用利差。图7－2显示ESG评级分歧对企业债券信用利差的影响。结果显示，政策实施前，ESG评级分歧的回归系数均不显著，证明ESG评级分歧对企业债券信用利差的影响并不显著，而在ESG评级进入后，回归系数均显著为正，证明此时ESG评级分歧对于企业债券信用利差产生显著影响，原因可能是ESG评级分歧作用于债券市场的信息环境，增加信息的混乱性，杂乱的市场信息增加了投资者的关注约束，进而增加了企业的债券信用利差。

2. 安慰剂检验

为检验ESG评级进入和ESG评级分歧对债券信用利差的影响是否是由其他随机性因素所导致的，本章采用了安慰剂检验。其具体做法是分别将ESG评级进入与ESG评级分歧对债券信用利差的回归重复进行500次安慰

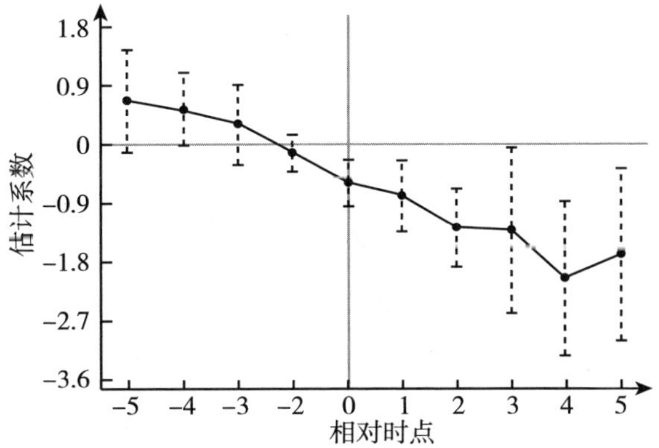

图 7 - 1　ESG 评级进入平行趋势检验

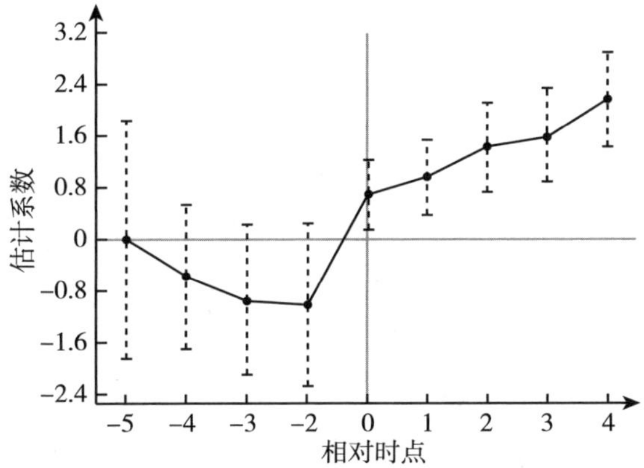

图 7 - 2　ESG 评级分歧平行趋势检验

剂检验。估计系数与 T 值如图 7 - 3 和图 7 - 4 所示，ESG 评级进入及分歧的回归系数均匀分布在零值两侧，呈现出正态分布，且基准回归系数在 500 次安慰剂检验中均属于异常值。安慰剂检验结果表明，ESG 评级进入和分歧的影响确实有效，并非因其他不可观测因素的干扰所致。因此，安慰剂检验进一步支持了 ESG 评级进入能显著降低债券信用利差，而 ESG 评级分歧会提高债券信用利差的结论，从而增强了研究的稳健性。

3. Heckman 两步法

本章可能存在一定的样本选择偏误的问题，因此使用 Heckman 模型进

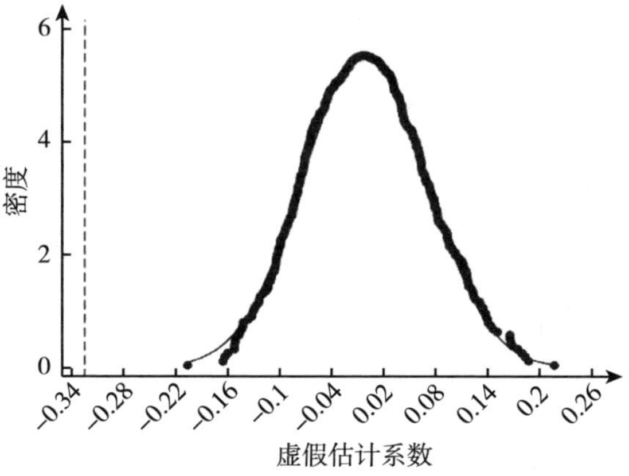

图 7-3　ESG 评级进入安慰剂检验

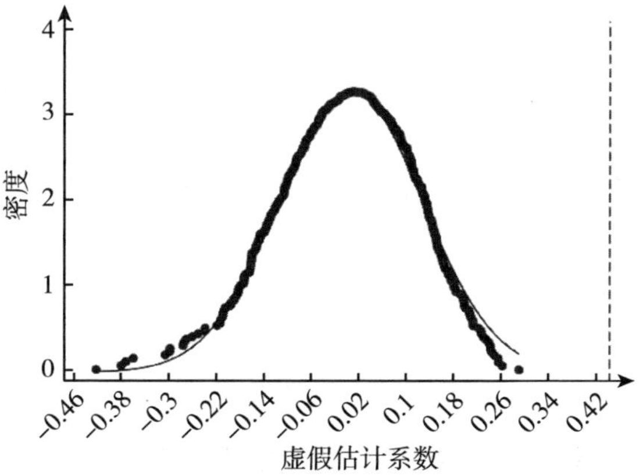

图 7-4　ESG 评级分歧安慰剂检验

行检验（武恒光等，2022）。第一阶段，设置哑变量：ESG 评级是否进入和 ESG 评级是否存在分歧，并使用两个哑变量进行 Probit 回归，得到逆米尔斯比率 *IMR*；第二阶段，将得到的逆米尔斯比率加入原模型进行回归。回归结果如表 7-7 所示，表 7-7 中列（1）的回归结果表明，ESG 评级进入与债券信用利差的系数为 -0.3273，在 1% 的显著性水平上显著；列（2）中 ESG 评级分歧与债券信用利差的系数为 0.3671，结果依然显著。以上结果均说明不存在样本选择偏差问题，前面结论依然成立。

表 7-7 ESG 评级与债券信用利差：内生性检验

变量	*Heckman*		*PSM - DID*	
	(1)	(2)	(3)	(4)
	MCS	*MCS*	*MCS*	*MCS*
ESG	-0.3273*** (0.1151)		-0.4734*** (0.1463)	
DIS		0.3671** (0.1672)		0.5075** (0.2308)
IMR	0.3874* (0.2037)	-0.7844 (0.5440)		
Controls	Yes	Yes	Yes	Yes
Year	Yes	Yes	Yes	Yes
Ind	Yes	Yes	Yes	Yes
adj. R^2	0.3446	0.3860	0.3382	0.3564
N	1977	650	807	353

4. PSM - DID

考虑到具有 ESG 评级的企业往往具有较大的规模以及较强的盈利能力，企业自身特点对债券信用利差的影响可能会对本章回归结果造成干扰，因此，为降低处理组与对照组差异，本章采用倾向匹配得分法进行稳健性检验。首先，设置种子，将数据随机排序。其次，基于倾向性匹配得分，采用最近邻匹配法进行匹配，具体地，以控制变量为协变量进行配对，选取了得分最接近的公司样本，重新构造实验组和对照组，在此基础上，对匹配结果进行平衡性检验，结果显示匹配后的标准化偏差（% bias）均小于 10%，表明匹配后的结果良好。最后，将匹配后的样本进行回归分析，结果如表 7-7 中列（3）所示，ESG 评级进入与债券信用利差的系数为 -0.4734，且在 1% 的水平下显著；列（4）中，ESG 评级分歧与债券信用利差的系数为 0.5075，在 5% 的水平下显著，说明 ESG 评级进入会显著降低债券信用利差，且 ESG 评级分歧会显著提高债券信用利差，说明本章的研究结论具有稳健性。

（二）其他稳健性检验

1. 替换被解释变量

本章运用企业债券到期收益率与相同剩余期限国债收益率差值的 12 月均值（CS）作为债券信用利差的替代变量。表 7 - 8 中列（1）结果显示，ESG 评级进入对信用评级的回归系数为 - 0.4632，且在 1% 的水平下显著；列（2）结果显示，ESG 评级分歧对企业信用利差的回归系数为 0.5870，同样在 5% 的水平下显著。基于以上分析，虽然将被解释变量替换为年末债券信用利差后回归系数显著降低，但其方向与显著性水平均没有改变。由此可见，无论是年平均信用利差还是年末债券信用利差，ESG 评级进入均会降低债券的信用利差，ESG 评级分歧均会提高债券的信用利差，本章结果稳健。

表 7 - 8　　ESG 评级与债券信用利差：其他稳健性检验

变量	替换被解释变量		行业—年份交互固定效应		剔除疫情干扰	
	(1)	(2)	(3)	(4)	(5)	(6)
	CS	*CS*	*MCS*	*MCS*	*MCS*	*MCS*
ESG	- 0.4632*** (0.1657)		- 0.2974** (0.1305)		- 0.3003*** (0.1140)	
DIS		0.5870** (0.2932)		0.5144*** (0.1833)		0.5413*** (0.1640)
Controls	Yes	Yes	Yes	Yes	Yes	Yes
Year	Yes	Yes	No	No	Yes	Yes
Ind	Yes	Yes	No	No	Yes	Yes
Ind × *Year*	No	No	Yes	Yes	No	No
adj. R^2	0.1893	0.2261	0.3498	0.3416	0.3543	0.4214
N	1977	650	1879	563	1878	551

2. 行业—年份交互固定效应

本章在基准回归中采用年份和行业双向固定效应，为了控制随时间变化的行业特征等遗漏变量对模型内生性的影响，本章进一步固定行业与年份交互固定效应。表7-8中列（3）结果显示，ESG评级进入对信用利差的回归系数为-0.2974，且仍在5%的水平下显著负相关，支持假设H7-1；列（4）结果显示，ESG评级分歧对债券信用利差的回归系数为0.5144，仍在1%的水平下显著正相关，支持假设H7-2。由此可见，本章结果具有较强的稳健性。

3. 剔除疫情干扰

2020年面对疫情冲击，经济不景气程度上升。首先，突如其来的停产停工以及消费和投资的停滞，使企业经营绩效和财务状况恶化，加剧了企业风险，可能导致信用利差的扩大。因此，本章剔除了2020年的样本数据，用2013~2019年的数据重新进行回归，结果如下：根据表7-8中列（5），ESG评级进入对债券信用利差的回归系数为-0.3003，且仍在1%的水平下显著，表明ESG评级进入会显著降低债券信用利差；列（6）结果显示，ESG评级分歧对债券信用利差的回归系数为0.5413，同样在1%的水平下显著，表明ESG评级分歧会显著提高债券信用利差。由此可见，在排除了疫情对债券信用利差的影响之后，本章的结论依然成立。

第五节 进一步分析与讨论

一、作用机制分析

由前面分析可知，ESG评级进入会降低债券信用利差，但当存在ESG评级分歧时，反而增大债券信用利差。但ESG评级及其分歧究竟从何种路径影响企业债券信用利差仍是现阶段尚未解释清楚的问题，因而本章研究ESG评级分歧存在性的作用和ESG评级及其分歧的作用机制。

（一）ESG评级分歧存在性检验

关于ESG评级分歧的度量，本章使用连续变量作为ESG评级分歧的替换变量重新进行回归，以直接检验ESG评级分歧程度高低对债券信用利差的影响。与前面保持一致，采取六家国内外ESG评级机构数据的标准差作为衡量ESG评级分歧的指标（*Disagree*）。由表7-9中列（1）可以看出，在没有控制变量的情况下，ESG评级分歧的连续变量*Disagree*和债券信用利差在10%的水平下呈正相关，系数为0.9185。与表7-5中列（1）、列（2）所示的ESG评级分歧与债券信用利差的结果一致，这表明ESG评级分歧程度越高，企业债券信用利差越大。根据前面分析，ESG评级分歧确实会扩大债券信用利差，主要因为ESG评级分歧产生的过剩信息对债券投资者而言是一种负担，导致投资者面临的市场信息环境变差，风险增大，因此债券投资者会要求更高的风险回报，最终导致信用利差增大。

（二）ESG评级对债券信用利差的作用机制检验

前述研究虽展示ESG评级进入及其分歧对债券信用利差的影响，但尚未厘清其中机制。理论分析表明，债券投资者的有限关注在其中发挥了重要作用。结合已有研究，当投资者有限关注程度加剧时，通常会增加对市场层面的信息搜索（王晓宇和杨云红，2017），并会借助更多市场层面信息衡量债券价格（陆蓉等，2021）。此外，由套利限制改变的信息传递效率与市场主体的有限关注可能存在替代关系（Peng et al.，2007），据此亦能检验债券投资者的有限关注约束程度。因此，本章将从投资者信息搜索量、债券特质信息、发债主体的套利限制属性三个方面展开分析，以明确投资者有限关注在ESG评级及其分歧与债券信用利差关系中发挥的作用。

1. 基于投资者信息搜索的机制分析

信息搜索量反映了投资者对所搜集信息的关心程度，是衡量投资者注意力的常用指标。但投资者的注意力往往是有限的，难以获得全盘信息。尤其当不确定事件冲击时，投资者有限关注的约束程度会进一步加深

（Peng et al.，2007），这会导致其更加关注整体层面的信息（Peng and Xiong，2006），增加对市场宏观信息的搜索量（王晓宇和杨云红，2021）。而在有限关注情境下，投资者难以完整接收企业特质信息，从而影响其对于企业债券风险溢价的判断。因此，本章研究了投资者的有限关注程度是否能够在 ESG 评级进入和 ESG 评级分歧与债券信用利差的影响中发挥中介效应。基于此，本章参考王晓宇和王云红（2021）的研究，将企业个体信息搜索量与市场信息搜集量的比值作为投资者关注度（*ATT*）的代理变量，其中企业个体层面以发债主体简称及代码为关键词，而市场层面，考虑股债互通效应，以“A 股”“大盘”“债市”以及“上证”“深证”等为关键词进行检索。相应的回归结果如表 7－9 所示，其中表 7－9 中列（2）、列（3）分别给出了 ESG 评级进入以及 ESG 评级分歧对 *ATT* 影响的回归结果。

表 7－9　基于 ESG 评级分歧存在性及投资者信息搜索的机制检验

变量	(1)	(2)	(3)
	MCS	*ATT*	*ATT*
Disagree	0.9185* (0.5389)		
ESG		0.0083** (0.0040)	
DIS			−0.0115* (0.0065)
Controls	Yes	Yes	Yes
Year	Yes	Yes	Yes
Ind	Yes	Yes	Yes
adj. R^2	0.4138	0.5068	0.5019
N	444	1900	614

由表 7－9 中列（2）结果可知，ESG 评级进入的回归系数在 5% 水平上显著为正，说明相对于市场等层面信息，投资者更加关注公司个体特质信息，减小了有限关注的约束程度。具体而言，在 ESG 评级进入的冲击下，关于企业的特质信息得到了补充，投资者会选择对企业该类信息投放更多关注度，以此增加对企业的了解程度，这意味 ESG 评级进入不仅会改善信息环境，也会减少投资者有限关注约束，降低企业债券信用利差。

从 ESG 评级分歧层面来看，表 7－9 中列（3）结果表明，DIS 的回归系数在 10% 水平上显著为负，说明相对于公司个体特质信息，投资者更加关注市场等层面信息，增大了有限关注的约束程度。具体而言，在 ESG 评级分歧的冲击下，市场信息更加冗杂，部分竞争性信息掩盖了企业的真实表现，加大投资者掌握企业真实信息的难度，加剧了有限注意力的约束，进而减少企业层面特质信息的获得。进一步地，企业特质信息含量的减少加大了投资者与企业的信息不对称程度，增加其投资损失的可能性，从而要求更高的风险溢价，提高债券信用利差（周宏等，2014）。

综上所述，以上回归结果验证了投资者有限关注影响机制的有效性，即 ESG 评级进入优化了投资者面临的信息环境，使其能够关注企业的 ESG 相关信息，增加对公司特质信息以及风险的认识，进而降低债券信用利差，而 ESG 评级分歧的增加恶化了投资者面临的信息环境，加大其处理信息的难度，迫使投资者将有限的注意力转移到市场层面，导致其对企业特质信息和个体风险认识不足，增大投资损失的可能，因此会对 ESG 评级分歧较高的企业要求更高的风险补偿，提高债券信用利差。

2. 基于债券价格信息含量的机制分析

债券价格信息含量在一定程度上反映了债券投资者在交易时的参考依据，在有限关注情景下，投资者对市场、行业等不同层面信息的参考程度不同，因此可检验债券价格中各类信息含量来验证投资者有限关注。已有研究发现，当面临有限关注约束更强时，投资者通常会将注意力优先分配至市场层面，然后聚焦于行业层面（Huang et al.，2019）。本章利用债券信息含量来对投资者有限关注进行衡量，将投资者关注进一步聚焦于企业债券层面。对企业债券层面信息含量的衡量，投资者可以更清楚地评估企业的财务稳健性、偿债能力和长期可持续性，从而能够有效反映投资者对债券关注的有限性。基于此，本章借鉴王晓宇和王云红（2021）、类承曜和邓晴元（2023）等相关研究，采取债券价格同步性来衡量债券各类信息含量，市场同步性越高，说明含有市场的信息量越多，与行业同步性越高，说明含有行业信息的含量越多。其计算方式主要是利用个债收益率分别与市场收益率、行业收益率回归结果的拟合优度 R^2，并采取 $R^2/(1-R^2)$ 的对数作为债券价格中市场信息含量（*MBY*）和行业信息含量（*IBY*）的代理变量。

一方面，由表7-10中列（1）结果可知，ESG的回归系数在10%水平上显著为负，说明ESG评级进入将会减少债券收益率的市场同步性，意味着ESG评级进入导致投资者更加关注公司特质信息。同时，列（2）结果表明，ESG的回归系数在10%水平上显著为负，说明ESG评级进入将会减少债券收益率的行业同步性，意味着ESG评级进入增大导致投资者的注意力转移至公司特质信息层面。具体而言，ESG评级进入会为企业带来可持续发展背书，从而吸引那些具有可持续投资倾向的长期投资者的关注。在有限关注的约束下，这些投资者更关注企业的长期表现和ESG相关风险，而不是短期市场波动。因此，当更多投资者基于ESG信息作出决策时，债券市场的短期价格同步性会减少。此外，ESG评级进入也可以通过引导投资者更注重企业的长期表现和内在价值，进而降低短期市场情绪波动。因此，投资者之间的跟风行为可能减少，这种减少的市场情绪依赖性和跟风交易行为，有助于降低债券价格的同步性。

表7-10　　基于债券价格信息含量的机制检验

变量	(1)	(2)	(3)	(4)
	MBY	*IBY*	*MBY*	*IBY*
ESG	-0.1291* (0.0690)	-0.0856* (0.0480)		
DIS			0.2425** (0.1213)	0.1710* (0.1000)

续表

变量	(1)	(2)	(3)	(4)
	MBY	*IBY*	*MBY*	*IBY*
Controls	Yes	Yes	Yes	Yes
Year	Yes	Yes	Yes	Yes
Ind	Yes	Yes	Yes	Yes
adj. R^2	0.5949	0.5824	0.5929	0.5680
N	1880	1882	591	591

另一方面，由表7-10中列（3）结果可知，*DIS*的回归系数在5%水平上显著为正，说明ESG评级分歧将会增加债券收益率的市场同步性，即ESG评级分歧的增大导致投资者更加关注市场信息。同时，列（4）结果也表明，*DIS*的回归系数在10%水平上显著为正，说明ESG评级分歧将会增加债券收益率的行业同步性，即ESG评级分歧的增大导致投资者更加关注行业信息。具体而言，在有限关注的约束下，ESG评级分歧使得企业的特质性信息难以充分反映在债券价格中。它们可能无法深入挖掘企业的特有风险或机遇，而是依赖较为宽泛的市场信息，这使得个别企业债券价格的独立性下降，反而与市场整体价格波动更加一致，进一步增加债券价格同步性。此外，ESG评级分歧还会导致市场情绪的放大作用。在有限关注的情况下，投资者可能更容易受到市场情绪的影响，而不是基于深度分析做出决策。评级分歧增加了投资者对市场情绪的依赖性，当市场整体情绪波动时，投资者可能更倾向于随波逐流，从而使得企业债券的价格波动与市场整体走势更加同步，债券价格同步性增强。

从估计系数可以看出，单一债券收益率对债券市场收益率的同步性高于对债券行业收益率的同步性，而ESG评级进入的抑制作用在市场层面小于行业层面，意味着债券价格中的市场信息含量更高，投资者对于市场信息的关注高于行业的关注，表明ESG评级分歧加剧了债券投资者的有限关注约束程度。

3. 基于发债主体套利限制属性的机制分析

由于套利限制会阻碍市场悲观投资者参与交易，导致负面信息无法有效反映在资产价格上，这使得市场信息环境恶化（巴曙松和朱虹，2016）。因此，在套利限制较低的主体中，企业与投资者的信息不对称能够由于市场中存在更多企业信息而得到缓解。但由于投资者有限关注的存在，即使在信息环境较好的低套利限制组，投资者面对ESG评级分歧时，难以对企业状况做出准确地判断。即，如果在套利限制低、信息环境较好的情况下，投资者依旧会对ESG评级分歧大的企业要求更高的收益率，导致信用利差扩大，这就进一步佐证投资者有限关注在ESG评级分歧与债券信用利差之间的作用。因此，本章预期，在套利限制较高的主体中，ESG评级进入对信用利差的削弱作用明显增强，同时，ESG评级分歧对债券信用利差的恶化作用也会得到增强。基于上述分析，本章借鉴陆蓉等（2021）的研究，采用发债主体每年是否存在融资融券作为衡量套利限制高低的变量，存在融资融券的企业被视为套利限制低，相反则认为套利限制高，并设置*ARB*哑变量，当存在融资融券时记为1，否则为0。相应的回归结果如表7－11中列（1）、列（2）所示。

表7－11　　基于发债主体套利限制属性的机制检验

变量	(1)	(2)
	MCS	*MCS*
ESG	－0.6140*** (0.2011)	
DIS		0.3288 (0.2656)
ESG×ARB	0.3315* (0.1746)	
DIS×ARB		0.1250 (0.2387)
Controls	Yes	Yes

续表

变量	(1)	(2)
	MCS	*MCS*
Year	Yes	Yes
Ind	Yes	Yes
adj. R^2	0.3441	0.3843
N	1977	650

一方面，根据表 7－11 中列（1）的结果可以看出，ESG 评级进入与是否存在套利限制属性的交乘项系数显著为正，说明套利限制有效增强了 ESG 评级进入对信息环境的改善作用，具有套利限制的企业往往拥有更差的信息环境与更高的信息不对称程度，ESG 评级的进入可以有效改善这一现状。但在不存在套利限制的企业中，投资者可以根据融资融券情况获取很多的企业基本面信息，同时，也减少了对 ESG 信息的依赖，能够进一步削弱了 ESG 评级进入对债券信用利差的影响。具体而言，在存在发债套利限制的企业中，投资者所需要面对的企业信息环境更加恶劣，这将分散投资者的注意力集中程度。而 ESG 评级的进入为投资者提供了了解企业真实财务与非财务表现，掌握企业基本面风险的抓手，能够实现投资者关注的有效收敛，进而降低投资者对企业债券的风险预期，降低企业债券的信用利差。

另一方面，在 ESG 评级分歧的情境中，ESG 评级分歧与是否存在套利限制的交互项（$DIS \times ARB$）的系数为正，意味着即使在信息环境较好的无套利限制组，ESG 评级分歧仍能增大债券信用利差。表 7－11 中列（1）中 $ESG \times ARB$ 的系数显著，而列（2）中 $DIS \times ARB$ 的系数不显著，这说明与存在套利限制相比，不存在套利限制的企业通过公布融资融券信息的方式，并未显著改善 ESG 评级分歧的冲击。理论上在不存在套利限制时，投资者能够进行融资融券等操作，企业信息传递较为畅通；而存在套利限制时，信息传递较为阻塞（褚剑和方军雄，2016）。因此，当债券投资者面对 ESG 评级分歧时，信息畅通的环境理应能够缓解其有限关注。但从结果来看，无论是否存在套利限制，两组均没有显著差别，即套利限制属性难以改善债券投资者的有限关注，符合有限关注的预期结论。

综上所述，表7-11中列（1）、列（2）的实证结果验证了以上推论。ESG评级进入确实在存在套利限制的企业中改善信息环境并有效降低了债券信用利差，说明在存在套利限制的环境中，ESG信号能够降低投资者对违约风险的担忧。此外，ESG评级分歧的影响效应并未受套利限制的影响，说明了即使在信息环境好的条件下，也难以改善ESG评级分歧的信息恶化作用，凸显了ESG评级分歧加剧债券投资者有限关注的约束。

二、情境因素分析

基于前面分析，ESG评级进入与ESG评级分歧均会对债券信用利差产生影响，但这一影响关系可能会由于外部环境的不同而产生差异性的结果。在当前企业债券信用利差偏大以及债券市场定价效率有待提升的状况下，探讨何种因素会在ESG评级进入对债券信用利差的抑制效应以及ESG评级分歧对债券信用利差的促进效应中产生影响，进而寻找提高债券市场定价效率的治理机制，具有重要意义。本章主要从以下两个方面进行探讨：一方面地区金融发展程度。地区金融发展水平越高，金融机构信息传递作用越好，市场信息环境越好。在金融发展水平较高的地区，各种信息中介机构相互配合所产生的作用效果会更好，因此，地区金融发展水平可能会在ESG评级对信用评级的影响过程中发挥重要作用。另一方面，信贷筛选能力代表着银行对于企业的风险识别能力，由于我国为银行主导的金融市场，信贷筛选能力在很大程度上反映出金融市场对于企业的风险识别能力。因此，信贷筛选能力可能会在ESG评级对债券信用利差的影响过程中发挥作用。本章对地区金融发展水平和信贷筛选能力的调节作用进行分析。

（一）地区金融发展水平

由于金融机构能够通过发挥信息传递作用弥补市场不足，因此地区金融发展水平的提升有助于优化市场的信息环境。通常而言，资本充足率越大，金融发展水平越高，意味着市场信息环境越透明。企业债券风险溢价与市场基准越贴合，ESG 评级分歧恶化信用利差的作用越弱，而 ESG 评级进入改善信用利差的作用可能越不明显。具体而言，地区金融发展水平较高会提升该地区的信息透明度与投资者知识水平，而较高信息透明度与投资者知识水平能够帮助投资者精准获取企业经营情况，此时可能会弱化 ESG 评级进入的作用；而在 ESG 评级分歧情境中，良好的地区金融发展水平可能会对冲分歧带来的负向影响。为检验不同地区金融发展水平下，ESG 评级进入、ESG 评级分歧对债券信用利差的影响，本章借鉴沈可和李雅凝（2021）使用资本充足率来衡量金融发展水平，即银行贷款余额与 GDP 的比值，并以行业年度中位数，分为金融发展水平高与金融发展水平较低的组，以分析 ESG 评级进入（*ESG*）与 ESG 评级分歧（*DIS*）对企业债券信用利差的影响差异。

回归结果如表 7 - 12 中列（1）、列（2）与列（3）、列（4）所示。一方面，在 ESG 评级进入方面，表 7 - 12 中列（1）汇报了考虑金融发展水平较高地区的情况，ESG 评级进入与企业债券信用利差的回归结果，系数为 -0.2621，但不显著。从列（1）回归结果可以看出，在金融发展水平较高的地区，ESG 评级的进入不具备对企业债券信用利差的治理效果。此外，列（2）的回归结果与列（1）产生鲜明对比，ESG 评级进入的回归系数为 -0.3656，在 5% 的水平上显著，这表明在金融发展水平较低的地区，ESG 评级进入会对当地的金融发展水平产生补充作用，抑制企业债券信用利差的升高。其具体原因如下：地区金融发展水平较低意味着当地信息环境较为不透明，信息不对称与信息质量都不理想，投资者的注意力分散程度也会偏高，这也就意味着该地区企业亟需一种可代表企业真实财务信息的数据。ESG 评级的进入为投资者释放有限关注约束，实现注意力的有效分配提供了方案，也能够帮助投资者利用 ESG 信息精准获取企业经营情况，同时还有助于投资者在竞争性信息的冲击下，选择有利信息，从而降低投资者的风险预期，致使企业债券风险溢价水平减弱。

表 7-12　　　　基于地区金融化水平的情境分析

变量	(1)	(2)	(3)	(4)
	高金融发展水平	低金融发展水平	高金融发展水平	低金融发展水平
	MCS	*MCS*	*MCS*	*MCS*
ESG	-0.2621 (0.1762)	-0.3656** (0.1533)		
DIS			0.3522 (0.3317)	0.5208** (0.2203)
Controls	Yes	Yes	Yes	Yes
Year	Yes	Yes	Yes	Yes
Ind	Yes	Yes	Yes	Yes
adj. R^2	0.3758	0.3208	0.4023	0.4125
N	954	1009	315	328

另一方面，从表 7-12 中列（3）、列（4）的回归结果可以看出，ESG 评级分歧的影响系数分别为 0.3522、0.5208。在高金融发展水平组，ESG 评级分歧的系数不显著；在低金融发展水平组，ESG 评级分歧的系数在 5% 的显著性水平上显著。这意味着在金融发展水平较高的地区，ESG 评级分歧所产生的利差恶化会被当地的高金融发展水平中和，进而减弱其影响，而在金融发展水平低的地区，评级分歧所产生的竞争性信息会进一步恶化信息环境，干扰投资者对企业债券风险溢价的判断，强化其对债券信用利差的影响。具体而言，在金融发展水平较高的地区，通常拥有更完善的金融市场基础设施和信息披露机制。在这些地区，企业的财务和非财务信息（如 ESG 数据）更为透明，市场参与者能够更容易地获取和分析这些信息。因此，ESG 评级分歧所带来的不确定性和信息不对称问题可能减弱，导致其对债券信用利差的影响不如在金融发展水平较低的地区剧烈。同时，在金融发展水平较高的地区，企业有更多的融资渠道，如股权融资、银行贷款等，依赖债券市场的程度相对较低。这使得 ESG 评级分歧对企业融资成本的影响可能减弱，因为企业在其他融资渠道中也可以得到相对公平的资

金成本评估，从而影响企业利用债券进行融资的动机，控制了债券的溢价风险。

综上所述，金融发展水平会在ESG评级进入和ESG评级分歧对债券信用利差的影响过程中产生作用，较高的金融发展水平能够改善企业所面临的信息环境与融资环境从而影响投资者的有限关注约束，进一步改善对ESG评级进入和分歧与债券信用利差的关系。具体而言，政府可以通过完善金融市场基础设施、促进信息披露制度的健全与透明化、支持机构投资者的培育以及拓宽企业的融资渠道，来减少ESG评级分歧对债券信用利差的负面影响。同时，通过提升地区金融发展水平，将其作为推动企业社会责任与金融市场健康发展的重要抓手，能够有效增强市场对企业ESG表现的理性评估，进而促进绿色投资和企业的可持续发展。

（二）信贷筛选能力

由于我国是以银行为主导的金融体系，因此不良贷款率也反映出金融机构的信贷筛选能力。不良贷款越多，意味着金融机构信贷筛选能力越差，市场信用环境越差。此时，ESG评级进入对于信息环境的补位作用更加明显，从而对债券信用利差的治理具有更加积极的效果。同时，由于信息环境的恶化与监管手段的缺失，在信贷筛选能力差的地区，ESG评级分歧恶化信用利差的作用会更强。具体而言，地区信贷筛选能力差意味着该地区企业发生破产的风险大，该地区经营所要面临的融资约束紧缩，从而会影响ESG评级对于投资者信心的提升，进而影响投资者对企业债券风险溢价的估计。同时，在信贷筛选能力差的地区，信息的不透明度往往也较高，这将进一步加剧ESG评级分歧所带来的竞争性信息约束，促使投资者将注意力更多地放在行业等整体层面，从而恶化了企业债券的风险溢价。为检验不同金融发展水平下，ESG评级进入、ESG评级分歧对债券信用利差的影响，本章借鉴司登奎等（2022）的研究使用不良贷款率衡量信贷筛选能力（*NLS*），即不良贷款率越大，信贷筛选能力越弱，并以行业年度中位数，将样本分为信贷筛选能力高组与信贷筛选能力较低组，以分析ESG评级进入（*ESG*）与ESG评级分歧（*DIS*）对企业债券信用利差的异质影响。

回归结果如表 7－13 中列（1）、列（2）与列（3）、列（4）所示。一方面，在 ESG 评级进入方面，表 7－13 中列（1）表明，在信贷筛选能力较强条件下，ESG 评级进入与债券信用利差的回归结果，列（1）系数为－0.4157，且在 5% 的显著性水平下显著，列（2）系数为－0.3540，且在 5% 的显著性水平下显著。具体而言，在信贷筛选能力强的地区，企业信息环境更加透明，投资类金融机构的风险管理手段也更加多样化，能够更准确地判断企业的偿债能力，并及时采取措施防范企业信用违约，从而使得企业债券的利率更贴合于市场基准利率，收紧债券信用利差。同时，由于市场环境本身的改善对企业债券信用利差具有治理效果，故其能够挤出 ESG 评级进入的影响，削弱 ESG 信息在降低债券信用利差时的有效性。

表 7－13　　基于信贷筛选能力的情境分析

变量	(1)	(2)	(3)	(4)
	低信贷筛选能力	高信贷筛选能力	低信贷筛选能力	高信贷筛选能力
	MCS	*MCS*	*MCS*	*MCS*
ESG	－0.4157** (0.1894)	－0.3540** (0.1530)		
DIS			0.4332** (0.2130)	0.3492 (0.2813)
Controls	Yes	Yes	Yes	Yes
Year	Yes	Yes	Yes	Yes
Ind	Yes	Yes	Yes	Yes
adj. R^2	0.3299	0.3966	0.3825	0.3965
N	938	1030	312	331

另一方面，表 7－13 中列（3）与列（4）汇报了考虑信贷筛选能力条件下，ESG 评级分歧在信贷筛选能力高低组的回归结果，列（3）的系数为 0.4332，且在 5% 的显著性水平下显著，列（4）的系数为 0.3492，但不显著。这意味着 ESG 评级分歧在信贷筛选能力差的组别中增强了 ESG 评级分歧对债券信用利差的恶化作用，即在信贷筛选能力较弱情况下，ESG 评

级分歧会更加恶化债券信用利差。通过列（3）与列（4）的回归结果，可以得知ESG评级分歧在高信贷筛选能力地区与低信贷筛选能力地区中的影响存在着显著不同。具体而言，在信贷筛选能力较强的地区，金融市场参与者对信息的处理机制更加明晰，对于ESG相关信息的敏感度也较高。当出现评级分歧时，市场参与者的有限关注使得他们会优先处理这些冲突信息，以避免未来潜在的损失或风险敞口。这种高度关注将充分化解评级分歧对债券信用利差的影响，从而减弱了债券投资者对ESG评级分歧的反应。

综上所述，信贷筛选能力确实在ESG评级进入和ESG评级分歧对债券信用利差的影响过程中发挥了关键作用。信贷筛选能力较强的地区具有更良好的信用环境，能够帮助投资者更有效地解读ESG信息，降低ESG评级进入作用并削弱ESG评级分歧的影响。然而，信贷筛选能力较弱的地区具有更差的信用环境，可能导致投资者对企业风险评估不够准确，需要更多的ESG评级进入信息进行佐证，同时难以应对ESG评级分歧所带来的不确定性。

第六节　本章小结

本章考察了ESG评级进入与ESG评级分歧对债券信用利差的影响及其作用机制。首先，通过基准回归分析，检验了ESG评级进入和ESG评级分歧对债券信用利差的影响。其次，探究了不同ESG评级机构国别属性下ESG评级进入和分歧的影响差异，并剖析了ESG评级进入和分歧的作用机制，包括投资者信息搜索、债券价格信息含量以及发债主体套利限制属性。最后，分析了地方金融发展水平及信贷筛选能力对ESG评级影响债券信用利差的调节作用。

本章通过实证分析发现：（1）ESG评级进入与债券信用利差呈显著的负相关关系，表明ESG评级进入会降低债券信用利差；而ESG评级分歧与债券信用利差呈显著的正相关关系，表明ESG评级分歧增加了债券信用利差。(2) 国外 ESG 评级机构的进入抑制了 ESG 评级对债券信用利差的降低作用，而在有国外 ESG 评级机构的样本中，ESG 评级分歧对债券信用利差的正向影响被加强。(3) 作用机制分析表明，投资者有限关注在 ESG 评级进入、ESG 评级分歧对债券信用利差的影响中发挥了中介作用，ESG 评级进入与 ESG 评级分歧分别会影响投资者对不同信息搜索、交易价格中的信息含量，以及不同套利限制下的债券信用利差。(4) 情境因素分析显示，较低的金融发展水平以及较差的信贷筛选能力下，ESG 评级进入更能降低债券信用利差，ESG 评级分歧更能提升债券信用利差。这些结论为理解 ESG 评级在不同市场环境下的影响机制提供了重要的实证支持。

第八章

上市公司 ESG 评级与债券主体信用评级

第一节　研究背景与问题提出

信用评级在金融市场中发挥着举足轻重的作用，是评价发债主体信用情况、为公司提供信用背书以及保护投资者利益的重要制度安排。信用评级机构作为缓解债券市场中信息不对称问题的重要中介机构，其给出的信用评级是债券投资人衡量发行主体违约风险的重要参考依据。在此条件下，评级机构能否给出客观及时的信用评级对于债券市场的发展具有重要意义。但是我国当前债券评级市场存在信用评级虚高、评级区分度不足、评级信号功能扭曲等问题。首先，按照信用评级机构的评级体系，AA 级以上通常意味着违约风险较低。然而当下违约主体信用评级被明显抬升，“高评级高违约”现象屡见不鲜。其次，目前我国对于发债主体的信用评级基本上只分布在 AAA、AA+和 AA 这三个等级中，级别普遍偏高且缺少区分度。最后，在信用评级质量不佳的背景下，还存在违约率与信用评级倒挂现象，例如，中诚信国际所评 AA 级与 AAA 级违约率发生倒挂。这种现象会极大限度地削弱信用评级的信号功能，并且造成信号扭曲现象。而企业 ESG 评级进入能够提高企业信息透明度，ESG 评级机构会根据企业在环境、社会和治理方面的最新表现进行更新，这种持续跟踪让投资者、消费者和其他利益相关者能够随时获取企业的最新信息，增加企业受到的利益相关者监督以解决信用评级虚高等问题，为规范信用评级机构行为，提高信用评级的公正性提供了解决渠道。

相比于传统的信用评级，企业 ESG 评级所展示出企业经营水平更具有全面性。ESG 评级会对企业环境、社会和公司治理方面的表现作出评价，是对企业整体经营表现的评价并且作为一种信号，能够传递企业社会责任信息，优化市场信息环境，进而缓解信息不对称。已有研究尚未明确 ESG 评级进入与企业信用评级之间的关系，厘清企业 ESG 评级与其信用评级之间的关系是利用企业 ESG 评级信息解决企业信用评级虚高问题的重要前提。一方面，ESG 评级进入可能会进一步增加企业信息披露来源，增加信用评级机构的评级信息来源，促进信用评级机构在更多维度上对于企业的信用水平进行评估，提高信用评级质量。另一方面，ESG 评级可能优化企业信息环境以提高企业的信息透明度，强化外部利益相关者的监督，进而减少评级机构迎合行为，降低企业与评级机构合谋行为的发生概率，从而解决信用评级虚高的问题。然而，ESG 评级所带来的信息效应是否会因为 ESG 评级分歧而弱化？当企业 ESG 评级存在分歧时，市场上的信息数量增加而信息质量下降，市场信息呈现出复杂性。繁而不精的信息会导致投资者难以分辨哪一个评级最接近于企业的真实表现，难以对企业产生合理预期，无法发挥监督效应。因此 ESG 评级分歧会打乱市场信息，提高企业与评级机构合谋行为的隐蔽性，在这种情况下，评级机构是否会更倾向于迎合企业而提高其信用评级具有较大的研究价值。

企业的信用评级虚高是由于信用评级机构的迎合行为。信用评级机构有动机为企业提供较高的信用评级以吸引更多的企业客户，提升自身的市场竞争力以抢占市场份额。然而，企业信用评级虚高会受到 ESG 评级进入与 ESG 评级分歧如何影响以及哪些因素会在此过程中起到调节作用等问题尚未明确。本章试图从信用主体的评级信息含量、信用评级付费制度以及信用评级机构背景等方面，探索 ESG 评级及分歧对企业信用评级虚高的影响路径。当信用评级处于投资人付费模式时，评级机构可能会更加偏向于债券投资者的利益，倾向于向投资者提供更加真实准确的信用评级；当评级机构拥有外资背景时，较高的责任意识或许会减少其迎合行为，减少评级机构与企业的合谋，有可能成为解决信用评级虚高问题的重要路径。此外，本章也尝试研究企业 ESG 评级进入与 ESG 评级分歧影响企业信用评级的过程中企业所处的法律与市场环境所起的调节作用。因而本章提出以下研究问题，ESG 评级的引入对债券主体信用评级究竟产生何种影响？ESG 评级分歧是否会加剧信用评级虚高？地区法治化与市场化水平如何调节 ESG 评级对信用评级公正性的影响？本章在探讨 ESG 评级及其分歧对信用评级虚高的影响路径、丰富信用评级机制理论的同时，为提升评级质量、规范机构行为及优化市场信息环境提供实践指导。

第二节　理论分析与研究假设

一、上市公司 ESG 评级进入与债券主体信用评级

当前我国信用评级市场的种种特征共同造就了发债主体“高评级高违约”现象。其具体表现为，一是信用评级市场中的发行人付费模式加剧了信用评级机构与债券发行人之间的利益捆绑，评级机构的独立性和公正性会受到影响（Kashyap and Kovrijnykh，2016；娄策群和周承聪，2007），在缺乏有效识别和监管的情况下，评级机构为了迎合客户会有意调高其信用评级。二是随着信用评级市场的发展壮大，债券主体对于信用评级机构的选择具有一定自由度，往往会同时被多个信用评级机构进行评级，并在其中选择最有利于自己的评级结果（Skreta and Veldkamp，2009），造成信用评级膨胀，制约我国债券市场的健康发展。三是随着信用评级行业由行政许可制度变更为备案管理制，逐渐提升的行业竞争程度加剧了评级选购行为，从而造成评级虚高（Bolton et al.，2012）。在信用评级市场竞争加剧时，评级机构获取业务的难度有所增加，信用评级机构更倾向于与债券发行人结成利益联盟，迎合其提高评级的需求，从而造成评级结果的扭曲

（Skreta and Veldkamp，2009）。信用评级机构竞争加剧了其与发债公司“合谋”的动机，会导致评级结果膨胀与评级质量下降（徐晓萍等，2018；林晚发等，2022）。而企业的ESG评级进入能够提高企业信息的透明度，增强企业所受的外部监督，降低信用评级机构的合谋动机，为解决发债主体“高评级高违约”现象提供渠道。

首先，企业的ESG表现能够提高企业信息数量与质量，提高企业的信息透明度，优化企业的信息环境，进而对于信用评级机构的迎合行为发挥抑制作用。当企业ESG信息透明度提高时，能够强化外部利益相关者的监督作用，强化信用评级市场的约束作用，迫使信用评级机构提高评级质量。在ESG评级等相关信息未发布之前，评级机构倾向于提升企业的信用评级，进而增加自身对于发债主体的吸引力，以高评级作为评级机构自身的竞争优势，增加企业的业务来源。但是当企业的ESG评级发布后，企业的信息不对称得以缓解，评级机构必须考虑自身的信用评级是否与ESG评级相一致，并在信息透明度较高的市场信息环境下减少其迎合行为，减少不正当竞争，以更加公平公正的标准对企业进行信用评级，从而使信用评级虚高问题得以缓解。

其次，ESG评级增加了资本市场中的信息供给，改善了市场透明度，从而降低债券投资者的信息不对称程度，抑制信用评级机构与企业之间的合谋行为。债券投资者自身会利用多种市场信息对于债券的表现做出心理预期，若信用评级机构做出的评级分析与债券投资者预期存在较大差距，就会对其市场声誉造成负面影响，而声誉和公信力是评级机构赖以生存的核心竞争力，拥有较高声誉的信用评级机构所出具的信用评级信息在市场上的认可度更高（王雄元和张春强，2013），出于对市场声誉的维护以及对未来经营绩效的考量，信用评级机构更倾向于对于企业的信用情况做出真实的判断，减少与企业ESG评级的冲突，防止自身的声誉下降。而ESG评级作为金融市场上一种较为新兴的信息工具，当信用评级机构难以对ESG评级信息的准确性、有效性及其对企业表现有何影响难以精准估量时，往往倾向于对此持谨慎态度，抑制了原本过高的信用评级。

基于以上的分析提出如下假设：

H8－1：ESG评级进入会降低债券主体的信用评级。

二、上市公司ESG评级分歧与债券主体信用评级

信息质量是投资者评估企业ESG绩效和可持续性的重要依据，ESG评级是公司信息披露的重要途径（王翌秋和谢萌，2022）。然而，市场上往往会发生ESG评级分歧，ESG评级分歧是因为市场上不同的ESG评级机构所采用的评级体系不同，导致对同一公司的评级不同。ESG评级分歧导致公司在信息披露方面存在困惑或不确定性，这种不确定性会使得信用评级机构难以准确评判公司的真实绩效表现，从而影响公司风险评估。一方面ESG评级分歧会降低公司的信息披露质量（马文杰和余伯健，2023）。公司在进行信息披露时，往往会参考并遵循ESG评级机构的要求和标准。然而，当存在评级分歧时，公司很难确定应该遵循哪个评级机构的要求，从而导致信息披露的混乱和不一致性。这将直接导致投资者对公司的ESG绩效缺乏清晰的了解，也让公司在ESG领域难以得到客观评价。另一方面，ESG评级分歧使信用评级机构难以准确评估公司的真实绩效。信用评级机构通常会将ESG评级作为判断公司风险和信誉的重要依据之一。当存在ESG评级分歧时，信用评级机构难以确定哪个评级更接近公司的真实情况，这可能导致信用评级机构对公司的风险认知不够全面和准确。因此，企业的ESG评级分歧导致ESG信息失真，影响主体信用评级。

首先，ESG评级分歧会提高企业的信息不对称性，加剧企业的虚假披露行为，造成企业信用评级虚高。根据信息不对称理论，公司和信用评级机构之间存在信息不平衡。ESG评级作为一种信息分享的途径，能够反映更多的企业信息，然而当企业的ESG评级出现分歧时，企业的信息透明度下降，各ESG评级信息难辨真伪。因此企业ESG评级分歧会恶化企业的信息环境，此时，企业会利用市场信息的复杂性隐藏自身的破坏性行为，出现策略性披露行为（林晚发和顾乾坤，2021）。具体而言，在ESG评级存在分歧的情境下，企业进行选择性地披露，将有利于突出其形象信息，并掩盖不利于其形象的信息（黄珺等，2023）。这样一来，评级机构

在评估公司的ESG表现时，将面临缺乏全面信息的挑战，难以准确判断企业的ESG风险和可持续发展情况。除此之外，企业可能会提供具有偏见或经过修饰的信息，以谋求更有利的主体信用评级结果（王兰，2021）。例如，借助操控数据、粉饰财务状况、利用会计漏洞等手段，使得评级机构无法完全识别公司的真实运营状况和ESG风险，从而导致评级结果存在偏差。

其次，ESG评级分歧可能加剧公司和信用评级机构之间的合谋，这种合谋可能出现在两个方面（王生年等，2022）。一方面，由于发行人付费模式的存在，评级机构与公司之间可能存在利益关系，评级机构为了获取更多的业务和收入，可能会与公司进行合谋。当ESG信息环境较好时，评级机构出于自身声誉的考虑会减少与企业的合谋，而当企业的ESG评级存在分歧时，评级机构不必为了保持信用评级而与ESG评级所反映的信息保持一致，并且信息混乱的市场环境下合谋行为具有较高的隐蔽性。因此，在这种情况下，评级机构在与企业合作的过程中可能受到企业的影响，缺乏独立性和客观性，在提供主体信用评级时出于商业考量偏向企业，进而导致评级结果不准确、不可靠。另一方面，在ESG评级分歧的背景下，信用评级机构可以利用ESG评级分歧导致的信息混乱，扩大发债主体的信用评级空间。评级机构可能会通过选择性的信息披露或解读，将公司的ESG风险相对降低，从而提高其信用评级，增加发债主体的吸引力。基于以上分析，提出以下的假设：

H8-2：ESG评级分歧提升了债券主体的信用评级。

第三节 研究设计

一、样本选择与数据来源

本章以2013~2020年A股上市公司作为研究样本。其中，以2013年作为研究起点的原因在于：一方面，第三方评级机构——商道融绿在2015

年推出了自主研发的 ESG 评级体系，并对沪深 300 指数成分股展开评价，建立了中国最早的上市公司 ESG 数据库；为构建 DID 模型，本章的样本区间同时包含了 2013 年和 2014 年的数据。另一方面，考虑到在“双碳”目标的推动下，我国在 2021 年密集出台了有关企业 ESG 信息披露方面的政策，同时涌现了大批 ESG 评级机构，竞争环境的变化无疑会对评级机构的行为产生影响，因此本章将研究样本截至 2020 年。此外，自 2013 年以来，“高评级高违约”现象逐步展现，企业信用评级膨胀问题日益凸显，债券信用评级的准确性与真实性是投资者关注的重要问题。因此本章选取 2013 年之后的样本进行研究，研究企业现阶段可能存在的信用评级问题，为信用评级问题的解决提供现实依据。

本章对于数据进行以下处理：剔除了金融、房地产行业企业、ST 类和当年上市的企业以及变量缺失的企业。其中，企业财务数据来自国泰安数据库，债券相关数据与 ESG 评级数据主要来自 Wind 数据库并通过查询评级机构官方网站进行补充。此外，为控制极端值的影响，本章对所有连续变量进行上下 1% 的缩尾处理。

二、变量定义

（一）被解释变量

我国主体信用评级可分为 21 个等级，分别是 AAA +、AAA、AAA -、AA +、AA、AA -、A +、A、A -、BBB +、BBB、BBB -、BB +、BB、BB -、B +、B、B -、CCC、CC、C，企业的信用评级等级越高，说明评级机构对于其经营状况的认可度越高，认为其信用风险较低。因此，本章参考黄继承和朱光顺（2024）的做法，为充分利用等级差异信息，将主体信用评级（*RR*）的 C 等级赋值为 1，以此类推，逐级增加，即数值越大，表明发债主体所获得的信用评级越高①。

① 需要说明的是，本章样本中缺少一个等级，实际赋值为 20 个等级。

（二）解释变量

本章一方面关注ESG评级机构进入前后信用评级机构评价的差异，并构建ESG评级进入（*ESG*）虚拟变量；另一方面，关注ESG评级机构分歧出现前后信用评级机构评价的差异，并构建ESG评级分歧（*DIS*）虚拟变量。

在构建ESG评级进入（*ESG*）虚拟变量时，本章选取了商道融绿、社投盟、明晟、富时罗素、润灵环球和华证这六家ESG评级机构。随着越来越多的上市公司重视ESG信息披露，各评级机构的样本也随之增加，这一动态的评级进入过程为本章构建多时点双重差分模型提供了契机。参考晓芳等（2021）、胡洁等（2023）的做法，当上市公司在某年度首次被ESG评级机构评级时*ESG*赋值为1，否则赋值为0。

在构建ESG评级分歧（*DIS*）虚拟变量时，考虑到现阶段不同评级机构在评价标准、权重设置和数据使用上存在较大差异，且部分非结构化的ESG信息往往依赖专家的定性分析，导致同一企业在不同评级体系下的得分存在较大差异（Christensen et al.，2022；Berg et al.，2022）。这些差异都可能导致企业在不同评级机构中的ESG评分结果存在显著分歧，从而加剧信息不对称，增加投资者的决策难度，也可能对企业造成多重合规压力。因此，当上市公司同时被两家及以上ESG评级机构评级时，本章将*DIS*赋值为1，否则赋值为0。

（三）控制变量

借鉴林晚发等（2022）、王垒等（2024d）等学者的做法，本章选取企业规模（*Size*）、总市值（*Mv*）、账面市值比（*Bm*）、企业成长性（*Gro*）、资产负债率（*Lev*）、总资产增长率（*Tag*）、产权性质（*Soe*）、独立董事占比（*Bid*）、审计意见（*Aud*）、是否为“四大”（*Big*4）、两职合一（*Dul*）、股权集中度（*Shr*）作为控制变量。此外，本章同时控制了年份（*Year*）和行业（*Ind*）哑变量。具体变量定义和衡量方式如表8-1所示。

表8-1　　　　主要变量定义

变量	基本含义	符号	度量方式
被解释变量	主体信用评级	*RR*	见上文
解释变量	ESG评级进入	*ESG*	企业首次被ESG评级机构评价时为1，否则为0
	ESG评级分歧	*DIS*	企业被任意两家及以上的ESG评级机构评价时为1，否则为0
控制变量	企业规模	*Size*	企业总资产的自然对数
	总市值	*Mv*	企业总市值的自然对数
	账面市值比	*Bm*	股东权益与企业市值的比值
	企业成长性	*Gro*	企业营业收入总额减去上年营业收入总额除以上年营业收入总额
	资产负债率	*Lev*	总负债与总资产之比
	总资产增长率	*Tag*	企业年末总资产增长额与年初资产总额之比
	产权性质	*Soe*	企业的产权性质，国企为1，否则为0
	独立董事占比	*Bid*	独立董事数量与董事会成员占比
	审计意见	*Aud*	审计机构出具的审计意见
	是否为“四大”	*Big4*	是否被四大会计师事务所审计，是为1，否则为0
	两职合一	*Dul*	董事长与总经理的兼任情况，是为1，否则为0
	股权集中度	*Shr*	公司前3位流通股股东持股比例之和

三、计量模型设定

（一）ESG评级进入与债券主体信用评级的计量模型设定

本章借鉴闫昊生等（2021）的做法，采用双重差分模型评估ESG评级进入对债券主体信用评级的影响。具体而言，以企业首次被 ESG 评级这一事件作为外生冲击，利用式（8－1）进行估计：

$$RR_{i,t+1} = a_0 + a_1 ESG_{i,t} + a_j Cons_{i,t} + \sum Year + \sum Ind + \varepsilon_{i,t+1} \quad (8-1)$$

其中，$RR_{i,t+1}$为企业信用评级；$ESG_{i,t}$为上市公司是否首次被 ESG 评级机构评价的虚拟变量，当上市公司在某年度首次被商道融绿、社投盟、明晟、富时罗素、润灵环球或华证评级时 $ESG_{i,t}$赋值为 1，否则赋值为 0；$Cons_{i,t}$为一系列控制变量；$\varepsilon_{i,t+1}$为随机误差项，同时，本章还控制了年份效应和行业效应。

（二）ESG 评级分歧与债券主体信用评级的计量模型设定

在此基础上，本章进一步关注 ESG 评级信息对企业信用评级的影响是否会随着评级机构数量的增加而存在差异。具体来说，由于现阶段不同评级机构在评价标准、权重设置和数据使用上缺乏一致性和透明度，且部分非结构化的 ESG 信息往往依赖专家的定性分析，导致同一上市公司在不同评级体系下的得分存在较大差异（Christensen et al.，2022；Berg et al.，2022），此时信用评级机构所掌握的预测信息及其对应的预期行为可能会发生变化，这为本章的研究提供了第二个维度，据此构建下列模型：

$$RR_{i,t+1} = \beta_0 + \beta_1 DIS_{i,t} + \beta_j Cons_{i,t} + \sum Year + \sum Ind + \theta_{i,t+1} \quad (8-2)$$

其中，$DIS_{i,t}$为上市公司在某年度是否被两家及以上机构进行评级的虚拟变量，当存在第二家评级机构评级时赋值为 1，否则赋值为 0；$\theta_{i,t+1}$为随机误差项；其余变量定义与式（8－1）一致。

第四节　实证结果与回归分析

一、描述性统计

表 8－2 报告了主要变量的描述性统计。其中，债券主体信用评级的最

大值和最小值分别为20和1，平均值和中位数分别为17.2909和17，标准差为1.5373，表明我国债券主体的信用评级普遍偏高。在目前的市场环境下，可能会存在一定的信用评级膨胀现象，为本章的研究提供现实依据。ESG评级进入作为虚拟变量，均值为0.4417，受到ESG评级机构评级的发债公司数量已接近半成，说明ESG在资本市场重要性的逐渐提高。ESG评级分歧的均值为0.2117，表明在拥有ESG评级的上市公司中，部分企业存在ESG评级分歧现象。控制变量中，公司规模的最大值和最小值分别为28.5085和18.2756，标准差为1.3544，说明样本中各公司规模存在显著性差异。独立董事占比平均值为0.3815，而我国法律规定的独立董事占比必须超过董事会人数的1/3相吻合，均值控制在40%以下说明企业更倾向于减少独立董事数量，保证企业的经营决策受到独立董事的影响较少。上述数据特征显著差异性有利于我们开展进一步的研究。其他控制变量的描述性特征均在合理范围之内，与其他相关研究基本一致。

表8-2　　主要变量描述性统计

变量	N	Mean	P50	Sd	Min	Max
RR	5012	17.2909	17	1.5373	1	20
ESG	5012	0.4417	0	0.4966	0	1
DIS	5012	0.2117	0	0.4086	0	1
Size	5012	23.2330	23.0717	1.3544	18.2756	28.5085
Mv	5012	16.1764	16.0571	1.0011	13.9656	20.9933
Bm	5012	-0.4638	-0.3557	0.4882	-3.1866	0.5576
Gro	5012	0.2143	0.1106	1.3756	-0.9924	56.174
Lev	5012	0.5293	0.5324	0.1853	0.0305	4.9952
Tag	5012	0.1795	0.1098	0.4887	-0.8461	23.8167
Soe	5012	0.4431	0	0.4968	0	1
Bid	5012	0.3815	0.3636	0.0756	0.2000	0.7500
Aud	5012	1.0487	1	0.4294	1	6

续表

变量	N	Mean	P50	Sd	Min	Max
Big4	5012	0.1117	0	0.3151	0	1
Dul	5012	0.2384	0	0.4262	0	1
Shr	5012	50.7333	50.4463	16.3134	9.4924	97.5200

二、相关性分析

本章进一步对主要变量进行相关性分析，初步检验 ESG 评级进入、ESG 评级分歧及各控制变量与发债主体信用评级之间的关系。表 8-3 具体展示了主要变量间的皮尔逊相关系数。观察表 8-3 的相关性系数及显著性可知，ESG 评级进入与发债主体信用评级呈正相关，该结论虽然与前面理论分析与研究假说预期相反，但仍不可认定为最终结果，相关系数是一种非确定性的关系，并没有控制其他因素的情况；而因果关系的确定是在控制其他因素干扰的前提下，衡量自变量对因变量的影响大小，因此，需要通过其他检验进一步识别 ESG 评级进入与发债主体信用评级之间的关系。ESG 评级分歧与发债主体信用评级在 1% 的显著性水平下呈正相关，相关系数为 0.3973，表明两者存在较强的正向关系，与前面预期一致，初步说明了 ESG 评级分歧可以提高发债主体信用评级。同时分析得出，各个主要变量间不存在严重的多重共线性问题，在一定程度上保证了回归分析结果的可靠性，为后面的进一步检验和分析提供了基础。

三、实证结果分析

（一）ESG 评级进入与债券主体信用评级的回归结果

ESG 评级进入对债券主体信用评级的回归结果如表 8-4 中列（1）、列（2）所示，从表 8-4 可知，在只加入企业财务特征的控制变量并进行

表 8－3　主要变量相关性分析

变量	*RR*	*ESG*	*DIS*	*Zsize*	*Mv*	*Bm*	*Gro*	*Lev*1	*Tag*	*Soe*	*Bid*	*Aud*
ESG	0.1699 ***											
DIS	0.3973 ***	0.5826 ***										
Zsize	0.7359 ***	0.2571 ***	0.4767 ***									
Mv	0.6437 ***	0.2614 ***	0.5222 ***	0.7399 ***								
Bm	0.3546 ***	0.0857 ***	0.0917 ***	0.5507 ***	-0.0930 ***							
Gro	0.0051	-0.0406 ***	-0.0248 *	0.0233 *	0.0347 **	-0.0168						
Lev	0.1000 ***	-0.0354 **	0.0458 ***	0.4787 ***	0.0765 ***	0.4319 ***	0.0246 *					
Tag	-0.0387 ***	-0.0547 ***	-0.0473 ***	-0.0419 ***	0.0639 ***	-0.1632 ***	0.1714 ***	-0.0483 ***				
Soe	0.3877 ***	-0.0235 *	0.0932 ***	0.4138 ***	0.1710 ***	0.3847 ***	-0.0452 ***	0.2468 ***	-0.1371 ***			
Bid	-0.0633 ***	-0.0128	-0.0369 ***	-0.0724 ***	-0.0058	-0.1005 ***	-0.0147	-0.0560 ***	0.0019	-0.1222 ***		
Aud	-0.1808 ***	-0.0363 **	-0.0462 ***	-0.0398 ***	-0.0641 ***	-0.0172	0.0000	0.1262 ***	-0.0445 ***	0.0027	-0.0131	
*Big*4	0.3680 ***	0.1296 ***	0.2146 ***	0.4098 ***	0.3822 ***	0.1291 ***	0.0063	0.1020 ***	-0.0293 **	0.1592 ***	-0.0060	-0.0196
Dul	-0.2064 ***	0.0501 ***	-0.0217	-0.2049 ***	-0.0867 ***	-0.2207 ***	-0.0006	-0.1217 ***	0.0553 ***	-0.2984 ***	0.1170 ***	0.0216
Shr	0.3275 ***	0.0802 ***	0.1312 ***	0.2808 ***	0.2711 ***	0.0549 ***	0.0195	0.0595 ***	-0.0151	0.1932 ***	0.0249 *	-0.0479 ***

注：*、**、*** 分别表示在 10%、5% 和 1% 的水平上显著，下同。

行业与年份固定效应的情况下，ESG 评级进入与主体信用评级在 5% 的显著水平下负相关，系数为 -0.1363；而在加入全部控制变量与行业和年份固定效应的情况下，ESG 评级进入对主体信用评级在 5% 的显著水平下负相关，系数为 -0.1513。由此验证了假设 H8 -1。这表明，ESG 评级进入会抑制主体信用评级的提升。其原因如下：第一，ESG 评级相关信息增加了资本市场中的信息供给，提高了市场信息透明度并降低了信息不对称程度，使得市场中各参与主体对于发债公司的了解程度有所提升；第二，企业的信用评级会受到更多来自利益相关者的监督，若信用评级机构做出的评级分析与投资者预期存在着较大差距，则会对其声誉造成负面影响。因此，信用评级机构出于对其市场公信力的维护，往往持更谨慎态度，从而抑制了评级结果虚高。

表 8 -4　　ESG 评级进入与债券主体信用评级

变量	(1)	(2)
	RR	*RR*
ESG	-0.1363** (0.0603)	-0.1513** (0.0592)
Size	0.7840*** (0.0857)	0.6359*** (0.0862)
Mv	0.2547*** (0.0913)	0.3289*** (0.0895)
Bm	0.2774** (0.1178)	0.3588*** (0.1156)
Gro	-0.0089 (0.0116)	-0.0059 (0.0095)
Lev	-2.3469*** (0.3156)	-2.0278*** (0.2945)
Tag	-0.0429 (0.0339)	-0.0302 (0.0274)

续表

变量	(1)	(2)
	RR	*RR*
Soe		0.2540*** (0.0505)
Bid		−0.1117 (0.1834)
Aud		−0.3949*** (0.1448)
Big4		0.1216 (0.0780)
Dul		−0.1093*** (0.0365)
Shr		0.0074*** (0.0017)
_cons		−1.5083** (0.6546)
Year	Yes	Yes
Ind	Yes	Yes
adj. R^2	0.6475	0.6719
N	5012	5012

注：*、**、*** 分别表示在 10%、5% 和 1% 的水平上显著，括号内为回归标准误，下同。

（二）ESG 评级分歧与债券主体信用评级的回归结果

从表 8-5 中列（1）、列（2）可知，ESG 评级分歧对债券主体信用评级有显著正向影响。只加入企业财务特征的控制变量并进行行业与年份固定效应的情况下，ESG 评级分歧与主体信用评级在 1% 的显著水平下，系数为 0.3110；而在加入全部控制变量与行业和年份固定效应的情况下，ESG 评级分歧与主体信用评级在1%的显著水平下，系数为0.3036。由此验证了假设H8-2。这表明，不论是加入企业财务特征的控制变量还是所有控制变量，ESG评级分歧会扩大主体信用评级，可能存在信用评级膨胀。其原因可能有以下两个方面：其一，由于市场上的发行人付费模式的存在，信用评级机构出于自身市场竞争力的考虑，可能会主动地和公司进行合谋，迎合企业高信用评级的需求。评级机构倾向于利用混乱的信息环境，迎合企业的需求而提高企业的信用评级，进而获得更多的评级客户。其二，由于公司和信用评级机构存在信息不对称，公司作为信息优势方，对于自身的信息掌握比较全面，而信用评级机构为信息劣势方，只能从市场上获取信息。而ESG评级分歧会加剧市场中信息的复杂程度和混乱程度，减少信用评级机构的可用信息，因此企业出于自身的利益考量，会利用混乱的信息环境，选择性地释放出有利于提高自身信用评级的信息，并且可能会存在欺骗行为，当信用评级机构使用企业披露的利好信息进行信用评级时，会导致企业信用评级膨胀。

表8-5　　　　ESG评级分歧与债券主体信用评级

变量	(1)	(2)
	RR	*RR*
DIS	0.3110*** (0.0852)	0.3036*** (0.0844)
Size	0.7261*** (0.1071)	0.5732*** (0.1197)
Mv	0.1989 (0.1296)	0.2689** (0.1345)
Bm	0.3035* (0.1803)	0.3125* (0.1616)
Gro	0.0170 (0.0380)	0.0040 (0.0387)
Lev	-1.9332*** (0.2551)	-1.4055*** (0.3661)

续表

变量	(1)	(2)
	RR	*RR*
Tag	0.0603 (0.1336)	0.0212 (0.1026)
Soe		0.2982 *** (0.0642)
Bid		0.1257 (0.2778)
Aud		-0.8388 *** (0.2793)
Big4		0.1368 (0.0922)
Dul		-0.1458 ** (0.0569)
Shr		0.0036 ** (0.0017)
_cons	-1.8705 ** (0.7911)	0.8488 (1.0088)
Year	Yes	Yes
Ind	Yes	Yes
adj. R^2	0.6860	0.7213
N	2214	2214

（三）ESG 评级机构国别属性对债券主体信用评级的影响

ESG 评级国别属性对信用评级的回归结果如表 8-6 所示。本章定义当且仅当上市公司当年及以后被国外 ESG 评级机构评价时 *Abroad* 为 1，否则为 0。其中，ESG 评级进入和评级机构国别属性的交互项对债券主体信用评级的影响如表 8－6 中列（1）所示。可以看出，在加入相关控制变量的情况下，ESG 评级进入和评级机构国别属性的交乘项 $Abroad \times ESG$ 在 1% 的显著水平下正向显著，系数为 0.1890。由此可得，在有国外 ESG 评级机构的样本中，ESG 评级进入对主体信用评级的抑制作用会被削弱。其原因可能有以下两个方面：其一，国外 ESG 评级体系和标准与我们国家现实情况契合度较低。国外公司对中国的国情了解度较低，国外的 ESG 评价体系不符合中国现实的情况，其所发挥的信号作用较弱，对于信息环境的优化程度不足，不利于信用评级膨胀问题的解决。其二，国内投资者对国外 ESG 信息解读需要花费更大的成本，因此，相较于国内的 ESG 评级机构，国外的 ESG 评级机构带来的信息透明度约束力更弱，为信用评级机构的虚高评级带来更大的空间。

表 8－6　　ESG 评级、国别属性与债券主体信用评级

变量	(1)	(2)
	RR	*RR*
$Abroad \times ESG$	0.1890*** (0.0506)	
ESG	−0.1259** (0.0596)	
$Abroad \times DIS$		0.1876* (0.0964)
DIS		0.2095* (0.1073)
Controls	Yes	Yes
Year	Yes	Yes
Ind	Yes	Yes
$adj.\ R^2$	0.6727	0.7219
N	5012	2214

ESG 评级分歧和评级机构国别属性的交互项 $Abroad \times DIS$ 对信用评级的影响如表 8－6 中列（2）所示。可以看出，在控制相关变量的情况下，ESG 评级分歧和评级机构国别属性的交互项对信用评级膨胀的回归结果在 10%的显著水平下正向显著，系数为 0.1876。由此可得，在有国外 ESG 评级机构的样本中，ESG 评级分歧对企业信用评级膨胀的促进作用被加强。其原因如下：不同的国外 ESG 评级机构对于企业的 ESG 表现存在分歧时，其产生的干扰性也更大，市场上的信息会更加混乱，在此背景下，信用评级机构利用市场混杂的信息环境来提升债券主体信用评级的可能性也就越高。

四、稳健性检验

（一）内生性检验

1. 平行趋势检验

为检验 DID 模型使用条件，本章对于实证结果进行平行趋势检验，结果如图 8－1 和图 8－2 所示。图 8－1 显示 ESG 评级进入对企业信用评级的影响。结果显示，在政策实施之前，回归系数的估计值不显著；而在政策实施之后，实证结果的回归系数显著为负，该结果主要归因于政策生效提高了企业的信息透明度，ESG 评级进入缓解信用评级主体与评级使用者之间的信息不对称性，抑制评级机构与企业之间的合谋行为，对于企业的信用评级产生显著影响。图 8－2 显示 ESG 评级分歧对企业信用评级的影响。如图 8－2 所示，政策实施前，ESG 评级分歧的回归系数均不显著，证明 ESG 评级分歧对于企业信用主体的影响并不显著，而在政策实施后，前两期回归系数显著为正，证明此时 ESG 评级分歧对于企业的信用评级产生显著影响，但在短期内有效，原因可能是 ESG 评级分歧作用于债券市场的信息环境，增加信息的混乱性，杂乱的市场信息增加评级机构与企业的合谋行为的隐秘性，导致企业的信用评级膨胀现象。

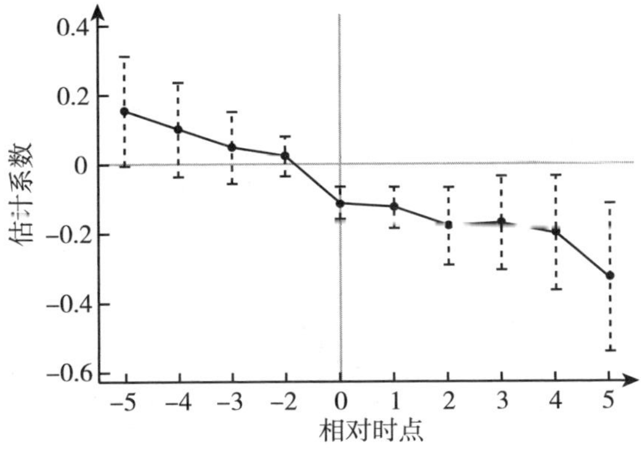

图 8 –1　ESG 评级进入平行趋势检验

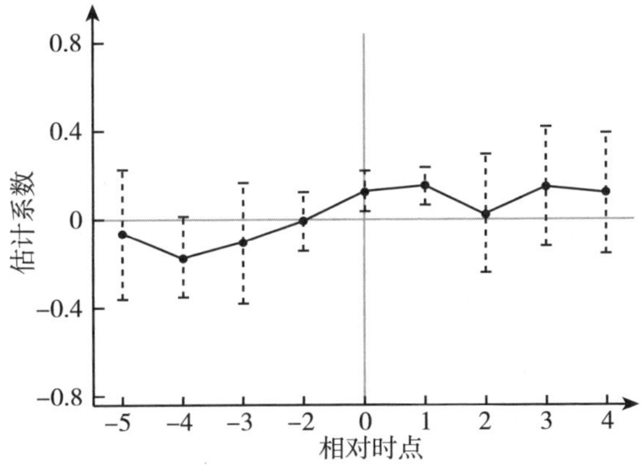

图 8 –2　ESG 评级分歧平行趋势检验

2. 安慰剂检验

为避免未知因素影响研究结果，借助安慰剂检验验证结论稳健性。将 ESG 评级进入及其分歧对债券主体信用评级的回归重复 500 次回归检验。估计系数与 T 值如图 8 –3 和图 8 –4 所示，ESG 评级进入及其分歧的回归系数均匀分布在零值两侧，呈现出正态分布，基准回归系数估计值在 500 次安慰剂检验中均是异常值。安慰剂检验结果表明，ESG 评级进入和分歧的影响确实有效，并非因其他不可观测因素的干扰所致。

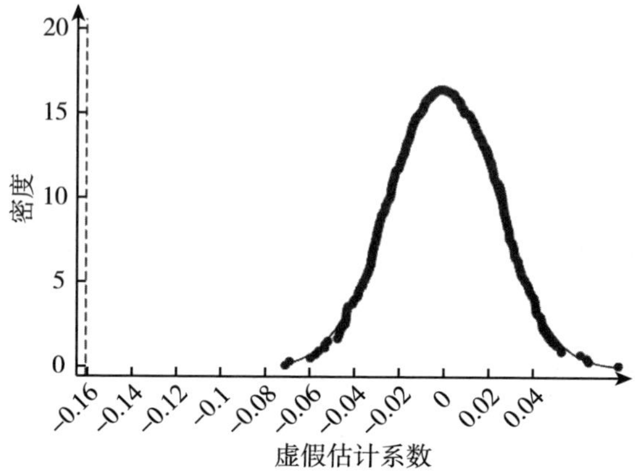

图8-3　ESG评级进入安慰剂检验

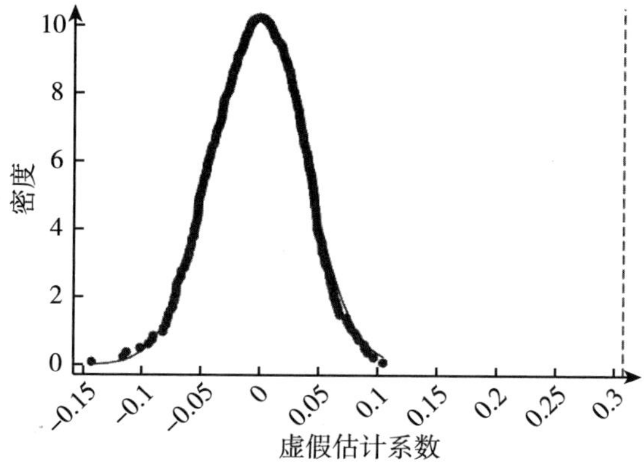

图8-4　ESG评级分歧安慰剂检验

3. Heckman两步法

本章的研究可能存在一定的样本选择偏差问题，因此，利用Heckman两阶段模型解决这个问题。第一阶段，设置哑变量：ESG评级是否进入和ESG评级是否存在分歧，并使用两个哑变量进行Probit回归，得到逆米尔斯比率*IMR*。第二阶段，将得到的逆米尔斯比率加入原模型进行回归，回归结果如表8-7中列（1）、列（2）所示，回归结果依然显著。

表 8-7 ESG 评级与债券主体信用评级：内生性检验

变量	Heckman		PSM - DID	
	(1)	(2)	(3)	(4)
	RR	*RR*	*RR*	*RR*
ESG	0.2085*** (0.0704)		-0.1884*** (0.0711)	
DIS		0.2427** (0.0942)		0.3629*** (0.1345)
IMR	-0.0291 (0.0268)	-0.1349** (0.0600)		
Controls	Yes	Yes	Yes	Yes
Year	Yes	Yes	Yes	Yes
Ind	Yes	Yes	Yes	Yes
adj. R^2	0.6464	0.7059	0.6599	0.4344
N	3486	2096	2311	676

4. PSM - DID

考虑到具有 ESG 评级的公司往往具有较大的规模以及较强的盈利能力，其信用评级本身较高。因此，为缓解处理组与对照组间差异，本章采用倾向性匹配法进行稳健性检验。首先，设置种子，将数据随机排序。基于倾向性匹配得分，采用有放回最近邻匹配法进行匹配，具体地，以控制变量进行配对，选取了得分最接近的公司样本，重新构造实验组和对照组。其次，对匹配结果进行平衡性检验，结果显示匹配后的标准化偏差（% bias）均小于10%，表明匹配后的结果良好。最后，将匹配后的样本进行回归分析，结果如表 8-7 中列（3）所示，ESG 评级进入对发债主体信用评级的回归系数为 -0.1884，且在 1% 的显著性水平下显著；列（4）中，ESG 评级分歧对发债主体信用评级的回归系数为 0.3629，同样在 1% 的显著性水平下显著，说明 ESG 评级进入会显著降低发债主体信用评级，且 ESG 评级分歧会显著提高发债主体的信用评级，对信用评级所产生的影响并非受公司固有特征的影响，由此说明了本章研究结论具有稳健性。

（二）其他稳健性检验

1. 替换被解释变量

信用评级机构作为金融市场中重要的服务性金融机构，其主要业务是对影响经济主体或者债务融资工具的信用风险因素进行分析，就其偿债能力和偿债意愿作出综合评价。从受评主体类型的角度来看，信用评级可分为主体信用评级和债项信用评级两种，若两种信用评级等级存在较大差异，市场可能会对信用评级机构及其所做出的评级分析产生怀疑，因此公司的主体信用评级与债项信用评级往往呈现高度正相关。基于以上分析，本章以公司的债项信用评级作为主体信用评级的替代变量，重新进行回归。表 8 - 8 中列（1）结果显示，公司 ESG 评级进入对信用评级的回归系数为 - 0. 0494，且仍在 10% 的显著性水平下显著；列（2）结果显示，ESG 评级分歧对公司信用评级的回归系数为 0. 2528，在 1% 的显著性水平下显著。从回归结果可知，虽然将被解释变量替换为债项信用评级之后，回归系数有所降低，但其方向与显著性水平均没有改变。由此可见，无论是主体信用评级还是债项信用评级，ESG 评级进入均会降低信用评级，ESG 评级分歧均会提高信用评级，表明本章结果具有较强的稳健性。

2. 行业—年份交互固定效应

本章在主回归中采用年份和行业双向固定效应，考虑到宏观经济因素可能只会作用于某个行业，并且在之后的一段时期内影响单一行业内企业的财务状况等因素，从而对其信用评级结果造成一定干扰。为此，本章采用行业—年度固定效应再次检验，以缓解行业年份的宏观经济特征对模型回归结果的干扰。表 8 - 8 中列（3）结果显示，公司 ESG 评级进入对信用评级的回归系数为 - 0. 1386，且仍在 5% 的显著性水平下呈负相关，支持假设 H8 - 1；列（4）结果显示，ESG 评级分歧对公司信用评级的回归系数为 0. 3127，仍在 1% 的显著性水平下呈正相关，且系数没有发生较大改变，支持假设 H8 - 2。由此可见，本章的结果具有较强的稳健性，即 ESG 评级进入与 ESG 评级分歧分别会导致主体信用评级降低和提高。

表 8-8　　ESG 评级与债券主体信用评级：其他稳健性检验

变量	替换被解释变量		行业—年份交互固定效应		剔除疫情干扰	
	(1)	(2)	(3)	(4)	(5)	(6)
	RR	*RR*	*RR*	*RR*	*RR*	*RR*
ESG	-0.0494* (0.0271)		-0.1386** (0.0585)		0.1626*** (0.0614)	
DIS		0.2528*** (0.0371)		0.3127*** (0.0840)		0.3412*** (0.1066)
Controls	Yes	Yes	Yes	Yes	Yes	Yes
Year	Yes	Yes	No	No	Yes	Yes
Ind	Yes	Yes	No	No	Yes	Yes
Ind × *Year*	No	No	Yes	Yes	No	No
adj. R^2	0.7746	0.8281	0.6541	0.6791	0.6677	0.7083
N	4536	1983	4431	1632	5002	2210

3. 剔除疫情干扰

2020 年突发全球公共卫生事件，全国经济状况不佳，各行业生产销售业务受阻，国内各企业不可避免地遭受重创。一方面，突如其来的停产停工以及消费和投资的停滞导致公司经营绩效和财务状况急剧恶化，加剧了公司风险，可能导致信用评级的下滑；另一方面，信用评级机构作为以盈利为目标的金融服务中介，在经济下行期间，由于中国企业的经营状况下滑，发债企业大大减少，信用评级机构有动机通过给予公司更高的信用评级来维持和招揽业务以降低经济不景气对于营收和利润的冲击，因此评级机构有动机提高企业的信用评级以提升自身的吸引力，获得更多的评级业务以渡过疫情带来的经济冲击，即信用评级机构在疫情期间具有较大合谋动机，存在评级虚高的可能性。因此，本章剔除了 2020 年的样本数据，用 2013～2019 年的数据重新进行回归，结果如下：根据表 8-8 中列（5），ESG 评级进入对公司信用评级的回归系数为 -0.1626，且仍在 1% 的显著性水平下显著，表明 ESG 评级进入会显著降低公司的信用评级；列（6）结果显示，ESG 评级分歧对公司信用评级的回归系数为 0.3412，同样在 1%的显著性水平下显著，表明 ESG 评级分歧会显著提高公司的信用评级。由此可见，在排除了疫情对发债主体信用评级的影响之后，本章的结论依然成立。

第五节 进一步分析与讨论

一、作用机制分析

通过前面论述可知，ESG 评级进入会促使市场信息环境改善，缓解企业信息不对称程度并增加企业信用评级受到的监督力度以缓解信用评级膨胀问题。但如果存在 ESG 评级分歧，市场信息环境恶化，信用评级机构难以使用 ESG 评级掌握企业的真实环境表现，信用评级的真实性有所下降，并且冗杂 ESG 的评级信息将增加信用评级机构与企业之间合谋的可能性，从而影响信用评级机构对企业的信用评级。然而，前面将企业存在 ESG 评级分歧定义为两家及以上 ESG 评级机构对于企业做出 ESG 评级，这种度量方式并不能笼统认为 ESG 评级分歧存在，如果两者的评级体系接近，对于企业的评级结果差异较小，那么不一定会存在 ESG 评级分歧。同时，ESG 评级进入及其分歧对发债主体信用评级的作用机理当前尚不清晰。因此，本章将进一步从 ESG 评级分歧存在性的作用机理以及 ESG 评级对发债主体信用评级的作用机理两个方面展开分析。

（一）ESG 评级分歧存在性检验

关于 ESG 评级分歧的度量，本章使用了连续变量作为 ESG 评级分歧的替换变量重新进行回归，以直接检验 ESG 评级分歧程度高低对债券主体信用评级的影响。与前面保持一致，采取六家国内外 ESG 评级机构数据的标准差作为衡量 ESG 评级分歧的指标（*Disagree*）。从表 8－9 中列（1）可以看出，ESG评级分歧的连续变量 *Disagree* 和发债主体的信用评级在5%的水平下正相关，且系数为0.4044，与表8-4中列（1）、列（2）所示的ESG评级分歧与发债信用评级的回归方向保持一致，即ESG评级分歧确实会提高发债主体信用评级。一方面，因为公司和信用评级机构存在合谋的可能，信用评级机构可能会主动迎合公司，利用混乱的环境，给公司较高的信用评级（张少哲和魏琳，2016）；另一方面，公司可能会存在欺骗行为，释放部分有利于提升自身声誉的信息，导致信用评级机构所得到的信息虚假或不完整，导致信用评级膨胀（寇宗来和千茜倩，2021）。

表8-9　基于ESG评级分歧存在性及债券主体信用评级预测功能的机制检验

变量	(1)	(2)	(3)
	RR	*CS*	*CS*
Disagree	0.4044** (0.1897)		
ESG×RR		-0.2268* (0.1352)	
DIS×RR			0.4004* (0.2210)
Controls	Yes	Yes	Yes
Year	Yes	Yes	Yes
Ind	Yes	Yes	Yes
adj. R^2	0.6932	0.2330	0.2676
N	1061	2121	683

（二）ESG评级对债券主体信用评级的作用机制检验

前述研究表明，上市公司ESG评级进入和ESG评级分歧对其信用评级产生了显著影响。但是尚未厘清其影响机制，既可能是ESG评级相关信息的进入改变了市场中的信息含量，导致信用评级机构在基于市场中各种信息对债券主体进行分析评价的过程中，改变了其评级行为与决策；还可能是公司通过各种手段来干扰评级机构的评估过程，从而影响了主体信用评级的变化。为此，本章将从主体信用评级的预测功能、信用评级机构的付费制度和信用评级机构的外资背景三个角度展开进一步分析。首先，本章分析主体信用评级的预测功能，并探究 ESG 评级进入与 ESG 评级分歧对主体信用评级的影响是否是客观存在的。其次，我们将研究信用评级机构的付费制度，即在发行人付费和投资人付费两种模式下，ESG 评级进入及 ESG 评级分歧对债券主体信用评级的影响。最后，我们将关注外资属性，信用评级机构是否拥有外资背景在 ESG 评级进入和 ESG 评级分歧对信用评级的影响过程中所产生的作用也是至关重要的。

1. 基于主体信用评级预测功能的机制检验

在二级市场中，投资者通常会根据公司的信用评级来为债券定价。信用评级越高，债券的信用风险往往就越小，债券的信用利差也越低（杨国超和刘琪，2022）。但这种关系并非绝对的，信用评级的信息含量是投资者为债券定价的关键所在，投资者会运用企业信用评级中的可用信息作为自身信用风险补偿的参考，提出自身的利率要求。当信用评级信息含量较大、质量较高时，投资者能够充分利用信用评级信息提出符合企业信用评级的利率要求；而如果信用评级无法引导投资者做出相应利率决策，则说明企业的信用评级信息含量较少、质量较低，就可能造成信用利差波动。吴育辉等（2020）的研究指出，信用评级越高，风险越小，投资者要求的风险回报越低，债券信用利差越小。若较高的信用评级并没有带来信用利差的减小，说明此信用评级结果的质量较低，存在膨胀的成分，信用评级机构与债券主体存在合谋。

从表 8 -9 中列（2）可知，ESG 评级进入和信用评级的交互项与信用利差的回归结果在 10% 的显著水平下负向显著，系数为 -0. 2268，说明 ESG 评级进入的信息优化效应强化了主体信用评级的预测功能，即 ESG 评级进入导致市场的信息环境变好，信用评级机构会减少其迎合行为，采取更加公正的评级标准给出企业的信用评级结果，因此投资者可以利用信用评级中的更多信息对企业信用风险要求合理的补偿，从而降低了投资风险和信用利差。

从表 8 - 9 中列（3）可知，ESG 评级分歧和信用评级的交互项的回归结果在 10% 的显著性水平下正向显著，系数为 0.4004，说明 ESG 评级分歧的信息恶化效应弱化了主体信用评级的预测功能，越高的信用评级并不一定预示越低的债券信用利差。这主要是由于 ESG 评级分歧使市场上的信息环境变差，信用评级机构所面临的利益相关者监督作用减弱，会增加其迎合行为，造成信用评级的可信度下降。并且 ESG 评级分歧导致投资者难以根据企业 ESG 评级获得可用的市场信息，投资者所面临的投资的风险增加，从而加大债券信用利差。

综上所述，ESG 评级进入会提高市场信息质量，增加信用评级机构所受到的来自利益相关者的监督作用，能够有效地减少其迎合性行为，提升信用评级的真实性，进而提高投资者对于信用评级的信任度，而信息环境的优化能够降低投资者的投资风险，减少投资者要求的风险补偿，降低债券信用利差。相反，ESG 评级分歧是市场信息环境的一种干扰因素，ESG 评级分歧会降低市场的信息透明度，使得评级机构的合谋动机增强，因此投资者面临的信用风险上升，信用利差增大。

2. 基于付费制度的机制检验

投资人付费和发行人付费是信用评级机构的两种主要付费模式。在投资人付费模式下，信用评级机构对于债券主体的经营情况和风险水平的信用评估费用由投资者支付，而投资人更加关注的是企业的信用风险的实际情况，因此信用评级机构出于客户利益的考虑，会以公平公正的标准给出企业的信用评级结果，保证了评级机构的独立性和公正性，这种模式下的评级质量较高。而在发行人付费的模式下，由于评级机构的收益与发债公司息息相关，评级机构通常会与公司合谋并发布偏向乐观的评级结果（Goldstein and Huang，2020）。基于此，借鉴沈红波等（2021）的研究，根据是否存在中债资信评级，分为投资人付费模式和发行人付费模式，存在中债资信评级即投资人付费模式为 1，不存在中债资信评级即发行人付费模式为 0，分别与 ESG 评级进入和 ESG 评级分歧进行交乘，分析交乘项的结果以研究信用评级的付费制度对于企业 ESG 评级进入与 ESG 评级分歧影响债券主体信用评级的调节作用，回归结果如表 8 - 10 所示。

从表 8 - 10 中列（1）可知，ESG 评级进入与付费模式的交互项的回归结果在 5% 的显著性水平下正向显著，系数为 0.4268，表明投资人付费的信用评级机构更加客观，其更倾向于做出公正的信用评级结果，此时 ESG 评级进入对于评级机构的约束作用减弱。在投资人付费模式下，信用评级机构对于企业的经营状况起到重要的监督作用，而在投资者付费的评级模式较少时，企业的 ESG 评级就会发挥重要的信号作用，从而提升市场信息效率（赵征等，2023）。换言之，在投资人付费模式下信用评级机构会客观中立地利用相关的 ESG 评级等信息，从而发布更加贴合发债主体真实情况的信用评级，抑制了信用评级膨胀。

表 8 - 10　　　　基于付费制度的机制检验

变量	(1)	(2)
	RR	*RR*
$ESG \times FEE$	0.4268** (0.2068)	
$DIS \times FEE$		-0.6265** (0.3096)
Controls	Yes	Yes
Year	Yes	Yes
Ind	Yes	Yes
adj. R^2	0.6720	0.7113
N	5012	2213

从表 8 - 10 中列（2）可知，ESG 评级分歧与付费模式的交互项的回归结果在 5% 的显著性水平下负向显著，相关系数为 -0.6265，表明在投资人付费模式下，评级机构有效的信用预测就是其竞争力的来源，因此信用评级机构为了获得更多的市场客户，会立足于投资者角度以认真负责的态度对于企业的信用质量进行审查，抑制了 ESG 评级分歧对主体信用评级的

膨胀作用。

综上所述，相比于发行人付费模式，投资人付费模式中 ESG 评级进入能够发挥的作用更弱，ESG 评级的进入只发挥信号功能而对于评级机构的合谋行为抑制作用不强。并且在投资人付费模式下，如果存在 ESG 评级分歧，则评级机构会根据投资人的利益，努力寻找贴合公司实际情况的 ESG 评级，提供更加贴合公司实际的信用评级给投资者，从而抑制了 ESG 评级分歧对主体信用评级的膨胀作用。

3. 基于信用评级机构背景的机制检验

根据国别属性，信用评级机构可以分为两种：一种是拥有外资背景的信用评级机构；另一种是没有外资背景的信用评级机构。拥有外资背景的信用评级机构是指其总部或母公司位于国外，或有外资技术支持，同时在全球范围内提供信用评级和研究服务的机构。这些机构通常具有全球化的视野和资源，能够为客户提供更全面、准确和可靠的服务，并具有更广泛的品牌影响力和知名度，受到世界多个国家的监督。因此，拥有外资背景的信用评级机构会相对独立，能够减少与企业之间的合谋行为，会抑制信用评级的上升。若拥有外资背景的信用评级机构和没有外资背景下的信用评级机构的评级结果没有显著差别，那么证明其评级膨胀的原因是公司进行虚假披露。基于此，借鉴林晚发等（2022）的研究，以新世纪为外资背景的信用评级机构，以鹏元与大公国际为本土的信用评级机构，设置变量 BG，存在外资背景的评级机构设为 $BG=1$，不存在外资背景的评级机构设为 $BG=0$，分别与 ESG 评级进入与 ESG 评级分歧交互，进行回归，得到 $ESG \times BG$ 与 $DIS \times BG$。

从表 8－11 中列（1）可知，ESG 评级进入与外资背景的交互项的回归结果在 5% 的显著性水平下正相关，系数为 0.2417，表明 ESG 评级的信号功能在拥有外资背景的信用评级机构中会被削弱，主要是由于不具有外资背景的信用评级机构的责任意识较低，对于企业的经营状况的审查力度不强，且合谋动机较弱，此时，ESG 评级进入所带来的信息披露的监督作用对于信用评级膨胀的治理效应较强。

表8－11 基于信用评级机构背景的机制检验

变量	(1)	(2)
	RR	*RR*
$ESG \times BG$	0.2417** (0.1107)	
$DIS \times BG$		－0.3616* (0.1860)
Controls	Yes	Yes
Year	Yes	Yes
Ind	Yes	Yes
$adj.\ R^2$	0.5935	0.5465
N	1414	634

从表8－11中列（2）可知，ESG评级分歧与外资背景的交互项的回归结果在10%的显著性水平下负相关，系数为－0.3616，表明拥有外资背景的信用评级机构抑制了ESG评级分歧对主体信用评级的膨胀作用。当信用评级机构拥有外资背景时，信用评级机构受到各国投资者的监督，会更加注重自身的声誉，在ESG评级存在分歧的环境下保持公平公正的态度，以客观的态度对于企业做出信用评级，减少与企业之间的合谋行为，缓解企业的信用评级膨胀问题。

综上所述，评级机构的外资背景会增加其受到的监督作用，提升其责任意识，使其能够在信息混乱的环境下发挥更大的信用评级治理功能，ESG评级进入对于不具有外资背景的信用评级机构的抑制作用更强，并且ESG评级分歧对主体信用评级的促进作用被削弱。

二、情境因素分析

基于前面分析，ESG评级进入会显著降低发债主体的信用评级，ESG

评级分歧会显著提高发债主体的信用评级。在当前主体信用评级的评级质量和市场公信力有所下降的背景下，探讨何种因素会在 ESG 评级进入对主体信用评级膨胀的抑制作用以及 ESG 评级分歧对主体信用评级膨胀的促进作用中产生影响，从而寻找对于信用评级膨胀的治理机制，具有重要的现实意义。一方面，法律法规作为社会正式制度安排，对各市场主体都产生着监管和约束作用。随着 ESG 和信用评级方面的法律法规和政策文件的不断出台，在法治化程度较高的地区，各种法规相互配合所产生的作用效果会更好，因此，不同法治化程度的地区 ESG 评级的进入与分歧对于企业信用评级的影响存在差异。另一方面，实现我国债券市场高质量发展，核心在于充分发挥市场在金融资源配置中的决定性作用，这有赖于良好的市场化定价机制，而准确的信用风险评估是债券市场定价的重要基础。在市场化程度较高的地区，各种信息资源的流动配置更加高效，会影响各市场主体的行为和预期，因此，地区市场化水平的差异会导致 ESG 评级进入与评级分歧对于企业信用评级产生差异化影响。本章接下来对地区法治化程度和地区市场化水平的调节作用进行分析。

（一）地区法治化程度

作为正式的制度安排，完善的法治可以有效保护市场参与主体的权益，遏制恶意信用欺诈和逃废债务等行为，从而直接影响微观经济主体的行为和预期。目前，中国各地区法治环境水平差异较大，在具备较为完善的法治水平条件下，信用评级机构受到的监管和制约较强，在进行信用评级相关工作时会更加谨慎和公正，此时 ESG 评级进入的治理效应就会减弱，而 ESG 评级存在分歧时，评级机构迫于法治化压力也会减少与企业的合谋，信用评级膨胀的情况会受到抑制。但若缺少相应的监管和制衡，评级机构出于自身利益与发债企业进行合谋所付出的成本较低，而败露风险降低，此时信用评级机构的迎合行为可能性上升。地区法治化程度体现了当地法治建设的完备程度和政策的有效性，为探究地区法治化程度是否会在 ESG 评级进入对发债主体信用膨胀的抑制作用中，以及 ESG 评级分歧对发债主体信用膨胀的促进作用中发挥作用，本章参照樊纲编制的法律保护指数，对地区的法治环境建设水平进行测度（吴娜等，2021），并按其中位数将样本地区划分为法治环境较好地区和法治环境较差地区。

在ESG评级进入方面，表8－12中列（1）汇报了在法治环境较差地区，ESG评级进入对发债主体信用评级的回归结果，系数为－0.2304，且在1%的显著性水平下显著。列（2）汇报了在法治环境较好地区，ESG评级进入对发债主体信用评级的回归结果，系数为－0.0429，但是不显著。实证结果说明，在法治化水平较高的地区，评级机构受到较高的法律约束，本身的迎合性行为被制约，与企业的合谋减少，因此ESG评级进入的抑制作用不显著。而在法治化水平较低的地区，ESG评级的进入能够对于评级机构与企业之间的合谋行为会大幅减少，对于信用评级膨胀具有显著的抑制作用。

表8－12　　基于地区法治化程度的情境分析

变量	低法治化地区	高法治化地区	低法治化地区	高法治化地区
	(1)	(2)	(3)	(4)
	RR	*RR*	*RR*	*RR*
ESG	－0.2304*** (0.0832)	－0.0429 (0.0667)		
DIS			0.4377*** (0.1319)	0.1679** (0.0776)
Controls	Yes	Yes	Yes	Yes
Year	Yes	Yes	Yes	Yes
Ind	Yes	Yes	Yes	Yes
adj. R^2	0.6241	0.7257	0.6382	0.8079
N	2507	2505	1135	1078

在ESG评级分歧方面，表8－12中列（3）汇报了在法治环境较差的地区，ESG评级分歧对发债主体信用评级的回归系数为0.4377，在1%的

显著性水平下显著。列（4）汇报了在法治环境较好的地区，ESG评级分歧对发债主体信用评级的回归结果，系数为0.1679，同样在5%的显著性水平下显著。比较两者回归系数可知，在法治化程度较差的地区，ESG评级分歧对信用评级膨胀的加剧更加明显，即相比于法治化程度较好的地区，较低的法治化程度进一步强化了ESG评级分歧对主体信用评级膨胀的促进作用。其原因在于，在法治化程度较高的地区，评级机构受法律因素的制约会收敛其合谋动机，减少其迎合行为，在ESG存在分歧的情况下，评级机构也仍会坚守自己的原则，以公正的标准评价企业的信用情况。

综上所述，在法治程度较高的地区，更为完善和严格的监管处罚会压缩此种合谋空间，减弱合谋动机，从而抑制了信用评级结果的虚高。相比于法治化程度较高的地区，法治化程度低的地区中ESG评级的进入能够提升市场信息透明度，增加了信用评级机构合谋和违规的成本，信用评级膨胀问题得以缓解。在低法治化地区中，ESG评级分歧将会增加市场的信息混乱度，增加信用评级机构的合谋动机，使得信用评级进一步膨胀。

（二）地区市场化水平

中国从计划经济向市场经济转轨的过程中取得了举世瞩目的成就，然而，由于各个地区发展的不平衡，不同地区的市场化程度有所差异。因此，有必要进一步研究在市场化程度差异较大的环境下，公司所处地区的市场化水平是否会在ESG评级进入以及ESG评级分歧对信用评级的影响过程中产生作用。本章参照张杰等（2011）、张莉等（2019）的方法，构建要素市场扭曲程度指数来衡量地区市场化水平，要素市场扭曲程度 =（各省区市地区产品市场化进程指数 - 要素市场市场化进程指数）/产品市场市场化进程指数，其中各省区市市场化进程指数依据樊纲等所著的《中国分省份市场化指数报告》进行测度。要素市场扭曲程度越高，说明市场环境越差，将各地区按照要素市场扭曲程度的中位数进行分组，将小于中位数的划分为市场化水平较高地区，否则为市场化水平较低地区。

在ESG评级进入方面，表8-13中列（1）汇报了在市场化水平较高地区，ESG评级进入对发债主体信用评级的回归结果，系数为-0.0841，但不具有显著性。列（2）汇报了在市场化水平较差地区，ESG评级进入对发债主体信用评级的回归结果，系数为 -0.1866，在5%的显著性水平下显著。实证结果发现，在市场化水平较低的地区，ESG评级进入对主体信用评级的降低效应更加明显，即，随着地区市场化水平的提高，市场的信息环境不断优化，信用评级逐渐透明化，因此ESG评级进入对于主体信用评级膨胀的抑制作用降低。

表8-13　　　　基于地区市场化水平的情境分析

变量	高市场化水平	低市场化水平	高市场化水平	低市场化水平
	(1)	(2)	(3)	(4)
	RR	*RR*	*RR*	*RR*
ESG	-0.0841 (0.0920)	-0.1866** (0.0766)		
DIS			0.1813 (0.1286)	0.3824*** (0.1106)
Controls	Yes	Yes	Yes	Yes
Year	Yes	Yes	Yes	Yes
Ind	Yes	Yes	Yes	Yes
adj. R^2	0.6364	0.6902	0.7212	0.6916
N	2553	2437	1151	1046

在ESG评级分歧方面，表8-13中列（3）汇报了在市场化水平较高的地区，ESG评级分歧对发债主体信用评级的回归结果，系数为0.1813，但不具有显著性。列（4）汇报了在市场化水平较差的地区，ESG评级分歧对发债主体信用评级的回归结果，系数为0.3824，同样在1%的显著性水平下显著。实证结果表明，在市场化水平较差的地区，ESG评级分歧对主体信用评级膨胀有明显的强化作用，即相比于市场化水平较高的地区，较低的市场化水平进一步强化了ESG评级分歧对主体信用评级膨胀的加剧作用。其原因在于，当企业所处的市场化程度较低时，企业与外界的信息不对称程度较高，信用评级机构的迎合行为具有隐蔽性，此时信用评级机

构出于客户吸收的考虑，就会调高企业的信用评级，造成信用评级膨胀现象。

综上所述，随着 ESG 评级增加了市场信息复杂程度，在市场化水平较高的地区，更多的关注和监督使得各市场主体更加容易对信用评级机构所做出的不正当行为进行识别和判断，信用评级机构为维护自身声誉以维持和拓宽业务，会提高评级质量。此时，ESG 评级进入的治理作用降低。反之，在市场化水平较低的地区，信用评级机构所受到的关注较少，对其合谋行为的识别变得更加困难，ESG 评级分歧增加了市场信息复杂程度的背景下会加剧其信用评级虚高的动机。综上所述，相比于市场化水平较高的地区，低市场化水平地区中 ESG 评级进入和 ESG 评级分歧对企业信用评级的影响过程中产生作用，而较高的市场化水平有利于抑制信用评级膨胀。

第六节　本章小结

本章考察了 ESG 评级进入与 ESG 评级分歧对发债主体信用评级的影响及其作用机制。首先，通过基准回归分析，检验了 ESG 评级进入和 ESG 评级分歧对发债主体信用评级的影响。其次，探究了不同 ESG 评级机构国别属性下 ESG 评级进入和分歧的影响差异，并剖析了 ESG 评级进入和分歧的作用机制，包括主体信用评级预测、信用评级机构付费制度以及信用评级机构背景。最后，分析了地方法治化程度及地区市场化水平对 ESG 评级影响发债主体信用评级的调节作用。

本章通过实证分析发现：（1）ESG 评级进入与发债主体信用评级呈显著的负相关关系，表明 ESG 评级进入会降低发债主体信用评级；而 ESG 评级分歧与发债主体信用评级呈显著的正相关关系，表明 ESG 评级分歧会提高发债主体信用评级。（2）国外 ESG 评级机构的进入抑制了 ESG 评级对发债主体信用评级的降低作用，而在有国外 ESG 评级机构的样本中，ESG 评级分歧对发债主体信用评级的提升作用被增强。（3）作用机制分析表明，ESG 评级进入提高了信用评级的风险预测能力，验证了信用评级膨胀的存在性，且在具有投资者付费和外资背景样本中，其对信用评级膨胀的抑制作用被削弱；而 ESG 评级分歧降低了信用评级的风险预测能力，且在具有投资者付费和外资背景样本中，其对主体信用评级膨胀的恶化作用被削弱。（4）情境因素分析显示，较差的法治环境和较低的市场化水平强化了 ESG 评级进入和 ESG 评级分歧对主体信用评级膨胀的影响。这些结论为理解 ESG 评级在不同市场环境下的影响机制提供了重要的实证支持。

治理篇

第九章

基于信息生态系统的上市公司 ESG 评级功能治理体系

第一节 基于信息生态系统构建 ESG 评级分歧治理框架

信息生态系统理论是以生态学为核心，结合信息科学建立起来的科学理论，其继承了传统生态学研究生物个体、种群和群落之间的互动关系以及与环境相互影响的观点和方法，旨在探究信息生态系统的构成因子及因子间相互作用等问题（马捷和靖继鹏，2009），从而试图找到维持系统平衡的条件和方法，最终实现信息生态系统的可持续发展（佟林杰和刘博，2020）。信息生态系统的构成因子主要有信息人、信息本体、信息技术和信息环境四类。其中，信息人是指信息生态系统中的行为主体，包括信息供给端和需求端等，构成一个生态链①；信息本体是该系统中其他要素存在的前提，指交流传递的内容；信息技术则是指挖掘、处理和传递信息的相关技术，为系统的正常运行提供了保障；信息环境是指信息活动所处的环境，包括信息政策法规、知识结构、风俗习惯、经济发展等。信息生态系统的理想状态是降低信息不对称、实现信息共享与信息高效传递，但当信息传递过程中出现信息流通不畅、信息传递效率损耗等问题时，便会出现信息生态失衡。

---

① 信息生态链是指在信息生态系统中，不同种类信息人之间信息流转的链式依存关系。

在 ESG 评级分歧的背景下，信息噪音、信息过载等情况时有发生，而信息生态系统理论强调系统性、平衡性的治理哲学在一定程度上与 ESG 评级分歧治理相契合（王垒等，2024c）。因此，本章认为信息生态系统理论对 ESG 评级分歧治理框架的构建具有一定的借鉴意义，主要体现在两个方面：一方面，从信息生态因子层面看，ESG 评级与信息生态都具备信息人、信息本体、信息技术和信息环境四个要素。ESG 评级分歧虽然是以 ESG 评级机构这一主体传递展现出的问题，但本质上是在一定的信息环境下，多方主体利用信息技术完成信息生成、转换、传递及应用的结果。另一方面，从信息生态链层面来看，ESG 评级分歧的形成逻辑与信息生态链具有内在一致性。ESG 评级分歧是沿着信息生态链产生的，其治理思想也应遵循信息生态的系统性逻辑，注重全局性，要避免"忽略治理源头"而仅关注治理流程和环节的"治标不治本"模式。简言之，ESG 评级分歧不仅是 ESG 信息本身的问题，更是制度、技术以及各参与主体的系统性问题。由此，本章基于信息生态系统，综合考虑信息人、信息本体、信息技术和信息环境四个方面，构建以 ESG 评级市场参与者为核心，以 ESG 信息流为本体，以信息技术为保障，兼具改善信息环境又适应信息环境双向变动的 ESG 评级分歧治理框架（见图 9－1），以构建具有一定自我调节能力的 ESG 评级信息系统，提升 ESG 评级的准确性与一致性。

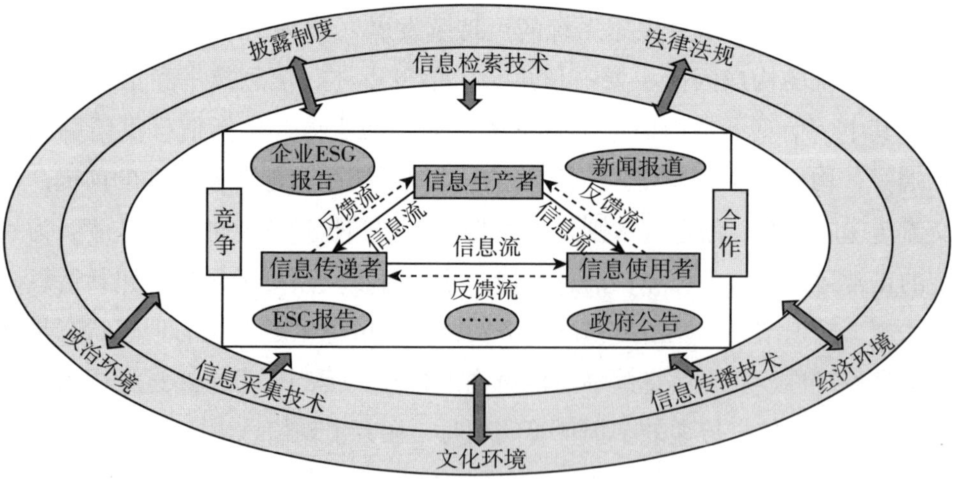

图 9－1　ESG 评级分歧治理框架

第二节　基于信息生态系统分析 ESG 评级分歧治理要素

在 ESG 评级分歧的治理框架下，明确信息人、信息本体、信息技术和信息环境等系统要素的指向性和目标性，不仅能揭示各要素内部之间以及要素与要素之间的逻辑关联，还是保证治理框架的可操作性、实现系统性治理的重要前提，是提升 ESG 评级分歧治理效能的重要前提。

信息人是 ESG 评级分歧治理框架的核心，发挥治理行动的引领作用，决定了治理行动与结果的发展方向，具体是指 ESG 评级生态系统中的各方参与者。在生物生态系统中存在多种食性和生活习性不同的生物，而在信息生态系统中，也包含着多种功能和需求不同的信息人（娄策群和周承聪，2007），包括信息生产者、信息加工者和信息使用者。其中，信息生产者位于产生新信息的生态链起点，包括企业、媒体、政府和团体组织等细分主体。企业是生产企业 ESG 信息最直接的主体，后三者则主要为市场提供动态监测、隐性担保、巡查记录、权威认证等信息来补充信息供给端的信息量。信息加工者位于信息生态链的中间环节，在该治理框架中主要指 ESG 评级机构和专业化数据处理机构，虽然这些机构也产生关于企业 ESG 的信息，但这类信息属于二手信息（ESG 评级）。在整个信息生态系统中，ESG 评级只是数据服务机构对有关信息加工处理的结果。因此，从信息生态系统的生态链视角来看，应将其界定为加工者而非生产者，即使本章拟治理的 ESG 评级分歧是由 ESG 评级机构层面体现的。信息使用者是信息生态链的终点，主要是指投资者、公众等需要根据企业 ESG 表现做出决策的主体。这部分参与者秉持可持续发展理念，如投资者出于理性考虑追求企业长期稳健发展，其通常会借助 ESG 信息判断企业未来经营风险，以此优化自身投资决策（谢红军和吕雪，2022），而公众则普遍具有社会责任偏好，更倾向于支持有正外部性的企业（肖红军和张哲，2016）。可见，ESG 评级分歧治理框架中不同的参与者具有不同的行为动机，在信息生态系统中发挥不同的职能，有效识别并定位信息生态链中不同信息主体的动机与职能，推动多方信息主体发挥禀赋优势主动作为、提升多主体协同参与是推动“以人为本”的信息生态系统有效治理的重要前提。

信息本体是搭建 ESG 评级分歧治理框架的重要基础，指的是 ESG 评级分歧治理框架中不同信息主体之间交流的内容，通常会以表格数据、矢量数据、时间序列数据等结构化形式和文本、图像、视频、元数据等非结构化形式进行传递。需要注意的是，在信息生态系统中，对于 ESG 评级分歧的治理并非仅针对 ESG 评级这一信息本身进行治理，而是针对企业 ESG 表现的全部信息，既包括信息生产者传递出的一手信息，也包括信息加工者传递出的有关企业 ESG 表现的二手信息。就一手信息而言，主要有企业自身以年报、环境报告、社会责任报告等形式披露的传统数据和媒体、政府、行业协会等非企业主体以新闻报道、政府公告、黑白名单等形式披露的另类数据。理论上，这两类数据兼具直接性和重要性的特点，能够最直接地反映企业在 ESG 方面的表现，且能够释放与之对应的关键信息。同时，一手信息具有更强的时效性和可信度，但实际中不同主体，尤其是企业自身具有自利倾向，也可能导致数据本体的客观性不足。就二手信息而言，由于其是对一手信息加工处理后的信息，释放的信息不仅应是 ESG 评级这一结果本身，还应包括 ESG 信息处理过程的信息，即这两类信息的加总才能构成二手信息的全部内容。二手信息作为经加工者处理和解读过的信息，具有更加便捷和全面的特性，可以帮助使用者高效获取和分析 ESG 表现，但加工者在实际处理原始信息过程中存在一定的信息损耗和扭曲，难以保证其准确性和可信度。综合来看，在 ESG 评级分歧治理框架中，既需要推动一手信息的内容客观公正、重点突出，采用的信息标准权威规范，还要保证二手信息全面释放，保障信息加工处理全过程互通共享，促进多信息主体间传输透明化，最终实现信息高质量化。

信息技术是 ESG 评级系统得以运转的重要保障，在一定程度上决定了 ESG 评级分歧的治理效果，包括信息检索、信息加工、信息传播等技术或工具等。信息技术被视为一种外生性因素，ESG 评级生态系统通常不会自行研发新的技术，而是应用与优化已有技术。随着近年来 5G、AI 等数字技术的发展，ESG评级系统可运用的技术逐渐多元，但由于不同阶段、不同信息主体需要完成的任务不同，以致其使用的技术也存在差异。对于企业而言，其需要公布自身ESG的相关情况，5G通讯技术、API接口或API调用、云端数据同步技术等为企业记录经营数据提供便利，“智能化+设备”的应用为企业提供实时经营信息的电子化记录。对信息加工者而言，其需要收集、清洗、分析企业ESG信息，可利用网络爬虫技术提取、存放URL获取网络信息，借助Get Feature方法和GIS系统等获取地理环境、生态信息等相关矢量数据，进一步地，可利用自然语言处理技术，基于NLTK、SpaCy、Gensim、Sklearn等工具对初始数据实现词性标注、句法分析、语义分析、文本分类、情感分析、命名实体识别等预处理和清洗，并可运用聚类分析、关联规则、决策树、支持向量机、神经网络等数据挖掘技术分析有用信息及其关联逻辑。上述各项工具或技术在实际应用中更具灵活性，时常出现一项技术应用于多个环节或多项技术在某一环节集中体现的情况，进而实现ESG信息监测、发布、收集、处理等环节的智能化和便捷化，保证信息传递的时效性和相对客观性。然而，部分技术虽然算法、规则不变，但信息主体输入的初始命令可能存在差异，进而改变其输出结果。由此可见，ESG评级分歧治理要充分发挥人工智能和大数据的工具价值，强调数字技术的互补与结合，发挥技术平台的专业优势，推动技术应用的广泛性和适配性，保证输入命令的科学性，实现ESG评级全链条的动态交互检验，突破ESG评级分歧治理的时空边界。

信息环境是渗透在ESG评级分歧治理框架中的立体化要素，指的是企业、媒体、政府、组织、评级机构等信息主体，利用数据抓取、数据清洗、数据分析等信息技术传递企业ESG信息时所处的场域。根据信息环境与信息主体空间距离的不同，信息环境可分为内部环境和外部环境（傅军民，2020）。其中，内部环境是指空间距离较小，能够直接影响信息主体的各项因素，如信息相关的制度、法律法规等。具体地，ESG信息主体的行为受制于各项规章制度，必须遵守法律这一最低标准，在环境、社会责任、公司治理等具体方面企业需要依据法律法规明确应当履行哪些义务、承担哪些责任，依据制度规范明确应当披露哪些ESG信息以及如何披露等要求，而信息加工者则需要明确自身法律定位，依据相关规章制度，压实信息中介职责，以中立、客观、科学、准确的态度处理和传播 ESG 信息。外部环境则是指空间距离较大，可间接影响信息主体的因素，如政治、经济、文化等。就政治环境而言，ESG 评级的信息主体需要具有较强的政治意识和责任感，增强时代担当和使命感，信息生产者、加工者、使用者的行为决策受乡村振兴、共同富裕、“双碳”目标、双循环格局等时代重任的影响。就经济环境而言，宏观经济发展的速度和质量会直接关系到企业的运营状况与发展前景，促使企业在可持续发展理念下做出不同反应，直接影响企业 ESG 表现及信息释放，进而对不同信息主体传递、加工、使用产生源头性影响。就文化环境而言，不同文化环境会塑造 ESG 信息主体不同的价值观。中国文化强调的人际关系、家庭和社会责任与西方文化强调的个人自由、个人权利和个人责任有所差异，导致各 ESG 信息主体在做出决策时关注的重点也随之不同，进而影响整个 ESG 评级系统的重心与运转。因此，ESG 评级分歧治理需要结合制度、政治、经济、文化等内外环境因素，明确信息主体、信息本体、信息技术与信息环境的联结关系，推动主体、本体、技术三要素与信息环境的双向调适融合，最终实现 ESG 评级分歧治理的靶向目标。

第三节　基于信息生态系统优化 ESG 评级分歧治理方案

前面基于信息生态系统对 ESG 评级分歧治理要素的分析回答了“治什么”的现实问题，而“怎么治”才能系统性地改善 ESG 评级分歧的困境，需要从 ESG 评级分歧的治理原则中寻求解决方案。从信息生态系统视角治理 ESG 评级分歧的原因在于该理论强调的人本观、互动观、系统观和平衡观打破了现有治理体系中目标单一、治理分散、过程脱节等“瓶颈”，突出以信息人为核心驱动、不同参与主体间相互合作，以信息本体为互动载体、不同类型信息高效传递，以信息技术为系统演进动力、不同信息技术有机融合，以信息环境为平衡调适器、不同类型环境动态耦合，最终形成协同发展、动态演进、高效沟通的 ESG 评级生态系统，从而加速 ESG 评级向 2.0 时代转变的历史进程。

ESG 评级分歧治理需要充分发挥信息生态系统人本观思维。人本观即把人作为管理活动的出发点和归宿，处于管理系统的中心地位（邢小明，2013）。在 ESG 评级分歧治理框架下，要求突出“以人为本”的治理特征，推动不同信息人明责、担责、履责，捋清不同信息人的多元复合关系，强化同种信息人内部（横向）以及不同种信息人之间（纵向）的链式依存关系和利益联结机制，实现相关参与者的协同治理。从参与者的横向联动来看，同类型信息人，如信息生产者与信息生产者、信息加工者与信息加工者等，其相互作用关系可大致归为竞争关系和合作关系。在竞争关系中，生产者内部之间和加工者内部之间存在资源的抢占和市场份额的瓜分问题，在此关系下，可利用生态系统“优胜劣汰，适者生存”的生存法则，推动各信息人所在市场的有序竞争，培育各参与主体的 ESG 理念，强化信息主体 ESG 管理、评价、应用能力，最终实现资源的有效分配；在合作关系中，要强调协同发力，可利用同种信息人相同或相似的职能和需求，推动信息共享、技术合作和多部门协同治理，共筑同种信息人所在市场的自律组织，助推各信息人内部达成 ESG 发展共识，助力 ESG 评级生态系统运转的科学化、精准化和规范化。从参与者的纵向联动来看，不同类型信息人之间的相互关联可概括为正向传递关系和负向反馈关系。就前者而言，信息生产者立足于企业表现，释放企业 ESG 信息，其信息既可以直接传输给投资者、公众等信息使用者，也可以通过 ESG 评级机构等信息加工者处理转化为更直观的 ESG 信息传递给信息使用者。在正向传递机制中，企业处于相对被动的局面，除自身 ESG 行为外，难以左右市场中信息加工者和信息使用者的行为，由此可能导致企业产生 ESG“漂绿”行为和信息加工者的不负责行为。而充分利用负向反馈机制是矫正各信息主体无序行为的有效途径。在负向反馈中，需要积极发挥生态链终端信息使用者的核心地位，基于金融机构、政府机构、企业和事业法人等机构投资者的资源配置能力和公众的舆论监督机制，灵活选择可持续发展能力良好的企业和可信赖的评级机构，挤出劣质企业和失信机构，实现 ESG 信息市场的“优胜劣汰”；同时，激发企业对评级机构的逆向监督积极性，对于评级结果与企业实际情况差距较大的评级机构，企业拥有申诉的权利和渠道，从而实现生产者与加工者的双向监督。

ESG 评级分歧治理需要深化信息生态系统的互动观思维。互动观即实现信息主体之间的良好互动，而信息是其互动的重要载体，关乎互动成效的好坏。在 ESG 评级分歧治理框架中，要突出信息本体的交流与共享，优化信息生态链中信息传递的质量和衔接度，降低信息损耗和信息噪音，提升信息内容的覆盖面和精准度，增强信息形式的一致性和可比性，保证信息释放的及时性和有用性，以实现信息本体的高效传递、提高信息透明度。其中，亟待治理的核心信息本体有两类：企业自身出具的 ESG 报告（一手信息）和评级机构发布的 ESG 评级报告（二手信息）。对于前者，要重视 ESG 报告的精准性和可比性，积极推广“强制性 + 自愿性”的 ESG 报告标准和指标细则，基于“上层制定、下层应用”的思维，制定并强制性要求企业采用适用于各行业自身特征的 ESG 报告标准和模板，细化模板填写要求，定期按照固定格式予以公布，对于模板无法体现企业 ESG 行为特殊之处的，企业可在强制性披露报告的基础上，自愿披露相关报告予以补充；同时，强调 ESG 报告的真实性与客观性，提供 ESG 报告中关键信息的支撑材料，公布有关信息的财务数据或其他结构性数据以及视频、图片等非结构化数据作为佐证，实现企业自身公布信息的互动可验性，提高“论点”与“论据”的匹配性，降低 ESG 报告的舞弊风险和“漂绿”嫌疑。对于后者，要进一步重视 ESG 评级报告的信息透明度和质量，明确 ESG 评级的全流程，淘汰仅公布主要议题和主要指标的笼统披露模式，提高从底层指标确定到数据可比性处理、再到打分方法论选择等关键过程的透明度；同时，建立评级机构公布的 ESG 评级报告与企业发布的 ESG 报告的检验机制，既要判定企业某类 ESG 评级获取与其自身 ESG 披露的一致性，也要在此基础上引入第三方 ESG 鉴证报告，同步证明企业 ESG 报告与评级机构的 ESG 评级报告的真实性与客观性，实现信息的互动式检验。

ESG 评级分歧治理需要合理推动信息生态系统的系统性演进升级。系统性演进是以生态系统背后的规律为牵引，以实现信息资源效益最大化为目标，向特定方向演进的过程（丁波涛，2022），信息技术的涌现性①特征为系统向更高层次演进提供契机（张蓓和马如秋，2023）。在ESG评级分歧治理框架中，要注重提升大数据、云计算、人工智能等信息技术的赋能效应，推动信息技术在ESG评级各环节的应用与融合，强调其应用的合理性和可解释性，激发信息技术的涌现性，最终促进信息生态系统的积极演化。其中，信息技术的应用与融合主要体现在企业的技术应用和ESG评级机构的技术应用。就前者而言，推进企业数字化管理是改善ESG信息披露质量的重要渠道，以ESG信息的日常监测和ESG数据的测算为导向，推动5G、AI、AR等技术在ESG信息监测和记录的运用，可以助力企业ESG监测技术和应用平台的开发，协助搭建企业层面ESG数字化系统，实现企业内部ESG信息的自动化监测、收集和测算，减少数据处理的人工错误，提升ESG信息披露的时效性、准确性和客观性，助推ESG数据资源效益最大化。就后者而言，推进评级机构的技术水平优化是提升ESG评级质量的必由之路，充分考虑信息技术在ESG特定应用场景的适用性，跟进ChatGPT等前沿技术在ESG收集处理信息的应用，并注重信息技术应用过程的科学性和可解释性，保证人工向信息技术平台或系统发出的检索指令对ESG理念可解释、数据处理对数据特征可解释、流程设计对科学依据的可解释；同时，结合多种信息技术交叠使用，相互验证不同技术处理后的效果，降低各种技术处理及分析结果的差异性，缩小测算与评级误差，提升ESG评级质量，推动ESG评级生态系统的高质量发展，推进系统性演进升级。

ESG评级分歧治理需要灵活运用信息生态系统的平衡观思维。平衡观是指生态系统在一定时间内结构和功能的相对稳定，强调在外界因素干扰下通过自我调节达到动态均衡的状态（马捷和靖继鹏，2009），即生态系统针对信息环境的变化作出自我调整和自我适应的耦合均衡动态发展。在ESG评级分歧治理框架中，应突出信息环境的外生冲击效应，既要加强信息环境的自我调整，优化信息环境，统一ESG发展理念，又要注重信息主

① 涌现性是指系统通过迭代过程产生新事物，并以此驱动系统向高层次演化。

体的适应性调整，顺应宏观环境的发展趋势，形成周而复始、循环往返、动态耦合发展的ESG评级生态系统。换言之，就信息环境的自我调整而言，要进一步破除目前制度环境的重重藩篱。一方面，要坚持“自上而下”式的ESG评级发展模式，从上层建筑推进ESG发展的整体战略布局，统一ESG发展理念，强调多部门联合行动，推动环境、社会责任、治理三方面的协同治理，并培育ESG相关配套服务组织，推动其系统性发展；另一方面，完善信息生产者的信息披露指引和标准，考虑数据可得性和披露实操性，细化披露的范围、格式、方法和标准等内容，明确强制性披露准则，同时，建立信息加工者的市场准入制度，优化ESG评级机构的市场竞争环境，推动ESG评级机构应公开、敢公开、应透明、敢透明的评级过程披露。就信息主体的适应性调整而言，要进一步融入目前宏观环境的时代潮流。第一，ESG评级生态系统的构建要结合时代责任和政治使命，以新发展理念为核心，推动“双碳”目标、乡村振兴、共同富裕等历史重任的融入；第二，要顺应经济发展形势，充分考虑我国高质量发展阶段的新特征，突出双循环格局的经济增长模式，反映供应链、地方政府债务、创新经济等现实背景；第三，要与社会文化环境相适应，强调集体意识与大局观，围绕企业正外部性、利益相关者等集体利益，构建符合中国国情的ESG评级体系。

第四节　本章小结

ESG评级存在明显的资本市场信息效应，ESG评级分歧的存在干扰了资本市场功能的有效发挥，对我国经济实现可持续发展形成了阻碍，亟待矫正并优化ESG评级的信息功能。考虑到ESG评级分歧的形成具有典型的复杂性和系统性特征，本章结合信息生态系统理论构建ESG评级分歧的治理逻辑和治理框架，将信息生态系统的核心要素、核心理念与ESG评级相结合，明确信息人、信息本体、信息技术和信息环境四大治理要素，遵循人本观、互动观、平衡观等思维，归纳系统性的ESG评级分歧治理原则。

并进一步提出充分发挥信息生态系统人本观思维、深化信息生态系统的互动观思维、合理推动信息生态系统的系统性演进升级、灵活运用信息生态系统的平衡观思维，形成评级各流程环环相扣的信息功能治理逻辑和有效对策，为降低 ESG 评级无效分歧、提升 ESG 评级的决策价值提供了系统方案。

第十章

ESG 评级下资本市场异质参与主体的行为策略优化

第一节 ESG 评级下资本市场异质参与主体的行为逻辑

ESG 投资理念在全球范围内得到广泛传播，不仅逐渐成为衡量企业可持续发展能力的重要标准，也在一定程度上重塑了资本市场相关主体的行为逻辑。作为反映企业 ESG 表现的重要组成部分，ESG 评级能够提高企业的信息透明度，增加企业在市场上的 ESG 信息含量，在综合评价企业发展质量和信用状况方面起到了重要作用。但 ESG 评级分歧的客观存在也大大增加投资者的信息搜寻成本，导致信息环境恶化，使 ESG 评级难以对资本市场发挥治理功能。因此，有必要具体分析资本市场中最具代表性的股票市场和债券市场，分别探究两个市场中参与者的行为策略并对其进行优化。

对股票市场而言，基于股票市场中不同参与者对 ESG 评级与 ESG 评级分歧的行为反应模式，探究其挖掘 ESG 评级信息的优化路径，进而强化 ESG 评级在股票市场中的股权融资功能与资源配置功能。其中，股票投资者在 ESG 评级的框架下，其行为逻辑主要体现在对 ESG 信息的解读和反应上。投资者越来越倾向于将 ESG 评级作为评估企业长期价值和风险的重要指标，也更加关注企业在环境保护和社会贡献方面的表现，认为高 ESG 评级的企业往往具有更好的风险管理和长期增长潜力；证券分析师在 ESG 评级体系下的行为逻辑则体现在对企业投资价值的分析和预测上。分析师不仅关注财务指标，也越来越多地关注对企业 ESG 实践的评估，通过研究企业的 ESG 报告和相关数据，提供对企业未来综合表现的预测，这些预测有助于市场更全面地理解企业价值。

对债券市场而言，基于债券市场中不同参与者对 ESG 评级与 ESG 评级分歧的行为反应模式，探究其挖掘 ESG 评级信息的优化路径，保持信用评级结果的准确性与客观性，进而强化 ESG 评级在债券市场中的杠杆融资功能和风险防范功能。其中，债券投资者在 ESG 评级的影响下，更加关注企业的信用风险和长期偿债能力，认为良好的 ESG 实践可以降低企业的运营风险，提高其信用评级，从而降低债券投资的风险。因此，债券投资者在做出投资决策时，会综合考虑企业的 ESG 评级和财务状况。信用评级机构在 ESG 评级体系下的行为逻辑则体现在对企业信用风险的预测和计量方面。企业的 ESG 表现被视为影响企业信用风险的重要指标，评级机构在进行信用评级时越来越重视 ESG 评级的影响权重，这直接影响债券的定价和企业的融资成本。

然而，ESG 评级分歧的系统性存在也同时对上述资本市场的异质参与主体产生了深远影响，不仅增加了信息处理的难度，也可能导致市场效率的降低。在股票市场，对于股票投资者而言，评级分歧可能导致投资者难以判断哪个评级更能准确反映企业的真实 ESG 表现，可能会降低市场对 ESG 信息的信任度，从而降低 ESG 参与投资决策的实际效率。证券分析师在面对 ESG 评级分歧时，可能需要投入更多资源来综合不同评级机构的观点，以形成对企业 ESG 表现的全面评估。这不仅增加了分析师的工作负担，也可能影响其报告的客观性和准确性，分析师的预测和建议甚至会因为评级分歧而变得更加谨慎，反而误导市场预期和股票价格。在债券市场，ESG 评级分歧一方面可能导致债券投资者对企业的整体风险评估产生分歧；另一方面也可能影响债券信用评级机构的权威性和市场认可度，反而加剧了债券定价的复杂性和市场的波动性。

在 ESG 评级及其派生的评级分歧的背景下，资本市场的异质参与主体展现出不同的行为逻辑。股票投资者和证券分析师更加重视企业的长期价值和社会责任，而债券投资者和信用评级机构则更关注企业的信用风险和偿债能力，但ESG评级分歧也同步对资本市场的异质参与主体产生了负面影响。总而言之，上述行为逻辑的变化反映了市场对ESG因素的重视，随着ESG评级体系的不断完善和市场对ESG信息需求的增加，预计这些行为逻辑将继续演变，最终促进资本市场的可持续发展。

第二节　ESG评级下股票市场参与主体的行为策略

一、股票市场参与主体的行为策略矩阵

作为一种新兴的市场评级信息，ESG评级正逐渐成为股票市场不可或缺的一部分，它不仅能够为市场参与者提供更为丰富的企业信息，还能在稳定投资者情绪、提升股票定价效率方面发挥重要作用。ESG评级通过揭示企业在环境保护、社会责任以及公司治理方面的表现，有助于市场更全面地评估企业的长期发展潜力和风险，对于股票市场的股权融资功能和资源配置功能具有显著的治理作用。然而，随着越来越多的ESG评级机构加入市场，各机构之间产生的评级分歧成为一个不容忽视的问题。这种分歧可能会恶化股票市场的信息环境，导致投资者和信息中介难以有效吸纳ESG评级中所传达的企业特质信息，从而削弱ESG评级在股票市场中的功能治理作用。

鉴于此，探讨股票市场中不同参与者针对ESG评级及其分歧的行为反应模式显得尤为重要。通过深入研究，本章可以找到引导这些参与者更有效地挖掘和利用ESG评级信息的方法，进而促进ESG评级在股票市场中发挥其应有的治理作用，强化股票市场的股权融资和资源配置功能。本章旨在从股票投资者和证券分析师这两个股票市场的代表性参与主体出发，考察它们在面对ESG机构进入及ESG评级分歧时的行为选择。本章不仅关注不同参与主体如何对来自不同ESG评级机构的结果作出反应，同时也考虑这些反应如何受到特定情境因素的影响。基于此，本章将构建一个决策矩

阵，用以描述股票投资者与证券分析师对ESG评级信息的不同反应模式，为相关理论研究和实践应用提供有价值的参考依据。该决策矩阵将有助于理解不同参与主体如何在复杂的市场环境中做出最优决策，以及如何通过优化行为策略来最大化ESG评级信息的价值，最终推动股票市场的健康稳定发展（见表10－1）。

表10－1　股票投资者与证券分析师对ESG评级信息反应的决策矩阵

	ESG评级进入	ESG评级分歧
股票投资者	（1）由于可得信息增加，ESG评级进入会提高投资者情绪、增加股民的决策依据、降低股票流动性，进而降低股价同步性，提高股票定价效率； （2）由于制度与文化壁垒，国外ESG评级进入对股票定价效率的提升作用较低； （3）由于货币政策影响投资者情绪和决策偏好，货币政策不确定性和货币政策的宽松会增强ESG评级进入对股票定价效率的提升作用	（1）由于信息挖掘难度提升，ESG评级分歧会降低投资者情绪、减少股民的参考依据、增加股票流动性，进而提高股价同步性，降低股票定价效率； （2）由于权威机构的光环效应掩盖了ESG评级的有效信息，有国外ESG评级机构时评级分歧对股票定价效率的抑制作用更强； （3）由于货币政策影响投资者对ESG评级分歧的接受能力，货币政策不确定性和宽松度会使ESG评级分歧对股票定价效率的不利影响进一步恶化
证券分析师	（1）由于ESG评级产生增量信息，ESG评级进入缓解分析师预测偏差。然而在信息环境较差、分析师跟踪较多公司或为非明星分析师的情况下，ESG评级进入会降低信息筛选难度和集中注意力，从而更有效降低分析师预测偏差； （2）由于存在国内外信息交流的制度与文化壁垒，当存在国外ESG评级时，会削弱ESG评级进入对分析师预测偏差的缓解作用； （3）分析师的信息搜寻机制受双重情境因素影响，在外部媒体关注度高和企业不参照GRI标准披露中，ESG评级进入具有显著的抑制预测偏差作用	（1）由于ESG评级产生冗余信息，ESG评级分歧会加剧分析师预测偏误。然而在信息环境较好、分析师跟踪较少公司或为明星分析师的情况下，会形成信息的有益补充，从而缓解预测偏差； （2）由于国外权威机构传递出的ESG信息更受分析师关注，当存在国外ESG评级时，会加剧ESG评级分歧对分析师的预测偏差的恶化作用； （3）分析师的信息筛选机制受双重情境因素影响，外部媒体关注分散和内部企业不参照GRI标准披露会加剧ESG评级分歧对分析师预测偏差的恶化作用

二、股票投资者的行为策略优化

1. 重视增量信息，提高投资者利用ESG评级挖掘企业特质信息的能力。一方面，个人投资者在面对ESG评级信息时，应提升对ESG特质信息的重视程度，增强自身的金融知识和分析能力，关注多个ESG评级机构的评价结果，对比分析不同机构的评级差异，从中挖掘出企业的核心特质信息，避免因单一评级机构的信息偏差而做出错误的投资决策。这有助于减少ESG评级分歧带来的负面影响，提高投资决策的科学性和准确性。具体而言，首先，个人投资者应积极学习和掌握ESG评级的基本知识。通过参加线上线下的培训课程、阅读专业书籍和研究报告，了解ESG评级的评价标准和方法，增强自身的金融分析能力。这不仅能帮助投资者更好地理解ESG评级信息，还能提高其对市场动态的敏感度和判断力。其次，个人投资者应关注多个ESG评级机构的评价结果，对比分析不同机构的评级差异。不同评级机构的评价标准和方法可能存在差异，导致评级结果有所不同。通过对比分析，投资者可以更全面地了解企业的ESG表现，减少因单一评级机构的信息偏差而做出错误的投资决策，这有助于提高投资决策的科学性和准确性，降低投资风险。最后，个人投资者应学习利用技术工具和平台，实时获取和分析ESG评级信息，借助智能手机应用程序和在线投资平台，投资者可以方便地获取最新的ESG评级数据和市场动态，提高信息获取的效率和准确性，通过实时监控和分析，投资者可以及时调整投资策略，抓住投资机会，规避潜在风险。

另一方面，机构投资者拥有更多的资源和专业的投研团队，应充分利用这些优势，建立系统的ESG评级分析框架，综合考虑多个外部评级机构的数据，形成自己的独立判断；同时也应重视对企业ESG表现的实地调研，获取第一手的资料，以验证外部评级的准确性和可靠性。通过这种方式，机构投资者可以更好地利用ESG评级信息，识别企业的潜在风险和投资机会，优化投资组合，提高投资回报率。具体而言，首先，机构投资者应建立专门的跨学科 ESG 研究团队，负责收集、分析和解读 ESG 评级信息，确保信息的全面性和准确性。通过多学科的合作，机构投资者可以更深入地理解企业的 ESG 表现，提高评级信息的应用价值。其次，机构投资者应开发内部的 ESG 评级模型，综合考虑多个外部评级机构的数据。利用大数据和人工智能技术，机构投资者可以开发出更加精准和全面的 ESG 评级模型，形成自己的独立判断。通过综合多个外部评级机构的数据，机构投资者可以减少评级分歧带来的负面影响，提高评级的准确性和可靠性。最后，机构投资者应加强对企业的实地调研，获取第一手的资料。通过与企业进行面对面的沟通，了解企业的 ESG 管理实践和未来规划，机构投资者可以获得更多的内幕信息，验证外部评级的准确性和可靠性，这不仅有助于提高投资决策的科学性和有效性，还能降低潜在的投资风险，提高投资回报率。

综上所述，无论是个人投资者还是机构投资者，都应积极提升自身利用 ESG 评级信息的能力，通过多渠道获取和分析 ESG 数据，减少 ESG 评级分歧带来的不确定性，提高投资决策的科学性和有效性。这不仅有助于投资者实现更好的投资收益，也有助于推动股票市场的健康发展。

2. 结合本土实际，引导股票市场投资者理性识别国外权威机构传递的 ESG 评级信息。一方面，个人投资者在面对国外权威 ESG 评级机构的信息时，应保持理性的态度，结合本国的实际情况进行分析。由于不同国家的经济环境、法律法规和文化背景存在差异，国外评级机构的评价标准可能不完全适用于国内市场。因此，个人投资者应关注国内监管机构和行业协会发布的 ESG 标准和指南，结合这些标准对国外评级信息进行校准和调整，并参考国内知名 ESG 评级机构的评价结果，从而形成更加全面和客观的投资决策。具体而言，首先，个人投资者应关注国内监管机构和行业协会发布的 ESG 标准和指南。这些标准和指南通常更符合国内市场的实际情况，可以帮助投资者更好地理解 ESG 评级的评价标准和方法。通过参照这些标准，个人投资者可以对国外评级机构的信息进行校准，确保评级信息的适用性和准确性。其次，个人投资者应结合国内的经济环境和法律法规，对国外评级信息进行分析。不同国家的经济环境和法律法规存在显著差异，这些差异可能会影响ESG评级的标准和结果。因此，个人投资者在利用国外评级信息时，应充分考虑这些差异，避免盲目跟从，做出更加理性的投资决策。最后，个人投资者可以参考国内知名ESG评级机构的评价结果，形成更加全面和客观的投资决策。国内知名ESG评级机构通常更熟悉本地市场，其评级结果更具针对性和实用性。通过对比国内外评级机构的结果，个人投资者可以更全面地了解企业的ESG表现，减少信息不对称带来的负面影响，提高投资决策的科学性和准确性。

另一方面，机构投资者在利用国外权威ESG评级信息时，应建立一套科学的校准机制，确保评级信息的适用性和准确性。机构投资者可以与国内的ESG评级机构合作，共同研究和开发适合本土市场的ESG评级标准，同时定期进行内部审核和评估，确保其使用的ESG评级信息符合国内市场的实际情况。通过这种方式，机构投资者可以更好地识别和利用国外权威ESG评级信息，提高投资决策的科学性和有效性。具体而言，首先，机构投资者应与国内的ESG评级机构合作，共同研究和开发适合本土市场的ESG评级标准。通过合作，机构投资者可以结合国内市场的特点，制定更加科学和实用的评级标准，提高评级信息的准确性和可靠性，这种合作还可以促进国内ESG评级体系的发展，提升整个市场的透明度和公信力。其次，机构投资者应定期进行内部审核和评估，确保其使用的ESG评级信息符合国内市场的实际情况。通过定期的内部审核，机构投资者可以及时发现和纠正评级信息中的问题，确保评级结果的准确性和一致性。这不仅有助于提高投资决策的科学性和有效性，还能降低潜在的投资风险。最后，机构投资者应加强对国内市场的研究和分析，结合本土实际情况对国外评级信息进行校准。通过深入研究国内市场的经济环境、法律法规和文化背景，机构投资者可以更准确地评估国外评级信息的适用性，避免因信息偏差而做出错误的投资决策。这有助于机构投资者更好地利用国外权威ESG评级信息，提高投资决策的科学性和有效性。

综上所述，投资者在利用国外权威ESG评级信息时，应结合本土实际情况，理性识别和校准评级结果，确保评级信息的适用性和准确性，从而更好地利用国外权威 ESG 评级信息，提高投资决策的科学性和有效性，促进股票市场的健康发展。

3. 维稳货币政策，构建利于股票投资者搜寻和识别 ESG 评级信息的外部制度环境。一方面，监管部门应通过实施适度宽松的货币政策，为股票市场创造一个稳定的外部环境。在货币政策宽松度较高的情况下，市场流动性充足，投资者更容易获取和利用 ESG 评级信息，监管部门可以通过降低利率、增加货币供应量等措施，提高市场的整体活跃度，降低投资者的融资成本，增强其对 ESG 评级信息的搜索和识别能力。此外，监管部门还应加强对 ESG 评级机构的监管，确保评级信息的真实性和透明度，减少评级分歧，提高市场信心。具体而言，首先，监管部门应通过降低利率和增加货币供应量等措施，实施适度宽松的货币政策。这不仅可以提高市场的整体活跃度，增加市场流动性，还可以降低投资者的融资成本，使投资者有更多资金用于搜寻和识别 ESG 评级信息。充足的市场流动性有助于提高投资者对 ESG 评级信息的获取和利用效率，增强其投资决策的科学性和准确性。其次，监管部门应加强对 ESG 评级机构的监管，确保评级信息的真实性和透明度。通过建立健全的监管机制，监管部门可以规范 ESG 评级机构的行为，减少评级分歧，提高评级信息的可信度，这不仅有助于增强市场信心，还可以减少投资者因信息不对称而产生的投资风险。最后，监管部门应鼓励和支持 ESG 评级机构的发展，提高其评级能力和公信力。通过提供政策支持和技术指导，监管部门可以帮助 ESG 评级机构提升评级质量，为投资者提供更加可靠和全面的 ESG 评级信息。这有助于投资者更好地利用 ESG 评级信息，做出更加科学和合理的投资决策。

另一方面，在货币政策不确定性较高的情况下，监管部门应采取一系列措施，稳定市场预期，减少投资者的焦虑和不确定性。监管部门可以通过及时发布政策导向和市场信息，增强市场的透明度，帮助投资者更好地理解和应对政策变化，并且应鼓励和支持 ESG 评级机构的发展，提高其评级能力和公信力，为投资者提供更加可靠和全面的 ESG 评级信息，从而帮助投资者在不确定的市场环境中做出更加科学和合理的投资决策。具体而言，首先，监管部门应及时发布政策导向和市场信息，增强市场的透明度。通过定期发布货币政策报告和市场动态，监管部门可以及时向市场传递政策信号，帮助投资者更好地理解和应对政策变化，这有助于稳定市场预期，减少投资者的焦虑和不确定性，提高其对ESG评级信息的利用能力。其次，监管部门应鼓励和支持ESG评级机构的发展，提高其评级能力和公信力。通过提供政策支持和技术指导，监管部门可以帮助ESG评级机构提升评级质量，确保其评级信息的准确性和可靠性，这不仅有助于增强市场信心，还可以为投资者提供更加全面和可靠的ESG评级信息，帮助其做出更加科学和合理的投资决策。最后，监管部门应建立和完善市场风险管理机制，减少政策不确定性对市场的影响。通过建立健全的风险预警和应对机制，监管部门可以及时发现和处置市场风险，减少政策不确定性对投资者的负面影响，这有助于维护市场的稳定性和健康性，提高投资者对ESG评级信息的利用效率。

综上所述，监管部门应通过维稳货币政策，构建一个有利于股票投资者搜寻和识别ESG评级信息的外部制度环境，提高其对ESG评级信息的利用效率，从而促进股票市场的健康发展，提升市场的资源配置效率。

三、股票市场信息中介的行为策略优化

1. 优化信息传递，引导证券分析师利用ESG评级挖掘企业未来发展的战略信息。对于具有较大影响力的明星分析师而言，应当利用自身专业的优势，一方面，提高对ESG评级进入信息的判断能力，以降低预测偏误；另一方面，继续加强明星分析师对ESG评级分歧信息的分析，从中发现能够反映企业真实ESG表现的关键信息，以提升自身对企业未来发展的预测准确性和精确性。相比于普通分析师，明星分析师具备更强的社会影响力和信息分析能力，这意味着他们更有可能在ESG评级存在分歧时，快速发现那些能够真实反映企业ESG表现的信息，为资本市场提供有价值的参考。因此，相关监管部门应重视明星分析师的信息挖掘功能和信息扩散功能，引导明星分析师利用ESG评级信息挖掘企业特有的未来发展战略，借

助这一股票市场信息中介使市场充分吸纳 ESG 评级传递的增量信息，为 ESG 评级发挥股票市场的功能治理作用提供保障。首先，相关部门需要进一步规范明星分析师的评选机制，将 ESG 信息识别与挖掘能力纳入明星分析师评选的参考条件，引导明星分析师关注 ESG 评级产生的增量信息并使其发挥作用。其次，由于鉴别企业真实 ESG 行为比较困难，仅凭 ESG 评级信息难以识别企业真实的 ESG 行为，因此相关监管部门应引导明星分析师重视企业的真实 ESG 行为，通过多种方式搜寻相关信息，为筛选不良 ESG 信息、降低 ESG 信息的分歧判断难度提供保障。最后，由于注意力有限，明星分析师在面对 ESG 评级进入的信息时难以做到对相关信息的理性分析，因此需要进一步强化金融从业人员与金融科技的相互融合，借助程序化软件提高明星分析师的 ESG 信息挖掘能力，帮助明星分析师筛选和分析能够反映企业真实状态的 ESG 评级信息，使 ESG 评级能够更好地发挥对股票市场的功能治理作用。

普通分析师对 ESG 评级信息和投资理念的关注程度有待提升，其研究水平和对相关信息挖掘能力也需要进一步强化。与明星分析师相比，普通分析师对 ESG 评级的专业分析能力和研究水平较低，并且相关规范仍不完善，难以使普通分析师在股票市场中发挥信息中介作用。因此，相关监管部门要从研究能力、法律法规和职业道德教育三个方面入手，提升分析师对 ESG 评级的分析能力和预测水平。首先，相关监管部门要引导分析师群体提升自身对 ESG 评级的研究水平，增强其对股票市场定价“失灵”的识别能力，从而提升 ESG 评级的股票市场治理功能。其次，相关部门还应完善相关的法律法规，使证券分析师将 ESG 评级背后隐含的企业未来发展战略信息传递至股票市场，完善 ESG 信息传递的制度基础。最后，相关监管部门需要注重对明星分析师的职业道德教育，提高明星分析师在从业过程中的独立成效原则，降低明星分析师与企业间利益冲突对其行为决策产生的影响，从而畅通 ESG 评级向股票市场发挥功能治理作用的信息中介渠道。

2. 回归本土治理，引导证券分析师理性认识国外 ESG 评级机构传递的信息。一方面，明星分析师需要理性认识国外权威机构传递的 ESG 评级信息，借助ESG评级的细分指标判断评级结果的合理性，通过自身强大的社会影响力扩散能够反映企业真实信息的ESG评级，缓解ESG评级进入造成的功能治理失效。与国内评级机构相比，国外评级机构虽然具备更加丰富的ESG评级经验和更标准的ESG评级流程，但面临国内外的制度壁垒和文化壁垒时可能出现评级标准失效的情况，尤其当国内外ESG评级机构的结果出现分歧时，失效的ESG评级信息可能会掩盖真实信息，使ESG评级无法发挥功能治理作用。作为社会影响力巨大的股票市场信息中介，明星分析师具备强大的信息挖掘能力，有能力挖掘出被掩盖的真实ESG评级信息，并将其反映于预测信息中以帮助股票市场优化价格发现机制。因此，相关监管部门应当激励明星分析师挖掘国内外ESG评级机构产生分歧的真实原因，借助这一优质信息中介对ESG评级信息进行筛选，将评级分歧作为信息增量提高其预测的准确性。此外，还应注意到明星分析师可能与国外的权威评级机构之间建立信息沟通渠道，通过组建ESG评级相关的研讨论坛等形式强化明星分析师与国外评级机构之间的关系，借助明星分析师向国外评级机构传递中国本土的ESG治理需求，帮助相关机构降低ESG评级过程中面临的制度壁垒和文化壁垒，使国外权威机构的ESG评级经验真正服务于中国资本市场。

另一方面，普通分析师需要正视自身在股票预测活动中面临的现实需求，在多源ESG评级中寻找对应信息以加强预测准确度，正视国内外评级机构的ESG评价分歧现象，有的放矢地寻找目标信息以缓解信息噪音的不利影响。凭借丰富的ESG评级经验与标准的ESG评级流程，国外权威机构的评价具有光环效应并容易被证券分析师接受，但制度壁垒和文化壁垒可能导致其评级结果难以真正发挥功能治理作用，使证券分析师的预测准确度下降。与明星分析师相比，普通分析师更加信赖国外权威机构的ESG评级信息，从而导致其预测结果偏离本土实际，无法使ESG评级信息发挥对资本市场的功能治理作用。因此，监管部门应制定相关政策帮助普通分析师提升对ESG评级的甄别能力，借助经验交流会等方式构建明星分析师与普通分析师之间的知识交流渠道，全面提升证券分析师的ESG分析技术和能力。此外，还需要弱化普通分析师对标准流程和评级经验产生的盲信心理，使分析师能够结合中国本土的治理实际寻找 ESG 评级中的相关指标，从细分维度强化证券分析师对 ESG 评级的信息筛选机制，从而吸取企业 ESG 评级内传递的未来发展战略信息，提高自身预测准确度并发挥 ESG 的功能治理作用。

3. 内外双向发力，缓解媒体鲜少关注和企业信息过度披露对分析师信息识别能力的影响。一方面，外部媒体应认识到自身在资本市场中的信息中介身份，合理利用自身的影响力监督企业管理行为，通过提高媒体关注度来促进企业提高信息透明度。适度的媒体关注不仅可以帮助企业更好地展示其真实经营状况，还可以帮助分析师更容易地区分哪些信息是可靠和有价值的，这将有助于集中分析师对 ESG 评级的注意力，强化 ESG 评级信息效应的发挥。然而，需要注意的是，过高的媒体关注可能会加剧企业承担的舆论压力和管理层的代理问题，迫使管理层为了迎合公众心理，采取盈余管理等信息操控手段向市场披露不实信息，从而恶化股票市场的信息环境，并使分析师难以将注意力集中在 ESG 评级上，阻断了 ESG 评级通过影响股票市场信息中介来发挥功能治理作用的过程。因此，相关监管部门应鼓励媒体在提高关注度的同时，保持客观公正的态度，避免对特定企业施加不必要的舆论压力。同时，监管机构应引导媒体与企业、分析师之间形成良好的互动机制，确保媒体在报道企业 ESG 信息时，既能有效地传递有价值的信息，又不会导致企业因过度关注而采取信息操控行为。通过这种方式，媒体可以在提高企业信息透明度的同时，帮助分析师更好地处理 ESG 评级信息，减少预测偏差，从而发挥 ESG 评级在股票市场中的积极作用。因此，媒体应调整自身在股票市场中的角色，做好由施压者向监督者的转变，借助公众力量合理监督企业行为，同时吸引更多专业人士关注企业的 ESG 表现，监督企业在财务信息和 ESG 信息两个层面的信息披露行为，促使企业为股票市场提供可信的信息并辅助分析师判断其未来发展趋势，提高分析师预测的准确度。此外，媒体还应注意到 ESG 对企业未来发展的重要意义，积极向社会公众以及专业分析师宣传 ESG 投资理念，引导专业分析师认识到 ESG 评级中蕴含的企业未来发展信息，帮助专业分析师挖掘多源 ESG 评级中传递的增量信息，缓解分析师面临复杂信息过程中的筛选难题，畅通ESG评级发挥对股票市场功能治理作用的信息中介机制。

另一方面，相关监管部门应认识到企业是否参照GRI信息披露标准与ESG评级的双重作用对分析师预测偏差的影响。企业参照GRI标准进行信息披露，能够提供高质量、透明的数据。这有助于分析师获取更多准确、可靠的信息，从而提高其预测的准确性。这既可以加强ESG评级进入对于分析师预测偏误的缓解作用，又可以缓解ESG评级分歧对于分析师预测偏误的加剧作用。当企业不参照GRI标准进行信息披露时，ESG评级进入可以形成对分析师预测的有益信息补充，从而降低分析师预测偏误；而分析师在面对企业不充分的信息披露和ESG评级分歧时，会提高他们信息搜集和整理难度，从而加剧预测偏误。因此，相关部门应强化企业信息披露的透明度和完整性，要求企业在遵循GRI标准披露信息时，不仅要提供正面的信息，也要公开不利的信息，确保信息的全面性和真实性。首先，通过引入第三方审计机制，对企业ESG报告的真实性和完整性进行定期审查，增加企业信息披露的可信度。其次，要促进分析师对ESG信息的有效利用。通过为分析师提供培训项目，帮助他们更好地理解和分析ESG信息，特别是当企业遵循GRI标准披露大量信息时，如何高效地筛选和整合相关信息。最后，建立行业指导原则，建议分析师在评估企业时考虑ESG因素的重要性，并提供具体的操作指南，从而提高分析师预测的准确度，充分发挥ESG评级信息在股票市场中的功能治理作用。

第三节　ESG评级下债券市场参与主体的行为策略

一、债券市场参与主体的行为策略矩阵

由于能够反映企业的未来发展方向，ESG评级能够辅助判断企业的财务经营状况并为债券市场提供增量信息，畅通债券市场资金融通渠道并缓

解企业融资约束，对债券市场的杠杆融资功能和金融风险防范功能发挥治理作用。然而，多家ESG评级机构产生的分歧会恶化债券市场信息环境，不仅给投资者利用ESG评级信息带来困难，更是为信用评级机构与信用评级主体合谋虚增信用评级创造了条件。因此，有必要基于债券市场中不同参与者对ESG评级与ESG评级分歧的行为反应模式，探究引导其挖掘ESG评级信息的优化路径，保持信用评级结果的准确性与客观性，从而为ESG评级发挥对债券市场的功能治理作用，强化债券市场的杠杆融资功能和金融风险防范功能提供参考。因此本章将从债券投资者和信用评级机构两个债券市场的代表性参与主体对ESG评级机构进入和ESG评级分歧两种信息的行为反应出发，考虑不同参与主体的行为选择、对不同ESG评级机构的评级结果反应和情境因素影响，构建债券投资者与信用评级机构对ESG评级信息反应的决策矩阵（见表10－2）。

表10－2　债券投资者与信用评级机构对ESG评级信息反应的决策矩阵

	ESG评级进入	ESG评级分歧
债券投资者	（1）由于ESG评级会产生增量信息，ESG评级进入会使投资者更加关注债券及发行人的信息，减少信息不对称，减少债券投资者的有限关注约束程度，降低债券信用利差； （2）由于制度与文化壁垒，国外ESG评级进入对债券信用利差的降低作用较小； （3）由于市场风险影响债券投资者的风险偏好，较低的金融发展水平和信贷筛选能力会抑制债券市场自我调节功能的实现，从而促使债券投资者积极寻找第三方指标，推动了ESG评级对债券信用利差的功能治理作用的发挥	（1）由于ESG评级分歧导致信息挖掘难度提升，使投资者更加关注市场和宏观层面的信息，增加信息不对称，加剧债券投资者的有限关注约束程度，提高债券信用利差； （2）由于权威机构的光环效应掩盖了ESG评级的有效信息，有国外ESG评级机构时评级分歧会导致债券信用利差的扩大幅度更高； （3）由于市场风险影响债券投资者对ESG评级分歧的行为反应，较低的金融发展水平和信贷筛选能力加剧了ESG评级分歧对债券信用利差的不利影响

续表

	ESG评级进入	ESG评级分歧
信用评级机构	（1）由于ESG评级进入会优化市场信息环境，使得投资者面临的企业信息环境更加透明，进而抑制信用评级机构与企业合谋来虚增债券主体评级的动机，缓解了信用膨胀； （2）由于国外ESG评级的信息改善效应受制度壁垒和文化壁垒影响，国外ESG评级进入对债券主体信用评级膨胀的抑制作用较差； （3）由于外部营商环境是影响ESG信息传递的重要因素，较好的法治环境与市场化程度能够帮助ESG评级发挥对债券市场的功能治理作用，从而削弱ESG评级进入的影响	（1）由于ESG评级分歧加剧了债券市场中的信息不对称问题使市场环境变差，给信用评级机构与企业合谋虚增债券主体评级创造了条件，加剧了信用膨胀； （2）由于国内外ESG评级机构的分歧使债券市场信息环境恶化，有国外ESG评级机构时评级分歧会加剧债券主体信用评级膨胀； （3）由于ESG评级分歧的信息掩盖效应受外部营商环境影响，较好的法治环境和市场化程度能够抑制ESG评级分歧对债券市场的不利影响，缓解ESG评级分歧导致的债券主体信用评级膨胀

二、债券投资者的行为策略优化

1. 强化目标导向，引导投资者选择性利用多源ESG评级判断债券信用属性。一方面，机构投资者应该理性认识债券市场中多源ESG评级产生的增量信息，借助ESG评级判断企业未来经营情况，并将其反映于债券投资中，使债券价格反映企业的真实经营状态。与股票市场相比，债券市场存在交易量小和流动性差的问题，导致ESG信息难以自发融入债券的价格决定机制中。作为债券市场的核心参与者，机构投资者具备更多的信息渠道和更加专业的投资方式，他们有能力识别并挖掘多源ESG评级产生的增量信息，然后通过市场投资行为将ESG信息融入债券价格中。因此，在关注ESG评级的基础上，相关监管部门还应引导机构投资者关注ESG评级的生成过程，从细分指标中寻找ESG评级分歧产生的信息增量并加以验证，借此寻找债券市场中隐藏的套利机制，使债券利率能够反映企业的财务经营实际。其次，相关监管部门应引导机构投资者意识到债券市场中潜在的风险因素，倒逼机构投资者在 ESG 评级中搜寻关于债券发行人的特质信息，使 ESG 评级发挥对债券市场的功能治理作用。最后，监管部门还应注意到有限注意是机构投资者无法充分利用 ESG 评级信息的重要原因，要让机构投资者意识到仅依靠市场和宏观层面的信息分析债券利率难以反映真正的债券价格，从而引导机构投资者发现 ESG 评级产生的增量信息在债券市场中独特的经济价值，促使机构投资者在多源 ESG 评级中寻找重要的决策参考信息，使 ESG 评级真正反映于债务价格中并发挥功能治理作用。

另一方面，个人投资者应认识到 ESG 评级在债券市场中的应用价值，借助 ESG 评级判断企业真实的财务状况和违约风险，为完善债券市场的价格决定机制贡献力量。个人投资者在债券市场中的交易量逐渐增加，是影响债券利率的重要因素之一。然而，与机构投资者相比，个人投资者缺乏对债券市场的风险意识，难以利用 ESG 评级信息做出理性投资判断，使债券利率偏离实际违约风险。因此，相关监管部门扭转个人投资者对债券违约风险的感知程度，倒逼个人投资者识别企业的经营情况并借助 ESG 评级辅助判断，引导个人投资者通过 ESG 评级中传递的未来发展信息识别企业的真实财务状况，帮助 ESG 评级发挥对债券市场的功能治理作用。相关监管部门还需要强化个人投资者对 ESG 投资理念的认识，强化个人投资者对 ESG 评级的判断能力。具体而言，可以通过为投资者提供 ESG 投资理念教育活动，向投资者普及 ESG 投资知识，倡导投资者建立理性的 ESG 投资理念，使个人投资者意识到 ESG 评级对传统财务信息的补充作用，促使个人投资者在债券市场上的投资行为回归理性。

2. 重视区位差异，引导债券市场投资者理性认识国外 ESG 评级机构产出的信息。一方面，机构投资者应当理性认识国外权威机构产出的 ESG 评级信息，结合中国本土债券市场特征判断国外 ESG 机构评级指标设计的合理性，为设计符合中国债券市场的 ESG 评级标准和 ESG 评级流程提供专业建议。由于国内外存在较高的制度壁垒和文化壁垒，国外评级机构难以掌握中国债券市场的制度特征和企业真实的财务属性及违约风险，因此在确定ESG评级时会更加重视市场与宏观层面的信息，导致企业真实信息被淹没。在此过程中，机构投资者凭借专业的信息识别能力和投资能力可能成为挖掘真实信息的潜在力量，使债券市场吸纳ESG评级中传递的企业特质信息，发挥ESG评级的功能治理作用。因此，机构投资者应当从指标层面挖掘国内外评级机构产生评级分歧的原因，借助识别到的企业未来发展信息指导债券市场投资活动，借助市场力量使ESG评级融入债券价格确定的过程之中，利用机构投资者的专业能力筛选符合中国债券市场的ESG评级信息并剥离ESG评级分歧产生的信息噪声，畅通ESG评级在债券市场中发挥功能治理的作用渠道。此外，还应注意到机构投资者的机构身份，通过举办ESG评级研讨会等方式构建机构投资者与国外权威机构之间的信息沟通渠道，引导机构投资者向国外ESG评级机构传递中国债券市场制度与发行规则，降低国外权威机构评级过程中面临的多重壁垒，使国外丰富的ESG评级经验和标准的ESG评级流程为中国债券市场服务。

另一方面，个人投资者应认识到国外评级机构自身的局限性，提高自身对ESG信息的识别能力，避免受权威机构的光环效应影响，在债券市场投资中保持客观理性，营造更加适应中国本土市场的ESG评级信息传递环境。由于国内ESG评级机构仍处于起步阶段，国外ESG评级机构具有的权威属性，使其得出的ESG评级结果被投资者广泛接受。然而，国外评级机构具有自身局限性，受区位差异产生的制度壁垒和文化壁垒影响，国外评级机构ESG评级信息可能难以反映企业的特质信息并进一步掩盖市场中的真实信息，降低债券定价效率。不同于机构投资者，个人投资者自身判断能力和对ESG的认识存在不足，导致其更倾向使用权威机构传递的ESG评级指导债券投资，使企业的特质信息被淹没。因此，相关监管部门应帮助债券市场中的个人投资者增强对ESG投资理念的认识，了解ESG评级对传统财务信息的补充作用，借助典型投资案例分享帮助个人投资者明确债券投资活动中ESG评级发挥的重要预测作用，引导个人投资者使用ESG评级细分指标筛选符合投资需求的评级结果，弱化个人投资者对权威机构的盲从心理，使债券市场充分吸收ESG评级产生的增量信息并反映到债券利率中，发挥ESG评级在债券市场中的功能治理作用。

3. 优化金融发展环境，为债券投资者高效吸纳 ESG 评级信息创造外部条件。一方面，相关监管部门应注意到限制资本充足率能够降低负面信息在金融市场中的传递速度，提高债券市场的信息透明度，使债券市场投资者更容易发现 ESG 评级隐含的企业特质信息，提高债券市场定价效率，帮助债券市场发挥杠杆融资功能与金融风险吸纳功能。因此，监管部门应进一步完善商业资本银行的监管制度，强化以资本充足率为核心的银行风险行为控制体系，避免银行短视行为与逐利行为增加金融市场系统性风险，从而提高债券市场的稳定性和自我调节能力，促进债券市场在吸纳和发放 ESG 评级信息中高效发挥更有效的作用。此外，由于商业银行的业务结构与资本充足率之间存在相关关系，尤其部分创新型业务在使银行节约资本的同时，也会使银行承担的风险提升，不利于债券市场自治理机制的发挥。因此，监管当局需要考虑商业银行应对相关政策采取的创新型业务调整行为，从多个维度化解其行为对监管效果的反作用力，引导商业银行与监管当局良性互动，使监管效果达到最优，为债券市场投资者获取 ESG 评级信息创造良好环境，发挥 ESG 评级进入“最后一道关口”的作用。最后，对商业银行自身而言，应注意到不同金融市场之间的风险联动关系，降低逐利动机，强化稳健经营的管理理念，为债券市场发挥自我调节功能营造长期稳定的外部信息环境。

另一方面，商业银行还应意识到不良贷款率能够反映自身的信贷风险和信息筛选能力，向债券市场传递负面信息并影响投资者预期，削弱债券市场自我调控机制。因此，商业银行应加强自身贷款投放的科学性与谨慎性，注重内部风险控制机制的建立和完善，结合当前宏观经济形势和自身业务需求合理配置信贷资产，阻断不良贷款率引发的债券市场恐慌和信息掩盖效应，使债券投资者能够有效降低其债券风险预期水平，规避债券风险过度溢价的问题，避免触发 ESG 评级，发挥“最后一道关口”功能治理作用。此外，相关监管部门也需要从政策层面对银行信贷行为做出科学指导，加强银行信贷资产对实体经济的支持作用，引导商业银行根据自身实际情况与经营优势设计贷款计划，增强信贷投放的科学性和主动性，避免盲目跟风放贷和政策性放贷使不良贷款率提升，从而防止不良贷款率提升对债券市场信息环境优化的不利影响，为债券市场发挥自我完善作用创造更加优质的信息环境。

三、债券市场信息中介的行为策略优化

1. 强化双向监管，防止ESG评级分歧引发信用评级机构与发债主体合谋虚增评级。一方面，发债主体应意识到信用评级的财务预警作用和ESG评级的信息补充作用，积极利用信用评级与ESG评级修正自身的经营问题，以真实的企业财务状况的改善来追求企业长远发展，保持与评级机构之间的独立性，为市场传递准确评级信息，减少债券违约事件的发生。债券违约会给发债主体带来极具破坏性的经济恶果，使发债主体的后续融资成本显著增加，而独立且准确的信用评级与ESG评级不仅能够向市场传递发债主体的真实信息，更是能够作为发债主体修正经营方式和控制财务风险的重要参考。因此，相关监管机构在严厉打击评级违规行为的同时，还应引导发债主体正确认识信用评级和ESG评级对其长期发展的重要意义，降低发债主体主动与评级机构合谋的行为动机。此外，相关监管部门还可以动用利益相关者的力量介入微观决策，帮助股东等治理角色建立事前、事中和事后的监管机制，防止发债主体借助ESG评级分歧引发的混乱市场环境与评级机构合谋，从而虚增债券主体信用评级。在事前，提高股东等利益相关者对发债主体与信用评级机构间独立性的审核机制，选取业界独立性好、专业性强、名誉度高的信用评级机构进行评级，降低信用评级机构与发债主体合谋掩盖财务问题并膨胀信用评级的可能性。在事中，引导利益相关者加大对信用评级机构的评级流程监督，尤其在ESG评级存在分歧导致市场环境出现混乱时，防止发债主体与信用评级机构趁乱合谋。在事后，需要引导利益相关者确定信用评级结果的可信程度，畅通利益相关者对信用评级结果的反馈渠道，确保传递到债券市场中的信用评级结果真实可信。

另一方面，信用评级机构应认识到自身行为对债券市场投资的引导意义，坚守职业道德底线与独立性，为债券市场提供准确客观的信用评级结

果。信用评级结果是债券市场定价的重要参考依据，也是衡量债券违约风险的重要标准，因此相关监管部门应进一步强化对信用评级机构的监督与引导，加强信用评级规范化、法治化、标准化和流程化建设，为信用评级机构保持外部独立性提供制度保障。此外，相关监管部门还应提升信用评级机构责任意识，落实信用评级虚高的责任分配，防止评级机构利用ESG评级分歧的混乱信息环境与信用评级主体进行合谋，引导信用评级机构关注信用评级主体应对信用违约事件的预防机制，督促信用评级机构监督检查偿债资金池等投资者保护措施的合理性与有效性，根据企业生产经营状况实时调整偿债资金池中的现金储备，防止信用评级主体出现信用违约事件从而对自身专业性和行业名誉造成不利影响。

2. 关注本土环境，引导信用评级机构理性辨识国内外ESG评级分歧蕴含的企业信息。一方面，内资信用评级机构需要理性判断国外ESG评级机构传递的ESG评级结果，借助自身本土优势反映ESG评级结果中传递的企业真实信息，避免对国外ESG评级权威机构产生信息依赖，提高信用评级结果的准确性与可靠性。相比于国外的债券市场，我国债券市场仍处于发展阶段，而且在我国特殊的经济制度背景下具有不同于国外市场的发展模式与发展特征，这种制度差异导致国外ESG评级机构难以准确把握中国债券市场的发展信息，难以做出契合中国债券市场发展的评价标准。在此过程中，内资信用评级机构凭借对国内债券市场的熟练把握，能够为国外ESG评级机构了解中国市场和降低制度壁垒提供便利。因此，相关监管部门应当引导内资信用评级机构认识到国外ESG评级机构的局限性，提高内资信用评级机构对ESG评级的识别能力，促使内资信用评级机构借助ESG评级细分指标筛选符合信用评级需求的结果，弱化内资信用评级机构对国外权威ESG评级机构的盲目依赖性，使信用评级结果充分吸收ESG评级产生的增量信息，发挥ESG评级的功能治理作用。此外，相关监管部门还应注意到构建内资信用评级机构与国外ESG评级机构之间信息沟通渠道的必要性，利用座谈会等方式创造双方共同交流的机会，不仅使内资信用评级机构能够借鉴国外ESG评级机构的先进评级流程，更是可以让国外ESG评级机构充分了解中国本土债券市场信息，避免ESG评级偏离中国本土实际。

另一方面，外资信用评级机构应适当关注国内ESG评级机构的评级结果，加强与国内ESG评级机构及信用评级企业的信息沟通，制定契合中国债券市场发展阶段的信用评级制度，为债券市场投资者提供可靠借鉴。由于国内ESG评级机构处于起步阶段，其评估结果的受众范围较小。然而，凭借对本地企业信息较高的掌握程度，国内ESG评级机构产出的ESG评级结果在一定程度上可以反映企业的特质信息，是外资信用评级机构了解中国企业的重要信息渠道。因此，相关监管部门应为国内ESG评级机构与外资信用评级机构搭建沟通渠道，帮助外资信用评级机构了解ESG评级中蕴含的企业的真实财务状况和未来发展战略信息，为外资信用评级机构识别中国企业的财务风险和经营问题提供便利，为外资信用评级机构向市场释放准确信用评级信息提供保障。此外，相关监管部门还可进一步引导外资信用评级机构加强与评级主体企业的交流，了解中国企业的ESG管理实际，在信用评级过程中选择性吸收ESG评级传递的企业信息，提高ESG评级对债券市场的功能治理作用。

3. 优化营商环境，为ESG评级借助债券市场信息中介发挥功能治理作用创造条件。一方面，良好的法治环境能够有效对冲多源ESG评级对债券市场信息环境的遮掩作用，降低信用评级机构与发债主体合谋虚增信用评级的可能性，为ESG评级通过债券市场信息中介发挥功能治理作用提供保障。因此，相关监管部门不仅需要完善法律制度，而且还要从执法环境和司法环境入手优化执法、司法流程，利用良好的法治环境对冲ESG评级分歧对债券市场信息环境造成的不利影响。首先，相关部门需要重新审视法律政策体系的完整性和对债券市场发展阶段的适用性，使相关法规内容更加适用于ESG新理念指导下的债券市场投资行为，全面提升法规有效性与企业合规成本的满意度，引导信用评级机构吸纳ESG评级信息完善评级结果，发挥ESG评级对债券市场的功能治理作用。其次，相关执法机构应进一步优化执法司法流程，在通过强化规范执法理念、明确政府职能履行边界、强化行政权力监督和重视企业权益保障提升执法环境的同时，还应加强司法过程的透明度与公正性，确保司法途径的有效性和适用性，优化债券市场的司法环境，对冲ESG评级分歧对信息环境的负面干扰，提高信用评级机构的独立性，发挥ESG评级对债券市场的功能治理作用。

另一方面，自由的市场环境能够提升ESG评级信息在债券市场上的传递效率，使信用评级机构能够利用ESG评级辅助判断公司的财务经营状况，为债券市场提供更加准确的信用评级结果，发挥ESG评级的功能治理作用。因此，相关监管部门需要进一步明确政府的作用边界，合理向市场放权，利用市场力量解决资源配置问题并优化信息传递过程，减少对债券市场的非必要干扰，畅通信用评级机构自发吸纳ESG评级信息的过程，引导信用评级机构将企业ESG表现反映于信用评级结果之中，使ESG评级能够对债券市场发挥功能治理作用。此外，相关监管部门还需要结合产业发展需求进一步优化行业竞争结构，防止较高的行业垄断程度导致的信用评级机构独立性不足，从而避免信用评级结果无法真正反映企业财务信息状况和ESG行为特征的现象，畅通ESG评级通过债券市场信息中介发挥功能治理作用的自发机制，避免信用主体评级过度膨胀。

第十一章

结论与展望

第一节　研究结论

环境、社会和公司治理作为可持续发展理念在实体经济中的具体映射，代表了一种与中国式现代化相契合的价值理念、投资策略和评价工具。ESG 不仅具有国际通用性，还融入了中国新发展理念的特殊性，成为推动企业可持续发展的重要框架。ESG 评级作为第三方信息机构对企业环境、社会和公司治理表现做出的等级评价，不仅为企业提供了衡量其可持续发展能力的标准，也为资本市场参与者提供了评估企业长期价值和风险的良好工具，不仅能够有效提升资本市场信息传递效率，而且具有优化资源配置、防范和化解金融风险、推动资本市场健康发展的重要作用。然而，伴随着投资者对上市公司 ESG 评级需求的快速增加，社会各界“反 ESG”的呼声也愈演愈烈，不同 ESG 评级机构给同一上市公司出具的评级结果存在明显分歧。在当下逐步构建 ESG 生态的背景下，ESG 评级分歧向资本市场传递大量不确定性信息，既会降低 ESG 评级的决策价值，直接干扰 ESG 理念投资者对企业可持续发展能力的价值判断，也会阻碍资本市场的信息交流，加剧资源配置扭曲、“市场失灵”等问题。因此，明确 ESG 评级及其分歧对资本市场异质参与主体的具体影响，明晰 ESG 评级的信息增量价值与 ESG 评级分歧的信息噪声效应，并以此为切入点探索进一步有效发挥 ESG 在促进资本市场信息传递效率与良好运转的路径，具有重要学术意义和实践价值。

本书基于信号传递理论、风险溢价理论和有限关注理论等，聚焦股票市场的股票定价效率与分析师预测，债券市场的债券信用利差与债券主体信用评级，选取2013～2020年深沪A股上市公司作为研究样本，揭示了我国上市公司ESG评级进入及评级分歧对资本市场异质参与主体的影响效应、作用机制和作用边界，得到如下研究结论：

（1）本书从上层政策规制与ESG评级机构具体落实两方面梳理了ESG评级的发展现状。研究发现，当前不同评级机构对我国上市公司的ESG评价具有明显的分歧，ESG评级分歧的机构内部异质特征和外部时空差异显著。一方面，国内评级机构之间、非专职ESG评级机构之间以及低指标丰富度的评级机构之间的分歧更加突出，表明机构自身是影响ESG评级分歧的重要原因；另一方面，随着新评级机构的进入，ESG评级分歧进一步增大，且市场化程度较低、政策保障较弱的地区以及ESG意识薄弱的行业，ESG评级分歧更为明显，表明企业、政策等因素亦可能是导致ESG分歧的重要因素。进一步地，从分歧成因来看，本书从ESG评级产生的全流程出发，梳理了从标准制定到披露要求再到评分评级造成的理念维差异、从披露要求和数据披露到数据采集造成的数据维差异，以及从数据采集到评分评级造成的技术维差异，形成五个环节三个维度层层传递、环环相扣式的立体化成因。

（2）本书分析考察了ESG评级进入和ESG评级分歧对股票市场中股票定价效率与分析师预测精度的影响及其作用机制。一方面，对股票投资者而言，ESG评级进入通过稳定投资者情绪、提高公司信息披露质量和减少公司股票流动性，提升股票定价效率；而ESG评级分歧通过加剧投资者情绪波动、降低公司信息披露质量和增加公司股票流动性，降低股票定价效率。ESG评级机构国别属性对股票定价效率具有差异化影响，国外ESG评级机构属性抑制了ESG评级对股票定价效率的促进作用，同时放大了ESG评级分歧对股票定价效率的抑制作用。同时，货币政策不确定性加剧了投资情绪波动，从而更加凸显ESG评级进入对股票定价效率提升的作用，并加剧ESG评级分歧对股票定价效率的降低；相比之下，宽松的货币政策可以强化价值投资理念，加大ESG评级进入对股票定价效率的影响，并增加投资者可用资金，放大 ESG 评级分歧对股票定价效率的冲击。另一方面，对证券分析师而言，ESG 评级进入通过降低分析师信息筛选难度和注意力分散程度，进而降低分析师预测偏差；而 ESG 评级分歧通过增加分析师信息筛选难度、加剧分析师注意力分散，进而加大分析师预测偏差。ESG 评级机构国别属性对分析师预测偏差具有差异化影响，国外 ESG 评级机构属性削弱了 ESG 评级对分析师预测偏差的抑制作用，同时加剧了 ESG 评级分歧对分析师预测偏差的放大作用。同时，适度的媒体关注具有积极的监督效应，可以优化企业信息环境，促进 ESG 评级进入对分析师预测精度的正向关系。此外，ESG 评级进入降低预测偏差的作用在企业不遵循 GRI 标准披露信息时效果更明显，而遵循 GRI 标准的企业能够有效缓解 ESG 评级分歧的影响。

（3）本书分析考察了 ESG 评级进入和 ESG 评级分歧对债券市场中债券信用利差、发债主体信用评级的影响及其作用机制。一方面，对债券投资者而言，ESG 评级进入通过缓解投资者有限关注，增加债券价格中的特质信息，降低信息不对称，减少债券信用利差；而 ESG 评级分歧则会加剧投资者有限关注，减少债券价格中的特质信息，增加信息不对称，加大债券信用利差。同时，ESG 评级机构国别属性对债券信用利差具有差异化影响，国外 ESG 评级机构属性将削弱 ESG 评级进入对债券信用利差的降低作用，强化 ESG 评级分歧对债券信用利差的扩大作用。同时，金融市场环境与 ESG 评级形成替代效应，较高的金融发展水平与较强的信贷筛选能力，可以削弱 ESG 评级进入对债券信用利差的降低作用，弱化 ESG 评级分歧对债券信用利差的提升作用。另一方面，对信用评级机构而言，ESG 评级进入可以优化市场信息环境，促使投资者面临的企业信息环境更加透明，抑制信用评级机构虚高动机，促使信用评级机构谨慎性评级，进而降低发债主体信用评级。而 ESG 评级分歧则会导致市场环境变差、信息模糊，为信用评级机构虚高评价创造条件，加剧信用评级机构虚高动机，进而提升发债主体信用评级。同时，ESG 评级机构国别属性对主体信用评级具有差异化影响，国外 ESG 评级机构属性削弱 ESG 评级进入对发债主体信用评级的降低作用，强化 ESG 评级分歧对发债主体信用评级的提升作用。此外，良好的法治环境和较高的市场化水平，削弱了 ESG 评级进入对发债主体信用评级的降低作用，缓解 ESG 评级分歧对发债主体信用评级膨胀加剧作用。

（4）本书结合信息生态系统理论，构建基于信息生态系统理论的 ESG 评级分歧治理框架。在明确信息主体、信息本体、信息技术、信息环境四大治理要素的基础上，结合信息生态系统理论的核心理念，提出充分发挥人本观思维，推动各 ESG 评级的信息主体明责、担责、履责，厘清不同信息主体之间的链式依存关系和利益联结机制，实现相关参与者的协同治理。深化互动观思维，突出信息本体的交流与共享，优化信息生态链中信息传递的质量，实现信息本体的高效传递、提高信息透明度。合理推动 ESG 评级体系的系统性演进升级，强调技术应用的合理性和可解释性，激发信息技术的涌现性，助力信息生态系统向更高层次演进。灵活运用平衡观思维，加强信息环境的自我调整，注重信息主体的适应性调整，形成稳中求进、动态耦合发展的 ESG 评级生态系统。

（5）为引导 ESG 评级信息优化，一方面，本书从股票投资者和证券分析师两个股票市场的代表性参与主体对 ESG 评级进入和 ESG 评级分歧的两种信息行为反应出发，构建股票投资者与证券分析师对 ESG 评级信息反应的决策矩阵；另一方面，本书从债券投资者和信用评级机构两个债券市场的代表性参与主体对 ESG 评级进入和 ESG 评级分歧两种信息行为反应出发，构建债券投资者与信用评级机构对 ESG 评级信息反应的决策矩阵，进而系统提出 ESG 评级下股票市场和债券市场参与者的行为策略优化方案，为促进 ESG 评级在股票市场和债券市场中发挥功能治理作用，强化股票市场的股权融资功能与资源配置功能、债券市场的杠杆融资功能和金融风险防范功能提供参考。

第二节　未来展望

本书系统研究了 ESG 评级进入及其分歧对资本市场信息环境的影响作用，但由于篇幅限制，仍有很多内容未作分析与探讨。因而，对于未来的研究方向，作出以下几点展望：

第一，ESG 评级分歧成因的多层次分析。在未来研究中，针对 ESG 评级分歧成因的多层次探索将是重要方向。当前学术界对分歧的成因已有初步探讨，包括不同评级机构在 ESG 三大要素的权重分配、指标选取和数据获取上的差异，但这一框架尚不完整。未来研究可以结合更为丰富的理论框架（如信号传递理论、信息不对称理论）细化探究分歧的内在机制。例如，研究评级机构在数据采集方法、权重配置与具体模型选择上的差异如何影响评级结果。此外，还可采用多变量回归、面板数据分析等量化方法，验证不同维度的评级分歧对资本市场波动和信息效率的长期影响，为构建更精确的 ESG 评级体系提供理论支撑。

第二，将 ESG 分歧纳入信息生态系统框架开展跨学科研究。ESG 评级分歧不仅涉及金融学、经济学，还与社会学、环境科学等领域密切相关。未来的研究可以跨学科融合，将 ESG 评级分歧纳入信息生态系统的理论框架，以揭示评级分歧在资本市场中的信息传播及反馈机制。例如，从信息生态角度可以研究评级分歧在金融市场信息链中的传播路径，探讨其如何在投资者、公司高管及第三方机构间传递，并最终影响市场价格和风险定价。跨学科的视角有助于学术界对 ESG 评级分歧形成多维度理解，从而为构建更全面的评价系统提供基础。

第三，基于 AI 和大数据的 ESG 评级数据挖掘和模型创新。随着数据科学和人工智能技术的不断发展，未来研究可以探索通过大数据挖掘和机器学习技术改进现有的 ESG 评级模型。现有研究已初步尝试将 AI 算法用于非结构化数据提取，如企业的新闻报道、财务公告，未来可进一步利用深度学习技术，通过自然语言处理等方法细化分析环境、社会、治理等多个维度的企业行为表现，构建更为动态、实时的评级模型。通过提升数据获取的全面性和精确度，人工智能可以在 ESG 评级分歧中发挥桥梁作用，为学术界和实务界提供一种创新的评级评估模式。

第四，ESG 分歧的资本市场信息中介功能及优化策略。鉴于 ESG 评级作为资本市场信息中介的重要地位，评级分歧对信息中介功能的影响值得深入研究。未来可以探讨不同评级机构间的差异对资本市场信息传递机制的影响，研究其是否会强化或削弱市场对信息中介的信任度，从而影响整体市场信息环境。未来研究还可通过实证分析，探索在不同经济周期、政策环境中的分歧表现，揭示其在信息中介功能中的有效性和局限性，为改善评级体系、提升信息中介功能提供理论支持。

第五，ESG分歧的治理机制与资本市场稳定性的关系。未来研究还可以重点探讨ESG评级分歧的治理机制对资本市场稳定性带来的影响。在资本市场信息环境建设中，如何有效治理无效评级分歧，以确保市场信息的有效性和可靠性，成为学术界的研究热点。未来可以通过实证研究检验分歧治理的政策效应，考察不同治理机制（如监管政策、市场自律）的有效性，以及它们对资本市场波动性、价格发现效率的影响，为制定更加科学的评级分歧治理机制提供理论依据。

参考文献

[1] Aboody D, Lehavy R, Trueman B. Limited attention and the earnings announcement returns of past stock market winners [J]. Review of Accounting Studies, 2010, 15: 317 -344.

[2] Acharya V V, Amihud Y, Litov L. Creditor rights and corporate risk -taking [J]. Journal of Financial Economics, 2011, 102 (1): 150 -166.

[3] Adams M, Burton B, Hardwick P. The determinants of credit ratings in the United Kingdom insurance industry [J]. Journal of Business Finance & Accounting, 2003, 30 (3 -4): 539 -572.

[4] Amato J D, Furfine C H. Are credit ratings procyclical? [J]. Journal of Banking & Finance, 2004, 28 (11): 2641 -2677.

[5] Amihud Y, Mendelson H. Asset pricing and the bid - ask spread [J]. Journal of Financial Economics, 1986, 17 (2): 223 -249.

[6] Ascioglu A, Hegde S P, McDermott J B. Auditor compensation, disclosure quality, and market liquidity: Evidence from the stock market [J]. Journal of Accounting and Public Policy, 2005, 24 (4): 325 -354.

[7] Ashwin Kumar N C, Smith C, Badis L, et al. ESG factors and risk -adjusted performance: a new quantitative model [J]. Journal of Sustainable Finance & Investment, 2016, 6 (4): 292 -300.

[8] Attig N, Ghoul S E, Guedhami O, Soh J. Corporate social responsibility and credit ratings [J]. Journal of Business Ethics, 2013, 117 (4): 679 -694.

[9] Avramov D, Cheng S, Lioui A, et al. Sustainable investing with ESG rating uncertainty [J]. Journal of Financial Economics, 2022, 145 (2): 642 -664.

[10] Bachelier L. Théorie de la spéculation [C] //Annales Scientifiques de l'École Normale Supérieure. 1900, 17: 21 -86.

[11] Bae K H, Kang J K, Wang J. Does increased competition affect credit ratings? A reexamination of the effect of Fitch's market share on credit ratings in the corporate bond market [J]. Journal of Financial and Quantitative Analysis, 2015, 50 (5): 1011 -1035.

[12] Bae K H, Tan H, Welker M. International GAAP differences: The impact on foreign analysts [J]. The Accounting Review, 2008, 83 (3): 593 -628.

[13] Baker E D, Boulton T J, Braga - Alves M V, et al. ESG government risk and international IPO underpricing [J]. Journal of Corporate Finance, 2021, 67: 101913.

[14] Bali T G, Brown S J, Tang Y. Is economic uncertainty priced in the cross - section of stock returns? [J]. Journal of Financial Economics, 2017, 126 (3): 471 -489.

[15] Ball R, Brown P. Empirical evaluation of accounting income numbers [J]. Journal of Accounting Research, 1968, 6 (2): 159 -178.

[16] Barber B M, Odean T. All that glitters: The effect of attention and news on the buying behavior of individual and institutional investors [J]. The Review of Financial Studies, 2008, 21 (2): 785 -818.

[17] Barberis N, Shleifer A. Style investing [J]. Journal of Financial Economics, 2003, 68 (2): 161 -199.

[18] Barbier E B. Economics, natural resource scarcity and development: Conventional and alternative views [M]. London: Earthscan, 2003.

[19] Berg F, Koelbel J F, Rigobon R. Aggregate confusion: The divergence of ESG ratings [J]. Review of Finance, 2022, 26 (6): 1315 -1344.

[20] Bolton P, Freixas X, Shapiro J. The credit ratings game [J]. The Journal of Finance, 2012, 67 (1): 85 -111.

[21] Bonsall IV S B. The impact of issuer - pay on corporate bond rating properties: Evidence from Moody's and S&P's initial adoptions [J]. Journal of Account-

ing and Economics, 2014, 57 (2 - 3): 89 - 109.

[22] Boot A W A, Milbourn T T, Schmeits A. Credit ratings as coordination mechanisms [J]. The Review of Financial Studies, 2006, 19 (1): 81 - 118.

[23] Bosch O, Steffen S. On syndicate composition, corporate structure and the certification effect of credit ratings [J]. Journal of Banking & Finance, 2011, 35 (2): 290 - 299.

[24] Brammer S, Brooks C, Pavelin S. Corporate social performance and stock returns: UK evidence from disaggregate measures [J]. Financial Management, 2006, 35 (3): 97 - 116.

[25] Brogaard J, Detzel A. The asset - pricing implications of government economic policy uncertainty [J]. Management Science, 2015, 61 (1): 3 - 18.

[26] Brown L R. Building a sustainable society [J]. Society, 1982, 19 (2): 75 - 85.

[27] Cameran M, Campa D, Pettinicchio A. IFRS adoption among private companies: Impact on earnings quality [J]. Journal of Accounting, Auditing & Finance, 2014, 29 (3): 278 - 305.

[28] Caton G L, Chiyachantana C N, Chua C T, et al. Earnings management surrounding seasoned bond offerings: Do managers mislead ratings agencies and the bond market? [J]. Journal of Financial and Quantitative Analysis, 2011, 46 (3): 687 - 708.

[29] Chan L K C, Lakonishok J, Sougiannis T. The stock market valuation of research and development expenditures [J]. The Journal of Finance, 2001, 56 (6): 2431 - 2456.

[30] Charoontham K, Worakantak J, Kanchanapoom K, Nartraphee Tancho. A countermeasure designed to restrain self - serving behavior and strategic rating disclosure of credit rating agencies [J]. Journal of Management Analytics, 2023, 10 (3): 550 - 565.

[31] Christensen D M, Serafeim G, Sikochi A. Why is corporate virtue in the eye of the beholder? The case of ESG ratings [J]. The Accounting Review, 2022, 97

(1): 147 – 175.

[32] Clark E, Baccar S. Modelling credit spreads with time volatility, skewness, and kurtosis [J]. Annals of Operations Research, 2018, 262: 431 – 461.

[33] Clinton S B, White J T, Woidtke T. Differences in the information environment prior to seasoned equity offerings under relaxed disclosure regulation [J]. Journal of Accounting & Economics, 2014, 58 (1): 59 – 78.

[34] Corò F, Dufour A, Varotto S. Credit and liquidity components of corporate CDS spreads [J]. Journal of Banking & Finance, 2013, 37 (12): 5511 – 5525.

[35] Correia M, Kang J, Richardson S. Does fundamental volatility help explain credit risk [J]. Available at SSRN, 2015.

[36] Croce M M, Nguyen T T, Schmid L. The market price of fiscal uncertainty [J]. Journal of Monetary Economics, 2012, 59 (5): 401 – 416.

[37] Czarnitzki D, Kraft K. Innovation indicators and corporate credit ratings: Evidence from German firms [J]. Economics Letters, 2004, 82 (3): 377 – 384.

[38] Dechow P, Ge W, Schrand C. Understanding earnings quality: A review of the proxies, their determinants and their consequences [J]. Journal of Accounting and Economics, 2010, 50 (2 – 3): 344 – 401.

[39] DellaV S, Pollet J M. Investor inattention and Friday earnings announcements [J]. The Journal of Finance, 2009, 64 (2): 709 – 749.

[40] Demirtas K O, Cornaggia K R. Initial credit ratings and earnings management [J]. Review of Financial Economics, 2013, 22 (4): 135 – 145.

[41] Durnev A, Morck R, Yeung B, et al. Does greater firm – specific return variation mean more or less informed stock pricing? [J]. Journal of Accounting research, 2003, 41 (5): 797 – 836.

[42] Edmans A. Does the stock market fully value intangibles? Employee satisfaction and equity prices [J]. Journal of Financial Economics, 2011, 101 (3): 621 – 640.

[43] Fama E F, French K R. A five – factor asset pricing model [J]. Journal of Financial Economics, 2015, 116 (1): 1 – 22.

[44] Fama E F, French K R. Common risk factors in the returns on stocks and bonds [J]. Journal of Financial Economics, 1993, 33 (1): 3-56.

[45] Fama E F, French K R. The capital asset pricing model: Theory and evidence [J]. Journal of Economic Perspectives, 2004, 18 (3): 25-46.

[46] Fama E F. Efficient capital markets: II [J]. The Journal of Finance, 1991, 46 (5): 1575-1617.

[47] Fama E F. Efficient capital markets [J]. Journal of Finance, 1970, 25 (2): 383-417.

[48] Fama E F. The behavior of stock - market prices [J]. The Journal of Business, 1965, 38 (1): 34-105.

[49] Fama E F. Two pillars of asset pricing [J]. American Economic Review, 2014, 104 (6): 1467-1485.

[50] Fang L H, Huang S. Gender and connections among Wall Street analysts [J]. The Review of Financial Studies, 2017. 30 (9): 3305-3335.

[51] Flammer C. Does corporate social responsibility lead to superior financial performance? A regression discontinuity approach [J]. Management Science, 2015, 61 (11): 2549-2568.

[52] Frenkel S, Guttman I, Kremer I. The effect of exogenous information on voluntary disclosure and market quality [J]. Journal of Financial Economics, 2020, 138 (1): 176-192.

[53] Friewald N, Nagler F. Over - the - counter market frictions and yield spread changes [J]. The Journal of Finance, 2019, 74 (6): 3217-3257.

[54] Fudenberg D, Levine D. Maintaining a reputation when strategies are imperfectly observed [J]. Review of Economic Studies, 1992, 59 (3): 561-579.

[55] Gamba A, Triantis A. The value of financial flexibility [J]. The Journal of Finance, 2008, 63 (5): 2263-2296.

[56] Gibson G. The stock exchanges of London, Paris and New York [M]. New York: Putnam's Sons, 1889.

[57] Goldstein I, Huang C. Credit rating inflation and firms' investments [J].

The Journal of Finance, 2020, 75 (6): 2929 – 2972.

[58] Goyenko R. Stock and bond pricing with liquidity risk [C] //EFA 2005 Moscow Meetings. 2006.

[59] Graham J R, Harvey C R. The theory and practice of corporate finance: evidence from the field [J]. Journal of Financial Economics, 2001, 60 (2): 187 – 243.

[60] Griffin J M, Tang D Y. Did subjectivity play a role in CDO credit ratings? [J]. The Journal of Finance, 2012, 67 (4): 1293 – 1328.

[61] Hansen R S. What is the value of sell – side analysts? Evidence from coverage changes – A discussion [J]. Journal of Accounting and Economics, 2015, 60 (2 – 3): 58 – 64.

[62] Harris R D F, Wang P. Model – based earnings forecasts vs. financial analysts' earnings forecasts [J]. The British Accounting Review, 2019, 51 (4): 424 – 437.

[63] Hasseltoft H. Stocks, bonds, and long – run consumption risks [J]. Journal of Financial and Quantitative Analysis, 2012, 47 (2): 309 – 332.

[64] Huang S, Huang Y, Lin T C. Attention allocation and return co – movement: Evidence from repeated natural experiments [J]. Journal of Financial Economics, 2019, 132 (2): 369 – 383.

[65] Huang Y, Luk P. Measuring economic policy uncertainty in China [J]. China Economic Review, 2020, 59: 22 – 39.

[66] Inderst G, Stewart F. Incorporating environmental, social and governance (ESG) factors into fixed income investment [J]. World Bank Group Publication, April, 2018.

[67] Jensen M C. Agency costs of free cash flow, corporate finance and takeovers [J]. American Economic Review, 1986, 76 (2): 323 – 329.

[68] Jiang J X, Stanford M H, Xie Y. Does it matter who pays for bond ratings? Historical evidence [J]. Journal of Financial Economics, 2012, 105 (3): 607 – 621.

[69] Kashyap A K, Kovrijnykh N. Who should pay for credit ratings and how?

[J]. Review of Financial Studies, 2016, 29 (2): 420 -456.

[70] Kempf A, Osthoff P. The effect of socially responsible investing on portfolio performance [J]. European Financial Management, 2007, 13 (5): 908 -922.

[71] Kendall M G, Hill A B. The analysis of economic time - series - part i: Prices [J]. Journal of the Royal Statistical Society. Series A (General), 1953, 116 (1): 11 -34.

[72] Kim S, Thompson E K, Kim C. Credit rating and managerial behavior in investment decision making: Evidence from the Korean market [J]. Journal of Behavioral and Experimental Finance, 2023, 37: 100791.

[73] Kouvelis P, Zhao W. Who should finance the supply chain? Impact of credit ratings on supply chain decisions [J]. Manufacturing & Service Operations Management, 2018, 20 (1): 19 -35.

[74] Kumar A. Self - selection and the forecasting abilities of female equity analysts [J]. Journal of Accounting Research, 2010, 48 (2): 393 -435.

[75] Lateef A, Omotayo F O. Information audit as an important tool in organizational management: A review of literature [J]. Business Information Review, 2019, 36 (01): 15 -22.

[76] Lee M Y, Edmondson A C. Self - managing organization: Exploring the limits of less - hierarchical organizing [J]. Research in Organizational Behavior, 2017, 37: 35 -58.

[77] Lee Y J. The effect of quarterly report readability on information efficiency of stock prices [J]. Contemporary Accounting Research, 2012, 29 (4): 1137 -1170.

[78] Leyens P C. Intermediary independence: Auditors, financial analysts and rating agencies [J]. Journal of Corporate Law Studies, 2011, 11 (1): 33 -66.

[79] Liang H, Renneboog L. On the foundations of corporate social responsibility [J]. The Journal of Finance, 2017, 72 (2): 853 -910.

[80] Liang S X. The market sentiment premium: A sentimental consumption approach [R]. Hong Kong University of Science and Technology Working Paper, 2011.

[81] Liberti J M, Petersen M A. Information: Hard and soft [J]. Review of Corporate Finance Studies, 2019, 8 (1): 1 -41.

[82] Lintner J. Distribution of incomes of corporations among dividends, retained earnings, and taxes [J]. The American Economic Review, 1956, 46 (2): 97 -113.

[83] Longstaff F A, Mithal S, Neis E. Corporate yield spreads: Default risk or liquidity? New evidence from the credit default swap market [J]. The Journal of Finance, 2005, 60 (5): 2213 -2253.

[84] Mandelbrot B. Forecasts of future prices, unbiased markets, and "martingale" models [J]. The Journal of Business, 1966, 39 (1): 242 -255.

[85] Mankiw N G, Weil D N. The baby boom, the baby bust, and the housing market [J]. Regional Science and Urban Economics, 1989, 19 (2): 235 -258.

[86] Manso G. Feedback effects of credit ratings [J]. Journal of Financial Economics, 2013, 109 (2): 535 -548.

[87] MarNowitz H. Portfolio selection [J]. Journal of Finance, 1952, 7 (1): 77 -91.

[88] Masatlioglu Y, Nakajima D, Ozbay E Y. Revealed attention [J]. American Economic Review, 2012, 102 (5): 2183 -2205.

[89] Merton R C. On the pricing of corporate debt: The risk structure of interest rates [J]. The Journal of Finance, 1974, 29 (2): 449 -470.

[90] Mili M, Alaali Y. Does corporate governance quality improve credit ratings of financial institutions? Evidence from ownership and board structure [J]. Corporate Governance: The International Journal of Business in Society, 2023, 23 (4): 867 -887.

[91] Odean T. Do investors trade too much? [J]. American Economic Review, 1999, 89 (5): 1279 -1298.

[92] Pearce D, Markandya A, Barbier E. Blueprint for a green economy [M]. Ltd. : London, UK, 1989.

[93] Peng L, Xiong W. Investor attention, overconfidence and category learning [J]. Journal of Financial Economics, 2006, 80 (3): 563 -602.

[94] Peng L, Xiong W, Bollerslev T. Investor attention and time – varying comovements [J]. European Financial Management, 2007, 13 (3): 394 – 422.

[95] Poon W, Chan K C. An empirical examination of the informational content of credit ratings in China [J]. Journal of Business Research, 2008, 61 (7): 790 – 797.

[96] Rhee R J. Why credit rating agencies exist [J]. Economic Notes: Review of Banking, Finance and Monetary Economics, 2015, 44 (2): 161 – 176.

[97] Rousseau S. Enhancing the accountability of credit rating agencies: The case for a disclosure – based approach [J]. Mcgill Law Journal, 2006, 51 (4): 617 – 664.

[98] Samuelson P A. Rational theory of warrant pricing [M] //Henry P. McKean Jr. Selecta. Cham: Springer International Publishing, 1965: 195 – 232.

[99] Sharpe W F. Capital asset prices: A theory of market equilibrium under conditions of risk [J]. The Journal of Finance, 1964, 19 (3): 425 – 442.

[100] Skreta V, Veldkamp L. Ratings shopping and asset complexity: A theory of ratings inflation [J]. Journal of Monetary Economics, 2009, 56 (4): 678 – 695.

[101] Spence M. Job market signaling [M] //Uncertainty in Economics. Academic Press, 1978: 281 – 306.

[102] Tan Y, Zhu Z. The effect of ESG rating events on corporate green innovation in China: The mediating role of financial constraints and managers' environmental awareness [J]. Technology in Society, 2022, 68: 101906.

[103] Wei Z, Zhu Y. Does religiosity improve analyst forecast accuracy? [J]. Review of Quantitative Finance and Accounting, 2023, 60 (3): 915 – 948.

[104] Wu L, Zhang F X. A no – arbitrage analysis of economics discussion series [R]. New York: Baruch Brown Bag, 2005.

[105] Xia, Han. Can investor – paid credit rating agencies improve the information quality of issuer – paid rating agencies? [J]. Journal of Financial Economics, 2014, 111 (2): 450 – 468.

[106] Yan H. Is noise trading cancelled out by aggregation? [J]. Management

Science, 2010, 56 (7): 1047 – 1059.

[107] Yang C, Xie J, Yan W. Sentiment capital asset pricing model [J]. International Journal of Digital Content Technology and its Applications, 2012, 6 (3): 254 – 261.

[108] Yu F. Accounting transparency and the term structure of credit spreads [J]. Journal of Financial Economics, 2005, 75 (1): 53 – 84.

[109] 敖小波, 林晚发, 李晓慧. 内部控制质量与债券信用评级 [J]. 审计研究, 2017, 196 (02): 57 – 64.

[110] 巴曙松, 朱虹. 融资融券、投资者情绪与市场波动 [J]. 国际金融研究, 2016 (8): 82 – 96.

[111] 白景坤, 罗晨婧, 顾飞. 制度合法性压力与企业 ESG “漂绿” [J/OL]. 系统工程理论与实践, 1 – 36 [2024 – 10 – 27].

[112] 白俊, 李云. 分析师跟踪网络与企业合作创新 [J]. 财经论丛, 2023, 294 (01): 59 – 68.

[113] 白晓宇. 上市公司信息披露政策对分析师预测的多重影响研究 [J]. 金融研究, 2009 (04): 92 – 112.

[114] 毕达天, 黄伟鑫, 王璐, 等. 城市数字经济发展如何影响企业 ESG 表现? ——绿色高质量发展的城企协同路径 [J]. 科学学研究, 2024, 42 (03): 594 – 604.

[115] 布超. 全媒体时代维护意识形态安全应把握的几个关系 [J]. 上海交通大学学报 (哲学社会科学版), 2019, 27 (06): 26 – 32.

[116] 蔡继明, 刘媛, 高宏, 等. 数据要素参与价值创造的途径——基于广义价值论的一般均衡分析 [J]. 管理世界, 2022, 38 (07): 108 – 121.

[117] 操群, 许骞. 金融“环境、社会和治理” (ESG) 体系构建研究 [J]. 金融监管研究, 2019 (04): 95 – 111.

[118] 曹志鹏, 侯云云. ESG 表现、财务重述与审计费用 [J]. 会计之友, 2024 (03): 121 – 127.

[119] 陈关亭, 连立帅, 朱松. 多重信用评级与债券融资成本——来自中国债券市场的经验证据 [J]. 金融研究, 2021, 488 (02): 94 – 113.

[120] 陈国进，丁杰，赵向琴．“好”的不确定性、“坏”的不确定性与股票市场定价——基于中国股市高频数据分析［J］．金融研究，2019（07）：174－190.

[121] 陈红，张凌霄．ESG表现、数字化转型与企业价值提升［J］．中南财经政法大学学报，2023（03）：136－149.

[122] 陈宏韬，殷海锋，张天舒，等．ESG评级分歧影响资本市场定价效率吗？——基于上市公司股价同步性的研究［J/OL］．财经研究，1－17［2024－10－26］.

[123] 陈若鸿，赵雪延，金华．企业ESG表现对其融资成本的影响［J］．科学决策，2022（11）：24－40.

[124] 陈嵩洁，薛爽，张为国．可持续发展报告鉴证：准则、现状与经济后果［J］．财会月刊，2023，44（13）：12－23.

[125] 陈伟忠，王浩．基于A股风格因子动量效应的实证研究［J］．山东社会科学，2023（07）：175－183.

[126] 陈文娟，陈汉文．审计委员会质量影响企业信用评级吗［J］．财会月刊，2016，766（18）：101－106.

[127] 陈夏阳．信用评级双层监管框架研究［J］．学术界，2024（04）：198－209.

[128] 陈晓珊，刘洪铎．投资者关注影响上市公司ESG表现吗——来自网络搜索量的经验证据［J］．中南财经政法大学学报，2023（02）：15－27.

[129] 陈远志，田靖．信息披露质量、投资者预期与股价崩盘风险——基于中小板和创业板上市公司的实证研究［J］．金融监管研究，2021（12）：75－91.

[130] 陈志国，杨甜婕，张弛．养老基金绿色投资组合分析与投资策略［J］．保险研究，2014（06）：117－127.

[131] 陈作华，张芳芳．分析师盈利预测乐观偏差与高管减持寻租［J］．经济管理，2023，45（01）：169－190.

[132] 程博，潘飞．语言多样性、信息获取与分析师盈余预测质量［J］．管理科学学报，2017，20（04）：50－70.

[133] 褚剑，方军雄．中国式融资融券制度安排与股价崩盘风险的恶化[J]．经济研究，2016，51（05）：143－158.

[134] 褚剑，秦璇，方军雄．中国式融资融券制度安排与分析师盈利预测乐观偏差[J]．管理世界，2019，35（01）：151－166，228.

[135] 崔宸瑜，何贵华，谢德仁．信息外部价值、研究资源配置与股票定价效率——基于证券分析师的视角[J]．会计研究，2022（09）：152－166.

[136] 邓贵佳．企业ESG信息披露的资本市场反应研究[J]．环渤海经济瞭望，2024（06）：166－169.

[137] 翟胜宝，程妍婷，许浩然，等．媒体关注与企业ESG信息披露质量[J]．会计研究，2022，418（08）：59－71.

[138] 翟淑萍，袁克丽．女性高管影响分析师预测准确性吗？[J]．现代财经（天津财经大学学报），2019，39（06）：61－79.

[139] 丁波涛．基于信息生态理论的数据要素市场研究[J]．情报理论与实践，2022，45（12）：36－41.

[140] 丁方飞，陈如焰．公司战略激进度、分析师盈利预测与信息不确定性[J]．山西财经大学学报，2020，42（02）：72－86.

[141] 丁黎黎，赵忠超，王垒．“双支柱”政策调控与企业金融资产配置时变关系研究：基于TVP－SV－VAR模型的实证检验[J]．金融经济学研究，2024b，39（04）：72－87.

[142] 丁黎黎，赵忠超，王垒．机构纵向持股能否破解中国企业专利创新陷阱——基于产业链治理的视角[J]．财经研究，2024a，50（01）：94－108.

[143] 杜通，张文迪．公司ESG表现与债券信用利差[J]．金融发展研究，2023（05）：10－19.

[144] 杜勇，刘婷婷．共同分析师网络与企业创新[J/OL]．中南财经政法大学学报，1－14[2024－10－26].

[145] 樊轶侠．完善专项债发行使用机制[J]．中国金融，2019（13）：79－80.

[146] 方军雄，伍琼，傅颀．有限注意力、竞争性信息与分析师评级报告市场反应[J]．金融研究，2018（07）：193－206.

[147] 方军雄. 我国上市公司信息披露透明度与证券分析师预测 [J]. 金融研究, 2007 (06): 136-148.

[148] 方先明, 胡丁. 企业ESG表现与创新——来自A股上市公司的证据 [J]. 经济研究, 2023, 58 (02): 91-106.

[149] 方拥军. 财务视角的企业可持续发展研究: 逻辑前提、理论基础与内涵解析 [J]. 会计论坛, 2010 (02): 43-54.

[150] 冯钰婷, 郭雪萌, 曾晓亮. ESG信息披露与ESG评级分歧: 众口一词还是莫衷一是? ——兼论中国ESG的制度规范 [J]. 会计研究, 2024 (01): 49-63.

[151] 傅军民. 图书馆舆情信息服务生态系统模型构建 [J]. 图书馆工作与研究, 2020 (02): 12-18.

[152] 高慧珂. ESG与信用评级的关联 [J]. 清华金融评论, 2021, 86 (01): 76-78.

[153] 顾海峰, 朱慧萍. 跨境资本流动是否影响银行贷款损失准备计提? [J]. 系统工程理论与实践, 2023, 43 (07): 2011-2033.

[154] 郭牧炫, 魏诗博. 研究员收益预测差异与公司债券信用利差 [J]. 经济问题, 2012 (01): 105-109.

[155] 何慧华, 方军雄. 祸兮福兮: 执业经验与证券分析师盈余预测 [J]. 投资研究, 2019, 38 (11): 125-141.

[156] 何平, 金梦. 信用评级在中国债券市场的影响力 [J]. 金融研究, 2010 (04): 15-28.

[157] 何青, 庄朋涛. 共同机构投资者如何影响企业ESG表现? [J]. 证券市场导报, 2023 (03): 3-12.

[158] 贺达. 中国市政债券信用价差影响因素分析 [J]. 河海大学学报 (哲学社会科学版), 2018, 20 (01): 83-88.

[159] 侯昊鹏. 企业信用评级指标体系创新的引领维度 [J]. 社会科学研究, 2012 (05): 60-65.

[160] 侯晓辉, 王腾宇. "用脚投票"还是"用手投票": 机构投资者持股与公司欺诈 [J]. 经济管理, 2024, 46 (07): 168-189.

［161］胡洁，于宪荣，韩一鸣．ESG评级能否促进企业绿色转型？——基于多时点双重差分法的验证［J］．数量经济技术经济研究，2023，40（07）：90－111．

［162］胡军，王甄．微博、特质性信息披露与股价同步性［J］．金融研究，2015（11）：190－206．

［163］黄波，王满，于浩洋．分析师预测质量影响了债务融资成本吗？——来自我国上市公司的经验证据［J］．金融评论，2018，10（02）：56－72．

［164］黄波，王满．分析师跟踪影响了商业信用融资吗——基于我国上市公司的实证分析［J］．山西财经大学学报，2018，40（08）：42－55．

［165］黄继承，朱光顺．注册制改革与债券发行利差：监管部门隐性担保视角［J］．经济研究，2024，59（07）：92－110．

［166］黄珺，汪玉荷，韩菲菲，李云．ESG信息披露：内涵辨析、评价方法与作用机制［J］．外国经济与管理，2023，45（06）：3－18．

［167］黄晓薇，安小雪，吕文明．ESG评级分歧影响了企业信用评级吗？［J/OL］．金融经济学研究，1－17［2024－10－26］．

［168］贾明，向翼，王鹤丽，等．从企业社会责任（CSR）到企业可持续商业（CSB）：反思与未来［J］．管理评论，2023，35（05）：228－242．

［169］贾小爱，李云发．FISIM核算之参考利率的比较与选择［J］．统计研究，2018，35（05）：9－18．

［170］蒋益民，陈璋．SVAR模型框架下货币政策区域效应的实证研究：1978～2006［J］．金融研究，2009（04）：180－195．

［171］解学梅，朱琪玮．企业绿色创新实践如何破解“和谐共生”难题？［J］．管理世界，2021，37（01）：128－149，9．

［172］康晶，陈守东．企业展期风险与债券信用利差——兼论信用评级的中介效应与流动性的调节作用［J］．西安交通大学学报（社会科学版），2022，42（06）：4963．

［173］康晶．我国信用债的定价影响因素及价格溢出效应研究［D］．吉林大学，2023．

［174］寇宗来，千茜倩，陈关亭．跟随还是对冲：发行人付费评级机构

如何应对中债资信的低评级?[J]. 管理世界, 2020, 36 (09): 26-39.

[175] 寇宗来, 千茜倩. 私有信息、评级偏差和中国评级机构的市场声誉 [J]. 金融研究, 2021, 492 (06): 114-132.

[176] 郎友兴, 吕鸿强. 政治制度的技术嵌入:"互联网+"地方人大制度——基于浙江人大代表履职服务平台的实践创新 [J]. 华中师范大学学报 (人文社会科学版), 2018, 57 (04): 35-42.

[177] 类承曜, 邓晴元. 不确定性带来观望+期待空间?——经济政策不确定性对债券利差的影响 [J]. 投资研究, 2023, 42 (3): 100-120.

[178] 黎静雯. 中小股东积极主义对债券信用利差的影响研究 [J]. 浙江金融, 2024 (07): 16-27.

[179] 李成, 于海东, 李一帆. 货币政策不确定性对宏观经济的非对称影响效应——基于经济周期视角 [J]. 北京理工大学学报 (社会科学版), 2020, 22 (05): 49-58.

[180] 李春涛, 刘贝贝, 周鹏, 张璇. 它山之石: QFII与上市公司信息披露 [J]. 金融研究, 2018 (12): 138-156.

[181] 李海凤, 史燕平. 信息披露质量影响资本配置效率实证检验 [J]. 重庆大学学报 (社会科学版), 2015, 21 (02): 42-47.

[182] 李慧云, 刘倩颖, 李舒怡, 等. 环境、社会及治理信息披露与企业绿色创新绩效 [J]. 统计研究, 2022, 39 (12): 38-54.

[183] 李慧云, 刘倩颖, 郑鸿锐, 等. ESG评级异曲同工吗?——基于成就导向与风险导向的ESG评级比较研究 [J]. 会计研究, 2024 (05): 66-82.

[184] 李佳, 徐一博, 卞泽阳. 货币政策支持对公司债信用利差的影响 [J]. 改革, 2024 (05): 137-155.

[185] 李健, 谢依欣, 刘海建. 代际传承与家族企业创新——基于社会情感财富理论的研究 [J]. 武汉大学学报 (哲学社会科学版), 2023, 76 (04): 153-166.

[186] 李瑾. 我国A股市场ESG风险溢价与额外收益研究 [J]. 证券市场导报, 2021 (06): 24-33.

[187] 李菁, 王冠英. 利率冲击与理性股票价格泡沫——基于TVP-SV-

VAR 模型的检验［J］. 当代财经，2015（12）：58－68.

［188］李井林，阳镇，易俊玲. ESG 表现有助于降低企业债务融资成本吗？——来自上市公司的微观证据［J］. 企业经济，2023，42（02）：89－99.

［189］李良，李士玉，朱宏泉. 股票流动性会影响公司商业信用融资吗？——基于 A 股上市公司的实证研究［J］. 审计与经济研究，2022，37（06）：92－103.

［190］李芒. 论教育技术是"主体技术"［J］. 电化教育研究，2007（11）：5－9.

［191］李甜甜，李金甜. 绿色治理如何赋能高质量发展：基于 ESG 履责和全要素生产率关系的解释［J］. 会计研究，2023（06）：78－98.

［192］李小晗，朱红军. 投资者有限关注与信息解读［J］. 金融研究，2011（08）：128－142.

［193］李小荣，万钟. 资产评估师执业经验与评估偏差［J］. 投资研究，2022，41（12）：14－40.

［194］李小荣，徐腾冲. 环境－社会责任－公司治理研究进展［J］. 经济学动态，2022（08）：133－146.

［195］李晓蹊，胡杨璘，史伟. 我国 ESG 报告顶层制度设计初探［J］. 证券市场导报，2022（04）：35－44.

［196］李晓溪，杨国超. 为发新债而降杠杆：一个杠杆操纵现象的新证据［J］. 世界经济，2022，45（10）：212－236.

［197］李晓艳，梁日新，李英. ESG 影响股票流动性吗？——基于 ESG 评级和评级分歧的双重视角［J］. 国际金融研究，2023（11）：75－86.

［198］李晓艳，梁日新，吴秋生. ESG 评级如何影响企业投融资期限错配——基于 ESG 不确定性的视角［J］. 南开管理评论，2024，27（09）：173－184＋196.

［199］李心愉，赵景涛，段志明. 审计质量在股票定价中的作用研究——基于我国 A 股市场的分析［J］. 审计研究，2017（04）：39－47.

［200］李馨子，张腾，牛煜皓. 明星分析师评选暂停对分析师预测行为的影响——基于《新财富》事件的经验证据［J］. 南开经济研究，2022，229

(07): 182 - 200.

[201] 李雪松，杨泉，周敏. 市场型环境规制、碳减排与企业环境绩效：来自中国碳市场的证据 [J]. 中国软科学，2024 (08): 200 - 210.

[202] 李岩琼，姚颐. 研发文本信息：真的多说无益吗？——基于分析师预测的文本分析 [J]. 会计研究，2020，388 (02): 26 - 42.

[203] 李政，方梦洁，张梦. 中国金融压力跨市场溢出效应研究——基于系统性风险管理的视角 [J]. 金融论坛，2022，27 (08): 7 - 18.

[204] 李政，涂晓枫，卜林. 金融机构系统性风险：重要性与脆弱性 [J]. 财经研究，2019，45 (02): 100 - 112.

[205] 厉伟. ESG 体系建设中的国际话语权分析 [J]. 求索，2024 (03): 134 - 142.

[206] 连立帅，朱松. 取消强制评级政策、评级机构声誉与信用评级质量——基于中国债券市场的实证研究 [J]. 金融研究，2023 (10): 125 - 144.

[207] 廉永辉，何晓月，张琳. 企业 ESG 表现与债务融资成本 [J]. 财经论丛，2023，No. 294 (01): 48 - 58.

[208] 林建浩，陈良源，田磊. 货币政策不确定性是中国股票市场的定价因子吗？[J]. 经济学（季刊），2021，21 (04): 1275 - 1300.

[209] 林娟，赵海龙. 沪深股市和香港股市的风险溢出效应研究——基于时变 ΔCoVaR 模型的分析 [J]. 系统工程理论与实践，2020，40 (06): 1533 - 1544.

[210] 林晚发，陈晓雨. 信用评级调整有信息含量吗？——基于中国资本市场的证据 [J]. 证券市场导报，2018 (07): 29 - 37.

[211] 林晚发，方梅，沈宇航. 债券募集说明书文本信息与债券发行定价 [J]. 管理科学，2021，34 (04): 19 - 34.

[212] 林晚发，顾乾坤. 纳税信用评价的债券市场反应 [J]. 经济管理，2021，43 (10): 119 - 137.

[213] 林晚发，何剑波，周畅，等. "投资者付费"模式对"发行人付费"模式评级的影响：基于中债资信评级的实验证据 [J]. 会计研究，2017 (09): 62 - 68，97.

[214] 林晚发，刘颖斐，赵仲匡．承销商评级与债券信用利差——来自《证券公司分类监管规定》的经验证据 [J]．中国工业经济，2019 (01)：174 - 192.

[215] 林晚发，刘颖斐．信用评级调整与企业战略选择——基于盈余管理与企业社会责任视角的分析 [J]．现代财经，2018，38 (06)：86 - 97.

[216] 林晚发，夏小涵，钟辉勇．信用评级行业声誉冲击的溢出效应：盈余管理的视角 [J]．金融研究，2024 (03)：169 - 187.

[217] 林晚发，赵仲匡，刘颖斐，宋敏．债券市场的评级信息能改善股票市场信息环境吗？——来自分析师预测的证据 [J]．金融研究，2020，478 (04)：166 - 185.

[218] 林晚发，钟辉勇，赵仲匡，宋敏．金融中介机构竞争的市场反应——来自信用评级机构的证据 [J]．金融研究，2022，502 (04)：77 - 96.

[219] 林晚发，周倩倩．异常审计费用与债券信用评级 [J]．审计与经济研究，2018，33 (06)：48 - 57.

[220] 林长泉，毛新述，刘凯璇．董秘性别与信息披露质量——来自沪深 A 股市场的经验证据 [J]．金融研究，2016 (09)：193 - 206.

[221] 刘达禹，徐斌．经济周期波动与菲利普斯曲线形态变异：兼论经济回升的路径选择 [J]．南方经济，2024 (09)：75 - 93.

[222] 刘力源，尹玉刚，刘亚辉．股票市场错误定价会影响上市公司运行效率吗？[J]．管理科学学报，2023，26 (08)：52 - 73.

[223] 刘善存，牛伟宁，周荣喜．基于 SV 模型的我国债券信用价差动态过程研究 [J]．管理科学学报，2014，17 (03)：37 - 48.

[224] 刘少波，杨俊宇，张友泽．信息透明度、分析师关注与实体企业金融化 [J]．南方金融，2021，No. 544 (12)：47 - 58.

[225] 刘生胜，郑冠群，宋林．行政干预、一二级市场分歧与 IPO 定价效率 [J]．重庆大学学报（社会科学版），2019，25 (01)：49 - 61.

[226] 刘向强，杨晴晴，胡珺．ESG 评级分歧与股价同步性 [J]．中国软科学，2023 (08)：108 - 120.

[227] 刘智宇，郭范勇，张云．投资者实地调研能降低股价同步性吗 [J]．财经科学，2022，417 (12)：34 - 49.

[228] 柳学信，李胡扬，孔晓旭．党组织治理对企业ESG表现的影响研究［J］．财经论丛，2022，281（01）：100－112.

[229] 娄策群，周承聪．信息生态链：概念、本质和类型［J］．图书情报工作，2007（09）：29－32.

[230] 楼秋然．ESG信息披露：法理反思与制度建构［J］．证券市场导报，2023（03）：24－34.

[231] 陆蓉，张斌，李琛．分析师能有效利用资本市场异象吗［J］．财贸经济，2021，42（5）：60－75

[232] 马从文，湛泳，杨洁．共同富裕目标下企业履行ESG责任的劳动收入分配效应研究［J］．华东经济管理，2024，38（02）：107－117.

[233] 马捷，靖继鹏．论信息生态观对企业创新机理的阐释［J］．情报理论与实践，2009，32（08）：33－35.

[234] 马榕，石晓军．中国债券信用评级结果具有甄别能力吗？——基于盈余管理敏感性的视角［J］．经济学（季刊），2016，15（01）：197－216.

[235] 马文杰，余伯健．企业所有权属性与中外ESG评级分歧［J］．财经研究，2023，49（06）：124－136.

[236] 马亚明，徐会杰，王一婕．董事高管责任保险与企业ESG表现［J］．广东财经大学学报，2024，39（04）：70－84.

[237] 孟庆斌，张强，吴卫星，王宇西．中立评级机构对发行人付费评级体系的影响［J］．财贸经济，2018，39（05）：53－70.

[238] 欧阳红兵，喻静琼．基于因子模型的流动性对资产定价的影响研究［J］．金融发展研究，2020（07）：13－22.

[239] 潘海英，董越．绿色信贷与高污染企业资本结构调整——基于社会责任视角的分析［J］．产业经济评论，2023（05）：93－108.

[240] 潘玉坤，郭萌萌．空气污染压力下的企业ESG表现［J］．数量经济技术经济研究，2023，40（07）：112－132.

[241] 彭丁．企业偿债能力综合评价模型的构建与拓展［J］．会计之友，2019（06）：116－119.

[242] 彭烨，张志远．信息不对称下成交量与波动率关系建模与统计推

断［J］．统计研究，2023，40（03）：100－113.

［243］钱雪松，石鑫．企业财务杠杆、债务偿还压力与劳动雇佣：来自中国的证据［J］．世界经济，2023，46（09）：108－132.

［244］乔贵涛，杨丹，王亚茹．股票发行注册制改革与资本市场定价效率——基于IPO抑价的经验证据［J］．金融发展研究，2022（12）：68－77.

［245］邱保印，曹万彬，黄健军．识不足则多虑，信不足则多言：信任与债券契约条款［J］．外国经济与管理，2024，46（09）：48－66.

［246］权小锋，吴世农，尹洪英．企业社会责任与股价崩盘风险“价值利器”或“自利工具”？［J］．经济研究，2015，50（11）：49－64.

［247］饶品贵，姜国华．货币政策、信贷资源配置与企业业绩［J］．管理世界，2013（03）：12－22.

［248］任保平．以数字经济打造中国式现代化新引擎［J］．人民论坛·学术前沿，2023（03）：40－45.

［249］沈红波，廖冠民．信用评级机构可以提供增量信息吗——基于短期融资券的实证检验［J］．财贸经济，2014，393（08）：62－70.

［250］沈红波，刘智博，洪康隆．债券信用评级能否反映大客户风险？［J］．财务研究，2021，042（06）：35－47.

［251］沈红波，杨楠，石若瑜．债券评级机构的甄别能力差异——基于企业盈余管理视角［J］．复旦学报（社会科学版），2022，64（03）：182－191.

［252］沈可，李雅凝．中国的人口老龄化如何影响科技创新？——基于系统GMM方法与动态面板门槛模型的经验证据［J］．人口研究，2021，45（04）：100－113.

［253］沈艺峰．资本资产定价五因子模型：演变与未来研究方向［J］．财务研究，2015（06）：17－30.

［254］施炳展，李建桐．互联网是否促进了分工：来自中国制造业企业的证据［J］．管理世界，2020，36（04）：130－149.

［255］施先旺，李志刚，刘拯．分析师预测与上市公司审计收费研究——基于信息不对称理论的视角［J］．审计与经济研究，2015，30（03）：39－48.

［256］施燕平，刘娥平．资本结构调整、信用评级与企业债券融资成本

[J]. 财贸研究, 2018, 29 (01): 86-98.

[257] 史永. 信息披露质量、审计师选择与股价同步性 [J]. 中南财经政法大学学报, 2013 (06): 118-123.

[258] 史永东, 王淏淼. 企业社会责任与公司价值——基于 ESG 风险溢价的视角 [J]. 经济研究, 2023, 58 (06): 67-83.

[259] 司登奎, 李小林, 孔东民, 等. 贸易政策不确定性、金融市场化与企业创新型发展: 兼论金融市场化协同效应 [J]. 财贸经济, 2022, 43 (04): 53-70.

[260] 宋寒凝, 谭小芬, 殷高峰. 中国地方债务风险: 特征事实、传递共振与防范化解 [J]. 国际经济评论, 2024 (06): 44-67+5-6.

[261] 宋丽萍. 利益相关者理论的国内外文献研究 [J]. 东方企业文化, 2014 (11): 190.

[262] 宋敏, 甘煦, 林晚发. 债券信用评级膨胀: 原因、影响及对策 [J]. 经济学动态, 2019, 697 (03): 134-147.

[263] 宋清华, 林永康. 制造业杠杆、企业异质性与银行系统性风险 [J]. 会计与经济研究, 2020, 34 (06): 94-111.

[264] 宋献中, 胡珺, 李四海. 社会责任信息披露与股价崩盘风险——基于信息效应与声誉保险效应的路径分析 [J]. 金融研究, 2017 (04): 161-175.

[265] 苏洁, 王勇. 信用风险传染、投资者情绪与债券发行定价 [J]. 中央财经大学学报, 2023 (07): 29-43.

[266] 眭依凡. 简论教育理念 [J]. 江西教育科研, 2000 (08): 6-9.

[267] 孙光国, 曹思宇, 安家鹏. 企业 ESG 表现能提高分析师盈余预测质量吗——来自 A 股上市公司的经验证据 [J]. 财经论丛, 2023, 298 (05): 68-77.

[268] 孙红梅, 雷喻捷. "绿色融资"的成本差异与影响因素研究——基于绿色债券信用利差分析 [J]. 金融论坛, 2023, 28 (02): 34-45.

[269] 孙会霞, 黄嵩, 郑田田. ESG 表现、财务特征与股票系统性风险 [J]. 系统科学与数学, 2024, 44 (08): 2173-2191.

[270] 孙慧, 祝树森, 张贤峰. ESG 表现、公司透明度与企业声誉 [J].

软科学，2023，37（12）：115－121.

［271］孙克．企业债信用价差动态过程的影响因素研究［J］．证券市场导报，2010（07）：24－31.

［272］孙晓燕，林晚发．员工持股计划与债券信用利差［J］．中南财经政法大学学报，2022（1）：50－61.

［273］孙雅妮，吴锡皓，卜美文．客户ESG表现对供应商绿色创新溢出效应分析［J］．大连理工大学学报（社会科学版），2024，45（03）：49－60.

［274］谭瑾，徐光伟．“双轮”驱动下环境规制差异与企业绿色创新——基于信号传递理论［J］．软科学，2023，37（11）：99－106.

［275］谭劲松，黄仁玉，张京心．ESG表现与企业风险——基于资源获取视角的解释［J］．管理科学，2022，35（05）：3－18.

［276］汤子隆，赵丹妮，祝佳．结构性货币政策对民营企业债券融资成本的影响——基于两区制门限VECM模型的研究［J］．重庆社会科学，2022（02）：40－55.

［277］唐棣，金星晔．碳中和背景下ESG投资者行为及相关研究前沿：综述与扩展［J］．经济研究，2023，58（09）：190－208.

［278］唐凯桃，宁佳莉，王垒．上市公司ESG评级与审计报告决策——基于信息生成和信息披露行为的视角［J］．上海财经大学学报，2023，25（02）：107－121.

［279］田凤平，杨科．我国商品期货的无模型隐含方差与方差风险溢价研究——基于豆粕和白糖的分析［J］．系统工程理论与实践，2021，41（08）：2015－2029.

［280］田高良，赵宏祥，李君艳．清单管理嵌入管理会计体系探索［J］．会计研究，2015（04）：55－61.

［281］佟林杰，刘博．信息生态视域下政府数据开放中的数据安全和隐私保护问题研究［J］．图书馆理论与实践，2020，247（05）：67－72.

［282］涂亮，刘斯明，袁皓，等．“一带一路”下老挝输电项目财务基准收益率研究——基于国家风险的视角［J］．会计之友，2021（04）：37－43.

［283］汪玉兰，周守华．股票错误定价对上市公司投资效率的影响——

基于中国证券市场的实证研究［J］. 当代财经，2018（06）：124－133.

［284］王博. 投资者情绪与股票市场定价效率实证研究［J］. 贵州财经大学学报，2014（04）：39－47.

［285］王传智. 数据要素及其生产的政治经济学分析［J］. 当代经济研究，2022（11）：26－33.

［286］王春峰，李思成，房振明. 投资者认知度、信息不对称与股价延迟［J］. 管理评论，2018，30（11）：3－13.

［287］王春峰，辛宇，房振明，赵亮. 分析师评级调整在经济形势不好的时候更有参考价值吗？——来自中国证券市场的经验证据［J］. 投资研究，2015，34（03）：151－160.

［288］王道平，范小云，贾昱宁，王业东. 投资者情绪、过度交易与中国 A 股市场波动——基于证券投资者信心指数调查数据的分析［J］. 管理科学学报，2022，25（07）：85－105.

［289］王海军，王淞正，张琛，等. 数字化转型提高了企业 ESG 责任表现吗？——基于 MSCI 指数的经验研究［J］. 外国经济与管理，2023，45（06）：19－35.

［290］王怀明，宋涛. 我国上市公司社会责任与企业绩效的实证研究——来自上证 180 指数的经验证据［J］. 南京师大学报（社会科学版），2007（02）：58－62，75.

［291］王菊仙，王玉涛，鲁桂华. 公司特征、现金流预测与分析师盈余预测质量［J］. 中央财经大学学报，2017，362（10）：65－77.

［292］王凯，张志伟. 国内外 ESG 评级现状、比较及展望［J］. 财会月刊，2022（02）：137－143.

［293］王凯，邹洋. 国内外 ESG 评价与评级比较研究［M］. 北京：经济管理出版社，2021.

［294］王兰. 公司软法定位及其与公司法的衔接［J］. 中国法学，2021，223（05）：266－283.

［295］王垒，冯明聪，沙一凡. 行业特定知识转移与分析师预测质量：来自券商机构并购的证据［J］. 东方论坛－青岛大学学报（社会科学版），2024a

(02)：55－71.

［296］王垒，刘青德，李宽. ESG 评级分歧与公司债券定价：信息挖掘还是信息恶化［J］. 国际金融研究，2024b，(03)：87－96.

［297］王垒，李正阳，沙一凡. 协同还是合谋：异质机构共同持股与企业“漂绿”行为［J］. 财经论丛，2023（08）：70－80.

［298］王垒，李宽，丁黎黎. 破解中国式现代化进程中的 ESG 评级之惑：分歧表征、差异成因及治理逻辑［J］. 中国石油大学学报（社会科学版），2024c，40（06）：94－108.

［299］王垒，牛文正，丁黎黎. 机构纵向持股与商业信用扭曲治理——来自供应链层面的证据［J］. 经济研究，2024d，59（07）：130－150.

［300］王垒，荣翠莲. 上市公司 ESG 评级分歧的审计溢价效应——基于信息生产的视角［J］. 中国海洋大学学报（社会科学版），2024（02）：32－48.

［301］王垒，沙一凡，于文成，等. 非控股大股东退出威胁与企业社会责任沟通［J］. 管理科学，2022，35（05）：19－34.

［302］王明涛，李茜. 分析师跟踪网络与公司特质信息研究——基于股价同步性视角的实证分析［J］. 金融经济学研究，2023（03）：98－113.

［303］王珮，杨淑程，黄珊. 环境保护税对企业环境、社会和治理表现的影响研究——基于绿色技术创新的中介效应［J］. 税务研究，2021，442（11）：50－56.

［304］王鹏. ESG 视角下的公司债券信用评级［J］. 金融经济，2022，549（03）：59－64.

［305］王生年，牛慧君，聂晓. 信用评级可信吗：基于股票错误定价的检验［J］. 中央财经大学学报，2022，415（03）：27－44.

［306］王武笛，杨熠. ESG 投资如何影响商业银行绩效？——兼论外部压力的调节作用［J］. 金融经济，2023（11）：67－76.

［307］王晓宇，杨云红. 经济政策不确定性如何影响股价同步性？——基于有限关注视角［J］. 经济科学，2021（5）：99－113.

［308］王雄元，张春强，何捷. 宏观经济波动性与短期融资券风险溢价［J］. 金融研究，2015（01）：68－83.

[309] 王雄元，张春强．声誉机制、信用评级与中期票据融资成本 [J]. 金融研究，2013，398 (08)：150－164.

[310] 王亚平，刘慧龙，吴联生．信息透明度、机构投资者与股价同步性 [J]. 金融研究，2009 (12)：162－174.

[311] 王翌秋，谢萌．ESG信息披露对公司融资成本的影响——基于中国A股上市公司的经验证据 [J]. 南开经济研究，2022，233 (11)：75－94.

[312] 王应欢，郭永祯．企业数字化转型与ESG表现——基于中国上市企业的经验证据 [J]. 财经研究，2023，49 (09)：94－108.

[313] 王宇．我国企业债信用利差宏观影响因素实证检验 [J]. 债券，2013 (11)：38－42.

[314] 王禹，王浩宇，薛爽．税制绿色化与企业ESG表现——基于《环境保护税法》的准自然实验 [J]. 财经研究，2022，48 (09)：47－62.

[315] 王治，彭百川，郭晶晶，等．低碳转型能否提升企业环境—社会—治理表现？——基于"低碳城市试点"的准自然实验 [J]. 财经理论与实践，2023，44 (01)：139－145.

[316] 魏延鹏，毛志宏，王浩宇．国有资本参股对民营企业ESG表现的影响研究 [J]. 管理学报，2023，20 (07)：984－993.

[317] 魏志华，吴育辉，李常青．机构投资者持股与中国上市公司现金股利政策 [J]. 证券市场导报，2012 (10)：40－47.

[318] 温素彬，方苑．企业社会责任与财务绩效关系的实证研究——利益相关者视角的面板数据分析 [J]. 中国工业经济，2008 (10)：150－160.

[319] 温兴春．投资者情绪变化、货币政策调整对股市涨跌周期的影响——基于异质性预期的股市DSGE模型 [J]. 中央财经大学学报，2017 (08)：23－36，46.

[320] 吴迪，赵奇锋．资本市场动态博弈、信息不对称与企业创新——基于分析师预测视角 [J]. 南开经济研究，2023，236 (02)：140－160.

[321] 吴多文，张雪莹，王倩．土地出让金划转税务部门征收对城投债的影响效应分析 [J]. 证券市场导报，2024 (08)：58－68.

[322] 吴健，朱松．流动性预期、融资能力与信用评级 [J]. 财政研究，

2012, 353 (07): 72-75.

[323] 吴娜, 于博, 白雅馨, 樊瑞婷. 营商环境、企业家精神与金融资产的动态协同 [J]. 会计研究, 2021, 401 (03): 146-165.

[324] 吴奕捷 (Jeffrey Ng). 2008年美国金融危机中资产证券化产品风险研究 [D]. 中国社会科学院研究生院, 2017.

[325] 吴育辉, 翟玲玲, 张润楠, 魏志华. "投资人付费" vs "发行人付费": 谁的信用评级质量更高? [J]. 金融研究, 2020, 475 (01): 130-149.

[326] 伍正翔. 现象学技术哲学视野中的教育技术概念辨析 [J]. 现代教育技术, 2011, 21 (03): 21-24.

[327] 武恒光, 徐艳丽, 王萌. 企业绿色创新与债券融资成本 [J]. 管理科学, 2022, 35 (05): 35-50.

[328] 席龙胜, 王岩. 企业ESG信息披露与股价崩盘风险 [J]. 经济问题, 2022, 516 (08): 57-64.

[329] 夏凡, 姚志勇. 评级高估与低估: 论国际信用评级机构"顺周期"行为 [J]. 金融研究, 2013, 392 (02): 184-193.

[330] 项华录. 内部控制、非效率投资与互联网融资 [J]. 财会通讯, 2019 (21): 120-123.

[331] 晓芳, 兰凤云, 施雯, 等. 上市公司的ESG评级会影响审计收费吗?——基于ESG评级事件的准自然实验 [J]. 审计研究, 2021 (03): 41-50.

[332] 肖红军, 沈洪涛, 周艳坤. 客户企业数字化、供应商企业ESG表现与供应链可持续发展 [J]. 经济研究, 2024, 59 (03): 54-73.

[333] 肖红军, 张哲. 企业社会责任寻租行为研究 [J]. 经济管理, 2016, 38 (02): 178-188.

[334] 肖土盛, 宋顺林, 李路. 信息披露质量与股价崩盘风险: 分析师预测的中介作用 [J]. 财经研究, 2017, 43 (02): 110-121.

[335] 肖翔, 林伟杰, 葛格, 等. ESG评价分歧的信息效应——以分析师预测为例 [J]. 财经论丛, 2024 (05): 71-81.

[336] 肖作平, 曲佳莉. 分析师意见分歧、经验与权益资本成本. 证券市场导报 [J]. 2013, 254 (9): 18-26.

[337] 肖作平．终极所有权结构对权益资本成本的影响——来自中国上市公司的经验证据［J］．管理科学学报，2016，19（01）：72－86.

[338] 谢红军，吕雪．负责任的国际投资：ESG与中国OFDI［J］．经济研究，2022，57（03）：83－99.

[339] 谢康，肖静华．面向国家需求的数字经济新问题、新特征与新规律［J］．改革，2022，335（01）：85－100.

[340] 谢林利，凌爱凡．权益极端尾部风险、杠杆率与公司债信用利差［J］．中国管理科学，2024，32（05）：47－60.

[341] 谢震，熊金武．分析师关注与盈余管理：对中国上市公司的分析［J］．财贸研究，2014，25（2）：139－149.

[342] 邢小明．中国传统文化及其当代管理价值——白鹿洞论坛学术峰会观点综述［J］．中国工业经济，2013（01）：32－37.

[343] 熊亚辉，周荣喜，郑晓雨．央行外汇干预、人民币汇率与信用利差［J］．管理科学学报，2021，24（06）：1－21.

[344] 熊亚辉．中国债券市场信用利差研究［D］．对外经济贸易大学，2021.

[345] 熊勇清，熊裕康，张志剑．媒体关注对新能源车企声誉投资影响的实证研究［J］．中南大学学报（社会科学版），2022，28（03）：97－109.

[346] 徐洪波，于礼．管理层业绩预告信息披露时机选择研究——基于投资者有限关注的视角［J］．经济与管理，2014，28（02）：60－65.

[347] 徐丽静，周荣喜，熊亚辉．基于NS族模型的中国公司债信用利差预测［J］．运筹与管理，2021，30（03）：183－189.

[348] 徐晓萍，阮永锋，刘音露．市场竞争降低评级质量了吗——基于新进入评级机构的实证研究［J］．财贸经济，2018，39（11）：96－111.

[349] 徐悦，潘奕君，刘运国．线上销售能否改善资本市场信息环境——基于分析师盈余预测的证据［J］．南开管理评论，2024，27（03）：139－151.

[350] 许启发，马静文，蒋翠侠．过犹不及：管理层净语调对融资约束的影响研究［J］．审计与经济研究，2023，38（03）：54－64.

[351] 许屹．市场系统风险对债券信用利差的影响——基于中国公司债券月度面板数据的实证研究［J］．上海金融，2017（06）：65－70.

[352] 闫昊生，孙久文，蒋治. 创新型城市、所有制差异与企业创新：基于目标考核视角 [J]. 世界经济，2021，44（11）：75-101.

[353] 晏艳阳，刘鹏飞. 宏观因素、公司特性与信用利差 [J]. 现代财经（天津财经大学学报），2014，34（10）：70-79.

[354] 杨炳铎，汤教泉. 中国债券收益率的可预测性检验 [J]. 系统工程理论与实践，2019，39（04）：970-985.

[355] 杨代艳. 基于可持续发展的企业战略管理研究 [J]. 投资与合作，2021（02）：123-124.

[356] 杨国超，蒋安璇. 债券投资者的“保护盾”还是债务违约的“多米诺”——对债券交叉违约制度的分析 [J]. 中国工业经济，2022（05）：140-158.

[357] 杨国超，刘琪. 中国债券市场信用评级制度有效性研究 [J]. 经济研究，2022，57（10）：191-208.

[358] 杨杰，张宇，陈隆轩. 数字金融与企业 ESG 表现：来自中国上市公司的证据 [J]. 哈尔滨商业大学学报（社会科学版），2022（05）：3-18.

[359] 杨璐，方静. 适应性预期与债券发行信用溢价 [J]. 国际金融研究，2021（08）：76-86.

[360] 杨敏，刘光忠，陆建桥，等. 综合报告国际发展动态及我国应对举措 [J]. 会计研究，2012（09）：3-8.

[361] 杨青，吉赟，王亚男. 高铁能提升分析师盈余预测的准确度吗？——来自上市公司的证据 [J]. 金融研究，2019，465（03）：168-188.

[362] 杨胜刚，杨捷琳，黄宇漩，朱琦. 信用评级调整对管理层市场学习的影响——基于股价信息视角 [J]. 中国工业经济，2023（12）：171-188.

[363] 杨嫣然. 我国家庭金融资产选择变动研究 [J]. 现代经济信息，2015（18）：273-274.

[364] 杨振，刘海龙. 债券型基金估值与期末业绩拉升行为 [J]. 投资研究，2022，41（12）：126-151.

[365] 叶陈刚，刘猛. 分析师关注、产权性质与盈余管理路径 [J]. 中南财经政法大学学报，2018（3）：33-42.

[366] 伊志宏，李颖，江轩宇．女性分析师关注与股价同步性［J］．金融研究，2015（11）：175－189.

[367] 伊志宏，杨圣之，陈钦源．分析师能降低股价同步性吗——基于研究报告文本分析的实证研究［J］．中国工业经济，2019，370（01）：156－173.

[368] 殷媛．减持管制、交易成本与公司价值［D］．上海财经大学，2023.

[369] 尹海员，胡项淼．创业板上市公司ESG表现与股票定价效率——基于我国多层次资本市场体系的研究［J］．上海财经大学学报，2024，26（01）：48－63.

[370] 尹海员，王晓晓．投资者情绪是否会影响股票定价效率？——来自股票社区的文本证据［J］．北京联合大学学报（人文社会科学版），2024，22（03）：96－111.

[371] 袁淳，肖土盛，耿春晓，等．数字化转型与企业分工：专业化还是纵向一体化［J］．中国工业经济，2021（09）：137－155.

[372] 袁业虎，熊笑涵．上市公司ESG表现与企业绩效关系研究——基于媒体关注的调节作用［J］．江西社会科学，2021，41（10）：68－77.

[373] 张蓓，马如秋．食品安全风险数字化治理逻辑与优化路径——基于信息生态系统视角［J］．东岳论丛，2023，44（02）：128－136，192.

[374] 张纯，吕伟．信息环境、融资约束与现金股利［J］．金融研究，2009，349（07）：81－94.

[375] 张高勋，殷吉浩，许义顺．ESG表现对股票流动性的影响及其传导机制［J］．科技和产业，2024，24（13）：1－9.

[376] 张慧，黄群慧．制度压力、主导型CEO与上市公司ESG责任履行［J］．山西财经大学学报，2022，44（09）：74－86.

[377] 张慧．企业ESG信息披露质量与股票市场表现——基于双重代理成本的视角［J］．首都经济贸易大学学报，2023，25（03）：73－88.

[378] 张杰，周晓艳，李勇．要素市场扭曲抑制了中国公司R&D？［J］．经济研究，2011，46（08）：78－91.

[379] 张金清，顾嘉乐，张乐平．企业ESG评级对债券信用利差的影响——基于发债企业和债券投资者双方的视角［J］．金融论坛，2024，29（03）：24－34.

[380] 张金清，李梓豪，李建宇．家庭成员退休是否会抑制家庭证券市场参与——基于CFPS的实证研究［J］．上海金融，2022，505（08）：55－66.

[381] 张晶，刘学昆．ESG评分影响公司债券在险价值的实证研究［J］．投资研究，2022，41（11）：25－43.

[382] 张莉，朱光顺，李世刚，李夏洋．市场环境、重点产业政策与企业生产率差异［J］．管理世界，2019，35（03）：114－126.

[383] 张鸣，税煜，陈明端．股票名称、选择性关注与股价的行业同步性［J］．财经研究，2013，39（11）：112－122.

[384] 张宁，吴依含．信用评级与农村家庭消费——基于典型试验区准自然实验的研究［J］．会计与经济研究，2024，38（02）：110－125.

[385] 张乾友．"被指标治理"模式的生成及其治理逻辑［J］．探索与争鸣，2021（02）：107－116.

[386] 张仁一，徐炜，陈文婷．企业社会责任对中国企业债券评级有影响吗？——基于环境、治理、社会的角度［J］．经营与管理，2022，461（11）：157－165.

[387] 张瑞环，项继权．"嵌入"与"脱嵌"：新时代农村集体产权改革与市场经济建设的中国道路［J］．社会主义研究，2023，267（01）：97－104.

[388] 张少哲，魏琳．多次合作下的评级高估：源于关系还是经验［J］．当代财经，2016，384（11）：57－68.

[389] 张伟．城投债券市场的信用担保［D］．西南财经大学，2022.

[390] 张馨元，史桂芬，薛佳欣．经济政策不确定冲击下ESG表现与企业投融资［J］．税务与经济，2023（03）：75－83.

[391] 张信东，李建莹．盈利因子与投资因子具有定价能力吗？——来自中国股市的实证［J］．金融与经济，2018（02）：10－18.

[392] 张延良，崔海涛，李琪，白清超．媒体关注对股票定价效率影响研究［J］．投资研究，2022，41（09）：143－158.

[393] 张宗新，姚佩怡．"天赋异禀"、"熟能生巧"还是"日久生情"——基于中国证券分析师预测能力的经验证据［J］．经济理论与经济管理，2017（07）：64－76.

[394] 张宗新，姚佩怡．标新立异、“风险厌恶”还是“精益求精”？——基于明星分析师研报观点导向的实证研究［J］．证券市场导报，2018，306（01）：46－53.

[395] 赵二龙，孙少龙，王峰虎，等．分析师前瞻性信息对股票投资收益的影响——基于文本分析的量化研究［J］．系统工程理论与实践，2024，44（12）：3851－3861.

[396] 赵沁娜，李航．ESG评级是否促进了企业绿色技术创新——来自中国上市公司的微观证据［J］．南方经济，2024（02）：116－135.

[397] 赵胜民，何玉洁．货币政策的公司债券信用价差影响分析［J］．当代经济科学，2017，39（05）：39－47.

[398] 赵胜民，闫红蕾，张凯．Fama－French五因子模型比三因子模型更胜一筹吗——来自中国A股市场的经验证据［J］．南开经济研究，2016（02）：41－59.

[399] 赵征，黄宪，苏美佳，陈张琪．债券违约频发下的主体评级质量审视——评级机构准确性的多期追踪检测与解析［J］．国际金融研究，2023，429（01）：85－96.

[400] 甄红线，李佳，王玺．“国家队”基金与债券信用利差——基于股票市场与债券市场风险传染的视角［J］．国际金融研究，2024（09）：85－96.

[401] 郑少华，王慧．ESG的演变、逻辑及其实现［J］．上海财经大学学报，2024，26（04）：124－138.

[402] 郑肇晨．债券违约风险对信用利差的影响研究［D］．中南财经政法大学，2020.

[403] 智环宇．上市公司的ESG评级会影响分析师盈余预测吗？——基于ESG评级的准自然实验［J］．中小企业管理与科技，2024（15）：54－57.

[404] 钟辉勇，钟宁桦，朱小能．城投债的担保可信吗？——来自债券评级和发行定价的证据［J］．金融研究，2016，430（04）：66－82.

[405] 周大胜，张海云，戴晓渊．债券和CDS的信用利差对比分析及相关投资策略［J］．债券，2014（04）：62－67.

[406] 周方召，高巧林，付辉．锦上添花还是画蛇添足？——“好”企

业做“好”事的股票市场表现［J］. 投资研究，2021，40（07）：128－141.

［407］周方召，潘婉颖，付辉. 上市公司ESG责任表现与机构投资者持股偏好——来自中国A股上市公司的经验证据［J］. 科学决策，2020（11）：15－41.

［408］周宏，林晚发，李国平，王海妹. 信息不对称与企业债券信用风险估价——基于2008－2011年中国企业债券数据［J］. 会计研究，2012（12）：36－42.

［409］周宏，林晚发，李国平. 信息不确定、信息不对称与债券信用利差［J］. 统计研究，2014，31（5）：66－72.

［410］周宏，林晚发，李国平. 现金持有的内生性与企业债券信用利差［J］. 统计研究，2015，32（06）：90－98.

［411］周宏，徐兆铭，彭丽华，等. 宏观经济不确定性对中国企业债券信用风险的影响——基于2007－2009年月度面板数据［J］. 会计研究，2011（12）：41－45.

［412］周宏，周畅，林晚发，等. 公司治理与企业债券信用利差——基于中国公司债券2008－2016年的经验证据［J］. 会计研究，2018（05）：59－66.

［413］周金南，张峰，王立荣. 国债期限溢价视角下中国财政政策的国债流动性效应研究［J］. 经济问题探索，2024（07）：31－43.

［414］周开国，应千伟，陈晓娴. 媒体关注度、分析师关注度与盈余预测准确度［J］. 金融研究，2014，404（02）：139－152.

［415］周荣喜，熊亚辉，何佳浩. 中国企业债券信用价差宏观影响因素研究——基于门槛回归模型［J］. 价格理论与实践，2018（11）：95－98.

［416］周荣喜，熊亚辉，李洋光，等. 基于DNS模型的我国公司债信用利差预测［J］. 北京化工大学学报（自然科学版），2019，46（06）：78－84.

［417］周亚荣，沈宇航，林晚发. 城门失火殃及池鱼吗？来自债券违约的分析［J］. 北京工商大学学报（社会科学版），2024，39（02）：100－116.

［418］周泽将，谷文菁，伞子瑶. ESG评级分歧与分析师盈余预测准确性［J］. 中国软科学，2023（10）：164－176.

［419］朱彩婕. 内部控制有效性在董事会治理对债券信用评级影响中的

中介效应研究［J］. 审计研究，2021，221（03）：118－128.

［420］朱丹，李静柔，李世新. 年度报告的可读性水平、过往业绩与分析师预测［J］. 审计与经济研究，2021，36（05）：77－85.

［421］朱康，唐勇. ESG 评级与企业债务融资成本——基于多期 DID 的实证检验［J］. 管理现代化，2022，42（06）：30－37.

［422］祝继高，陆正飞. 融资需求、产权性质与股权融资歧视——基于企业上市问题的研究［J］. 南开管理评论，2012，15（04）：141－150.